Femmes, genre et sociétés

L'état des savoirs

Sous la direction de
Margaret Maruani

Femmes, genre et sociétés

L'état des savoirs

La Découverte
9 *bis*, rue Abel-Hovelacque
75013 Paris

Collection

L'état des savoirs

Dans la même collection

François DE SINGLY (sous la direction de), *La Famille, l'état des savoirs.*

Serge PAUGAM (sous la direction de), *L'Exclusion, l'état des savoirs.*

Marion SEGAUD, Catherine BONVALET, Jacques BRUN (sous la direction de), *Logement et habitat, l'état des savoirs.*

Philippe DEWITTE (sous la direction de), *Immigration et intégration, l'état des savoirs.*

Agnès VAN ZANTEN (sous la direction de), *L'École, l'état des savoirs.*

Thierry PAQUOT, Michel LUSSAULT, Sophie BODY-GENDROT (sous la direction de), *La Ville, l'état des savoirs.*

Laurent MUCCHIELLI, Philippe ROBERT (sous la direction de), *Crime et sécurité, l'état des savoirs.*

Remerciements :
Tous mes remerciements à
François Gèze qui a eu l'idée et la volonté de ce livre,
Hughes Jallon qui a suivi et soutenu son parcours,
Isabelle Puech qui a travaillé avec enthousiasme et professionnalisme à sa réalisation.

ISBN 2-7071-4412-6

Sommaire

Introduction

Margaret Maruani

La seconde moitié du XXe siècle fut, dans l'ensemble des pays développés et tout particulièrement en France, porteuse de transformations sociales majeures pour les femmes : la liberté de l'avortement et de la contraception, le droit de vote et la parité, la croissance spectaculaire de l'activité professionnelle et la percée des scolarités féminines sont de vraies conquêtes. Même si elles demeurent, pour l'heure, inachevées. Au-delà du statut et de la place des femmes dans la société, ces mutations ont sérieusement affecté les relations entre hommes et femmes. Ont-elles, pour autant, véritablement entamé la domination masculine ? Ont-elles réussi à construire les fondations de l'égalité réelle des sexes ?

Aucune réponse simple n'est possible. Nous vivons une époque faite de paradoxes et de contradictions qui méritent toute notre attention : plus de femmes instruites, actives, salariées, mais aussi plus de chômeuses, de salariées précaires ou pauvres ; les lois sur l'égalité professionnelle se sont multipliées, mais la résorption des disparités de carrières et des écarts de salaires stagne. Même perplexité sur la place du « deuxième sexe » en politique : les femmes ont — tardivement — conquis le droit de vote, mais, en dépit des lois sur la parité, bien peu sont élues. Le droit à la contraception et à l'avortement constitue une conquête évidente : la liberté des femmes à disposer de leur corps a avancé à grands pas. Mais que penser de la persistance, longtemps ignorée, des violences faites aux femmes, que dire du harcèlement sexuel et moral ? Les formes familiales se sont diversifiées, les relations de couple se sont transformées, mais le monopole féminin sur le travail domestique demeure, stable et imperturbable.

Les travaux portant sur les femmes, le sexe ou le genre sont nombreux. En France, on a assisté dans la période récente à un foisonnement de recherches, d'enquêtes, de réflexions qui posent de façon plus ou moins centrale la question de la différence des sexes. Pour autant, il n'existe pas, à la différence de la plupart des pays qui nous entourent, de domaine constitué : les *gender studies* ont, chez nous, une place institutionnelle très effacée — indigente même au regard de la richesse des recherches. Face à cette situation paradoxale, ce livre a la volonté de rassembler les savoirs capitalisés, de donner à lire le cumul des connaissances et de repérer les interrogations qui les traversent.

Il réunit des points de vue divers, émanant de chercheurs et d'universitaires de différentes disciplines, qui ont des options et des positions théoriques divergentes. Cette multiplicité n'est pas fortuite. Elle est une nécessité. Présenter un état des savoirs lisse et consensuel n'aurait pas fait sens. L'homogénéité, en la matière, est un appauvrissement. Les *gender studies* à la française sont traversées de débats, de controverses et de polémiques qui gagnent à être connus — qui font avancer la connaissance. Le parti pris de cet ouvrage est donc celui de la diversité : celle des thèmes, des points de vue, des générations et des disciplines.

Enjeux

La pluralité des positions des auteur(e)s rassemblé(e)s dans cet ouvrage permet de lire, en creux, les enjeux intellectuels, épistémologiques et politiques qui traversent les problématiques liées à la différence des sexes.

Ainsi en est-il de la famille, de la place de la famille dans le regard posé sur la domination masculine. Plus précisément, quel est le rôle de la parenté et de la filiation dans la construction et la perpétuation de la hiérarchie masculin/féminin ? Les anthropologues, sur ce point capital, sont en désaccord : la parenté, traditionnellement posée comme la base de la société et le cœur du système de hiérarchisation des sexes, est aujourd'hui pensée autrement, relativisée par rapport aux sphères politique et religieuse pour certains, remise au centre au travers des interrogations sur le rôle de la maternité dans la construction ou la dissolution de la hiérarchie masculin/féminin pour d'autres.

Les sociologues, aussi, divergent, d'une autre manière, mais toujours sur le rôle de la famille pour « expliquer » les rapports sociaux de sexe dans la société. La question se pose, très centralement, à propos des liens entre travail et famille : peut-on continuer à analyser les segmentations et ségrégations qui parcourent le monde du travail par les rapports sociaux de sexe dans la famille ? Rien n'est moins sûr, mais on lira dans ce livre des options théoriques bien différentes.

Sur la sphère professionnelle, précisément, les bilans qui se succèdent ne suggèrent aucune vision uniforme de l'état du monde du travail. Selon le thème que l'on traite (la croissance de l'activité ou celle du chômage, les écarts de salaires ou de niveaux de formation), selon l'approche (sociologique, historique, économique, ergonomique ou statistique), les constats divergent, plus du fait des contrastes de la situation qu'en raison de désaccords théoriques : certes, le travail des femmes n'est pas une nouveauté, mais en quelques décennies les modalités de leur labeur se sont transformées ; d'indéniables progrès ont été réalisés, mais de redoutables régressions s'installent.

Sur l'aspect mitigé du bilan, tout le monde peut s'accorder. Mais l'interrogation centrale demeure, que personne ne parvient à élucider : comment expliquer la persistance de telles résistances à l'égalité ? À l'heure où les femmes sont plus diplômées, plus actives, plus salariées, plus libres de leurs maternités et de leurs familles, comment comprendre la constance de tant d'injustices professionnelles ? On peut mobiliser les théories du capital humain, celles de la reproduction, celles de la segmentation ou, plus simplement, parler de retards et de freins, ou bien encore renvoyer au symbolique ou à l'économique, au capitalisme ou au patriarcat, évoquer l'inefficacité des lois ou l'atonie des politiques publiques... Rien de tout cela n'épuise la question initiale : quand, sur le marché du travail, tout semble en place pour que s'instaure l'égalité, comment comprendre l'interminable chapelet des inégalités en tous genres ?

Ainsi en est-il également du féminisme dont la pluralité des positions agite et traverse des pans entiers de la recherche. Prostitution, religion, violences, parité, parentalité... sont autant d'objets de discorde. Problème social et question de recherche s'entremêlent ici et l'on voit bien que les clivages qui se dessinent au sein du féminisme traversent tout autant le monde de la recherche.

Ainsi en est-il enfin de la bataille sur les concepts : femmes, sexes ou genre ? Masculin/féminin, différence des sexes ou rapports sociaux de sexe ? Ségrégation, discrimination ou division sexuelle du travail ? Égalité, parité ou mixité ? Les mots ne sont pas synonymes, ils ne sont pas neutres, mais ils existent, tous. Chacun-e, ici, les définit et les utilise à sa manière et dans sa logique. Le débat épistémologique, pour autant, n'est pas évité et l'on trouvera dans les différents chapitres tous les argumentaires qui militent pour l'usage et l'utilité de l'un ou l'autre de ces termes.

Thèmes

Le livre s'organise autour de six parties qui montrent l'étendue des champs qui, au fil des ans, ont été défrichés par plusieurs générations de chercheur(e)s. Il était important en effet que cet état des savoirs présente la mosaïque des approches aujourd'hui légitimes, installées

— « classiques » pourrait-on dire — en même temps que celles, moins convenues et moins connues, des générations plus récentes dans le champ, qui ont une autre façon d'user du genre et de traiter de la différence des sexes.

1/ Concepts et problématiques

Cette première partie de l'ouvrage se présente en deux temps. Un premier volet, *Itinéraires* rassemble les témoignages d'un certain nombre de personnalités de la recherche sur l'apport d'une lecture sexuée des problèmes dans leur discipline et leur domaine. Chacun-e dit, à sa manière, sa rencontre avec le genre, les usages qu'il en fait, les vertus heuristiques qu'il y trouve, les difficultés auxquelles il est confronté. Le second, *Concepts*, propose une analyse critique des principaux concepts utilisés, une histoire de leur cheminement intellectuel : le genre, son importation des États-Unis, son apparition et son utilisation en France ; les approches anthropologiques, historiques et sociologiques de ce que l'on nomme la domination ; les définitions juridiques, politiques et philosophiques du principe d'égalité ; la genèse de la notion de discrimination, de ses emprunts au droit international et aux droits de l'homme ; l'apport des problématiques en termes de rapports sociaux de sexe et de division sexuelle du travail.

2/ Corps

Un second ensemble de textes sur les enjeux liés au corps et à la sexualité traite de la liberté des femmes à disposer de leur corps — la contraception et l'avortement, bien sûr —, des différences et inégalités entre hommes et femmes en matière de sexualité, de violences, de santé, de pratiques sportives. Ils abordent également la question des nouvelles techniques de procréation et de leurs conséquences sur les rapports entre les sexes et les âges de la vie.

3/ Famille

La troisième partie passe en revue les mutations qui ont affecté les rapports sociaux de sexe au sein de la famille et du couple. Elle touche aussi bien aux questions liées aux formes familiales proprement dites — les transformations de la parenté, les débats sur l'homoparentalité et la filiation — qu'à celles qui ont trait, de façon plus large, à l'univers familial et domestique : la socialisation des filles et des garçons, le non-partage des tâches domestiques, les politiques familiales, les inégalités en matière de retraites.

4/ Marché du travail

Ce quatrième volet dresse un tableau contrasté des progressions, stagnations et régressions qui ont affecté la participation des femmes à l'activité professionnelle, un état des lieux de la place comparée des hommes et des femmes sur le marché du travail : l'activité, l'emploi, le chômage, mais aussi l'égalité professionnelle, les écarts de salaire, le temps de travail, la concentration des emplois féminins, le développement des emplois de service, les disparités en matière de santé et de conditions de travail. Cette partie propose également un repérage des reconfigurations du salariat d'exécution : qui sont aujourd'hui les ouvrier(e)s, les employé(e)s, les personnels de service ? Comment se cumulent les effets de classe et de sexe ?

5/ Pouvoir, politique, mobilisations

Du droit de vote des femmes aux lois sur la parité, comment a évolué la participation des femmes à la vie politique ? Quelle est aujourd'hui la place des femmes dans les partis politiques, les organisations syndicales et les mouvements sociaux ? Comment les politiques publiques traitent-elles de l'emploi des femmes ? Cet ensemble de textes suggère, en filigrane, une réflexion plurielle sur les relations entre pouvoir et genre.

6/ Débats contemporains

L'ouvrage s'achève sur une partie qui met en perspective un certain nombre de questions qui sont matière à controverse (la prostitution, la mixité, l'immigration, le féminisme, la relation travail/famille) ou de thèmes émergents (genre, mondialisation et développement, création artistique, pratiques culturelles). Plus encore que dans les autres chapitres, on trouvera ici un exposé des lignes de fracture qui traversent la réflexion, chacune s'efforçant de rendre compte des termes du débat autant que d'argumenter sa propre problématique.

Annexes statistiques

Ces annexes offrent au lecteur des repères statistiques de base à partir de séries longues homogènes établies sur plusieurs décennies. Elles sont organisées autour de trois axes : démographie, famille, santé ; activité, emploi, chômage ; vote et participation politique.

Les données chiffrées viennent illustrer les articles réunis dans l'ouvrage. Mais, au-delà, elles présentent un tableau d'ensemble des indicateurs statistiques de la place des hommes et des femmes dans la société.

Cet ouvrage collectif rassemble cinquante-huit auteurs appartenant aux différentes disciplines des sciences humaines et sociales : sociologues, démographes, historien-ne-s, économistes, statisticien-ne-s, philosophes, anthropologues, juristes, politologues, épidémiologistes, ergonomes. Un point fondamental les réunit : la conviction que la différence des sexes est une des grandes questions qui traversent les sciences humaines et sociales. Le genre n'est pas un domaine spécialisé, c'est une grille de lecture de la société. Que l'on s'intéresse à l'école, à l'emploi, à l'immigration, à la famille, à la santé, aux retraites ou à tout autre problème social, le genre est un des axes essentiels de la connaissance, un outil indispensable à l'intelligence du monde social.

La « variable sexe » n'est pas contingente, elle est nécessaire.

I

Concepts et problématiques

A *Itinéraires*

1

Femmes, sexe ou genre ?

Maurice Godelier

À mes yeux, la question est mal posée mais la réponse est simple. Les femmes sont un genre parce qu'elles ont un sexe. Ce que l'on appelle genre, masculin ou féminin, est l'ensemble des attributs qu'une société attache aux individus selon qu'ils sont homme ou femme à la naissance. Bien entendu les catégories du « masculin » et du « féminin » débordent le monde des humains. Il existe des individus mâles ou femelles dans les espèces animales et végétales, avec bien entendu quelques complications lorsque certains individus sont à la fois mâles ou femelles et peuvent se reproduire par eux-mêmes. Mais les catégories du masculin et du féminin débordent le monde de la nature et caractérisent également le monde des entités en général invisibles, tels les dieux et déesses qui composent les différents panthéons religieux. On peut supposer cependant que l'extension à la nature et au cosmos tout entier des catégories du masculin et du féminin a ses racines premières, ou son premier niveau d'évidence, dans l'expérience que nous avons de la différence des sexes entre les hommes et les femmes.

Les genres donc concernent les sexes et, de ce fait, la sexualité. Et il faut nous interroger sur les caractères particuliers de la sexualité humaine. Ces caractères sont les suivants. La sexualité humaine, celle des hommes comme celle des femmes, est d'abord « généralisée ». Ceci veut dire que les humains peuvent faire l'amour en toute saison — s'ils en ont la capacité — et qu'ils ne sont pas réglés par un rythme biologique naturel, celui de la succession des périodes d'œstrus qui caractérise les femelles des espèces de primates les plus proches de l'homme, les chimpanzés et les bonobos. Cette sexualité « généralisée » est en même temps une sexualité « cérébralisée », ce qui veut dire qu'elle fonctionne plus à la représentation interne, donc sociale et culturelle, des sexes, qu'à la stimulation externe. On voit déjà ici apparaître le caractère de construction sociale de la sexualité et de la différence entre les sexes. Mais cette sexualité généralisée, cérébralisée, est en même temps polymorphe et polytrope.

Polymorphe, parce que l'exercice de la sexualité revêt trois formes. L'autosexualité (se servir de son corps pour jouir, par exemple la masturbation), l'hétérosexualité (entre individus de sexe différent) et l'homosexualité (entre individus de même sexe). Il est intéressant de rappeler que chez les primates les plus proches de l'homme les rapports hétérosexuels sont pratiqués saisonnièrement quand les femelles sont en œstrus, mais que, par contre, les rapports homosexuels qui existent aussi de façon très visible sont pratiqués toute l'année. Mais la sexualité humaine polymorphe est également polytrope, en ce sens qu'il n'y a pas de mécanisme biologique ou psychologique à l'intérieur des individus qui leur interdise de désirer leur mère ou de s'unir avec un animal, etc.

Rappelons également que la sexualité humaine, et probablement animale, revêt deux dimensions, la recherche du plaisir (la sexualité désir) et la reproduction de la vie (la sexualité reproduction). Ces deux dimensions peuvent d'ailleurs être complètement disjointes ou, au contraire, intimement fusionnées. On doit donc tirer comme conclusion de l'ensemble de ces caractères de la sexualité humaine que celle-ci est fondamentalement a-sociale. Je ne dis pas antisociale, ce qui est un jugement négatif porté sur la sexualité par de très nombreux systèmes religieux ou moraux. Mais, du fait que la sexualité humaine est a-sociale, on comprend qu'elle puisse dans certaines circonstances unir et dans d'autres diviser les individus et les groupes sociaux. Et c'est la raison pour laquelle, dans toutes les sociétés, l'exercice de la sexualité est subordonné à la reproduction d'autres rapports sociaux qui n'ont rien à voir avec elle. La subordination dont nous parlons ici n'est pas d'abord la subordination d'un sexe à l'autre, des femmes aux hommes ou réciproquement. C'est la subordination en quelque sorte « structurelle » de l'exercice de la sexualité aux conditions de reproduction d'autres rapports sociaux qui les englobent, les font servir à leur propre usage et les dominent.

C'est pour cette raison que tout ordre social — ou plus largement tout ordre socio-cosmique, puisqu'il faut inclure dans l'ordre social les représentations que se font les gens de l'origine du monde, de l'homme, de la présence des dieux, etc. et les pratiques qui en sont induites — est en même temps un ordre sexuel, c'est-à-dire un rapport d'ordre entre les sexes.

C'est ici que le processus universel de transformation du « sexe » des individus en « genre » s'éclaire. En effet, dans toute société s'opère spontanément une double métamorphose. Des rapports sociaux qui n'ont rien à voir avec la reproduction de la vie et l'exercice de la sexualité pénètrent dans les rapports de parenté et s'attachent aux individus selon la place que ceux-ci occupent dans ces rapports, place liée à leur sexe et à leur génération. Donnons un exemple : dans beaucoup de sociétés agricoles, la terre est héritée exclusivement par les hommes et non par les femmes. Dans d'autres encore, c'est seulement l'aîné des garçons, ou le dernier né, qui hérite de la terre et de la ferme. On voit ainsi s'attacher à l'individu des rapports sociaux, des positions différentes dans la société, selon qu'on est homme ou femme, aîné(e) ou puiné(e).

La double métamorphose consiste donc en ceci. Des rapports sociaux deviennent des attributs de rapports de parenté (première métamorphose) et des attributs de rapports de parenté deviennent des attributs de l'individu selon son sexe (seconde métamorphose). Ce sont là les deux moments du processus de transformation d'un sexe en genre.

L'affaire, on le comprend, commence avant même la naissance des individus. Au sein d'une société et d'une culture déterminées, et selon le contexte historique, les adultes attribuent d'avance aux enfants qui vont naître de leurs unions un statut social virtuel, selon que ce sera une fille ou un garçon. Le genre colle donc au sexe avant même que le sexe n'existe réellement.

Il est facile d'illustrer les rapports entre sexe, genre, parenté et pouvoir à partir des représentations que se font les sociétés de ce que c'est qu'un enfant. Comment les sociétés se représentent le procès de fabrication d'un enfant ? Pour simplifier, nous choisirons l'exemple d'une société matrilinéaire comme celle des Trobriand de Nouvelle-Guinée, étudiée par Malinowski. C'est une société matrilinéaire, et les enfants n'appartiennent donc pas au clan du père, mais à celui de la mère et des frères et sœurs de la mère. Il est intéressant de constater que l'homme, dans cette société, n'est pas pensé comme un géniteur. L'enfant est conçu à la fois par la mère et par un esprit ancestral qui vient se réincarner dans son sang menstruel. Le mari de la femme, dès que celle-ci se découvre enceinte, multiplie les coïts pour nourrir le fœtus. Le père n'est donc pas un géniteur. C'est un père social et un père nourricier. On voit qu'existe ici une correspondance entre la représentation des sexes, leur pouvoir de vie et la nature du système de parenté (le caractère matrilinéaire de la descendance).

Autre exemple, cette fois opposé. Chez les Baruya patrilinéaires de Nouvelle-Guinée l'enfant naît du sperme du mari, la femme ne contribue pas à cette conception, son utérus est un « sac » au sein duquel se développe la semence de l'homme. Mais, et ceci est très important, pour les Baruya, l'homme lui-même ne suffit pas à faire un enfant, il fabrique un fœtus et, pour que ce fœtus devienne un enfant, des agents plus puissants que l'homme et la femme doivent intervenir : le Soleil d'abord, divinité qui achève de donner forme au fœtus dans le ventre de la femme, et un ou une ancêtre du père qui vient se réincarner dans l'enfant après sa naissance. Dans ces deux exemples, les rapports entre sexe, genre et système de parenté sont relativement simples à comprendre. Mais il existe de nombreuses sociétés où les choses sont beaucoup plus complexes. Par exemple à Tonga, une société polynésienne encore aujourd'hui très hiérarchisée, où avant l'arrivée des Européens une aristocratie dominait les gens du commun et était elle-même subordonnée à un Homme-Dieu, le Tu'i Tonga, il existait deux conceptions du processus de fabrication des enfants. L'une partagée par le « peuple » faisait de l'enfant le produit mixte du sperme de l'homme et du sang menstruel de la femme qui fabriquaient l'enfant aidés par l'intervention des ancêtres et des dieux. Cette conception correspondait au système de parenté dit « indifférencié » de cette société. Mais une seconde interprétation avait cours également qui avait sa source dans le pouvoir du Tu'i Tonga et dans la nature divine de ce pouvoir. En effet, cette seconde « théorie » prétendait que le sperme des hommes (des maris) ne contribuait en rien à la naissance des enfants, que les femmes fabriquaient de leur chair entièrement le corps du fœtus, mais que celui-ci devenait un enfant lorsque le « souffle spermatique » du Tu'i Tonga, du grand chef, venait l'animer.

Ici on voit intervenir non seulement la logique des rapports de parenté, mais aussi la logique des rapports de pouvoir politico-religieux. Or ceux-ci ne se confondent pas avec les rapports de parenté. Ils les débordent, les enveloppent et les subordonnent à leur exercice. Et ceci nous permet de comprendre le statut très différent d'une femme du commun et celui de la Tu'i Tonga Féfiné, la sœur aînée du Tu'i Tonga. Cette femme était considérée comme plus proche des Dieux que son frère. Elle était au centre des grands rituels des prémices des récoltes, etc. et sa personne était tellement sacrée qu'aucun noble de Tonga n'était vraiment digne de l'épouser. Soit elle restait célibataire mais autorisée à prendre autant d'amants qu'elle voulait, soit elle allait épouser un grand chef des îles Fidji à 1 000 km de là. Ou encore, le fait est attesté, elle épousait son frère, seul digne d'elle.

Résumons-nous. Dans toute société des rapports politiques et/ou religieux, des rapports économiques qui n'ont rien à voir avec la parenté (propriété du sol, hiérarchie religieuse, etc.) pénètrent dans les rapports de parenté et s'attachent à certaines positions qu'occupent les individus au sein de ces rapports. Du social devient de la parenté. Et cet attachement de statuts à des positions de parenté n'a rien à voir au départ avec les qualités ou les défauts des individus qui occupent ces positions. À cette première opération en succède une seconde : la transformation de ces caractères sociaux de la parenté en attributs sociaux de l'individu selon son sexe, homme ou femme. Au terme de cette double transformation du « social » est devenu du « parental » et finalement du « sexuel ».

Les rapports sociaux s'enfouissent donc dans le corps sexué des individus qui fonctionne comme une sorte de « machine ventriloque » de l'ordre qui règne dans la société. Ces rapports sociaux sont toujours associés à des représentations qui légitiment l'attache de tel et tel pouvoir (ou l'absence d'une telle attache) à l'individu selon son sexe. Ces représentations ne sont pas inconscientes. Elles appartiennent à l'ordre de la conscience sociale, collective et individuelle, et elles sont jusqu'à un certain point partagées par ceux qui exercent le pouvoir et par ceux qui les subissent. C'est d'ailleurs ce partage qui explique le consentement que les dominés peuvent accorder jusqu'à un certain point à ceux qui les dominent. L'existence d'un partage des représentations entre les sexes, entre les castes, etc. n'exclut pas l'existence de résistances, de non-adhésions, de rébellions même. La situation sociale différente des sexes, des castes, des classes, est source d'oppositions, d'intérêts divergents, voire opposés. La prise de conscience par les individus de ces divergences et de ces oppositions n'est pas un phénomène social automatique ni général. Mais elle se développe souvent au sein d'une société.

Pour donner un exemple, à nouveau périphérique à l'Occident : dans une société de Nouvelle-Guinée, les Telefolmin, l'anthropologue Dan Jorgensen a découvert l'existence de deux systèmes de représentation de la fabrication des enfants qui attribuaient chacun un rôle différent aux hommes et aux femmes, selon que l'explication était avancée par les hommes ou par les femmes. Pour les hommes, un enfant était le produit du mélange du sperme et du sang de la mère, chaque sexe contribuant à égalité à la fabrication du fœtus. Cette conception correspondait à la nature générale du système de parenté, qui était de type indifférencié, cognatique. Mais les femmes tenaient, en secret, un autre discours. Pour elles, leur sang contribuait à fabriquer la part la plus permanente de l'enfant, ses os, son squelette. Or dans cette société les femmes étaient exclues d'un culte secret pratiqué par les hommes et qui légitimait le pouvoir de ceux-ci sur la société et dans la société. Ce culte était rendu aux ossements d'ancêtres illustres, des hommes bien sûr, des grands guerriers et des grands chamans. On voit que, à travers leurs représentations du rôle des femmes dans la conception des enfants, les femmes revendiquaient ainsi d'avoir fabriqué les os des ancêtres illustres auxquels les hommes rendaient un culte dont elles étaient exclues et où ils puisaient la légitimité de leur supériorité politique et religieuse.

Ceci nous amène à une dernière remarque. Dans aucune société — y compris les sociétés dites « primitives » parce que dépourvues de structures de classe ou de castes, et divisées en clans ou autres groupes de parenté —, les rapports de parenté, et encore moins la famille, ne sont le fondement de la société. D'abord pour une raison générale, c'est qu'une société n'a pas « un » fondement et que cette problématique n'a plus de sens aujourd'hui, mais surtout parce que les rapports sociaux qui font société, c'est-à-dire une totalité, un ensemble de groupes sociaux, capables de se reproduire sur un territoire qu'ils revendiquent comme le leur, sont les rapports politico-religieux qui existent entre les individus et les groupes et non les rapports de parenté. Il faut ajouter cette précision que dans les sociétés sans castes et sans classes les rapports économiques entre les individus et les groupes n'ont pas, plus que les rapports de parenté, le pouvoir de créer des liens de dépendance matérielle et sociale entre tous les individus et tous les groupes qui composent une société. En revanche, dans les sociétés de classes et de castes, chaque individu et chaque groupe dépendent des autres matériellement et socialement pour exister. Le statut de l'économique y est donc tout différent et affecte autrement les rapports entre les sexes. Personne dans ce type de société ne crée à lui seul ses conditions matérielles d'existence. Ceci a pour conséquence sur le plan politique et culturel qu'il ne suffira jamais d'établir l'égalité des droits et des devoirs entre les hommes et les femmes au sein de la famille et des rapports de parenté pour éradiquer la domination d'un sexe sur l'autre, en l'occurrence en général celle des hommes sur les femmes. L'enjeu fondamental des transformations des rapports inégaux entre les sexes se situe au-delà de la famille, c'est-à-dire dans la place qu'occupent les hommes et les femmes dans les rapports politiques (et aussi religieux), qui permettent de gouverner la société dans sa globalité.

Bibliographie

Godelier M. (1990), « Inceste, Parenté, Pouvoir », Psychanalystes. Le sexuel aujourd'hui, *Revue du Collège de Psychanalystes*, p. 33-51.

Godelier M. (2004), *Métamorphoses de la parenté*, Fayard, Paris.

2

Histoire sociale, histoire des femmes

Michelle Perrot

Entre histoire sociale et histoire des femmes, des liens — généalogiques, méthodologiques — existent dans la plupart des pays occidentaux. En Grande-Bretagne, aux États-Unis, en France, en Italie, ce sont souvent des historiennes du social, et plus spécialement encore du travail et du monde ouvrier, qui ont investi l'histoire des femmes, voire qui l'ont fondée. Cette liaison était ancienne, comme l'attestent, en Grande-Bretagne, les travaux pionniers d'Alice Clark (1919), Ivy Pinchbeck (1930), Wanda Fraiken Neff (1938) et, en France, ceux de Marguerite Thibert (1926) et Édith Thomas (1948) et, plus récemment, de Madeleine Guilbert (1966) et d'Évelyne Sullerot, sociologues. Elle s'est accentuée autour des années 1970-1975 qui voient le véritable *take off* de l'histoire des femmes [Laufer, Marry, Maruani, 2003].

Ce lien tient à la fois à la culture des femmes, marquée par l'altruisme, la compassion, le sentiment d'injustice qui, de Flora Tristan et George Sand à Simone Weil, pousse à l'engagement pour les déshérités, pour « la classe la plus nombreuse et la plus pauvre », comme disaient les saint-simoniens qui avaient enraciné leur socialisme dans l'alliance des prolétaires et des femmes. Il tient, d'autre part, au contexte d'une époque — les années 1950-1960 — dominée par la classe ouvrière, symbole de l'oppression, clef de l'avenir. De cette classe ouvrière plutôt virile jusque dans ses représentations, les femmes ont, en quelque sorte, pris la relève, comme sujets et objets.

La plupart de ces historiennes venaient d'une gauche teintée de populisme, voire de marxisme. En Grande-Bretagne, tandis que Edward P. Thompson renouvelait magistralement l'histoire ouvrière — *The Making of The English Working-Class* (1963) est un classique — Dorothy, son épouse, spécialiste du chartisme, montrait comment les femmes des militants, autour des années 1830-1840, se retiraient des *pubs* et des *inns*, indice de la masculinisation de l'espace public qui caractérise l'Angleterre victorienne. Aux États-Unis, la situation était identique.

Autre pionnière, Natalie Zemon Davis, spécialiste du XVIe siècle français, s'était d'abord intéressée aux imprimeurs lyonnais et à la culture populaire [2004]. Le parcours de Louise Tilly et Joan Scott est encore plus éloquent. L'une et l'autre appartiennent à l'école de Charles Tilly, sociologue du Michigan, spécialiste de l'étude quantitative des conflits du travail et de la protestation sociale en France. Joan Scott avait fait sa thèse sur les verriers de Carmaux, où elle avait rencontré Madeleine Rebérioux et Rolande Trempé. Avec Louise Tilly, elle publia en 1978 *Women, Work and Family* (traduction française, 1988), marqué par la volonté de croiser les deux instances. Prenant appui sur la Grande-Bretagne, la France et l'Italie, terrain originaire de Louise, étudiées sur une relativement longue période (XVIIe-XXe siècle), elles montrent que les mutations du travail des femmes sont inséparables de celles de la famille. Par la suite, Joan Scott s'oriente vers la déconstruction et le *linguistic turn* donnant au genre, « catégorie utile de l'analyse historique » [Scott, 1988], sa légitimité. On notera les liens de ces chercheurs américains avec la France où l'histoire dite « économique et sociale » était, grâce à Camille E. Labrousse, Fernand Braudel et l'école des Annales, à son zénith.

Mon itinéraire personnel s'inscrit dans cette perspective, et je l'ai raconté ailleurs. Désireuse de contribuer à une histoire « scientifique » du monde ouvrier, j'avais choisi de travailler sur les grèves de la fin du XIXe siècle. Moyen de pression autant que mode d'expression, les grèves permettaient de faire à la fois une étude quantitative, distanciée de la pure idéologie, et une approche qualitative, quasi ethnologique, d'une prise de parole. Soutenue en 1971, ma thèse sur *Les Ouvriers en grève* parut en 1974. Elle comportait un chapitre sur « Les grèves féminines (p. 318-330). C'était peu, à la mesure du faible « pouvoir de grève » des femmes, sans comparaison avec leur poids dans le salariat. Autant la place des femmes dans les émeutes de subsistance était non seulement tolérée, mais considérée comme normale et souhaitable — elles étaient le baromètre de l'« économie morale » à laquelle Edward P. Thompson avait consacré des pages étincelantes —, autant la grève, acte viril de producteurs mâles, n'était pas leur affaire, pas plus que l'usine n'était leur espace. Cette dissymétrie m'avait frappée, sans que j'en perçoive encore les raisons. J'avais tendance à imputer à la résignation des femmes — « univers de défaite et de soumission », écrivais-je — la fréquence de leur échec dans les conflits, sans l'articuler aux rapports de sexe qui régissent le monde du travail. Mon empathie pour le monde ouvrier me portait à l'idéaliser globalement. Elle ne m'empêchait pas, pourtant, de saisir d'autres contradictions : par exemple, les clivages entre travailleurs qualifiés ou non, surtout les affrontements parfois sanglants entre ouvriers français et étrangers, source d'une violente xénophobie sur laquelle j'avais attiré l'attention. Mais la question de la « domination masculine » m'échappait. Les femmes étaient victimes : mais de quoi ?

Après l'achèvement de ma thèse, j'étais disponible. J'avais vécu 1968, intensément. Et, plus encore, le mouvement de libération des femmes, dont l'université Paris-VII-Jussieu était un épicentre. Deux domaines m'attiraient, l'un et l'autre liés à une brûlante actualité : les prisons et les femmes. Je m'y engageai parallèlement, avec une implication de plus en plus forte du côté des femmes. « Les femmes ont-elles une histoire ? », tel fut le titre du cours ouvert en 1973 à Paris-VII (avec Pauline Schmitt et Fabienne Bock), suivi de beaucoup d'autres, sur « Femmes et famille », « Femmes et travail » etc. ; ainsi que de séminaires de recherche fréquentés, à la mesure d'une forte demande.

L'histoire des femmes que je pratiquais alors demeurait marquée par le social et par le travail. À Jussieu, Claude Durand et son équipe développaient une « sociologie du travail » (voir revue du même nom) à part entière, dans laquelle Danièle Kergoat [1982] et Margaret Maruani [1985] élargissaient la dimension sexuée que Madeleine Guilbert avait naguère initiée. La conjoncture sociale y portait. La reprise vigoureuse du travail des femmes modifiait de fond en comble le salariat. Les grèves de femmes dans les années 1975-1980 [Borzeix, Maruani, 1982] attiraient l'attention sur une main-d'œuvre encore peu qualifiée, mais combative, non plus marginale, mais centrale dans ce qui préfigurait les « nouveaux mouvements sociaux ».

Pour toutes ces raisons, le climat était propice à l'introduction des femmes dans l'histoire sociale. On voit se multiplier les initiatives. En 1975, à la Maison des sciences de l'homme, une table ronde réunit les « grands » de l'histoire sociale (Edward P. Thompson, Éric Hobsbawm, David Montgommery, Charles Tilly, Georges Haupt, Yves Lequin, etc.) et leurs consœurs (dont Dorothy Thompson, Joan Scott, Louise Tilly, Michelle Perrot...) autour du thème « Industrialisation et travail des femmes ». En 1978, *Le Mouvement social* consacre, sur ma proposition, un numéro spécial aux « Travaux de femmes. De la nourrice à l'employée » (octobre-décembre, n° 105), dont le titre indique la volonté de prendre en compte la diversité des aspects du travail des femmes. En 1973, de premières thèses, celles de Marie-Hélène Zylberberg-Hocquard et d'Anne-Marie Sohn, soutenues en sociologie, mettaient l'accent sur féminisme et syndicalisme. À Paris-VII, les mémoires de maîtrise se diversifiaient, mais l'histoire sociale y gardait la part belle [Thébaud, Dubesset, Vincent, 1974]. Ainsi, l'histoire contemporaine des femmes fut d'abord sociale, voire une « histoire ouvrière du travail des femmes » [Thébaud, 1998].

Bien entendu, l'histoire sociale des femmes ne fut pas que cela. Elle prit en compte, dans une moindre mesure, les domestiques et les bourgeoises [Martin-Fugier, 1979, 1983], mais assez peu les paysannes, dont l'approche faute de sources, fut ethnologique ou pénale, en raison de la richesse des dossiers judiciaires [Tillier, 2001]. Elle emprunta également des biais professionnels : femmes médecins, professeures, ingénieures, employées... ce qui n'était possible que pour le XXe siècle. Elle se complexifia aussi, abordant techniques, machines, espaces de l'usine, de la ville, migrations, voyages, formation professionnelle, création, à la mesure d'une histoire sociale élargie, en quête de domaines nouveaux, devenant autre.

Mais, pour en tenir aux « origines », la trame première fut relativement ouvrière. Pourquoi cette généalogie ? Et quels en ont été les effets ? On pourrait dire que s'est opéré un double transfert : d'énergie, de la part des historiennes ; d'objet, les femmes étant substituées aux ouvriers, comme victimes, mais aussi comme actrices. Scellée par le socialisme romantique, l'alliance victimaire des prolétaires et des femmes s'était pourtant déchirée. Le marxisme avait fait du prolétariat l'agent de la lutte des classes et, sans nier l'inégalité des sexes, imputée à la « défaite historique du sexe féminin » (Engels), il avait subordonné la solution de la « question des femmes » à la révolution virilisée. Le marxisme avait refoulé les femmes, et le féminisme, né des contradictions de la Révolution française, jumeau du socialisme, était devenu « bourgeois » aux yeux de ce dernier.

Introduire les femmes — et le genre — dans le social, constituait une contestation dont Christine Delphy, venue justement du marxisme, et demeurée fortement matérialiste, fut la principale interprète. L'ennemi principal [Delphy, 1988] n'était pas la bourgeoisie, mais le patriarcat. Le pouvoir était sexué et la « domination masculine », à laquelle Pierre Bourdieu devait consacrer un ouvrage controversé (1998), était le paradigme majeur de la cité. Les emprunts de la critique féministe au mouvement ouvrier et au marxisme étaient importants, dans le vocabulaire (« classe de sexe ») et dans les perspectives. Mais leurs rapports étaient conflictuels. L'autonomie des champs et des mouvements s'opéra, parfois douloureusement.

Venue, pour une part — sa part sociale justement —, des rivages de l'histoire ouvrière, l'histoire des femmes dut s'en émanciper. Sur elle, a pesé un double soupçon : celui de la trahison pour les uns, celui de l'idéologie militante pour les autres. Qu'avait-on à faire de ce marxisme « rebouilli » ? Il lui a fallu du temps pour conquérir son indépendance (au vrai, elle était dissidente dès le départ), se faire reconnaître, et surtout pour s'affranchir du primat du social et se donner les outils dont elle avait besoin pour aborder les sources où elle devait puiser

— la littérature, l'art, la philosophie... — et les problèmes auxquels elle était confrontée : le déchiffrement des discours, des images, des représentations, des symboles, l'analyse de la famille, de la sexualité, des sensibilités, le rôle du droit et de la politique, etc., toutes choses qui ne relèvent pas de l'histoire sociale classique. Anthropologie, histoire culturelle, religieuse, voire psychanalyse, fournissaient des instruments plus efficaces de pénétration. Surtout quand la différence des sexes et le genre s'imposèrent comme le nœud gordien de la réflexion et de la recherche.

L'histoire sociale devait être dépassée et le fut, sans être pour autant reniée. Elle imprégna longtemps, et marque toujours, l'histoire des femmes, et ceci de plusieurs manières. En lui inspirant des directions prioritaires : l'étude du travail, par exemple, ou des « conditions sociales » ; des alliances privilégiées, ainsi avec la sociologie qui demeure la frontière disciplinaire la plus solide ; ou encore le souci de croiser le social et le sexuel. Cet enracinement a probablement filtré ou freiné la séduction du *linguistic turn* qui n'a jamais exercé, en France, l'impact qu'il a eu aux États-Unis, alors même qu'il se revendiquait du *french feminism*, à savoir le versant plutôt différencialiste, axé sur l'appréhension du féminin, que refuse justement une histoire sociale plus universaliste, qui fait de l'historicité du genre sa démarche fondamentale. Ajoutons que ces distinctions, qui firent les beaux jours des années 1970 et 1980, sont aujourd'hui plus ou moins dépassées. Le poids de l'histoire sociale a maintenu la majeure part des historiens dans la glèbe d'un certain « réel ». En dépit de l'accent mis sur les représentations, ils ont du mal à adhérer à l'idée d'une histoire purement discursive et subjective. On le constate, par exemple, dans le dialogue de Denis Crouzet avec Nathalie Z. Davis, pourtant partisane résolue d'une approche culturaliste de l'histoire [2004].

Entre le social et l'histoire des femmes, le mariage tient bon. Même si la complexité de cette histoire exige des interrogations sans limites et des partenaires multiples. Une union libre, en somme.

Bibliographie

Borzeix A., Maruani M. (1982), *Le temps des chemises. La grève qu'elles gardent au cœur*, Syros, Paris.

Davis N. Zemon (2004), *L'histoire tout feu tout flamme. Entretiens avec Denis Crouzet*, Albin Michel, Paris.

Delphy C. (1998), *L'ennemi principal, tome I, Économie politique du patriarcat*, Syllepse, Paris (première édition : 1970).

Guilbert M. (1966), *Les femmes et l'organisation syndicale avant 1914*, CNRS, Paris.

Kergoat D. (1982), *Les ouvrières*, Le Sycomore, Paris.

Laufer J., Marry C., Maruani M. (dir.) (2003), *Le travail du genre. Les sciences sociales du travail à l'épreuve des différences de sexe*, La Découverte-Mage, Paris.

Martin-Fugier A. (1979), *La place des bonnes. La condition domestique à Paris en 1900*, Grasset, Paris.

Martin-Fugier A. (1983), *La bourgeoisie. Femme au temps de Paul Bourget*, Grasset, Paris.

Maruani M. (1985), *Mais qui a peur du travail des femmes ?* Syros, Paris.

Perrot M. (1974), *Les ouvriers en grève (France, 1871-1890)*, Mouton, Paris.

Perrot M. (2001), *Les femmes ou les silences de l'histoire*, Flammarion, Paris (« Femmes au travail », p. 117-207) (première édition : 1998).

Scott Joan W. (1982), *Gender and the politics of History*, Columbia University Press, New York.

Sohn A.-M. (1973), *Féminisme et syndicalisme. Les institutrices de la Fédération unitaire de l'enseignement*, thèse sous la direction d'Annie Kriegel, Paris-X-Nanterre.

Thébaud F. (1974), « Quand les femmes entrent à l'usine. Les ouvrières des usines de guerre de la Seine 1914-1918 », avec Dubesset M. et Vincent C., maîtrise, Paris-VII-Jussieu.

Thébaud F. (1998), *Écrire l'histoire des femmes*, ENS éditions, Fontenay.

Thibert M. (1926), *Le féminisme et le socialisme français de 1830 à 1850*, Giard, Paris.

Tilly L. (1990), « Genre, histoire des femmes et histoire sociale », *Genèses*, n° 2, décembre, p. 148-166.

Tillier A. (2001), *Des criminelles au village. Femmes infanticides en Bretagne (1825-1865)*, PUR, Rennes.

Zylberberg-Hocquard M.-H. (1973), *Féminisme et syndicalisme en France avant 1914*, thèse sous la direction de Madeleine Guilbert, université de Tours.

3

Ontologie et politique, une double question philosophique

Geneviève Fraisse

Alignons les mots qui pourraient être des concepts ou idées philosophiques : sexe, genre, différence sexuelle, différence des sexes, ceux de la différence, dualité sexuelle, sexualité, sexuation. Tous ces mots, et sans doute d'autres encore, ont une légitimité fragile dans l'histoire de la philosophie. La question des sexes n'est jamais répertoriée comme un objet philosophique. Là se trouve la difficulté première. Ce qui change, cependant, depuis deux siècles, c'est le parti pris politique de la démocratie, celui de l'égalité des sexes et de la liberté des femmes, parti pris, présupposé et point de départ d'une réflexion nouvelle dans l'histoire occidentale. Cette question politique relative au lien sexuel ne s'ajoute donc pas à une interrogation philosophique préexistante ; elle en est, dans notre époque contemporaine, le point de départ, c'est-à-dire sa condition de possibilité. C'est parce que l'émancipation des femmes est à l'ordre du jour de la démocratie que la question philosophique a pu être formulée.

Cette question se divise alors en deux approches entremêlées que nous distinguerons ici pour la clarté, une approche ontologique, soucieuse de comprendre le rapport d'identité et de différence entre les sexes et une approche politique, centrée sur la production d'égalité et de liberté. L'image d'une utopie à venir est un horizon commun.

Ontologie, ou recherche sur la définition

Souvent, pour qualifier le chemin qui reste à faire en vue de l'égalité des sexes, on parle d'un processus inachevé, commencé avec les révolutions, notamment la Révolution française et la valorisation de l'espace public. L'histoire récente de la démocratie occidentale a représenté l'identité des sexes, exactement leur similitude, soit en fantasmant leur confusion, mélange et disparition du masculin et du féminin, soit en invoquant le neutre, comme couverture de la différence entre homme et femme. Les débats révolutionnaires de la fin du XVIIIe siècle ont clairement énoncé cette alternative entre l'angoisse de la confusion et la certitude de l'universel. Aujourd'hui, achever le processus démocratique consiste à réconcilier ces deux idées. En distinguant le sexe du genre, en débusquant les normes qui président aussi bien à la construction du sexe biologique que du genre social, la pensée anglo-saxonne offre une solution à l'alternative entre la confusion et le neutre, entre le mélange empirique et l'abstraction simplifiée. Tout être humain serait indéterminé. Ne plus être déterminé par son sexe ou son genre serait un espoir et une utopie pour chaque individu. Il n'y aurait ni indifférence ni indifférenciation, simplement la production d'une identité personnelle pour la vie intime comme pour l'espace public. Le but serait d'échapper à la norme sexuelle et sociale, autrement dit aux stéréotypes, pour se définir. La résistance aux identités imposées du masculin et du féminin, comme la subversion des normes et règles de la sexualité, alimenterait aujourd'hui un projet théorique rassembleur.

Contester les normes sexuelles met la sexualité, la vie sexuelle, au cœur de la réflexion sur les sexes. La contestation de l'hétérosexualité comme principe dominant, le débat très vif sur la pornographie et la prostitution le souligne. La psychanalyse se retrouve en partie dans ce primat accordé à la sexualité. La pensée philosophique peut-elle s'en satisfaire ?

Pour détruire les normes, il faut défaire simultanément deux ennemis, le réel biologique imposé et la réalité sociale stéréotypée, l'assignation au sexe physique et l'encadrement dans le genre construit. Il me semble important de s'arrêter sur la binarité de ces repères, sur cette structure duelle, indépendamment des significations accordées aux deux pôles. Doit-on nécessairement penser à partir de l'opposition nature/culture, à partir d'une opposition binaire ? L'histoire du sujet dans sa durée vitale, et l'histoire des sexes en général montrent une dynamique moins figée. Le mouvement du sujet, à la recherche de son identité, ou de sa définition, peut s'assujettir aux normes, ou, au contraire, contester la soumission imposée, voire transgresser les règles implicites. Ce mouvement d'acceptation ou de rejet suppose le rapport à l'autre, et convoque une pensée de l'altérité. Loin de la simple évaluation de la tension nature/culture (ou culture/nature), affrontement dont l'issue me paraît faire la part belle au sujet individuel, je propose de penser à partir de l'histoire des sexes, et surtout de leur historicité politique.

Ce travail sur l'identité, identité critiquée comme norme et recherchée comme destinée individuelle, rappelle un trait marquant de la pensée féministe depuis son origine, celui qui affirme que le privé est politique. Tournant délibérément le dos à toute anthropologie des sexes et de la famille, comme anthropologie reposant sur les différenciations des places de chacun et chacune dans la reproduction et la filiation, cette ontologie est une philosophie de l'individu.

Personne, cependant, n'évitera la question de l'efficacité d'une subversion des normes comme projet d'une société, stratégie qui permettrait d'englober l'ensemble des objectifs politiques.

Politique

L'inachèvement de la démocratie se comprend encore mieux si on réfléchit aux droits plutôt qu'aux normes, aux conquêtes juridiques plutôt qu'aux modèles imposés. Dans ce cas, la critique de la norme hétérosexuelle dominante est jugée insuffisante, voire partielle, et la pensée féministe centre alors son travail sur le développement du droit dans les champs politique, économique, civil, familial et corporel. En conséquence, achever la conquête des droits exige de réclamer tous les pouvoirs détenus par les hommes, à commencer par le pouvoir politique. Le pouvoir politique (économique et social) semble l'affaire ultime de la recherche d'égalité entre les sexes, sans pourtant ignorer ou minorer les autres combats, égalité professionnelle, lutte contre les violences, maîtrise de la reproduction... Inutile, en ce cas, de remettre en cause la catégorie sexuelle, être homme ou être femme. La sexualité de l'individu, homosexuelle, hétérosexuelle, transsexuelle n'est pas l'objet du débat. La catégorie homme/femme, ou différence des sexes, peut être, suivant les théories, définie par des essences ou au contraire vidée de tout contenu précis ; elle structure néanmoins un cadre de réflexion et d'action politique, supposant opposition, hiérarchie, domination entre les deux sexes ; réfléchissant les sexes en termes d'altérité et de relation. Là est l'écart entre la critique des normes sexuelles et la pensée des droits : se déprendre de la norme peut être un processus individuel ou collectif ; produire du droit, en revanche, implique nécessairement d'étudier le rapport à l'autre comme conflit des altérités et des pouvoirs.

Ainsi, les pensées de la résistance à la domination masculine sont aussi des pensées de la conquête. La dialectique, cependant, reste souvent absente des analyses. Là encore, l'historicité du rapport entre les sexes peine à être reconnue. C'est pourquoi l'histoire des femmes pèse de tout son poids dans le travail théorique : cette histoire est comme un laboratoire pour donner des images multiples des sexes, repérer les mutations du lien sexuel, les inversions des genres, les récits des transgressions. Aussi, il faut identifier les évolutions des stratégies masculines à l'heure où le pouvoir patriarcal, qui fut l'allié des sociétés très hiérarchisées, la monarchie par exemple, est supplanté par la société démocratique des frères, plus secrète, ou plus sauvage, dans l'exercice de sa suprématie. De même, il est intéressant, de s'arrêter sur deux concepts classiques de la philosophie, l'amour et l'amitié, qui furent des notions admises pour parler des sexes : dans notre ère démocratique, en effet, ces deux concepts sont mêlés, entremêlés devrait-on dire, par l'irruption du concept d'égalité des sexes. L'amitié rend mieux compte de l'égalité que l'amour...

L'anthropologie politique ou psychanalytique se déploie aussi plus aisément dans cet espace classique. Les unions conjugales et les transformations de la filiation peuvent être vues de façon conservatrice, c'est-à-dire fondées sur un ordre symbolique ou social structurant avant d'être historique ; ou au contraire faire l'objet de propositions de transformations, laissant place à la reconnaissance de l'individu dans un jeu libre des altérités. Que le privé soit politique est un point de rencontre entre les approches ontologique et politique.

L'action

Il peut sembler formel d'opposer le travail politique à la bataille ontologique. Les deux postures énoncent, cependant, des choix épistémologiques et pragmatiques distincts ; même si elles se rejoignent dans un même projet, la subversion des rapports entre les sexes, la recherche de plus d'égalité et de plus de liberté.

Il faut, pour finir, poser la question de l'efficacité : si l'origine des pensées sur « les sexes » provient du désir et de la volonté d'émancipation et de subversion, le lien avec la pratique, modes d'action et efficacité, doit être examiné. Les lieux de l'action sont multiples, ils séparent ou rapprochent le privé et le public, l'intime et le politique ; ils jouent de l'affrontement et de la ruse. La distinction conceptuelle entre égalité et liberté est sans cesse nécessaire. La contradiction entre la particularité des femmes et l'universel humain est sans doute insoluble. Miner les normes et défendre ou conquérir des droits ; exercer la vigilance sur la vie sexuelle, la fécondité et la sexualité ; choisir les acteurs de la lutte, autres catégories dominées ou institutions politiques ; définir l'ordre des priorités, corps, travail, pouvoir... Comment évaluer le juste et le bien ? De quelle utopie rêvons-nous ?

Le pragmatisme catégoriel (« les femmes ») semble le disputer à la destruction de toute catégorie (ni « sexe » ni « genre »). Nous en sommes là.

Bibliographie

Nous renvoyons volontiers au travail des revues pour donner un aperçu des débats français récents. Outre les revues spécialisées, *Les Cahiers du genre, Les Cahiers du Grif, Les Cahiers Masculin/Féminin, Clio, Nouvelles Questions féministes, Prochoix, Travail, genre et sociétés*, il faut se reporter aux numéros spéciaux suivants :

Actuel Marx (2001), « Les rapports sociaux de sexe », n° 30, PUF, Paris.

Le Banquet (1998), « Mariage, union et filiation », n° 12-13, PUF, Paris.

Cadmos (2004), « Masculin féminin », n° 6, 6 bd Georges-Poirier, 08000 Charleville-Mézières.

Cités (2002), « L'avenir politique du féminisme, le cas français », n° 9 ;

— (2003), « Politiques de la pornographie, le sexe, le savoir, le pouvoir », n° 15.

Cosmopolitiques (2003), « Ce sexe qui nous dépasse », n° 4, Éditions de l'Aube, Paris.

Esprit (1997), « Les Modernes en mal d'amour » ;

— (2001), « L'un et l'autre sexe ».

Lignes (2001), « Identités indécises », n° 6, Leo Scheer.

Le Philosophoire (2000), « L'amour », n° 11.

Mouvements (2002), « Sexe, sous la révolution, les normes », n° 20, La Découverte, Paris.

— (2004), « Les hommes en crise ? Le masculin en question », n° 31, La Découverte, Paris.

Multitudes (2003), « Féminismes, queer, multitudes », n° 12.

Pouvoirs (1997), « Femmes en politique », n° 82, Seuil, Paris.

Revue des deux mondes (2000), « Que savez-vous du sexe opposé ? ».

Rue Descartes (2003), « Queer : repenser les identités », n° 40, PUF, Paris.

Les Temps modernes (2000), « « Différence des sexes » et « ordre symbolique » », n° 609.

4

Féminisme et marxisme

Christine Delphy

Le marxisme est devenu un courant important dans le féminisme dès le début du XXe siècle. Et quand la deuxième vague du féminisme apparaît en Amérique du Nord et en Europe en 1970, les multiples écoles théoriques marxistes, ainsi que les nombreuses formations politiques s'en réclamant sont très importantes dans le climat intellectuel.

Les mouvements de contestation étudiante de 1968 ont été influencés par les groupes trotskistes, et plus généralement par la philosophie de la lutte des classes. En Amérique du Nord, la théorie de la lutte des classes, si elle n'a pas inspiré la lutte pour les droits civiques des Noirs (1962) et le combat contre la guerre au Viêt-nam qui arrive sur ses talons (1965), devient vite l'un des cadres théoriques de ces mouvements. Le féminisme en France, issu à la fois du mouvement de mai 1968 et de la contestation par les femmes de son machisme, se situe dans la même mouvance.

Dès l'apparition de la deuxième vague, le marxisme est, pour les féministes, à la fois un obstacle et un outil.

C'est un obstacle presque par définition : ce qui distingue la deuxième vague de la première, c'est la volonté des féministes de « ne plus se faire avoir » et de s'organiser indépendamment de tous les partis ou groupes politiques existants. Pourquoi ? D'une part, parce qu'elles ont fait l'expérience d'un militantisme qui, loin de la remettre en cause, se fonde sur la division traditionnelle du travail : aux États-Unis comme en France, dans les groupes antiguerre comme en mai 1968, les femmes ont été utilisées comme tireuses de ronéo, distributrices de tracts et repos du guerrier, sans jamais pouvoir prendre la parole. Ensuite, parce que cette parole, censurée même quand il s'agit de priorités déterminées par les chefs — des hommes — est inaudible quand il s'agit du sort des femmes. Selon le mot historique de Stokely Carmichael, répondant à la question d'une femme sur la place des femmes dans le combat pour les droits civiques : « La seule place des femmes dans le mouvement est sur le dos. » Enfin parce qu'en Europe les partis communiste et socialiste ne reçoivent pas mieux que les autres partis la renaissance du féminisme.

Mais c'est aussi un outil. La théorie marxiste, théorie de la domination d'un groupe par l'autre, théorie du changement social, semble d'emblée la plus riche en instruments intellectuels pour penser l'oppression des femmes et le changement de leur statut.

Cette théorie est en bonne place dans l'ouvrage qui a déterminé plus d'une conscience féministe de l'époque : *Le deuxième sexe* de Simone de Beauvoir [1949], bien qu'en compétition avec d'autres théories, comme la psychanalyse. Beauvoir dira plus tard que si elle avait à le récrire, elle aurait privilégié l'angle matérialiste — ce que signifie « matérialiste » reste en discussion à ce jour. Réciproquement, l'extrême gauche voit le jeune mouvement féministe à la fois comme un concurrent — les ouvriers ne sont plus les seuls opprimés — et comme une ressource potentielle, si on peut amener les féministes à ranger leur lutte sous la bannière de l'anticapitalisme.

Ces ambitions divergentes donnent lieu à trois grands positionnements entre marxisme et féminisme.

Le marxisme comme stratégie de *containment* du féminisme

Le féminisme est vu par l'extrême gauche comme une menace : il « divise » ou « divisera » les travailleurs. Il faut en limiter la portée. À cet effet, il faut définir l'oppression des femmes afin que celle-ci soit intégrée dans les schémas d'explication marxistes préexistants. Pour les marxistes traditionnels, les femmes sont opprimées d'abord en tant que travailleuses ; les quelques oppressions « psychologiques » qu'elles subissent sont dues soit à la biologie, inchangeable, soit à une idéologie qui tombera d'elle-même, comme une croûte, après la révolution prolétarienne. On essaie de relier cette idéologie au capitalisme, en disant par exemple que la famille, qui forme des personnalités obéissantes (?), est indispensable à ce dernier, bien qu'on ne voie pas pourquoi ce rôle de dressage des parents devrait entraîner la subordination de l'un d'eux. Une version révisée admet l'existence d'une oppression « de sexe » à part entière, bien que moins importante que l'oppression capitaliste, et reconnaît même qu'il existe une exploitation économique dans le travail domestique. Mais dans cette dernière version, finalement, c'est l'ensemble de la classe capitaliste qui bénéficie de ce travail gratuit *via* l'abaissement du coût du travail salarié, et c'est l'ensemble de la classe ouvrière qui est exploité. On ne voit pas bien pourquoi ce sont les femmes qui font ce travail gratuit, ni pourquoi elles sont considérées — alors qu'elles ne sont pas payées — comme étant dans une situation d'égalité avec leurs maris payés [Delphy, Leonard, 1992 ; Delphy, 1998]. On voit bien en revanche le problème central posé par les féministes : le fait que les femmes au foyer ne sont pas payées et dépendent de leur mari pour leur pain quotidien, est évacué.

Ces positions marxistes-féministes ne diffèrent qu'en degrés. Et ces degrés représentent les différents points de retraite sur lesquels elles ont dû se redéployer devant l'offensive féministe radicale [Delphy, Leonard, 1992]. Elles gardent en commun trois affirmations : 1) le capitalisme est l'oppression sociale centrale, autour de laquelle s'agencent et à laquelle servent toutes les autres ; 2) les hommes ne bénéficient pas de l'oppression des femmes, et donc les hommes et les femmes ne peuvent constituer des classes antagonistes ; 3) enfin, ces analyses s'appuient sur les « rôles de sexe » qui ne sont pas problématisés, donc considérés comme non sociaux.

Le féminisme utilise le marxisme comme une analogie

Shulamith Firestone [1972], utilise explicitement le modèle marxiste des classes dans *La dialectique du sexe*. Elle opère un retournement historique en faisant de l'oppression des femmes le premier système de classes et le modèle des autres. Mais pour elle, la base matérielle que le marxisme trouve dans les rapports de travail se situe dans la reproduction de l'espèce, dans le fait que les femmes portent les enfants. Cette vision, celle du naturalisme du sens commun, dénoncée pour cette raison, nuit à ses critiques toujours actuelles de la sexualité et du statut des enfants dans nos sociétés. Catharine MacKinnon, dont les écrits sont souvent pris comme repoussoir en France par certaines antiféministes (alors même qu'ils ne sont pas traduits), prend le marxisme comme théorie de référence. Elle fournit l'une des critiques les plus érudites et profondes des insuffisances des approches marxistes classiques, ainsi d'ailleurs que des approches féministes qui se disent marxistes mais qui sont souvent plus inspirées par le naturalisme « vulgaire » et ses expressions savantes — dont la psychanalyse et l'anthropologie. Son analyse de la phrase de Marx : « Le rapport immédiat, naturel nécessaire de l'homme à l'homme est le rapport de l'homme à la femme » [Marx, 1968] est fondamentale, en ce qu'elle met le doigt sur les présupposés naturalistes qui informent la plupart des approches marxistes, classiques ou contemporaines. Cette approche téléologique et mystique de l'hétérosexualité est inséparable des deux autres thèses qu'elle engendre ou par lesquelles elle est engendrée : la naturalité de la famille et la naturalité de la « division du travail entre les sexes ». La thèse de MacKinnon [1989] est que « le sexe — c'est-à-dire la sexualité de la domination et de la soumission — est crucial, fondamental, et à un certain niveau définitif, dans le processus [de la subordination des femmes] » (p. 128).

Le marxisme comme matérialisme inachevé

Le marxisme est l'outil privilégié d'analyse de l'oppression des femmes dans l'école féministe matérialiste. Mais ce qui est repris ici dans le marxisme, ce ne sont pas du tout les analyses sur le capitalisme. Au contraire, celles-ci sont vues comme ayant été à tort identifiées à l'ensemble du marxisme, à l'ensemble des systèmes de domination, et finalement incomplètes même en ce qui concerne le capitalisme [Kergoat, 1982]. Ce sur quoi cette école met l'accent, c'est d'une part sur l'omniprésence de classes dans l'histoire humaine de groupes dont les intérêts sont antagonistes du fait de l'exploitation des uns par les autres, et d'autre part sur l'hypothèse que les groupes ne sont pas constitués *a priori*, mais au contraire précisément par la domination. Si j'insiste sur l'appropriation privée du travail des femmes dans le cadre du mariage [Delphy, 1998, 2001 ; Delphy, Leonard, 1992], tandis que Colette Guillaumin [1992] parle d'appropriation collective et que Monique Wittig [2001] attribue l'existence de la division en genres à l'institution de l'hétérosexualité — ce qui la rapproche de MacKinnon —, chacune reprend cependant à son compte les analyses des autres. Cette approche théorique inclut aussi Nicole-Claude Mathieu [1991], Paola Tabet [1998] Sylvia Walby [1990], Sue Scott et Stevi Jackson [1996], et de jeunes chercheur-es français-es.

Dans le « débat sur le travail domestique » conduit en Grande-Bretagne entre 1976 et 1982, je fus la seule Française à intervenir. Les marxistes britanniques orthodoxes essayaient d'expliquer le travail domestique sur la base de la théorie de la plus-value. Or celle-ci ne peut s'appliquer à un travail gratuit, sans valeur marchande par définition, ce qui, loin d'enlever à son caractère d'exploitation, constitue l'exploitation, mais une exploitation différente de celle par la valeur qui caractérise le capitalisme. En France, à la même époque, on utilisait et on utilise encore la distinction entre « production » et « reproduction », qui n'a aucun sens économique mais qui a l'effet fâcheux de reproduire la notion selon laquelle le travail domestique serait une conséquence « naturelle » de la procréation et de l'accouchement.

La rédemption du marxisme par le féminisme

Le marxisme, en dépit de son incapacité à expliquer l'oppression des femmes, est-il cependant utile ? En d'autres termes y a-t-il une rédemption possible du marxisme [Delphy, 1996] ? Oui, si on cesse d'en avoir une approche « talmudique », centrée sur la lettre, et que l'on renoue avec son grand dessein et la philosophie qui le fonde. Si Marx et ses épigones sont naturalistes en ce qui concerne le genre, ils sont par ailleurs constructionnistes ; les théories marxistes ne remettent pas en cause les catégories de genre, mais elles ne sont pas fondées, comme la psychanalyse, sur la « différence des sexes », au point que si on retire celle-ci, toute la construction s'écroule comme un château de cartes. Les marxistes ont fait du capitalisme non seulement la seule exploitation, mais le critère de l'exploitation. Mais le souci de Marx était diamétralement opposé : il voulait comprendre pourquoi les gens étaient opprimés, non juger si ils l'étaient [Delphy, 2003, 2004]. C'est cette philosophie dans laquelle l'analyse est consubstantiellement liée à un projet d'émancipation qu'il faut retrouver, ainsi que son point de vue éminemment constructionniste, selon lequel les relations sociales sont la seule réalité matérielle de l'humanité — et non la « nature » ou la « technique ». Ce point de vue est aussi nouveau, aussi subversif, et aussi productif aujourd'hui qu'il y a cent cinquante ans.

Bibliographie

Beauvoir de S. (1986, édition originale 1949), *Le deuxième sexe*, tome I et tome II, Folio, Essais, Paris.

Delphy C., Leonard D. (1992), *Familiar Exploitation*, Cambridge, Polity Press.

Delphy C. (1996), « Féminisme, marxisme et enjeux actuels des luttes en France », *in* Congrès Marx International, Paris, PUF, p. 133-153.

Delphy C. (1998), « Capitalisme, patriarcat et lutte des femmes », *L'ennemi principal, tome I, Économie politique du patriarcat*, Syllepse, Paris, p. 255-271.

Delphy C. (2001), *L'ennemi principal*, tome II, Penser le genre, Syllepse, Paris.

Delphy C. (2003), « Pour une théorie générale de l'exploitation : en finir avec la théorie de la plus-value », *Mouvements*, mars, p. 69-78.

Delphy C. (2004), « Pour une théorie générale de l'exploitation : repartir du bon pied », *Mouvements*, février, p. 97-107.

Firestone S. (1972), *La dialectique du sexe. Le dossier de la révolution féministe*, Stock, Paris.

Guillaumin C. (1992), *Sexe, race et pratique du pouvoir*, Côté-Femmes, Paris.

Kergoat D. (1982), *Les ouvrières*, Le Sycomore, Paris.

MacKinnon C. (1989), *Toward a Feminist Theory of the State*, Harvard University Press.

Marx K. (1968), « Communisme et propriété », Économie et philosophie, Œuvres, tome II, Economica, Paris.

Mathieu N.-C. (1991), *L'anatomie politique*, Côté-femmes, Paris.

Scott S., Jackson S. (1996), *Feminism and Sexuality*, Columbia University Press.

Tabet P. (1998), *La construction sociale de l'inégalité des sexes*, L'Harmattan, Paris.

Walby S. (1990), *Theorizing Patriarchy*, London, Blackwell.

Wittig M. (2001), *La pensée straight*, Balland, Paris.

5

Classes en tous genres

Christian Baudelot et Roger Establet

La prise en compte de la dimension du genre entraîne à tout coup la nécessité d'un réexamen radical de tous les problèmes de sociologie, qu'il s'agisse du suicide [Besnard, 1973], de la mobilité sociale — tel père... [Merllié, 2001] — des auteurs et des victimes de la violence ou du bilan de la scolarisation. Il n'en va pas autrement de la question des classes sociales. Depuis les analyses classiques de Guizot, Mignet et Marx, le concept de classe sociale est devenu, en sociologie et en histoire, un opérateur très efficace pour coordonner le tissu profond de la vie collective bâti autour du travail, et les phénomènes spectaculaires et apparemment désordonnés de la vie politique. Nécessités et libertés, base et superstructure, comme on voudra. Or le travail et la politique se donnent d'abord comme des univers dominés par les hommes. Dans *Le 18 brumaire de Louis Napoléon Bonaparte*, les acteurs innombrables et anonymes de l'infrastructure (petits bourgeois, paysans parcellaires, capitalistes industriels ou financiers, ouvriers) et les personnages qui les représentent sur le devant de la scène (Ledru-Rollin, Cavaignac, Lamartine, Louis Blanc) sont tous des hommes : ce sont les hommes qui font l'histoire...

Depuis les dernières décennies, l'entrée massive des femmes dans l'activité [Daune-Richard, 2001], les avancées mondiales de la scolarisation féminine rendent de plus en plus inopérants les concepts construits dans cette optique « virocentrique », pour les sociétés d'aujourd'hui comme pour celles d'hier. Sociologues, nous nous bornerons à réfléchir sur la société contemporaine.

La prise en compte du genre implique une transformation des référentiels

S'agissant du travail, comme point d'enracinement des classes sociales, la part qu'y prennent les femmes oblige à le prendre dans la totalité de ses dimensions, et non plus à se limiter à sa face visible — ce qu'il est convenu d'appeler l'activité —, la plus facile à saisir par la statistique. Une étude du PNUD (Programme des Nations unies pour le développement) de 1995 résume de façon saisissante les relations globales des hommes et des femmes au travail.

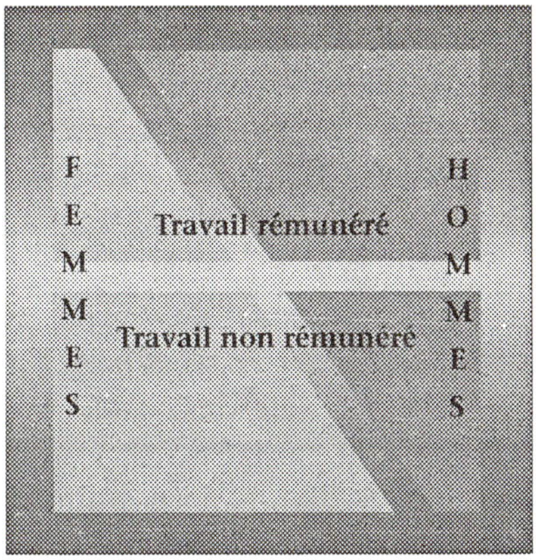

En haut du graphique, le travail rémunéré, en bas le travail non rémunéré. À gauche la contribution des femmes, rémunérées ou non, à droite celle des hommes. Les conclusions sont claires : « Les femmes assument plus de la moitié de la charge de travail. Les trois quarts de la charge totale du travail des hommes relèvent d'activités marchandes rémunérées. *A contrario*, seul un tiers du travail des femmes concerne des activités rémunérées. En conséquence, ce sont les hommes qui reçoivent la part du lion des revenus et de la reconnaissance au titre de leur contribution économique, alors que la plus grande partie du travail des femmes demeure non rémunérée, non reconnue et sous-évaluée » [PNUD, 1995].

Cette estimation réalisée au niveau de la société mondiale est confirmée pour la France par les calculs de Christine Delphy [1998] et d'Annie Fouquet [2001]. En 1975, la participation des femmes au travail global l'emporte sur celle des hommes — 56 % contre 44 % —, mais la part du travail rémunéré est de 27 % pour les femmes et de 70 % pour les hommes. Tel est le contexte d'ensemble qui n'évolue que très lentement malgré la progression de l'activité féminine. Or cette part non rémunérée du travail est essentielle à la constitution des classes de la société, ne fût-ce que pour permettre l'acheminement quotidien des actifs vers leur entreprise, et la formation d'une relève pérenne. Ce travail non rémunéré, pour pasticher Fernand Braudel [1979], constitue bel et bien l'infrastructure de l'infrastructure.

Les classes sociales marchent toujours sur deux jambes

Les classes sociales ne peuvent plus se concevoir comme des macro-organismes collectifs rassemblés par des catégories abstraites liées aux rapports de production (plus-value, rente foncière, profit, salaire) qui se représenteraient dans la sphère de la politique par le truchement de partis ou de grands hommes (Napoléon III, Pétain, Raffarin, Sarkozy, pour rester dans le registre du *18 brumaire*...). Si la place occupée dans la production peut servir de fil conducteur à l'analyse sociale, c'est parce qu'elle participe à la construction des modes de vie, dont l'organisation quotidienne relève en grande partie du travail non rémunéré. En étudiant l'organisation des dépenses, à revenu égal, des employés et des ouvriers de son temps, Maurice Halbwachs découvre les valeurs collectives qui orientent les choix, et par là l'action essentielle de la « ménagère », dans l'édification quotidienne d'un groupe social [Halbwachs, 1912]. Aujourd'hui où le développement de l'activité féminine est fortement associé, dans les milieux populaires, à celui des professions d'employé(e)s, les analyses d'Halbwachs nous rappellent le poids du travail domestique dans la formation des classes sociales. Au jour le jour bien sûr, mais aussi à l'échelle des générations successives. Dans la réussite scolaire, le diplôme joue un rôle plus important que le revenu, et le diplôme de la mère que celui du père. Or l'école est au cœur des mécanismes de reproduction sociale.

La nécessité de prendre en compte la dimension des modes de vie dans la définition des classes sociales est d'autant plus importante dans une société où l'immense majorité des femmes est active tout en exerçant souvent, dans la sphère du travail, des professions différentes de celles de leur conjoint. La structure de couples biactifs étant majoritaire — en 2001, seules 18 % des femmes âgées de 30 à 50 ans se déclarent inactives, les femmes d'agriculteurs l'étant le moins (10 %), les conjointes d'ouvriers, le plus (22 %) —, la forme de l'association entre la profession de l'homme et celle de la femme devient une dimension majeure des rapports de classes. Les hommes et les femmes n'occupent pas, on le sait, les mêmes emplois. Plus de trois hommes sur quatre travaillent dans le secteur privé, ce n'est le cas que de deux femmes sur trois. Les alliances ont beau s'effectuer majoritairement dans les mêmes milieux sociaux, il peut exister des écarts de classes entre les conjoints. L'unité de base à prendre en compte pour cette analyse de classe devient alors la famille, ou mieux le ménage, défini par l'INSEE comme l'ensemble des personnes vivant dans le même logement, qu'elles soient ou non mariées. Comment se présente aujourd'hui la structure socioprofessionnelle des ménages, comment s'y articulent les professions des deux conjoints ? Et quelles sont les conséquences sur la structure d'ensemble des classes des proximités et des distances sociales entre conjoints ?

Deux hypothèses extrêmes peuvent être formulées : ou bien l'activité des femmes contribue à fortifier, quitte à les déplacer, les frontières de classe en renforçant des groupes sociaux homogènes, sous le rapport des conditions de travail et d'existence (ouvriers/ouvrières, enseignants/enseignantes, cadres supérieurs/cadres supérieures, voire ouvriers/employées...), ou bien, elle parvient à dissoudre des ensembles sociaux, cohérents dans l'univers professionnel (employé(e)s de commerce), les femmes finissant par « épouser » le mode de vie correspondant à la classe sociale de leur conjoint, très souvent supérieure à la leur, et à se désolidariser par là de revendications sociales élaborées sur leur lieu de travail.

Rien de tel qu'un bon tableau statistique pour se faire une idée des réponses possibles à cette question.

La population prise en compte représente les deux tiers des hommes et des femmes âgés de 30 à 50 ans en 2001, c'est-à-dire la proportion de cette tranche d'âge qui vivait « en ménage » en mars 2001. Le statut social des célibataires (moins d'un tiers des hommes et un quart des femmes) est ambigu : masculin, il est plutôt populaire, féminin, il est plus fréquent parmi les catégories les plus diplômées de la population.

Décloisonnement...

Les ménages sont loin de se former n'importe comment puisque, à supposer que les alliances s'effectuent au hasard, 56 combinaisons de catégories professionnelles étaient théoriquement possibles. Or dix types d'unions regroupent 71,1 % des ménages.

Ce sont par ordre décroissant :

Ouvrier — Employée	17,6
Intermédiaire — Employée	9,0
Ouvrier — Inactive	8,3
Ouvrier — Ouvrière	7,5
Employé — Employée	6,1
Intermédiaire — Intermédiaire	5,7
Cadre supérieur — Cadre supérieure	4,9
Cadre supérieur — Intermédiaire	4,9
Cadre supérieur — Employée	3,8
Cadre supérieur — Inactive	3,3
Total	71,1 %

Distribution des ménages vivant en couple selon la profession de l'homme et de la femme

	Agricultrices	Indépendantes	Cadres sup.	Intermédiaires	Employées	Ouvrières	Autres	Femmes au foyer	Ensemble (effectifs)
Agriculteurs	1,1	0	0,1	0,3	0,8	0,2	0	0,3	190 786
Indépendants	0	1,8	0,6	1,2	3,2	0,6	0	1,5	579 100
Cadres sup.	0	0,3	4,9	4,9	3,8	0,3	0,1	3,3	1 145 503
Intermédiaires	0	0,4	1,6	5,7	9	1,5	0,1	2,8	1 370 599
Employés	0	0,2	0,4	1,8	6,1	0,9	0	1,8	734 181
Ouvriers	0,1	0,5	0,6	3,1	17,6	7,5	0,4	8,3	2 480 689
Autres	0	0	0	0	0	0	0	0	6 603
Ensemble (effectifs)	88 252	205 275	532 341	1 104 208	2 638 172	719 490	42 299	1 177 424	6 507 461

Champ : hommes et femmes âgés de 30 à 50 ans vivant en couple.

Lecture : 17,6 % des ménages vivant en couple étaient constitués d'un homme ouvrier et d'une femme employée. Le couple formé par deux cadres supérieurs représente 4,9 % de l'ensemble des couples dont les hommes et les femmes ont tous les deux entre 30 et 50 ans.

La profession de l'homme est en ligne, celle de la femme en colonne.

Les effectifs figurant dans les marges du tableau sont là pour permettre aux lecteur(e)s de recalculer les pourcentages en ligne et en colonnes auxquels nous nous référons dans notre commentaire.

Source : Enquête Emploi 2001, INSEE.

Les « classes pures » qui seraient définies par l'identité de la situation sociale des conjoints (27,1 %) ajoutées à celles qui sont définies par la seule appartenance professionnelle de l'homme — la femme étant inactive (18 % des cas) — ne représentent que moins de la moitié des situations observées (45,1 %). L'essentiel des alliances s'effectuant néanmoins entre catégories voisines et de plus en plus souvent à diplôme égal [Chauvel, Forsé, 1995], la prise en compte de la profession des deux conjoints tend davantage à définir des milieux sociaux qu'à cerner les contours abrupts de classes sociales qu'uniraient des places identiques dans les rapports de production.

La frontière entre indépendants et salariés, jadis très stricte, s'est largement ouverte. Les deux tiers des compagnes des indépendants sont aujourd'hui salariées. Une sur deux chez les agriculteurs, trois sur quatre chez les artisans, six sur dix chez les petits commerçants, huit sur dix chez les chefs d'entreprise et deux sur trois chez les professions libérales. C'est chez les agriculteurs que le spectre des professions exercées par les compagnes est le plus ouvert : 15 % sont cadres, supérieurs ou moyens, 30 % employées et 8 % ouvrières. Plus d'un agriculteur vivant en couple sur deux vit avec une épouse qui travaille comme salariée dans un univers professionnel extérieur à la ferme et à l'exploitation agricole. Les raisons économiques, sociales et psychologiques de cette « ouverture » sont multiples [Bessière, 2004]. Le spectre est en apparence moins ouvert chez les autres indépendants puisque les professions d'employées absorbent à elles seules 42 % des conjointes. Vingt-cinq pour cent de ces conjointes étant pourtant des cadres salariées et 7 % des ouvrières. Une ventilation plus fine de la catégorie « employées » découvre que 32 % des femmes employées vivant avec un agriculteur sont dans la fonction publique ; c'est le cas de 23 % des femmes employées vivant avec un commerçant, un artisan ou un chef d'entreprise.

Cette première exploration menée le long de la frontière entre salariés et indépendants manifeste clairement que le statut d'indépendant a beaucoup perdu de son insularité culturelle et professionnelle en s'alliant dans le cadre conjugal à des épouses appartenant à des univers sociaux et professionnels éloignés, voire politiquement hostiles, les agriculteurs semblant plus engagés dans ce processus d'ouverture que les autres indépendants. Ici et là, les femmes se caractérisent par des niveaux d'instruction supérieurs à ceux de leurs conjoints.

... et nouvelles alliances

Mais l'activité des femmes ne se limite pas à ce décloisonnement ; elle produit aussi son contraire : la construction d'un nouvel ensemble populaire propre aux pays riches et tertiarisés, constitué d'ouvriers et d'employés, catégories qui représentent à elles deux 52 % de la main-d'œuvre employée âgée de 30 à 50 ans. De fait, le noyau prolétarien est loin d'avoir disparu puisque 36 % des ménages ont un chef ouvrier. L'alliance conjugale entre un homme ouvrier et une femme employée — le cas de figure de loin le plus fréquent — renvoie à des convergences objectives dans l'univers du travail entre ces deux catégories sociales. Les employés sont soumis dans les magasins et les bureaux aux mêmes pressions imprimées par le nouvel ordre capitaliste que les ouvriers dans leurs usines : intensification du travail, précarisation, flexibilité, licenciements, délocalisation, bas salaires… Groupons-nous et demain ?

Ne rêvons pas. Dès lors qu'on se place du point de vue des femmes, la catégorie « employée » est de très loin la plus éclatée aux quatre coins de l'espace social. Rarement associée à un conjoint employé (15,1 %), elles vivent le plus souvent avec des ouvriers (43,3 %), mais aussi avec des cadres (31,8 %) et parfois même avec des indépendants (9,7 %). Cette situation d'éclatement ne se rencontre, quoique atténuée, que chez les femmes indépendantes. À l'inverse, 84 % des agricultrices vivent avec des agriculteurs, 79 % des femmes cadres supérieurs ont un conjoint cadre, 62 % des femmes intermédiaires vivent avec un cadre et 68 % des ouvrières vivent avec un ouvrier. La catégorie professionnelle qui emploie le plus grand nombre de femmes est aussi la plus ouverte à toutes les alliances et la métaphore de l'archipel s'applique parfaitement à cette dispersion [Chenu, 1990]. Ce brouillage du tableau dû à l'activité féminine se renforce encore si l'on tient compte des ménages de célibataires. Les analyses classiques de François de Singly [1997] ont montré que le mariage favorise les carrières salariales et professionnelles des hommes et pénalise celles des femmes qui réussissent mieux dans le célibat. Or la situation de célibataire est devenue beaucoup plus fréquente ces dernières décennies ; cet accroissement s'accompagne d'un fort clivage social selon le genre : le barycentre des célibataires masculins est populaire, celui des femmes se situe plutôt chez les cadres.

Bref, la dispersion l'emporterait sur la concentration. L'activité des femmes serait le ferment d'une société où les frontières des blocs de classe seraient atténuées, lissées, ébarbées. L'activité féminine contribuerait donc à modifier les contours des classes sociales et à assouplir les conflits liés à la production par la promotion d'une société de consommation.

Ce point de vue a le grand défaut de négliger le sens que les femmes donnent à leur engagement dans la vie professionnelle. On le sait, les femmes subissent de graves discriminations dans l'accès au monde du travail : avec des diplômes promettant l'accès à l'encadrement, une licenciée sur dix, une titulaire d'un bac + 2 sur cinq, une bachelière sur deux doit se contenter d'un statut d'employée, contre respectivement un sur vingt, un sur dix et un sur cinq pour les hommes. Or le taux d'activité croît avec le diplôme et l'engagement dans les études des filles des jeunes générations n'a pas faibli, accroissant les écarts de niveau entre les hommes et les femmes. Enfin, le niveau d'activité féminin ne fléchit plus à l'âge des naissances. L'activité féminine est inséparable d'une demande d'autonomie personnelle et les professions exercées sont extrêmement contraintes par la division du travail. Rien là de vraiment nouveau : au début du siècle, alors que les femmes ouvrières étaient soumises à des disciplines d'usine très dures, des rapports de contremaîtres établissent qu'elles ne renonçaient pas volontiers à ce travail qui leur permettait d'ouvrir leur horizon, de connaître les potins de la ville et de se faire des relations [Sohn, 1992]. Une enquête récente montre qu'il en va de même aujourd'hui : le fort attachement des femmes au travail tient en grande partie à ce qu'il représente pour elles un puissant facteur d'émancipation et d'autonomie [Baudelot, Gollac *et al.*, 2003]. Elles choisissent plus l'activité que le métier. Ces situations de difficulté où se trouvent les femmes pour construire leur identité personnelle et professionnelle peuvent engendrer de nouvelles formes de luttes et de revendications. Notamment en ce qui concerne tout l'appareil de garde et d'éducation des enfants.

À gauche toutes ?

Le concept de « classes sociales » a toujours eu pour fonction d'éclairer le terrain de la politique. Dans un premier temps, l'activité féminine semble opérer des brouillages dans l'univers tranché des professions, diminuer dans le paysage français le poids des blocs typiquement populaires, et effacer les clairs enjeux associés à chacune des classes définie par sa place dans les rapports de production. Ainsi, l'activité féminine ferait doublement le jeu de la droite : économiquement, en fournissant le marché d'une main-d'œuvre qualifiée mais prête à bien des concessions ; politiquement, en rendant la structure sociale moins lisible et donc moins contestable. On peut se défier de ce que cette analyse a de conformiste et de virocentrique. Lorsque les femmes étaient plus souvent au foyer, on attribuait leur conservatisme au souci de sécurité, à l'étroitesse du bocal familial, à l'influence du curé. Aujourd'hui, elles feraient payer à la gauche le prix de leur double activité.

C'est faire bon marché de l'évolution des attitudes politiques des femmes, ces dernières décennies [Mossuz-Lavau, 1993]. Du fait de leurs progrès scolaires et de leur insertion professionnelle, elles se sont peu à peu intéressées davantage à la politique, se sont progressivement orientées vers la gauche ; enfin et surtout, elles ont acquis dans le nouvel espace politique français une position autonome, ancrée dans des revendications spécifiques, d'autonomie personnelle, de rejet de la violence et de refus de l'insécurité politique et économique dont elles font le plus souvent les frais. Très attachées à leur insertion professionnelle, et d'autant plus qu'elles sont plus instruites, elles sont exigeantes en matière de service public. À travers les thèmes qu'elles souhaitaient voir développer par les candidats aux élections présidentielles, en 2002, qui placent aux trois premiers rangs l'égalité des salaires à qualification identique, les mesures contre les violences conjugales et l'augmentation du nombre de places en crèches, on perçoit clairement l'autonomie du vote féminin. Face à un gouvernement brutalement libéral, qui menace la qualité du service public, qui prône la flexibilité à tout va, et compromet par là les droits acquis dans le périlleux équilibre du double travail, elles ont été plus nombreuses que les hommes à marquer leur désaccord : 54 % contre 40 % ont voté à gauche en mars 2004. Dans le même sondage, apparaît une autre spécificité féminine de longue durée : le refus du Front national (4 % d'électrices pour 28 % d'électeurs) et des visions agonistiques de la politique (3 % d'électrices d'extrême gauche contre 7 % d'électeurs) [*Libération*, 2004]. En concluant son article sur le travail domestique et ses implications sociales et politiques, Annie Fouquet formulait le souhait suivant : « Les débats autour de l'aménagement et de la réduction du temps de travail ne sont-ils pas l'occasion de faire de l'allocation du temps entre les hommes et les femmes, ou entre les générations, un enjeu public et collectif, à l'image du "temps des villes" en Italie, ou de la recherche du bien-être en Suède ? » [Fouquet, 2001]. Cette suggestion s'inscrit dans l'orientation des électrices françaises d'aujourd'hui, attachées, quel que soit leur milieu social, à l'activité qu'elles exercent et conscientes du chemin qui reste à faire pour assurer les droits acquis et conquérir quelques autres... À la « classe » politique — d'un autre genre comme on sait — d'entendre le message.

Bibliographie

BAUDELOT C., GOLLAC M. *et al.* (2003), *Travailler pour être heureux ?*, Fayard, Paris.

BESNARD P. (1973), « Durkheim et les femmes ou le suicide inachevé », *Revue française de sociologie*, XIV-1, p. 27-61.

BESSIÈRE C. (2004), « "Vaut mieux qu'elle travaille à l'extérieur !" Enjeux du travail salarié des femmes d'agriculteurs dans les exploitations familiales », *Cahiers du genre*, n° 37, octobre.

BRAUDEL F. (1979), *Civilisation matérielle, économie et capitalisme, XVe-XVIIIe siècle* (3 vol.), Armand Colin, Paris.

CHAUVEL L., FORSÉ M. (1995), « L'évolution de l'homogamie en France », *Revue française de sociologie*, XXXVI-1, p. 123-142.

CHENU A. (1990), *L'archipel des employés*, INSEE, coll. « Études », Paris.

DAUNE-RICHARD A.-M. (2001), « Hommes et femmes devant le travail et l'emploi », *in* BLÖSS T. (dir.), *La dialectique des rapports hommes-femmes*, PUF, Paris, p. 127-150.

DELPHY C. (1998), *L'ennemi principal, Économie politique du patriarcat*, Syllepse, Paris.

FOUQUET A. (2001), « Le travail domestique : du travail invisible au gisement d'emplois », *in* LAUFER J., MARUANI M., MARRY C. (dir.), *Masculin-Féminin : questions pour les sciences de l'homme*, PUF, Paris, p. 199-127.

HALBWACHS M. (1912), *La classe ouvrière et les niveaux de vie*, Félix Alcan, Paris.

Libération (2004), Sondage Louis Harris — AOL —, *Libération*, 23 mars.

MERLLIÉ D. (2001), « La mobilité sociale diffère-t-elle selon le sexe ? », *in* BLÖSS T. (dir.), *op. cit.*, p. 151-173.

MOSSUZ-LAVAU J. (1993), « Le vote des Françaises (1945-1992) », Fondation nationale de science politique, Working paper n° 91, Barcelona.

PNUD (1995), *Rapport mondial sur le développement humain*, Economica, Paris.

SINGLY F. (DE) (1997), *Fortune et infortune de la femme mariée*, PUF, Paris (première édition : 1987).

SOHN A.-M. (1992), « Entre deux guerres. Les rôles féminins en France et en Angleterre », *in* DUBY G., PERROT M., *Histoire des femmes*, tome 5, sous la direction de Françoise Thébaud, le XXe siècle, Plon, Paris, p. 165-195.

6

La place variable du genre dans l'identité personnelle

François de Singly

Plutôt que de refaire à l'envers le parcours de mes recherches afin d'observer comment j'ai traité le sexe ou le genre, je voudrais énoncer la manière dont je me pose la question aujourd'hui [1]. Un des effets inattendus de la perspective féministe ne peut-il pas être le renforcement social de l'identité de genre ? Sans doute cette conséquence est-elle inévitable du fait de la forte revendication d'une juste égalité. L'important est alors de ne pas être victime de cet effet, nécessaire politiquement, mais qui peut donner une certaine cécité théorique.

C'est pourquoi je voudrais proposer une transformation de l'énoncé — si fort — de Simone de Beauvoir, « On ne naît pas femme, on le devient » en « On ne naît pas femme, on devient un individu », afin de ne pas enfermer aussi totalement la femme dans la femme, ou l'homme dans l'homme. Ce changement vise le fait de ne pas poser que la dimension principale de l'identité dans la modernité avancée des individus n'est pas obligatoirement leur identité de genre, même si les institutions — à commencer par les papiers d'identité — tendent à réfracter les identités sous cette dimension commode parce que binaire, et apparemment incontestable. Il n'y a aucune raison, malgré tous ces rappels à l'ordre — qui peuvent être aimables, sous la forme des cadeaux — que cette réduction soit complète.

S'il est vrai qu'à certains moments de l'existence — par exemple le vendredi soir pour une étudiante hétérosexuelle qui sort — cette dimension de genre est nettement prégnante ; elle se préparera pour une éventuelle rencontre — cela n'implique pas qu'à tous les autres moments de la vie, la prégnance de cette dimension soit aussi forte. Cela constitue une première source de variation, selon le contexte. Erving Goffman [2002] rappelle, avec humour, l'importance des toilettes publiques qui ne jouent pas seulement la fonction officielle, mais qui confirment

---

1 Pour resituer cette réflexion tirée de mon expérience personnelle et de mes recherches, on se reportera à F. de Singly [2003a].

également le genre puisque la séparation, inscrite dans l'espace, tend à renforcer la légitimité de ce découpage institutionnel de l'humanité en deux sous-catégories. Cette légitimité n'est pas toujours valide : en France un employeur ne peut pas faire passer une annonce, réservant l'emploi vacant à tel ou tel « sexe » ou « genre », un professeur de l'enseignement supérieur ne peut pas se permettre de mettre dans l'amphithéâtre d'un côté les filles et de l'autre les garçons !

Il existe une seconde variation de la place de la dimension de genre, selon les individus. Même si tout individu a une dimension sexuée, cela n'implique pas qu'il la vit avec la même intensité qu'une autre personne de même genre que lui. La sociologie n'est-elle pas trop souvent victime d'une illusion qu'elle dénonce par ailleurs ? La « position » de sexe n'a pas à être confondue avec la « condition » de genre, contrairement à ce que présupposent trop d'enquêtes, notamment quantitatives, confondant sexe et genre. Fréquemment après des affirmations de principe sur cette non-coïncidence, sur la construction sociale du genre, la variable « sexe » reprend la dichotomie des sexes biologiques, validée par l'état civil. Dans ce contexte méthodologique, la variation intra-sexe de la place du genre dans l'identité est difficile à détecter. Pourquoi une telle incompétence des sociologues à construire une variable « genre » qui ne recoupe pas exactement la variable « sexe », une variable « âge » qui ne code pas les individus selon leur âge de naissance ?

Plus que la sociologie, la psychologie sociale, par ses travaux sur l'androgynie [Hurtig, Pichevin, 1986 ; Lorenzi-Cioldi, 1995] s'est posée la question des différences interindividuelles de la construction de l'identité sexuée, en tentant de mesurer la part féminine et la part masculine en chacun. Elle n'y a pas encore répondu de manière satisfaisante, en particulier parce qu'elle ne sait pas si le « féminin » chez les hommes ressemble au « féminin » chez les femmes, et parce qu'elle n'a pas la théorie de l'éventuelle « neutralité ». La « pensée queer » [Butler, 1990] permet aussi de poser la question de la place relative du genre, à partir de l'orientation sexuelle. L'étiquetage « efféminé » attribué aux homosexuels ne rend compte que d'une des articulations possibles entre orientation sexuelle, sexe et genre. En effet, d'autres homosexuels développent des caractéristiques très associées aux représentations sociales de la virilité. Il faut donc aussi prendre en compte une articulation, importante, et néanmoins mal connue : celle entre la « virilité », ou la « féminité » et le genre. Est-ce que les hommes qui se sentent plus ou moins (ou qui sont considérés comme plus ou moins) virils sont aussi ceux qui s'affirment plus ou moins masculins ?

L'individualisation — processus central des sociétés modernes occidentales — conduit à ce que des individus « travaillent » les identités qu'ils reçoivent à leur naissance [Singly, 2003b ; Kaufmann, 2004].

Le cas extrême est celui de la prodigalité [Gotman, 1995], les héritiers dilapidant leur héritage pour rompre leur lien de filiation pour pouvoir revendiquer une identité strictement personnelle. À des degrés moindres, bon nombre d'individus tentent de se « délier » en partie de ce lien, de se désaffilier pour pouvoir avoir une identité plus autonome. Pour devenir soi, il est nécessaire de poser des actes qui signent cette revendication. Le refus, ou la prise de distance, n'est pas nécessairement définitif, il prend davantage la forme de l'oscillation. C'est ainsi que de plus en plus de « conjoints » ne veulent pas être que conjoints, ils veulent pouvoir conserver une vie propre. Cette mobilité identitaire conduit donc chacun à avoir une identité variable, permettant ainsi d'échapper au sentiment d'enfermement.

L'identité moderne repose sur la revendication de l'authenticité qui mène à la critique de l'identité statutaire, des identités assignées. Mais dans le même temps comme il est impossible de se dégager définitivement de ces dernières, l'individu peut opérer un tour de magie : c'est en se déguisant qu'il devient encore plus lui-même. La grande différence réside dans le fait que le masque est soit obligatoire, soit mis librement. Les sociétés modernes sont électives : pas seulement dans le choix de ses amis, de ses partenaires, mais aussi, mais surtout dans le choix (au moins dans l'idéal) de son identité. Le second paradoxe est le fait que l'individualisation n'exclut en rien le collectif : cette appartenance libre est même nécessaire car le mouvement de séparation, de rupture avec une identité assignée peut requérir des ressources que seul un groupe en révolte, en lutte, peut fournir. Là encore, des malentendus théoriques et politiques menacent quand même : les groupes ainsi formés peuvent sembler des « communautés » alors qu'historiquement et conceptuellement la notion de « communauté » ne renvoie pas à des groupes volontaires. On ne choisit pas ses communautés. Il faut donc repenser autrement ces liens qui unissent des individus qui font le choix parmi leurs multiples identités statutaires de celle(s) qu'ils privilégient ou même de celle qu'ils créent (c'est l'attraction des liens électifs).

À certains moments de leur existence — mesurés par les heures d'une journée, par les mois d'une année, par les années d'une décennie — des individus prennent distance avec leur « sexe biologique », leur orientation sexuelle, leur genre, leur âge ; d'autres font de même avec leur lien de filiation, la place dont ils ont hérité, cherchant à être des enfants prodigues ou différents ; d'autres agissent encore avec des liens qu'ils ont pourtant élaborés eux-mêmes, comme leur lien conjugal. Les unes et les autres, les uns et les autres revendiquent de ne pas être trop dépendants d'une certaine définition d'eux-mêmes. Ils ressemblent d'une façon ou d'une autre à Estelle, héroïne de *Comme personne* [Lachaud, 2003] : « Je ne suis pas conforme. Je ne pourrai plus l'être. Je pense être allée jusqu'au bout de ce que la loyauté envers mes parents, mes aînés, m'a imposé comme arrangements avec (contraintes sur) ma personne. Je me suis absentée de moi-même pendant quinze ans. J'ai donné à mes parents... ce qu'ils attendaient de moi en toute bonne foi : un mari et un enfant... Malgré tout, j'ai pu préserver en moi mon envie d'être, ce qui est moi, voilà la bonne nouvelle. »

Dans le cadre de l'étude de la modernité avancée, la sociologie des genres peut avoir deux objectifs complémentaires (mais qui ne sont pas nécessairement présents dans chaque recherche) : cerner les formes de l'identité statutaire assignée aux femmes et aux hommes, des formes donc des rapports sociaux de sexe [Ferrand, 2004 ; Singly, 2002], et de la domination masculine d'une part ; et définir la manière dont les uns et les autres font avec, la domination n'étant pas à ce point serrée qu'elle ne laisse pas du jeu possible et n'étant pas à ce point inexistante qu'elle pourrait être ignorée dans la construction des identités. Ainsi on comprendra mieux le travail permanent de l'adaptation personnelle aux contraintes du genre social, de la sélection des traits retenus pour se donner un genre personnel.

Bibliographie

Butler J. (1990), *Gender Trouble : Feminism and the Subversion of Identity*, Routledge, Londres.

Ferrand M. (2004), *Féminin, masculin*, La Découverte, Paris.

Goffman E. (2002), *L'arrangement entre les sexes*, La Dispute, Paris.

Gotman A. (1995), *Dilapidation et prodigalité*, Nathan, Paris.

Hurtig M.-C., Pichevin M.-F. (dir.) (1986), *La différence des sexes. Questions de psychologie*, Tierce, Paris.

Kaufmann J.-C. (2004), *L'invention de soi*, Armand Colin, Paris.

Lachaud D. (2003), *Comme personne*, Actes Sud, Arles.

Lorenzi-Cioldi F. (1995), « Androgynies au masculin et au féminin », *in* Ephesia, *La place des femmes*, La Découverte, Paris, p. 143-151.

Singly F. de (2002), *Fortune et infortune de la femme mariée*, PUF, Paris (première édition : 1987, Quadrige).

Singly F. de (2003a), « Drôle de genre », *in* Laufer J., Marry C., Maruani M. (dir.), *Le travail du genre. Les sciences sociales du travail à l'épreuve des différences de sexe*, La Découverte, Paris, p. 49-60.

Singly F. de (2003b), *Les uns avec les autres*, Armand Colin, Paris.

7

La valence différentielle des sexes

Françoise Héritier

Un souvenir d'enfance. J'ai entre huit et dix ans, au début des années 1940, et c'est l'été dans les montagnes de l'Auvergne livradoise où je passe les grandes vacances dans une ferme de la famille paysanne de mon père. Dans l'escalier au coffrage de bois brut qui monte aux étages se trouvent deux images d'Épinal encadrées de noir (que je possède aujourd'hui), de la fin du XIXe siècle, qui représentent l'une « Les Âges de la Femme », l'autre « Les Âges de l'Homme ».

Sur deux pyramides à cinq degrés se tiennent des personnages dont la posture, le vêtement, le comportement illustrent les âges de la vie, comptés par dizaines d'années, un court texte résumant sous chaque marche la situation. Au centre, des chromos : sur « Les Âges de la Femme », on la voit émerger tout entière, de la côte d'Adam endormi, à l'ordre d'un Dieu chenu ; sur « Les Âges de l'Homme », on la voit, tentatrice et vêtue de ses longs cheveux blonds, offrir la pomme à un jeune Adam au regard innocent, au milieu des animaux sauvages, alors pacifiques, du Paradis terrestre.

Il est toujours représenté seul, debout, dans des postures avantageuses, soit lisant, soit bras grands ouverts, ou appuyé sur une canne, sauf à vingt ans où il enlace une rougissante fiancée, et à trente où, au retour de chasse avec gibecière et fusil, il est accueilli par femme et bébé et un petit garçon avec tambour et cerf-volant. Elle n'est jamais seule, sauf quand elle joue à dix ans à la balle et quand elle repose à quatre-vingt-dix ans dans un fauteuil. Accompagnée du fiancé à genoux puis de l'époux et d'un bébé à vingt puis à trente ans, elle se penche ensuite en tendant toujours les bras vers des enfants qu'elle guide, puis qui vont la guider. Et ce ne sont pas n'importe quels enfants : fils, petit-fils, arrière-petit-fils. Que disent les vignettes ?

Les Âges de la Femme

« À dix ans, fillette innocente La vie pour elle est ravissante
À vingt ans, doux et heureux jours, Son cœur candide s'ouvre à l'amour
À trente ans, la maternité Lui donne la félicité
À quarante ans, ses grands enfants Lui remémorent ses jeunes ans
À cinquante ans, elle s'arrête, Au petit-fils elle fait fête
À soixante ans, elle descend Vers le tombeau, tout doucement
Souriant à soixante-dix À ses arrière-petits-fils
À quatre-vingts, faible aujourd'hui Le petit-fils lui sert d'appui
À quatre-vingt-dix, sans courage Elle pense au dernier voyage
Et si cent ans viennent encore Elle prie Dieu, elle l'implore. »

Les Âges de l'Homme

« À dix ans, âge avantageux, Il est gai, ne pensant qu'aux jeux
À vingt ans, cherchant le bonheur, Il se marie selon son cœur
Puis à trente ans, l'air triomphant, Joyeux, admire femme et enfants
À quarante ans, a réussi Il en est fier, content aussi
À cinquante ans, c'est l'âge mûr, Pesant le passé, le futur
Dès soixante ans, et sans attendre, Le chemin commence à descendre
Sur sa canne, à soixante-dix S'appuie, flânant par le pays
À quatre-vingts, les cheveux blancs Il se ressent du poids des ans
À quatre-vingt-dix, il décline L'édifice menace ruine
Si cent ans passent, dit sans émoi Mon Dieu, prenez pitié de moi. »

À chaque voyage dans l'escalier, je contemplais de longues minutes durant, cette fillette innocente et candide, qui s'épanouit dans la maternité puis vit dans le souvenir et la procuration dès qu'elle atteint la maturité (ses grands enfants lui remémorent ses jeunes ans), et s'arrête (quel sens mystérieux pouvais-je donner à ce verbe : s'arrêter de vivre, d'agir, d'espérer ?) à cinquante ans, avant de descendre inexorablement, « sans courage » vers la mort. Et cet homme, avantageux, gai, triomphant, joyeux, fier, qui réussit (quel sens là aussi donner à ce verbe ?), qui, l'âge mûr venu, arbitre le passé et l'avenir, commande aux événements, puis voyage et flâne en curieux en attendant la mort « sans émoi ».

Je me souviens de ma sourde révolte et du sentiment d'incompréhension et d'injustice qui m'envahissait devant ces destins implacables et programmés apparemment de façon irréversible et non commutative : un homme hardi qui réussit tout seul et dont femme et enfants sont une parure ; une femme qui n'existe que dans la maternité et qui implore toujours un appui. J'avais fait connaissance sans le savoir avec la vision imagée occidentale et bourgeoise de la fin du XIXe siècle de ce que j'ai appelé plus tard la « valence différentielle des sexes ».

Je suis venue à la question du rapport des sexes cependant moins par une inclination personnelle sur le sujet qu'en suivant une route qui s'est ouverte dans mes travaux de recherche sur la parenté et l'alliance. Mais peut-être cette expérience enfantine m'a-t-elle permis d'avoir le courage de m'y engager.

L'étude des terminologies de parenté, selon les logiques dénommées omaha, crow, iroquois, hawaïenne, m'a amenée à postuler que les nomenclatures de parenté disent quelque chose, non pas du statut réel ni des rôles aux différents âges de la vie des individus sexués dans les sociétés humaines, mais d'une certaine idée du rapport des sexes au travers de l'armature intérieure de leur agencement. Elles expriment non la nature mais l'idéologie.

À la limite, les grands types de systèmes terminologiques (ceux énumérés ci-dessus auxquels il faut ajouter eskimo et soudanais selon la manière de dire usuelle) dérivent de choix idéologiques opérés entre les différentes combinaisons possibles que l'esprit humain peut effectuer entre trois relations de base : entre sexes, entre générations consécutives (relation antérieur/postérieur) et entre aînés et cadets dans la même génération. Une figure extrême impliquerait une coupure parfaite et totale entre ces trois rapports (existe-t-elle ?), l'autre figure extrême, telle que je l'ai repérée dans des systèmes ci-dessus qui ne sont pas uniquement accompagnés de figures patrilinéaires de filiation, implique la transcription du premier rapport (sexes) et du troisième (aîné/cadet) dans le langage du deuxième (générations consécutives). Et cette transcription intégrale est intégrée de telle manière qu'on peut l'écrire de la façon suivante : le rapport homme/femme et/ou le rapport aîné/cadet équivalent au rapport parent/enfant. Mais on ne trouve jamais l'équivalence inverse : femme/homme et/ou cadet/aîné valent comme parent/enfant. Le principe sous-jacent à l'équivalence admise, immédiatement compris par l'esprit de tout être humain, est que l'antériorité qui est celle des parents implique leur supériorité, visible dans le rapport d'autorité qu'ils exercent toujours (du moins le père) à l'endroit de leurs enfants. La formule complète de la valence différentielle des sexes pourrait être ainsi transcrite :
[homme/femme : aîné/cadet] : : parent/enfant : : [supérieur/inférieur : antérieur/postérieur] [Héritier, 1981, p. 50-67].

Il n'est pas dans l'ordre des choses que les statuts de sœur ou d'épouse impliquent ceux de cadette ou de fille. S'exprime dans ces équivalences, visibles dans des terminologies, une vision idéologique du rapport des sexes qui fait entrer la variable du sexe dans des combinaisons dont l'apparentement immédiat, aimanté en quelque sorte, ne semble régir que les deux autres variables. Pourquoi ? La raison profonde qui peut expliquer l'introduction du rapport homme/femme dans les séries hiérarchisées que justifie l'antériorité de la naissance tient à une nécessité symbolique d'un autre ordre, fondée à la fois sur la discrimination élémentaire du même et du différent et sur la capacité, incompréhensible jusqu'il y a peu, qu'ont les femmes de produire des corps différents d'elles-mêmes (des fils) là où les hommes ne peuvent pas produire leur semblable. Loin d'être créditées d'une puissance interne qui leur serait propre (et qui condamnerait le sexe masculin à la superfluité), cette capacité est renvoyée par les diverses sociétés humaines à deux grands modèles conceptuels explicatifs : soit des graines enfantines sont placées dans le ventre des femmes par des divinités, ancêtres ou esprits, mais ne viennent au jour que grâce à la conjonction sexuelle et à un arrosage/nourrissage systématique par les hommes, soit c'est le sperme de l'homme qui dépose des enfants dans le ventre des femmes, enfants qui seront mâles ou femelles en fonction des conditions propres au rapport fécondant, vu parfois comme un combat, et à son environnement. On reconnaît dans cette dernière forme le modèle aristotélicien de pensée, parmi d'autres.

Ressources indispensables pour la propagation de l'espèce en général et pour que les hommes obtiennent leur semblable, des fils, les femmes prennent place en tant que valeurs dans des systèmes sociaux fondés sur l'échange. L'échange entre hommes, qui est la règle des sociétés humaines traditionnelles, implique que les femmes n'ont pas leur mot à dire sur ces transactions, qu'elles ne sont pas sujets de leur propre vie, qu'elles occupent une place mineure et cadette telle que toutes les décisions les concernant sont prises par d'autres à leur place.

Qu'elles ne soient ou n'étaient pas (du moins dans les sociétés occidentales contemporaines) sujets de droit de leur propre vie, apparaît là encore dans l'étude des règles d'alliance telles qu'elles sont émises et parfois transcrites dans des corpus juridiques, mais aussi dans l'exercice des deux modes logiques particuliers par lesquels se disent les situations de parenté, que sont la réciprocité et la symétrie. Dans une chaîne descriptive, la place réciproque est celle d'Alter par rapport à Égo, et la place symétrique correspond au changement du sexe des deux protagonistes. Si Égo désigne la fille du frère de sa mère, réciproquement, du point de vue de cette fille, il est le fils de la sœur de son père. Symétriquement, une femme à la place d'Égo désigne le fils du frère de sa mère pour qui elle est réciproquement la fille de la sœur du père.

Il va de soi, opinion exprimée encore par des juristes contemporains, qu'il serait redondant de spécifier des interdictions matrimoniales pour tous les cas de figure possibles alors que certains sont inclus par les figures de la réciprocité et de la symétrie dans une formulation antérieurement exprimée. Ainsi, s'il est dit qu'un homme ne peut épouser sa cousine croisée matrilatérale (fille du frère de sa mère), il est inutile de dire aussi qu'une femme ne peut épouser son cousin croisé patrilatéral, puisque c'est la formule réciproque du cas précédent [Héritier, 1994, p. 128-129].

Il n'y aurait rien à redire à cet argument s'il n'apparaissait que, de façon systématique, ce sont les cas dits au féminin qui disparaissent des énoncés parce que sous-entendus par les règles de la réciprocité et de la symétrie. Cette façon de voir est si générale que des codes, comme le code hittite, utilisent des formules alambiquées pour dire au masculin ce qui ne peut être compris qu'au féminin. Ainsi de l'interdiction faite à un homme d'épouser « les deux sœurs et leur mère », consanguines entre elles certes mais pas avec lui, qui ne prend sens que comme la réciproque de l'interdiction qui devrait être faite à une femme d'épouser le mari de sa fille, de sa mère, de sa sœur. Cette interdiction non formulable au nom d'une femme est aussi la symétrique de celles qui empêchent un homme d'épouser les femmes de son père, son fils, son frère, interdiction qui, elle, est formulée expressément et implique des cas réciproques non dits (une femme ne peut épouser le fils de son mari, le père de son mari, le frère de son mari). L'impossibilité de la dire au féminin et, à la place, le recours au cas réciproque du point de vue masculin montrent de façon claire l'impossibilité (pour les Hittites en ce cas précis mais pas seulement pour eux) de se représenter les femmes comme des sujets de droit. Les règles s'appliquent à elles en tant qu'objets, non comme actrices de leur propre vie.

On est loin, semble-t-il, des Âges de la vie. Mais peut-être pas autant qu'on se l'imagine : un homme maître de son monde et du monde, une femme qui dépend pour exister de la lignée de mâles qu'elle a engendrés, ces images-là nous disent de façon lointaine mais pourtant sûre quelque chose du même et du différent, de la symétrie des positions sexuées jusqu'alors traitée comme impossible et des raisons profondes (l'enfantement des fils plutôt que la maternité) qui ont mis en place un système logique très archaïque mais dont la logique même dépend de la nature des connaissances qui ont présidé à son élaboration et dont les ressorts doivent être compris pour pouvoir être rompus.

Bibliographie

Héritier F. (1981), *L'exercice de la parenté*, Gallimard, Seuil, Paris.

— (1994), *Les deux sœurs et leur mère*, Odile Jacob, Paris.

— (1996), *Masculin/féminin. La pensée de la différence*, Odile Jacob, Paris.

— (2002), *Masculin/féminin II. Dissoudre la hiérarchie*, Odile Jacob, Paris.

B *Concepts*

8

Sexe et genre

Françoise Thébaud

« Sexe et genre » est très exactement le titre d'un colloque organisé en 1989 pour clore l'action thématique programmée du CNRS intitulée « Recherches sur les femmes et recherches féministes » [Atp n° 6, 1989, 1990]. Inscrit dans l'axe d'analyse critique des modes de conceptualisation, il posait, à partir de plusieurs disciplines et pour la première fois en France, la question déjà débattue de la distinction entre sexe et genre et tentait d'expliciter un terme encore mal connu en France, traduit de l'anglais *gender* [Hurtig *et al.*, 1991]. Plus de dix ans plus tard, l'avant-propos rédigé avant réédition s'interroge sur la validité du titre et dénonce, comme Joan Scott, pionnière du *gender* en histoire, l'inflation récente du mot et son usage routinier, comme synonyme de sexe ou de femmes. L'historienne américaine pointe aussi aujourd'hui les effets pervers de la distinction entre sexe et genre, qui accrédite l'anhistoricité du sexe biologique et sa bicatégorisation [Scott, 1999].

Concomitantes d'un recours politique au terme *via* les mesures européennes et internationales d'égalité qui promeuvent le principe de *gender mainstreaming*, ces critiques coexistent en France avec une diffusion réfléchie du concept de genre dans la plupart des disciplines. Ce concept, dont les vertus heuristiques restent fortes, prend tout son sens et sera appréhendé ici, d'abord à travers l'histoire de son invention, puis par l'observation de ses usages. Il ne fait cependant pas l'unanimité et les débats entre sexe et genre, récurrents depuis une quinzaine d'années, continuent de stimuler la réflexion et d'en préciser les enjeux.

L'invention du genre

Utilisé en grammaire, en histoire naturelle ou en littérature, le genre ne devient un concept et un terme des sciences sociales et humaines qu'à l'issue d'un cheminement où « les femmes » (le sexe féminin) précèdent le *gender* et où le *gender* précède le genre. À défaut d'une approche exhaustive, où l'anthropologie et la psychologie devraient avoir leur place, quelques exemples, notamment ceux de l'histoire et de la sociologie du travail, permettent de comprendre le processus [Thébaud, 1998 ; Laufer *et al.*, 2002].

Pendant longtemps, avant que les femmes ne deviennent dans les années 1970 une question politique et que, désormais largement scolarisées et diplômées, elles n'entrent dans les institutions de recherche et d'enseignement supérieur, les chercheurs et intellectuels ont le plus souvent produit un discours au masculin considéré comme universel, et laissé de côté la moitié de l'humanité. De même que la tradition philosophique n'a jamais fait de la différence des sexes un objet de philosophie [Fraisse, 1995], la jeune sociologie du travail s'est, dans les années 1950 et 1960, confondue avec celle des travailleurs, raisonnant à partir du modèle emblématique de l'ouvrier (masculin) de la grande industrie. L'irruption de la figure de l'ouvrière, puis la prise en compte du travail domestique ont mis au jour de nouvelles travailleuses, démontré que le travail a un sexe et invité à articuler, pour mieux comprendre, sphères professionnelle et familiale [Maruani, 2004].

Discipline plus ancienne, constituée comme savoir et profession à la fin du XIXe siècle, l'histoire est, pendant des décennies, une histoire des hommes écrite par des hommes qui ont nié le travail, aujourd'hui redécouvert, de femmes écrivant notamment sur les femmes. L'histoire des femmes, telle que nous la connaissons aujourd'hui, ne surgit en effet que dans les années 1970, dans un contexte intellectuel favorable à l'émergence de nouveaux questionnements en sciences humaines et sociales, et dans un contexte politique marqué par des contestations multiples et l'affirmation d'un nouveau mouvement féministe qui lui donne une impulsion décisive. Dirigées par une génération pionnière (Yvonne Knibiehler, Michelle Perrot, Madeleine Rebérioux, Rolande Trempé), les recherches inaugurent alors un ambitieux projet de remémoration et de visibilité — redécouvrir le passé des femmes et donner une mémoire à celles d'aujourd'hui —, véritable « histoire au féminin » (*herstory*) qui fait des femmes des sujets historiques à part entière et tente d'appréhender leurs expériences d'oppression et d'autonomie. Cette histoire des femmes, par les femmes, sur les femmes et pour les femmes, suscite la quête de sources féminines (écrites ou orales), fait émerger des thématiques occultées (le corps, la maternité ou le féminisme), comble les vides d'une histoire classique et interroge quelques-uns de ses paradigmes, comme les césures chronologiques ou la distinction entre une sphère publique digne d'intérêt et une sphère privée indépendante et inaccessible.

La distinction entre sexe biologique et genre socioculturel — et donc l'invention contemporaine du *gender* — peut être attribuée à des médecins psychologues américains des années 1950 et 1960 qui veulent témoigner de la diffraction constatée chez certains patients entre corps et identité. En 1968, le livre de Robert Stoller, *Sex and Gender*, popularise la notion de *gender* parmi les psychologues et les chercheurs en sciences humaines [Löwy, 2003]. La distinction est reprise et élargie par la sociologue féministe britannique Ann Oakley dans un ouvrage paru en 1972 et intitulé *Sex, Gender and Society*. Le premier terme fait référence à la nature, aux différences anatomiques et biologiques entre hommes et femmes, mâles et femelles ; le second renvoie à la culture et concerne la classification sociale et culturelle entre masculin et féminin. Variable dans le temps et l'espace, le genre est ainsi « le sexe social », la différence des sexes construite socialement et culturellement.

L'irruption du *gender* est ainsi le résultat d'un transfert culturel d'une discipline à l'autre et d'un continent à l'autre. Mais elle résulte aussi, comme l'apparition d'autres concepts relationnels, d'insatisfactions ressenties vis-à-vis d'une histoire et d'une sociologie au féminin : risque de conforter le mythe d'une nature féminine et d'une condition féminine atemporelle, risque de présenter les femmes comme un groupe homogène, et plus encore crainte de développer une science à part sans effet sur le contenu des disciplines.

Si Natalie Zemon Davis, spécialiste américaine des temps modernes, utilise très tôt l'expression et propose aux historiennes des femmes la tâche de « de découvrir les variations des rôles et du symbolisme sexuels dans différentes sociétés et périodes », *gender* ne semble cependant devenir un mot et un concept familiers aux historiens américains que dans les années 1980. Notamment grâce à Joan Scott dont l'intervention de décembre 1985 au colloque de l'American Historical Association — déjà une mise en garde contre de multiples confusions — devient l'année suivante l'article célèbre bientôt traduit en plusieurs langues (« Gender : a useful category of historical analysis »), où le genre est défini, de façon plus complexe, comme « un élément constitutif des rapports sociaux fondé sur des différences perçues entre les sexes » et comme « une façon première de signifier des rapports de pouvoir » [Scott, 1988]. Donnant au concept de genre une définition plus politique et culturelle que sociologique, l'historienne, qui se réfère notamment à Michel Foucault (pour son projet d'analyse critique des discours) et Jacques Derrida (pour sa méthode déconstructionniste d'analyse des textes), cherche ainsi à comprendre comment les sociétés différencient les hommes et les femmes, comment se construit le savoir culturel sur la différence des sexes et quels sont ses effets de pouvoir.

Le terme français apparaît plus tardivement encore mais, comme aux États-Unis, le genre ne peut se comprendre en France que dans la diversité de ses usages.

Les usages du genre en France

En France, la nécessité d'une lecture sexuée du monde social et du passé des sociétés reste à conquérir, notamment dans sa dimension institutionnelle. Mais le droit de penser le genre s'est affirmé. De fait, le monde des chercheurs/ses sur les femmes a développé une sensibilité précoce au concept et une résistance plus longue au terme, considéré comme difficilement assimilable. L'exemple de l'histoire qui, discipline peu théoricienne, ne l'a adopté que très récemment dans l'expression « histoire du genre » ou « histoire des femmes et du genre » permet d'en montrer toutes les potentialités.

S'il est intéressant de suivre la trace du mot genre, il faut aussi souligner l'existence de concepts concurrents, à la fois proches dans leurs objectifs (dénaturaliser la différence des sexes, faire système et universaliser cette question dans l'approche scientifique) et différents par leur inscription dans d'autres traditions intellectuelles. Ainsi, la philosophe Geneviève Fraisse, qui travaille à constituer la différence des sexes en objet épistémologique, reproche au genre de se glisser dans l'opposition nature/culture et de mélanger débat philosophique et débat politique (notamment entre égalité et différence). De leur côté, des sociologues féministes ont, à partir de l'analyse du travail ménager comme fondement de l'exploitation patriarcale et à partir de l'articulation production-reproduction, défini le concept de rapports sociaux de sexe : inscrit dans une perspective marxiste, il récuse la notion de condition féminine, dépasse celle de rôles de sexe et met au jour un système dynamique de domination (voir les articles de Jacqueline Laufer et de Danièle Kergoat). Dans ce contexte, « genre », à la fois plus abstrait et moins connoté politiquement, s'impose tardivement et n'est pas utilisé par tous : à partir de 1995, le groupement de recherche MAGE (« Marché du travail et Genre ») lui donne une visibilité, peu à peu suivi par d'autres chercheuses et chercheurs qui en font aussi un outil pour repenser les schémas d'analyse de la sociologie [Laufer *et al.*, 2003 ; Fougeyrollas-Schwebel *et al.*, 2003].

Dans la discipline historique, le projet d'une histoire relationnelle, qui compare les situations ou les rôles des hommes et des femmes et examine les représentations des deux sexes, s'affirme dans les années 1980, où la question majeure devient celle du rapport entre les sexes, compris comme un rapport social qui est à la fois effet et moteur de l'histoire, qui fonctionne à tous les niveaux de réalité et de représentation et dont on peut comprendre les rouages et marquer les spécificités selon les systèmes historiques. Ce « *gender* à la française » [Thébaud, 1998, p. 131], sensible aussi à la construction sociale et culturelle du féminin, est, sans le terme, le fil conducteur des cinq volumes de l'*Histoire des femmes en Occident* paru en 1991-1992 [Duby, Perrot, 1991]. Cependant, la traduction en 1988 de l'article déjà cité de Joan Scott ne suffit pas à imposer le concept dans toute son ampleur, encore moins le mot auquel sont préférés, pour leur lisibilité, « différence des sexes », « masculin-féminin », « relation entre les hommes et les femmes » ou le triptyque, sous-titre de la revue *Clio* d'histoire des femmes et du genre fondée en 1995, « Histoire, Femmes et Sociétés ». Sauf exception (par exemple la notion pionnière de « conscience de genre » chez Éleni Varikas), « genre » ne commence à se diffuser parmi les spécialistes d'histoire des femmes, et parfois au-delà, que dans la seconde moitié des années 1990 ou au début des années 2000, comme le montrent les titres de colloques ou la naissance de l'Association pour le développement de l'histoire des femmes et du genre — Mnémosyne [Thébaud, 2004 ; Capdevila *et al.*, 2003]. Son caractère heuristique devient indéniable mais ses usages restent divers et débattus

Tout d'abord, l'utilisation du genre dénaturalise la différence des sexes — « La femme » n'existe pas, pas plus que « L'homme » — et invite à analyser, dans leurs contextes et par une comparaison dynamique, la construction des rôles (masculin et féminin) et des identités sexuées. Le récit historique ne cherche plus seulement à décrire et dater l'émancipation des femmes, mais interroge, de façon plus complexe, l'évolution des systèmes de genre, ensembles de rôles sociaux sexués et systèmes de représentations définissant le masculin et le féminin ; toujours attentif à la dimension du symbolique, il aborde aujourd'hui le nuancier infini de la rencontre entre hommes et femmes qui n'est pas faite que de domination. Le concept de genre implique aussi qu'il n'y a pas de sexe que féminin. Il rend visibles les hommes comme individus sexués et suscite l'émergence d'une histoire des masculinités qui examine la formation de la virilité (au collège, au syndicat, à la caserne, à la guerre) et observe les positions dominantes comme les souffrances des hommes ; d'où l'expression parfois utilisée d'histoire des genres. Confronté à d'autres catégories d'analyse et d'interprétation plus classiques pour les historiens (comme la classe sociale), le genre invite également à réfléchir aux différences entre femmes (appartenance sociale, nationale ou religieuse, classe d'âge, origine ethnique, orientation sexuelle) et aux identités multiples des individus ; et plus encore à penser la pluralité des régimes de pouvoir.

Ainsi, concernant tout autant l'histoire générale, le genre propose une relecture sexuée des événements et phénomènes historiques qui contribue à l'explication de problèmes classiques en histoire sociale, politique ou culturelle. Mais en lui donnant une définition plus politique que sociologique et en analysant comment les sociétés construisent des différences de genre, on déplace l'accent des parties (les hommes et les femmes dans leurs places respectives) vers le principe de partition, on analyse, de façon contextualisée, les enjeux de signification de la division entre masculin et féminin pour mieux comprendre la construction des rapports sociaux hiérarchiques : le pouvoir se dit dans le langage du genre. Appliquée à la nation, la citoyenneté, la protection sociale, l'esclavage, le militantisme, l'histoire ou le sport par exemple, la question du « genre de... » ouvre de multiples perspectives, sans doute mieux comprises aujourd'hui qu'il y a quelques années [Riot-Sarcey, 2000]. L'usage du genre est cependant loin d'être devenu un dogme, utilement contesté par les débats entre sexe et genre.

Les débats entre sexe et genre

Particulièrement présents aux États-Unis, où l'institutionnalisation des recherches en ce domaine a favorisé le questionnement à l'intérieur des disciplines et entre les disciplines et a conduit à des reformulations constantes [Fassin, 2004 ; Jami, 2003], ils stimulent aussi, par comparaison et critique interne, les travaux européens et français. Ces débats, qui sont aujourd'hui plus complémentaires que contradictoires, invitent à ne pas oublier le sexe et la sexualité, à dénaturaliser le sexe, et finalement à mieux articuler sexe et genre, ainsi que genre et sexualité.

La plus ancienne et la plus fréquente critique adressée au genre est son caractère abstrait et sa capacité d'euphémisation. Non pensé par tous comme un rapport de pouvoir et une signification du pouvoir, le genre permettrait d'oublier la domination masculine et de camoufler le rôle des femmes dans la reproduction biologique et sociale auquel est liée leur subordination. Les femmes, groupe social défini à partir du sexe biologique et de la construction socioculturelle du féminin, continuant d'être discriminées et dévalorisées, les analyses scientifiques ne peuvent ignorer cette réalité et se passer de la notion de sexe. Mais la prégnance dans la culture occidentale d'une norme de correspondance sexe-genre (et de l'idée du caractère explicatif du sexe biologique) a conduit à négliger, dans maintes disciplines — la psychologie faisant exception avec sa notion de degrés de féminin et de masculin —, les questions du travestissement, de l'androgynie, des pratiques transgenre, des variations intragenre. Questions d'identité posées aujourd'hui par le courant *queer* qui insiste sur la fluidité du genre [Butler, 1990].

La remise en cause du partage entre nature (sexe) et culture (genre) fait aussi bouger les perspectives. Traduit en 1992, l'ouvrage de l'historien américain Thomas Laqueur — *La fabrique du sexe* — a montré la construction sociale du sexe et le passage au XVIIIe siècle d'un modèle unisexe hiérarchisé à un modèle moderne à deux sexes. D'autres travaux ont observé que le corps aussi a une histoire et déconstruit « l'invention du naturel » par les sciences depuis deux siècles. Tandis que biologie et médecine soulignent que le sexe biologique se présente comme un continuum et non dans la binarité perçue par tout un chacun.

Ne faut-il pas alors chercher à historiciser, à travers l'histoire des sciences humaines et médicales (envisagées dans leurs connaissances et dans leurs pratiques), la distinction entre sexe et genre, et à comprendre les modifications de la signification de ces termes [Löwi, Rouch, 2003] ? Ainsi perdure l'espace intellectuel de réflexion et de contestation ouvert par le concept de genre, loin de tout usage banalisé.

Bibliographie

(Aux références inscrites dans le texte s'ajoutent des ouvrages collectifs récents qui offrent approches synthétiques et bibliographies plus complètes)

ATP n° 6 (1989, 1990), *Recherches sur les femmes et recherches féministes. Présentation des travaux 1984-1986 et 1984-1987* (2 vol.), CNRS, Paris.

BARD C., BAUDELOT C., MOSSUZ-LAVAU J. (dir.) (2004), *Quand les femmes s'en mêlent. Genre et pouvoir*, La Martinière, Paris.

BUTLER J. (1999), *Gender Trouble. Feminism and the Subversion of Identity*, Routledge, Londres (première édition : 1990 ; traduction française à paraître en 2005).

CAPDEVILA L., CASSAGNES S., COCAUD M., GODINEAU D., ROUQUET F., SAINCLIVIER J. (dir.) (2003), *Le genre face aux mutations. Masculin et féminin, du Moyen Âge à nos jours*, Presses Universitaires de Rennes, Rennes.

DELPHY C. (2001), *L'ennemi principal, 2/ Penser le genre* (réédition d'articles), Syllepse, Paris.

DUBY G., PERROT M. (dir.) (1991), *Histoire des femmes en Occident*, 5 vol., Plon, Paris.

EPHESIA (1995), *La place des femmes. Les enjeux de l'identité et de l'égalité au regard des sciences sociales*, La Découverte, Paris.

FASSIN E. (2004), « Le genre aux États-Unis », *in* BARD C., BAUDELOT C., MOSSUZ-LAVAU J. (dir.), *Quand les femmes s'en mêlent. Genre et pouvoir*, La Martinière, Paris, p. 23-43.

Fougeyrollas-Schwebel D., Planté C., Riot-Sarcey M., Zaidman C. (dir.) (2003), *Le genre comme catégorie d'analyse. Sociologie, histoire, littérature*, L'Harmattan, Paris.

Fraisse G. (1995), *La différence des sexes*, PUF, Paris.

Hurtig M.-C., Kail M., Rouch H. (dir.) (2002), *Sexe et genre. De la hiérarchie entre les sexes*, CNRS, Paris (première édition : 1991).

Jami I. (2003), « Sexe et genre : les débats des féministes dans les pays anglo-saxons (1970-1990), *in* Löwi I., Rouch H. (coord.), « La distinction entre sexe et genre. Une histoire entre biologie et culture », *Cahiers du Genre*, n° 34, p. 126-147.

Laufer J., Marry C., Maruani M. (dir.) (2002), *Masculin-Féminin : questions pour les sciences de l'homme*, PUF, Paris.

— (dir.) (2003) *Le travail du genre. Les sciences sociales du travail à l'épreuve des différences de sexe*, La Découverte, Paris.

Löwi I. (2003), « Intersexe et transsexualités : les technologies de la médecine et la séparation du sexe biologique du sexe social », *in* Löwi I., Rouch H. (coord.), *op. cit.*, « La distinction entre sexe et genre. Une histoire entre biologie et culture », *Cahiers du Genre*, n° 34, p. 81-104.

Löwi I., Rouch H. (coord.) (2003), « La distinction entre sexe et genre. Une histoire entre biologie et culture », n° 34, *Cahiers du Genre*.

Maruani M. (2004), « Travail et genre : les tribulations de la variable sexe », *in* Bard C., Baudelot C., Mossuz-Lavau J. (dir.), *Quand les femmes s'en mêlent. Genre et pouvoir*, La Martinière, Paris, p. 171-187.

Riot-Sarcey M. (2000), « L'historiographie française et le concept de "genre" », *Revue d'histoire moderne et contemporaine*, vol. 47, n° 4, octobre-décembre, p. 805-814.

Scott J. (1988), « Genre : une catégorie utile de l'analyse historique », *Les Cahiers du Grif*, n° 37-38, *Le Genre de l'histoire*, p. 125-153.

— (1999), *Gender and the Politics of History*, édition révisée (notamment nouvelle introduction), Columbia University Press.

Thebaud F. (2001), *Écrire l'histoire des femmes*, ENS Éditions, Lyon (première édition : 1998).

— (2004), « Genre et histoire », *in* Bard C., Baudelot C., Mossuz-Lavau J. (dir.), *Quand les femmes s'en mêlent. Genre et pouvoir*, La Martinière, Paris, p. 44-63.

9

Domination

Jacqueline Laufer

La domination désigne toute forme d'exercice du pouvoir qui existe dès que et pour autant qu'on la reconnaît comme telle, dans un espace donné, conduisant à un jugement de légitimité, de soumission ou de contestation. Elle peut-être associée à la force ou au droit, à la détention de ressources économiques et culturelles. Elle peut également être associée à l'emprise psychique ou au consentement, l'esprit comme le corps pouvant être impliqués dans une relation de domination.

La question de la domination est au centre des débats de la société contemporaine : « Partout les hommes sont égaux et partout ils sont dans les fers » [Rousseau, 1755]. Le passage du monde ancien au monde moderne est marqué par le refus du pouvoir de la tradition et de la religion, au nom des droits de l'homme. Depuis lors, la question demeure posée des explications et des justifications des différentes formes de domination qui dans un monde égalitaire auraient dû disparaître. Ainsi, toutes les doctrines du social impliquent une théorie des formes de la domination (entre les classes, entre les races, entre les sexes) que ce soit pour les justifier, ou pour les contester. On peut distinguer des contestations utopiques, réformistes ou révolutionnaires.

Toute analyse d'une situation de domination devrait inclure au moins trois dimensions : celle des fondements juridiques et matériels sur lesquels repose une relation de domination, celle des fondements idéologiques et des représentations sociales qui justifient et accompagnent cette domination que ce soit dans le « sens commun » ou dans la connaissance scientifique, celle de l'histoire de la contestation de cette domination, que cette contestation s'exprime par des actions ou par des discours, l'ensemble de ces dimensions s'inscrivant dans une histoire.

Dans ce contexte où les questions liées à la domination sont devenues de plus en plus centrales, la question de la domination masculine apparaît désormais au premier plan du débat. C'est sans doute à propos de la différence des sexes que le paradoxe de la justification de la domination dans un monde supposé égal est le plus aigu. Alors même que depuis un demi-siècle les progrès des femmes vers l'égalité civile et politique et vers l'autonomie personnelle et économique se sont accélérés, les multiples inégalités qui caractérisent leur situation posent avec acuité la question des formes, des fondements et de la persistance de la domination masculine.

Des hommes égaux et des femmes dominées

La Révolution française consacre la liberté et l'égalité des hommes et institue l'inégalité des femmes au nom de la « nature » et des exigences d'un ordre social fondé au premier chef sur le pouvoir des hommes sur les femmes. Dans le même mouvement, est instituée comme principe organisateur de la société et de la famille la séparation des sphères publique et privée. Le statut de l'homme se confond avec celui du citoyen, sujet de droit par excellence, la femme voit le sien défini par le Code civil : épouse et mère.

L'« argument de nature » est celui qui justifie l'exclusion des femmes de la démocratie et la domination légitime des hommes [Collin, Pisier, Varikas, 2000]. Dans la société « égalitaire » instituée par la Révolution française, l'inscription des relations hommes-femmes dans une relation hiérarchique marque les limites d'un principe individualiste comme principe fondateur de la société [Larrère, 1997]. Parallèlement, le discours biologique et médical renforce encore cette dichotomie qui assigne les femmes à leur sexe [Laqueur, 1992] et donne un « fondement biologique à la théorie des sphères » [Perrot, 1995], qu'appuient les théoriciens de l'ordre social inégalitaire tels Comte et Proudhon.

Depuis toujours des voix se sont levées pour dénoncer l'oppression des femmes et la domination des hommes. Depuis le début des temps modernes, c'est aussi au nom de la « nature », au nom de la liberté et de l'égalité dont bénéficient à « l'état de nature » les représentants du genre humain, homme et femme, qu'est dénoncé le rapport de forces originel qui a institué cette domination [Poulain de la Barre, 1673]. Au moment de la Révolution française, révolution incomplète du point de vue du droit des femmes, c'est sur le plan de l'obtention des droits civils et politiques que portera le débat, la question se posant d'un État fondé sur la liberté et sur l'égalité et qui en prive la moitié du genre humain [Condorcet, 1847-1849].

Au XIXe siècle, c'est de l'« utopie » que vient la contestation la plus radicale de la domination masculine : contestation de la nécessaire nature hiérarchique de la société, contestation de la famille conjugale et du mariage, revendication pour les filles et pour les garçons, pour les femmes et pour les hommes, d'une égale liberté dans les études, les activités et dans le lien amoureux [Fourier, 1969].

Marx et Engels verront quant à eux dans la lutte des classes le moyen de régler la question des relations entre hommes et femmes, en même temps qu'elle devait résoudre tous les rapports de domination. Mais l'oppression des femmes n'étant pas née avec l'apparition des classes et de la propriété privée, la question demeurera posée de savoir si elle est vouée à disparaître avec elles, c'est-à-dire avec la fin de la lutte des classes et de l'histoire [Engels, 1971].

Le mouvement féministe, né des contradictions de la Révolution française, revendique tout au long du XIXe siècle et du début du XXe l'égalité des droits civils et politiques. Il se caractérise aussi par des modes d'action diversifiés (clubs, associations, journaux) et par des revendications touchant à toutes les dimensions de la situation des femmes : accès à l'instruction, à tous les emplois, à toutes les fonctions « car les femmes sont égales en vertus et en talents » (Olympe de Gouges, 1789, cité *in* Albistur et Armogathe [1977]) mais aussi indépendance économique, égalité de rémunération, réforme du mariage, liberté sexuelle. Le « féminisme bourgeois » assimilera d'avantage l'émancipation des femmes à l'obtention de droits civils et politiques. D'autres féministes affirmeront le lien entre l'émancipation des femmes et celle des travailleurs, en subordonnant l'émancipation de leur sexe à celle de leur classe [Albistur, Armogathe, 1977]. D'autres encore tenteront de « faire valoir des droits par la médiation des devoirs » [Riot-Sarcey, 2002], le féminisme s'inscrivant alors dans les normes sociales qui définissent la féminité [Bard, 1995], en s'appuyant en particulier sur la reconnaissance de la maternité comme fonction sociale.

Des femmes égales et des hommes dominants

Un siècle et demi après la Déclaration des droits de l'homme et du citoyen, la Constitution de 1946 affirme que « la loi garantit à la femme dans tous les domaines des droits égaux à ceux de l'homme », mais cette égalité demeure formelle. L'ampleur du contraste entre cette égalité de principe et les discriminations et inégalités qui caractérisent la situation des femmes comme l'incapacité du mouvement social (la lutte des classes comme le mouvement de mai 1968) à s'ouvrir sur « la question des femmes » conduit à refonder la lutte féministe sur des bases « radicales ».

Dans le sillon ouvert par Simone de Beauvoir [1949] le mouvement de libération des femmes (MLF) affirme la nécessaire distinction entre l'oppression des femmes et l'exploitation capitaliste (*Libération des femmes, Année zéro,* 1970). Cette oppression est fondée sur l'exploitation du travail domestique — le privé est politique [Delphy, 1998] — et sur l'appropriation du corps des femmes [Mathieu, 1991 ; Guillaumin, 1992] qui ont leurs racines dans le système patriarcal. Pour penser l'oppression des femmes hors de la lutte des classes, les femmes doivent donc se constituer en force politique autonome et la question de la non-mixité du « mouvement des femmes » est posée.

Progressivement, sous l'influence des différentes composantes du mouvement féministe, les droits des femmes à l'autonomie et la liberté (politique, économique, sexuelle) s'affirment tout en composant avec une logique de protection des mères. Le développement de l'activité salariée des femmes et d'une législation égalitaire et antidiscriminatoire (1972, égalité de rémunérations ; 1975, interdiction de discriminer à raison du sexe ; 1983, égalité professionnelle [voir l'article « Égalité professionnelle »]) va de pair avec l'émancipation des femmes dans la famille (1965 : liberté d'exercice d'une activité salariée ; 1975 : divorce par consentement mutuel) et avec l'affirmation de leur liberté dans le domaine de la sexualité et de la procréation (1967, loi Neuwirth ; 1974, loi Weil).

Dans le même temps, le développement des sciences humaines et celui de points de vue féministes critiques sur ces sciences humaines conduisent à un débat sur les fondements de la domination masculine. Si l'on se doit de constater la très grande richesse théorique de l'ensemble des travaux ainsi accumulés, on ne peut qu'être frappé de la persistance de points de vue polémiques sur cette question.

L'« alibi » de la nature, les justifications biologiques de l'inégalité entre les sexes et de la domination masculine étant maintenant récusés [Beauvoir, 1949] au même titre que le rapport de complémentarité « naturelle » et « fonctionnelle » entre les sexes (alors même que cette approche demeure encore aujourd'hui centrale dans les paradigmes de la sociologie fonctionnaliste et de l'économie classique) [Laufer, Marry, Maruani, 2003], il s'agit de développer les concepts et les théories propres à fonder la nature sociale des rapports entre les sexes et à éclairer les relations entre « sexe » et « genre ».

En mettant en évidence la variabilité et l'arbitraire qui caractérisent les constructions sociales et culturelles du « masculin » et du « féminin », arrachant ainsi la « différence des sexes » [Fraisse, 1996] et la domination masculine à un pur déterminisme biologique, la perspective anthropologique impose parallèlement le constat de la dimension universelle, symbolique et/ou sociale de la « division par sexe » [Mauss, 1981 ; Théry, 2003] et du caractère quasi universel de la domination masculine. Ainsi, la dichotomie de la différence des sexes, inscrite dans la nature, peut être aussi considérée comme une structure symbolique, liée à l'émergence de ces règles sociales (rapport de parenté, interdit de l'inceste, échange des femmes) qui signifient le passage de la « nature » à la « culture » [Lévi-Strauss, 1947] ; elle est inscrite au cœur même de notre appréhension du réel, support majeur de ce rapport entre « identique » et « différent » qui est à la base de tout système de pensée [Héritier, 1996].

La différence des sexes est associée à la domination masculine : « ce sont les hommes qui échangent les femmes et non le contraire » [Lévi-Strauss, 1947] et, pour certains, celle-ci est inscrite dans la pensée elle-même puisque la différence des sexes ne va pas sans « valence différentielle des sexes » en vertu des « classements hiérarchiques — que la pensée opère et qui sont de valeur » [Héritier, 1996]. D'autres auteurs préfèrent souligner l'origine véritablement sociale de la domination masculine ; celle-ci trouve ses racines dans la subordination première des femmes, car « les sociétés ne tolèrent les différences qu'en les transformant en hiérarchie », cette même hiérarchie qui est à l'origine de la division et de la valorisation et de la dévalorisation des tâches productives et reproductives [Moscovici, 1972]. Pour d'autres encore, elle résulte du rôle déterminant que jouent les hommes dans l'économie, les rapports de parenté fonctionnant aussi, dans les sociétés primitives, comme des rapports sociaux de production [Godelier, 1982, 1996, 2004].

Mais, pour Maurice Godelier, on ne peut pas séparer la division du travail et le rôle économiquement dominant des hommes des procédés imaginaires et symboliques qui aboutissent dans ces sociétés à magnifier les hommes au détriment des femmes et à légitimer aux yeux de la société tout entière leur domination, et du niveau politico-religieux qui occupe une place centrale. Cette domination s'accompagne de violences physiques, psychologiques et idéologiques à l'égard des femmes. Se pose aussi la question du consentement des femmes à la domination, contestée par nombre de chercheuses féministes [Mathieu, 1991], et celle de la résistance des femmes « à l'ordre qui les domine ».

Pour d'autres enfin [Bourdieu, 1998], il s'agit aussi d'appréhender la question de la domination masculine en échappant à l'alternative entre des « études matérialistes qui expliquent l'asymétrie entre les sexes par les conditions de production » et des études « symboliques, remarquables mais partielles ». Le travail du sociologue est alors de se centrer sur ces processus qui ont abouti à ce que ces constructions sociales que sont le « masculin » et le « féminin » en viennent à être considérées comme une « seconde nature » et de montrer « les effets bien réels qu'a produits dans les corps et dans les cerveaux un long travail collectif de socialisation du biologique et de biologisation du social », les genres en tant qu'« habitus sexués » apparaissant alors comme une « construction sociale naturalisée ».

Dans un souci de rupture radicale avec la thèse d'une « nature » fondant en dernière instance la différence des sexes, c'est un renversement complet de perspective sur la question de la domination que propose Christine Delphy. Délaissant l'ensemble des perspectives « naturalistes » ou « symboliques » sur la domination masculine, mais aussi toutes celles qui considèrent que la « différence des sexes » précède le « genre », conçu alors comme une construction sociale à laquelle sont associés les « attributs psychologiques, les activités, les rôles et statuts sociaux culturellement assignés à chacune des catégories de sexe et constituant un système de croyance dont le principe d'une détermination biologique est le pivot [Hurtig, Kail, Rouch, 1991] », elle propose de considérer que « le genre précède le sexe » : le genre est alors défini par la relation de domination elle-même, c'est la « hiérarchie qui est moteur de la division », « si le genre n'existait pas, ce qu'on appelle le sexe serait dénué de signification — ce ne serait qu'une différence parmi d'autres » [Delphy, 2001].

Certaines analyses tendent à accentuer le caractère invariant des phénomènes de domination masculine et de dévalorisation du féminin [Bourdieu, 1998], tandis que d'autres les considèrent comme enjeu des rapports sociaux entre les sexes dans leur articulation aux autres rapports sociaux, de classe, de race [Combes, Daune-Richard, Devreux, 1991], dont la dynamique s'inscrit dans une histoire qui n'est pas seulement l'histoire des femmes victimes mais celle des femmes actives dans la cité [Perrot, 2003], qui apparaît caractérisée par des processus de déplacement et de reconstruction des inégalités.

C'est sans doute dans le domaine familial et conjugal que la domination masculine et paternelle a été remise en cause de la manière la plus profonde [Dekeuwer-Defossez, 1998]. L'égalité des conjoints est désormais de principe dans la gestion du foyer et de nombreuses femmes sont en situation de pouvoir jouer de leurs capitaux scolaire et professionnel pour faire valoir leur autonomie dans le couple. Dans le domaine de la filiation, c'est la prééminence naturelle de la mère qui est affirmée. La liberté de procréation et la définition « matrilinéaire » de la maternité produisent une « érosion de la fonction paternelle ». Pourtant l'autonomie des femmes est toujours moindre car les revenus des hommes et des femmes demeurent inégaux et en cas de divorce, comme sur le plan de l'obtention des droits sociaux, les femmes demeurent dépendantes [Théry, 1993 ; Lanquetin, 2003]. De même, la liberté de procréation et le caractère volontaire de la maternité n'ont pas radicalement remis en cause l'idée fondamentale que c'est aux mères de prendre en charge les enfants qu'elles ont voulu mettre au monde, les

« nouveaux pères » consacrant encore, le plus souvent, beaucoup moins de temps à leurs enfants [Ferrand, 2001].

Dans la sphère professionnelle, la réussite scolaire des filles et leur accès en nombre croissant à des professions qualifiées a modifié la physionomie de l'emploi féminin contribuant à rompre en partie la chaîne infernale associant systématiquement « féminisation » avec « dévalorisation » [Cacouault, 2001]. Toutefois, et en dépit du progrès des droits des femmes dans le domaine professionnel, les inégalités de rémunération, le maintien de la dévalorisation de métiers « à majorité féminine », la féminisation du temps partiel témoignent de « nouvelles frontières de l'inégalité » [Maruani, 1999].

De même, dans la sphère politique, l'histoire de l'accès des femmes à l'égalité de pouvoir est encore loin d'être terminée (voir l'article de Janine Mossuz-Lavau). À l'exclusion formelle des femmes du pouvoir légitime a succédé l'ensemble des processus informels qui dans la sphère politique comme dans la sphère économique [Laufer, Fouquet, 2001] privent encore les femmes d'une égalité d'accès aux sphères du pouvoir.

Il apparaît donc toujours nécessaire de confronter les mouvements de l'« ordre social des sexes » avec la question de la domination masculine car celle-ci demeure au cœur de l'intelligibilité de beaucoup de situations : l'exclusion des femmes des sphères du pouvoir, les relations entre masculinité, « virilité » et domination, les questions liées à la prostitution, les violences masculines qui posent la question du lien entre violences symboliques, physiques, psychologiques ou verbales dans l'espace privé et dans l'espace public, sont des exemples de questions qui (parmi d'autres) peuvent difficilement échapper au prisme d'un questionnement en termes de domination masculine.

Le principe de liberté qui a conduit à remettre en cause la domination masculine tout au long de l'histoire contemporaine ne serait pas conforme à sa nature s'il n'envisageait la possibilité d'échapper à un destin qui ne lui laisserait d'autre choix que de poursuivre une lutte sans fin. Ces tentatives pour échapper au paradigme des rapports de domination entre les sexes peuvent prendre de nombreuses formes qui résultent nécessairement des diverses façons de la relativiser ou de la nier. Demeure alors la question des conditions matérielles et idéologiques, individuelles et collectives, qui pèsent sur nos « choix » et sur notre liberté.

Bibliographie

ALBISTUR M., ARMOGATHE D. (1977), *Histoire du féminisme français du Moyen Âge à nos jours*, Éditions des femmes, Paris.

BARD C. (1995), *Les filles de Marianne, Histoires des féminismes, 1914-1940*, Fayard, Paris.

BEAUVOIR S. DE (1949), *Le deuxième sexe*, Gallimard, Paris.

BOURDIEU P. (1998), *La domination masculine*, Seuil, Paris.

CACOUAULT M. (2001), « La féminisation d'une profession est-elle signe d'une baisse de prestige ? », *Travail, genre et sociétés*, n° 5, p. 93-115.

COLLIN F., PISIER E., VARIKAS E. (2000), *Les femmes de Platon à Derrida*, Plon, Paris.

COMBES D., DAUNE-RICHARD A.-M., DEVREUX A.-M. (1991), « Mais à quoi sert une épistémologie des rapports sociaux de sexe ? », *in* HURTIG M.-C., KAIL M., ROUCH H. (dir.), *Sexe et genre, de la hiérarchie entre les sexes*, CNRS Éditions, Paris, p. 59-68.

CONDORCET (1847-1849), *Sur l'admission des femmes au droit de cité, œuvres de Condorcet, Firmin Didot*, cité dans ALBISTUR et ARMOGATHE (1977).

DELPHY C. (1998-2001), *L'ennemi principal, Économie politique du patriarcat (vol. I), Penser le genre (vol. II)*, Syllepse, Paris.

DEKEUWER-DEFOSSEZ F. (1998), *L'égalité des sexes*, Dalloz, Paris.

ENGELS P. (1971), *Origine de la famille, de la propriété et de l'État*, Éditions Sociales, Paris.

FERRAND M. (2001), *Du droit des pères aux pouvoirs des mères, in* LAUFER J., MARRY C., MARUANI M. (dir.), *Masculin-Féminin : questions pour les sciences de l'homme*, PUF, Paris, p. 187-209.

FOURRIER C. (1969), *Textes choisis*, Éditions Sociales, Paris.

FRAISSE G. (1996), *La différence des sexes*, PUF, Paris.

GODELIER M. (1996), *La production des grands hommes*, Fayard, Paris (première édition : 1982).

GODELIER M. (2004), *Métamorphoses de la parenté*, Fayard, Paris.

GUILLAUMIN C. (1992), *Sexe, race et pratique du pouvoir, l'idée de nature*, Côté-Femmes, Paris.

HÉRITIER F. (1996), *Masculin-Féminin, la pensée de la différence*, Odile Jacob, Paris.

HURTIG M.-C, KAIL M., ROUCH H. (dir.) (2002), *Sexe et genre, De la hiérarchie entre les sexes*, CNRS, Paris (première édition : 1991).

LAQUEUR T. (1992), *La fabrique du sexe : essai sur le corps et le genre en occident*, Gallimard, Paris.

LARRÈRE C. (1997), « Le sexe ou le rang ? La condition des femmes selon la philosophie des lumières », *in* FAURE C. (dir.), *Encyclopédie politique et historique des femmes*, PUF, Paris, p. 169-201.

Laufer J., Marry C., Maruani M. (dir.) (2001), *Masculin-féminin : questions pour les sciences de l'homme*, PUF, Paris.

Laufer J., Marry C., Maruani M. (dir.) (2003), *Le travail du genre. Les sciences sociales du travail à l'épreuve des différences de sexe*, La Découverte, Paris.

Laufer J., Fouquet A. (2001), « À l'épreuve de la féminisation », *in* Bouffartigue P. (dir.), *Cadres, la grande rupture*, La Découverte, Paris, p. 249-265.

Lévy Strauss C. (1947), *Les structures élémentaires de la parenté*, Seuil, Paris.

Mathieu N.-C. (1991), *L'anatomie politique, catégorisation et idéologies du sexe*, Côté-Femmes, Paris.

Maruani M. (dir.) (1999), *Les nouvelles frontières de l'inégalité : hommes-femmes sur le marché du travail*, La Découverte, Paris.

Mauss M. (1981), *Œuvres, III*, Minuit, Paris.

Moscovici S. (1972), *La société contre nature*, UGE, coll. « 10-18 », Paris.

Partisans (1970), *Libération des femmes, Années 0.*

Perrot M. (1995), *Identité, égalité, différence. Le regard de l'histoire*, *in* Ephesia (coll.) ; Laufer J., Marry C. et Maruani M. (dir.), *La place des femmes. Les enjeux de l'identité et de l'égalité au regard des sciences sociales*, La Découverte, Paris, p. 39-56.

Perrot M. (2003), *Mon devenir féministe*, in *Le travail du genre, Les sciences sociales du travail à l'épreuve des différences de sexe*, La Découverte, Paris, p. 35-39.

Poulain de la Barre (1673), « De l'égalité des deux sexes », cité dans Albistur M. et Armogathe D. (1977), *Histoire du féminisme français du Moyen Âge à nos jours*, Éditions des femmes, Paris.

Riot-Sarcey M. (2002), *Histoire du féminisme*, La Découverte, Paris.

Rousseau J.-J. (1789), *Discours sur l'origine de l'inégalité* in *Œuvres complètes* (1959-1995), Gallimard.

Théry I. (1993), *Le démariage*, Odile Jacob, Paris.

Théry I. (2003), « La notion de division par sexe chez Marcel Mauss », *L'Année sociologique*, 53, n° 1, p. 33-54.

10

Égalité

Armelle Le Bras-Chopard

Selon sa définition arithmétique, l'égalité entre deux termes numériques exprime que ces termes désignent le même nombre. Cette définition quantitative qui repose sur la mesure perd de sa limpidité lorsqu'on l'applique à ce que l'on appelle couramment à partir du XVIIIe siècle, l'« égalité morale et politique » : l'égalité entre êtres humains. Tous les ouvrages qui abordent cette notion avouent la difficulté à la cerner, difficulté si importante que certains dictionnaires de philosophie ou de pensée politique, des encyclopédies, parmi les plus récents, omettent cette rubrique. Comme le note la philosophe Simone Goyard-Fabre [1995, p. 8], ce « concept apparemment simple qui s'inscrit au fronton de notre République, c'est un sens vertigineux qui se tapit, lourd d'espoirs, d'aspirations, de revendications mais aussi de résistances naturelles ou d'obstacles institutionnels ».

Sous sa prétention d'évidence et son statut de référence fondamentale de la civilisation contemporaine, l'idée d'égalité révèle un aspect « polymorphe », « hétérogène ». Les contradictions qu'elle produit et que nous allons rencontrer sont souvent attribuées à son aspect « vague », « indéterminé », mais s'expliquent principalement par le fait que le concept ne renvoie pas à un absolu mais au caractère relationnel et relatif, inhérent à sa définition : égalité entre qui ? égalité par rapport à quoi ?

L'égalité exprime un rapport qui suppose au moins deux termes. Si, dans le vocabulaire mathématique et, plus généralement, dans tout système formel, il n'y a pas de distinction entre égalité et identité, cette équivalence disparaît dès qu'on quitte le domaine des abstractions : l'égalitarisme qui recherche une uniformisation complète des individus, pour les rendre rigoureusement semblables et interchangeables, comme dans certaines utopies, ne doit pas être confondu avec la conception de l'égalité humaine. Celle-ci ne peut s'établir qu'à partir de différences. En ce sens, parler d'égalité dans la différence est une tautologie puisque l'égalité présuppose des distinctions qu'elle a précisément pour but de subsumer sous un référent commun qui les rend non pertinentes au regard d'une caractéristique jugée plus essentielle. La classification constitue le moyen de vaincre la disparité et le concept d'égalité pose donc la question de cette catégorie d'appartenance.

Le fondement de l'égalité : la commune appartenance à l'humanité

En ce qui concerne l'égalité humaine, la détermination de la catégorie semble évidente : c'est l'appartenance à l'humanité.

Le christianisme, après le stoïcisme, fait un pas immense par rapport aux conceptions hiérarchiques des sociétés antiques, en déclarant que tous les individus, quels que soient leur nationalité, leur statut social, leur religion — et leur sexe ! —, sont égaux devant Dieu. Les inégalités de tous ordres ici-bas sont insignifiantes au regard du fait que tous sont créatures de Dieu, promis à une bienheureuse égalité au Paradis. Quand la pensée se dégage de la théologie et de la religion, pour prendre en compte l'égalité sur terre cette fois, la Nature vient remplacer Dieu. L'égalité, énonce *L'Encyclopédie* de Diderot et d'Alembert au XVIIIe siècle : « C'est celle qui est entre tous les hommes par la constitution de leur nature seulement. [...] L'égalité naturelle ou morale est donc fondée sur la constitution de la nature humaine commune à tous les hommes, qui naissent, croissent, subsistent et meurent de la même manière. »

Certes, il existe des inégalités congénitales entre individus mais elles sont déclarées indifférentes. Hobbes au XVIIe siècle prévient que « la nature a fait les hommes si égaux par les facultés du corps et de l'esprit que, bien que l'on puisse parfois trouver un homme manifestement plus fort physiquement ou d'esprit plus agile qu'un autre, somme toute la différence entre un homme et un autre n'est pas si considérable qu'un homme puisse en se fondant sur elle réclamer quelque avantage auquel un autre ne puisse prétendre aussi bien que lui ». Hobbes précise même que, dans l'état de nature, les femmes sont égales aux hommes car « il n'y a pas une telle disproportion entre les forces naturelles du mâle et de la femelle », qu'au sein de cette guerre de tous contre tous, elles n'aient la même capacité de tuer autrui par force ou par ruse. Rousseau reconnaît lui aussi une inégalité « naturelle ou physique parce qu'elle est établie par la nature, et qui consiste dans la différence des âges, de la santé, des forces du corps et de l'esprit ou de l'âme », mais qui est sans conséquence dans l'état de nature, dépeint comme un état d'isolement des individus. C'est seulement après les premiers regroupements humains que les inégalités naturelles se muent en inégalités sociales : il faudra alors promouvoir une égalité morale et légitime puisque

« pouvant être inégaux en force ou en génie, ils [les hommes] deviennent tous égaux par convention ou de droit ».

Les hommes ? Mais qui sont-ils exactement dans notre langue française ambiguë ? Autrement dit, qui peut se prévaloir de l'appartenance à l'humanité pour bénéficier de l'égalité ? Les Lumières font de la possession de la Raison la marque même de l'être humain. Sont alors définitivement exclus du champ de l'égalité les animaux qui avaient un statut juridique dans le droit naturel romain ou pouvaient encore au Moyen Âge être traduits en justice. Mais ceux qui ont apparence humaine possèdent-ils la pleine humanité ? Selon les époques, peuvent rester à la marge de cette catégorie les enfants qui n'ont pas encore leur complète raison, les fous qui ne l'ont pas ou ne l'ont plus, ou les femmes que la nature, décrète-on, encore au XIXe siècle, a pourvues d'une raison inférieure. Plus cette assertion semble « déraisonnable », plus les scientifiques, surtout au XIXe siècle, s'efforcent d'en apporter les preuves tangibles, comme le médecin Cabanis qui dans son ouvrage sur les *Rapports entre le physique et le moral*, établit le lien entre la faiblesse corporelle de la femme et sa misère mentale. En vertu de cette même logique, seront tenus à l'écart de l'égalité ceux dont la couleur de peau tranche avec la blancheur occidentale.

On voit ainsi que l'humanité comme classe caractéristique sous laquelle est spécifiée l'égalité de ceux qui ont des propriétés communes suppose la séparation d'avec ceux qui sont déclarés ne pas les posséder et envers lesquels diverses doctrines — racistes, sexistes ou à la fin du XXe siècle, la sociobiologie — pourront même justifier l'inégalité. Mais c'est surtout en réaction contre l'exclusion indue du cercle des pairs, que se forge l'idée d'égalité. Ce n'est pas un hasard si Rousseau qui passe pour un chantre de l'égalité, aborde cette question par son fameux *Discours sur l'origine et les fondements de l'inégalité parmi les hommes*. C'est à partir de la dénonciation des privilèges d'Ancien Régime que *L'Encyclopédie* ou le *Dictionnaire philosophique* de Voltaire traitent de l'égalité.

Or ce champ de l'égalité n'a cessé de s'élargir. En France, la Révolution abolit les ordres, accorde aux protestants et aux juifs une égalité citoyenne, supprime l'esclavage en métropole (en 1848 seulement pour les colonies) tandis que la Constitution de 1946 affirme dans son préambule l'égalité des sexes : « La loi garantit à la femme, dans tous les domaines, des droits égaux à ceux de l'homme. » Si, l'humanité étant aujourd'hui officiellement étendue à tous les êtres humains sans distinction d'origine, de race, de religion, de sexe, de croyance... la question des titulaires de l'égalité s'en trouve clarifiée, reste à déterminer sa substance : à quoi se réfère-t-on pour l'établir et quel est son contenu ? Or l'égalité se trouve confrontée à d'autres concepts qui renvoient eux-mêmes à cette appartenance à l'humanité, et avec lesquels elle entretient des rapports complexes. Ainsi de la liberté : l'inégalité la rend inexistante, engendre le contraire de la liberté, soit servitude, oppression, domination, violence. Mais une rigoureuse égalité exige pour être respectée un contrôle qui peut conduire à la domination de tous les égaux par un pouvoir despotique, à la perte de la liberté, comme l'avait bien remarqué Tocqueville. En fait, c'est avec la notion de justice que l'égalité établit la connivence la plus étroite, et la justice permet de passer du concept abstrait à ses applications pratiques. La justice implique un certain comportement et un certain traitement, égal, entre les pairs. *L'Encyclopédie* énonce que, puisque la nature humaine est la même dans tous les hommes, chacun doit traiter les autres comme « autant d'êtres qui lui sont naturellement égaux ».

La notion d'égalité n'est donc pas seulement théorique mais acquiert une dimension pragmatique sans laquelle elle risque de rester lettre morte. Cette ambivalence est toutefois source de nouvelles interrogations. Car l'égalité constitue à la fois un être et un devoir être. Elle est, d'une part, essence intemporelle, inhérente à tout un chacun et, d'autre part, valeur, nécessitant des spécifications substantielles qui la font entrer dans un processus historique et dessinent un contenu à géométrie variable. Cet aspect normatif et prescriptif dévolue un rôle essentiel à la loi positive, censée traduire ou rejoindre le droit naturel, et le principe d'égalité a d'abord été compris comme égalité juridique.

Légalité-égalité : égalité en droit et égalité par le droit

La Déclaration des droits de l'homme et du citoyen de 1789 affirme ce caractère juridique de l'égalité dès son article 1er en énonçant que les hommes naissent et demeurent libres et égaux en droit, et assure à tous dans l'article 6, une égalité de traitement et d'accès aux charges publiques. C'est l'égalité devant la loi. C'est donc l'individu qu'elle prend en considération, non des groupes (familles, ordres abolis et abominés, professions ou corporations interdites par la loi Le Chapelier de 1791, communautés à l'intérieur d'un État...).

Mais, dès la Révolution, il apparaît que ce traitement uniforme s'appliquant à des individus placés dans des situations inégalitaires peut générer ou renforcer l'inégalité. Cette première contradiction de l'égalité dans sa définition légale est aussitôt surmontée par la loi elle-même : celle-ci pourra réparer des situations inégales, jouer un rôle correctif et promouvoir l'égalité par la loi. Mais c'est au prix de la contradiction inverse car c'est en introduisant des traitements inégaux qu'elle prétend parvenir à l'égalité : sujétions pour ceux qui ont plus ou compensations à ceux qui ont moins.

Ce droit correctif engendre lui-même d'autres paradoxes. La loi pour rester dans sa définition matérielle (elle statue d'une façon générale et non au cas par cas), et pour éviter l'arbitraire, doit prendre en compte, non tel ou tel particulier, mais des groupes dont les membres se trouvent dans une situation semblable. Elle ouvre ainsi une brèche à l'universalisme qui la fonde, en introduisant dans l'humanité des sous-catégories, les femmes, les chômeurs, les Noirs... victimes par leur caractéristique secondaire, la couleur de la peau, le sexe, la pauvreté... d'inégalités. À un traitement injuste, on remédie par une discrimination positive. Mais le terme et surtout la norme hérissent les juristes français qui lui préfèrent l'expression de « mesures de rattrapage », mais font surtout valoir la contradiction dans les termes entre la discrimination et son contraire, l'égalité. Mais ils mettent principalement en évidence la production par ce moyen de nouvelles inégalités. Ainsi, disent-ils, quand est introduit un quota de Noirs à l'entrée d'universités aux États-Unis, c'est fermer la porte à des Blancs peut-être plus méritants. Cette argumentation laisserait supposer que, pour le petit nombre de places réservées, on risque de ne pas trouver assez de Noirs au même niveau que des Blancs... Même type de critique en France à propos de la loi dite sur la parité : combien d'incompétentes vont injustement chasser de politiciens chevronnés !

L'égalité par la loi parce qu'elle prend en compte des situations de fait, ouvre la voie à la critique plus générale de l'opposition entre égalité formelle et égalité réelle, qui déborde le cadre de la légalité pour s'exprimer depuis la société civile.

Égalité formelle, égalité réelle

Marx dans *La Question juive* dénonce le caractère formel des droits inscrits dans la Déclaration de 1789, face aux inégalités réelles qui ne permettent pas à certains titulaires de ces droits d'en jouir effectivement. Il fait éclater l'étroitesse du cadre législatif pour mettre en accusation la loi elle-même, superstructure, reflet avec plus ou moins d'autonomie, de l'infrastructure économique, des rapports de production, et idéologie destinée à perpétuer l'inégalité. L'égalité formelle est destinée à masquer les inégalités patentes dans la société, qui prennent la figure de l'exploitation de ceux qui n'ont que leur force de travail, par les propriétaires des instruments de production, et de l'aliénation des plus défavorisés.

Car qui fait la loi ? L'article 6 de la Déclaration des droits de l'homme et du citoyen précise bien que tous les citoyens ont le droit de concourir personnellement ou par leurs représentants à la formation de celle-ci. L'obéissance à la loi découle logiquement du fait qu'elle s'applique à ceux-là mêmes qui l'ont faite. Mais, dans son intitulé, la Déclaration introduit déjà une distinction entre l'homme et le citoyen, que la Révolution peaufine en définissant citoyen actif et citoyen passif : il faut répondre à certaines conditions de fortune pour être électeur, encore plus restrictives pour devenir éligible. La Révolution n'a aboli les ordres que pour introduire un nouveau clivage fondé non plus sur la naissance ou l'appartenance à un groupe (clergé, corporations...) mais sur la richesse et la propriété individuelles. L'instauration du suffrage universel en 1848, masque encore mieux, selon Marx, le fait que la majorité des électeurs ne peuvent parvenir aux leviers de commande de l'État, monopolisés par les capitalistes. L'universalisme de la loi, dans son origine, est battu en brèche puisque cette volonté générale n'est pas le fait de tous mais de ces législateurs qui l'édictent à leur bénéfice. Est occulté dans le marxisme ce qui fausse principalement, à la racine, cet universalisme, à savoir la non-inclusion des femmes dans le corps électoral en 1848...

Marx cède en fait, par le primat donné à l'économie, au mirage de l'explication univoque. Les nouveaux concepts pour exprimer l'inégalité laissent en dehors du champ de la revendication égalitaire d'autres catégories qui ne sont pas, comme les classes, définies par leur place dans le processus de production. Et d'abord les femmes. Non que le problème n'ait été entrevu. Engels dans *L'Origine de la famille, de la propriété privée et de l'État*, fait de l'oppression du sexe féminin, celle qui précède toutes les autres, mais c'est, avec Marx puis les marxistes, pour affirmer que cette domination masculine tombera d'elle-même à l'avènement du socialisme. Première dans l'ordre chronologique, elle est seconde et secondaire dans celui de la logique. La lutte des classes est le moteur de l'Histoire, les conflits de sexe n'en sont qu'un appendice qui ne doit pas renverser les priorités : l'abolition « de l'inégalité entre hommes et femmes sera une conséquence naturelle de la victoire dans les luttes politiques et économiques », affirmera encore Mao...

Or les développements mêmes de l'égalité dans la période récente montrent bien que tous les types d'inégalités ne peuvent être réduits sous un dénominateur commun. Aristote, dans *La Politique*, dénonçait déjà en ce domaine, l'illusion qui consiste à prendre un seul critère pour le tout. Il apparaît alors que l'égalité pour ne pas rester une abstraction doit être comprise dans la diversité des égalités substantielles.

Égalités substantielles

La période contemporaine enregistre un accroissement dans les revendications d'égalités spécifiques, émanant de catégories de plus en plus nombreuses de personnes, avec, corrélativement, des effectifs de plus en plus restreints, et dans des domaines eux-mêmes démultipliés. C'est toujours à partir de discriminations qu'apparaît le décalage entre l'égalité proclamée jusque dans les Constitutions, et des inégalités économiques certes, mais tenant aussi au sexe, à la religion, à l'ethnie, à la sexualité, au handicap, etc. Dans tous ces cas, une détermination non essentielle a pris le pas sur la commune appartenance à l'humanité, pour rompre l'égalité. Les différents domaines d'application du principe de l'égalité révèlent des formes dites subtiles, indirectes ou structurelles de discrimination. L'inégalité entre les sexes, parce que les femmes subissent une discrimination dans tous les secteurs sans exclusion, apparaît comme le paradigme des inégalités. Ce sont tous ces domaines — professionnel, privé, politique — où les femmes, à cause de leur sexe et malgré le principe d'égalité avec les hommes, sont victimes d'inégalités, que cet ouvrage explore : inégalités dans le travail par rapport au salaire, au type d'emploi, au chômage... ; dans le couple, malgré l'obtention des droits civils que leur avait refusés le Code civil de 1804, où au foyer les tâches ménagères, non prises en compte par Marx, continuent de leur incomber en grande partie tandis qu'elles demeurent les victimes attitrées de violences conjugales ; « disparité » en politique où, bien qu'elles soient devenues citoyennes à part entière depuis 1944, elles accèdent peu aux hautes responsabilités.

Si, parce qu'elle touche tous les aspects de la vie, l'inégalité entre les sexes peut jouer le rôle de paradigme de toutes les autres formes de discriminations, celles-ci n'en sont pas pour autant reléguées au second plan et les féministes, parallèlement à leur propre combat, se sont toujours jointes à celui d'autres « minorités » : par exemple, les Noirs aux États-Unis dès la fin du XIXe siècle ou les homosexuels aujourd'hui. La multiplicité de ces domaines concrets pour lesquels le travail de résorption des inégalités doit être mené simultanément oblige à repenser la question des moyens pour y parvenir.

Quels moyens pour parvenir à l'égalité ?

L'égalité apparaît comme une valeur qui ne s'impose pas mais se gagne petit à petit. Sa conquête suppose une action simultanée par le « bas » et par le « haut », et ce double mouvement semble particulièrement nécessaire en matière d'égalité des sexes dans une société marquée par des siècles de patriarcat, qui, tout en admettant aujourd'hui le principe abstrait, tarde à le traduire dans les comportements. D'une part, il faut à la base achever de transformer les mentalités par un travail de sensibilisation dans la société civile. D'autre part, le rôle du droit, s'il n'est pas exclusif, reste indispensable pour enregistrer les avancées ou servir d'aiguillon. À cet égard, le principe de l'égalité, dénoncé comme purement formel, est, grâce à de nouvelles juridictions et des outils améliorés, de mieux en mieux sanctionné. Ainsi, en 1973, la première décision du Conseil constitutionnel reconnaissant valeur constitutionnelle à la Déclaration des droits de l'homme est rendue sur le fondement du principe d'égalité et la jurisprudence de ce Conseil atteste que, de tous les principes à valeur constitutionnelle, celui d'égalité est le plus souvent invoqué par les auteurs des saisines. Enfin, une nouvelle catégorie de normes constitue une originalité certaine par rapport au système positiviste classique : l'égalité des chances. Il ne s'agit plus seulement de reconnaître un droit à l'égalité de traitement ou d'imposer une obligation de résultat, c'est-à-dire, l'égalité à l'arrivée, mais de tendre, en amont, à reconstituer une égalité de départ, « naturelle », que les conditionnements et les situations sociales ont pervertie pour redonner à tous les mêmes moyens. D'abord promu en matière économique et sociale, ce principe est repris de façon relativement récente pour restituer aux femmes les mêmes possibilités de départ qu'aux hommes. S'il est désormais impossible d'assimiler légalité et égalité, s'il est illusoire de penser que la loi puisse surmonter à elle seule les discriminations, il est donc tout aussi impensable de parvenir à l'égalité sans elle.

L'égalité reste une idée-force de notre époque dont le développement est associé à celui de la démocratie ; elle est, écrit la philosophe Simone Weil, « un besoin vital de l'âme humaine. Elle consiste dans la reconnaissance que la même quantité de respect et d'égards est due à tout être humain, parce que le respect est dû à l'être humain comme tel et n'a pas de degrés », autre manière de dire, après Kant, qu'autrui doit être considéré non comme un moyen mais comme une fin.

Bibliographie

Cahiers de philosophie politique et juridique (1995), « L'égalité », n° 8, Centre de publications de l'université de Caen.

Caporal S. (1995), *L'affirmation du principe d'égalité dans le droit public de la Révolution française (1789-1799)*, Economica, Paris.

Courvoisier C., Charlot P. (2003), *Actualité politique et juridique de l'égalité*, Éditions universitaires de Dijon.

DELAPORTE A. (1987), *L'idée d'égalité en France au XVIIIe siècle*, PUF, Paris.

GOYARD-FABRE S. (1995), « L'égalité », *Cahiers de philosophie politique et juridique*, n° 8, Centre de publications de l'université de Caen, actes du colloque de mai 1995, allocution d'ouverture.

LE BRAS-CHOPARD A. (2000), *Le zoo des philosophes. De la bestialisation à l'exclusion*, Plon, Paris.

L'encycopédie de Diderot et d'Alembert (M.DCC.LI), tome V, Paris.

LEROUX P. (1848), *De l'égalité*, Boussac.

Revue internationale de philosophie (1971), « L'égalité », n° 97.

ROUSSEAU J.-J. (1755), *Discours sur l'origine et les fondements de l'inégalité parmi les hommes*, Dijon.

SFEZ L. (1989), *L'égalité*, PUF, coll. « Que sais-je ? », Paris.

VOLTAIRE (1994) « Égalité », *Dictionnaire philosophique*, Imprimerie nationale.

WALZER M. (1997), *Sphères de justice. Une défense du pluralisme et de l'égalité*, Seuil, Paris.

11

Discrimination

Marie-Thérèse Lanquetin

Le terme de discrimination est utilisé dans le langage courant au sens d'opérer une distinction, une séparation, une différenciation. Il l'est plus fréquemment encore au sens de hiérarchiser, de traiter de manière moins favorable ceux qui précisément seront victimes de discrimination. Le terme a alors une connotation péjorative [Bossuyt, 1976].

Le langage juridique a dans l'ensemble intégré cette connotation et la discrimination apparaît comme la différence de traitement illégitime, arbitraire, contraire au droit. Marc Bossuyt fait également observer que le terme de discrimination a été d'abord utilisé comme un slogan politique et que c'est en précisant ses caractéristiques juridiques qu'il devient possible d'arriver à une dépolitisation, ou en d'autres termes à une « juridicisation ».

Ces remarques montrent que discriminer, c'est plus que distinguer ou différencier. Des différenciations sont régulièrement opérées et autorisées, et ce qui est prohibé, ce sont des distinctions dans les domaines où des droits sont reconnus et protégés, en raison des valeurs qu'une société se donne.

Construction juridique du concept

La notion de discrimination, ainsi caractérisée, a fait l'objet de toute une élaboration conceptuelle à partir d'une interprétation qui s'est développée devant les instances de contrôle du droit international des droits de l'homme et spécialement devant certaines juridictions comme la Cour suprême des États-Unis, la Cour européenne des droits de l'homme (CEDH) ou la Cour de justice des communautés européennes (CJCE). Il y a des interactions entre ces différentes juridictions, même si chaque ordre juridique garde son autonomie. La conception du droit international mettant davantage l'accent sur les exigences de la notion en termes d'effectivité et d'efficacité a permis des évolutions par rapport à l'acception française.

La conception française de l'égalité, en effet, a rendu difficile la réception de la notion de discrimination [Lochak, 1987] telle qu'elle vient d'être caractérisée. Ce qui est au cœur du système juridique français, c'est l'égalité et non pas la discrimination. « La loi étant la même pour tous », les catégories créées par la loi étaient censées suffire pour tenir compte des différences de situation. La loi pouvait éventuellement tenir compte de ces différences de situation au nom de l'intérêt général, mais ce n'était et ce n'est toujours pas une obligation [Borgetto, Lafore 2000].

Ainsi, certaines différenciations ne devaient pas être faites et le droit pénal, depuis 1972, sanctionnait ces discriminations strictement définies. Le terme de « discrimination » a donc fait son apparition tardivement en droit français, la France ayant tardé à l'énoncer dans les politiques publiques à la différence du droit communautaire. Le problème social existait pourtant, mais n'était guère pris en compte pour différentes raisons et notamment s'agissant de la discrimination raciale en raison de la conception française de l'intégration républicaine [Fassin, 2002]. La conception française abordait donc cette notion essentiellement sur le terrain pénal pour sanctionner un délit ce qui implique de rechercher l'intention de l'auteur. Même sur le terrain civil, la preuve incombant au demandeur, c'est-à-dire à celui qui s'estimait victime d'une discrimination, la preuve des ruptures d'égalité pour les qualifier de discrimination, était particulièrement difficile.

La jurisprudence de la Cour de justice des communautés européennes (CJCE) a été particulièrement constructive, principalement à partir de la question de l'égalité entre les hommes et les femmes dans l'emploi et cette interprétation influence désormais l'ensemble du droit français de la discrimination.

Le caractère objectif de la discrimination

Au-delà de la définition générique donnée au terme de discrimination, les conventions internationales des droits de l'homme ont défini juridiquement la discrimination. Dans la Convention 111 de l'Organisation internationale du travail (OIT), « le terme de discrimination comprend toute distinction, exclusion ou préférence fondée sur la race, la couleur, le sexe, la religion, l'opinion politique, l'ascendance nationale ou l'origine sociale qui a pour effet de détruire ou d'altérer l'égalité de chances ou de traitement en matière d'emploi ou de profession ». Dans la convention de l'ONU sur l'élimination de toute discrimination à l'égard des femmes (CEDAW), l'article 1er dispose : « L'expression de discrimination à l'égard des femmes vise toute distinction, exclusion ou restriction fondée sur le sexe qui a pour effet ou pour but de compromettre ou de détruire la reconnaissance, la jouissance ou l'exercice par les femmes quel que soit leur état matrimonial, sur la base de l'égalité de l'homme et de la femme, des droits de l'homme et des libertés fondamentales dans les domaines politique, économique, social, culturel et civil ou dans tout autre domaine. » Enfin, la discrimination est définie dans les mêmes termes dans la convention de l'ONU sur la discrimination raciale.

Ces textes visent d'abord des distinctions, exclusion ou préférences, ou encore, des restrictions, pour un motif prohibé. Si une distinction est opérée, un doute est créé appelant une justification, ce qui suggère un déplacement du fardeau de la preuve.

Mais ces différents textes mettent l'accent sur l'effet de la distinction opérée, c'est-à-dire son résultat objectif. Les mobiles et les intentions de l'auteur de la distinction peuvent ne pas être pris en considération et la discrimination peut exister indépendamment de toute recherche sur le but et les intentions de l'auteur de la distinction. Ces textes consacrent une conception objective de la discrimination, même si la preuve de l'intention ou du but discriminatoire peut également concourir à cette qualification. La conception objective est conforme à la conception civile de la discrimination, tandis que la recherche de l'intention renvoie surtout aux débats sur les éléments constitutifs de l'infraction pénale de discrimination.

La discrimination indirecte

À partir de ces définitions, la CJCE a construit une conception plus concrète de l'égalité et de la non-discrimination que le droit français. Pour réaliser « l'égalité en fait et en droit », elle considère qu'il y a discrimination lorsqu'une mesure apparemment neutre aboutit au même résultat que s'il y avait une discrimination directe. C'est la notion de discrimination indirecte. Le droit communautaire considère en effet que la discrimination consiste soit dans le traitement différent de situations similaires, soit dans le traitement identique de situations différentes. La méthode est ici inductive.

La Cour a mis en œuvre cette analyse dès les années 1970, en matière de non-discrimination en raison de la nationalité pour les travailleurs migrants afin de faciliter leur droit à la libre circulation. Cette notion apparaît également dans la directive 76/207 relative à l'égalité de traitement entre hommes et femmes, mais sans qu'elle soit définie. À partir de 1981, la CJCE a pu donner à voir les différences de traitement entre hommes et femmes en lien avec la preuve de la discrimination entre hommes et femmes [Lanquetin, 1995].

La construction a été empruntée à la jurisprudence Griggs de la Cour suprême des États-unis (1971) laquelle mettait l'accent sur l'impact statistique d'une mesure affectant majoritairement les personnes d'origine noire par rapport aux Blancs. Et la Cour de justice examine cette jurisprudence nord-américaine, en 1981, pour traiter l'affaire Jenkins.

Dans une entreprise du Royaume-Uni, les femmes étaient rémunérées à un taux inférieur de celui des hommes. La loi sur l'égalité de rémunération ayant été adoptée, les travailleurs à temps partiel ont été alors rémunérés à un moindre taux que les travailleurs à temps plein. L'avocat de la salariée a fait valoir que les femmes travaillant moins souvent que les hommes à temps plein, l'exigence de travail à temps plein frappe de manière disproportionnée les femmes par rapport aux hommes. Ce qui signifie qu'il y a une discrimination de fait qui exigeait « une justification spéciale de la part de l'employeur ». Il appelle cela la « *Griggs approach* ». L'avocat général reprend à son tour ces arguments et estime que les juridictions nationales seraient les mieux qualifiées pour examiner l'impact d'une mesure car plus proches des faits. Mais fallait-il que la salariée prouve l'intention de l'employeur ? N'était-il pas animé de la volonté d'opérer une discrimination déguisée ? L'arrêt ne fournissait pas une indication suffisante sur la marche à suivre par les juridictions. Était-il suffisant, pour que l'article 119 du traité CEE soit respecté que l'employeur démontre qu'il n'avait pas l'intention d'introduire de discrimination entre les travailleurs masculins et féminins, ou bien devait-il, en outre, démontrer que la différence de rémunération était objectivement justifiée par d'autres considérations : intérêt pour lui du travail à temps plein, réduction de l'absentéisme, utilisation maximale des installations ?

Les réponses à ces questions seront données par l'arrêt Bilka du 13 mai 1986, qui retient le caractère objectif de la notion de discrimination. Et cette analyse s'applique également en cas de discrimination d'origine structurelle, c'est-à-dire qui résulte du fonctionnement du marché du travail. Non seulement la distinction doit être objectivement justifiée, par un motif légitime, mais en outre cette justification doit répondre à certaines exigences.

La preuve

Afin qu'une personne qui s'estime victime d'une discrimination puisse faire valoir ses droits, la Cour affirmera que la charge de la preuve peut être déplacée et l'auteur de la mesure devra donc apporter une justification objective. Cette justification devra répondre aux exigences de finalité et de proportionnalité : les moyens choisis pour atteindre l'objectif que s'est donné l'employeur qui doit être légitime, doivent répondre à un véritable besoin, être aptes à l'atteindre (adéquation) et être nécessaires à cet effet (nécessité). Le droit impose donc le respect « d'une procédure » conduisant l'auteur de la mesure à expliciter les raisons de ses actes. Ce dernier est invité à présenter des justifications, c'est-à-dire des raisons l'ayant conduit à accomplir un acte.

La justification apparaît donc comme l'imposition à la charge de l'employeur, mais aussi plus largement à l'auteur d'une mesure, d'une obligation d'explicitation des raisons de certains de ses choix. Comme le suggère Frédéric Guiomar, « cette opération semble recouvrir deux opérations distinctes : l'employeur doit expliciter son acte, et le juge doit l'évaluer » [Guiomar, 2002].

Il est donc réducteur de définir la notion de justification comme la seule obligation mise à la charge d'un particulier d'avoir à énoncer les raisons de ses actes. L'étude de la justification fait apparaître une autre dimension à ce concept. La justification comprend également l'institution d'un contrôle de la rationalité par un juge. En effet, la discrimination est une atteinte à un droit fondamental juridiquement protégé. S'il apparaît au cours du procès que la mesure a été adoptée pour un motif prohibé, le juge ne peut que constater la discrimination, aucune justification n'étant admise. Mais, si la mesure est adoptée en fonction d'un critère apparemment neutre, s'engage une étape où l'argumentation de l'auteur de la mesure est soumise à un contrôle de rationalité en lien avec la finalité poursuivie. L'absence de cohérence de la narration qui naît principalement du fait que les arguments déployés s'opposent entre eux, constitue la meilleure preuve que les arguments sur lesquels ils se fondent, ne sont pas rationnels.

L'évolution de la notion de discrimination indirecte

Deux définitions de la notion de discrimination indirecte ressortent des directives communautaires transposées en 2001. La définition de la directive 97/80 de 1997 se veut la synthèse de la jurisprudence de la CJCE dans les cas de discrimination fondée sur le sexe. Elle fait référence à un « impact disproportionné » d'une disposition, d'un critère ou d'une pratique apparemment neutre sur un sexe par rapport à l'autre à moins que cette disposition, ce critère ou cette pratique ne soit objectivement justifié par un objectif légitime et que les moyens de réaliser cet objectif ne soient appropriés et nécessaires. L'approche est donc statistique.

La Cour de justice rendra de nombreux arrêts fondés sur l'impact statistique d'une mesure.

Mais, cette définition a été nuancée dans des affaires ultérieures en raison du fait que la mesure statistique n'est pas toujours facile à mettre en œuvre et n'est pas toujours nécessaire. Les directives 2000 donnent une nouvelle définition susceptible d'être mise en œuvre quel que soit le motif de discrimination. Il s'agit alors « d'une disposition, d'un critère ou d'une pratique susceptible de créer un désavantage sur les personnes d'un groupe par rapport aux personnes d'un autre groupe à moins qu'elle ne soit objectivement justifiée... ». À l'impact statistique d'une mesure est substituée la notion de « désavantage » même si l'impact statistique ne disparaît pas complètement. C'est, en réalité, affaire de cas d'espèce.

Mais qu'est-ce qu'une mesure susceptible d'entraîner un désavantage ? Au-delà de la généralité de la formule, il convient d'analyser la spécificité de chaque type de discrimination. S'agissant de la discrimination fondée sur le sexe, les mesures particulières dites de protection concernant les femmes ont été et sont encore régulièrement adoptées. Elles peuvent pourtant créer des désavantages par rapport à l'emploi ! Ainsi, de l'allocation parentale d'éducation, mesure apparemment neutre, mais qui est perçue à 98 % par les mères. De même, en matière de retraite des parents dans la fonction publique, la majoration de durée d'activité pour le calcul de la retraite implique une interruption d'activité ou un travail à temps partiel et concernera majoritairement les mères. Ne s'agit-il pas de désavantages au regard de l'emploi des mères ?

La réponse viendra de la Cour de justice qui veillera à la recherche de l'égalité substantielle, une égalité qui respecte la liberté d'exercer une activité professionnelle et de façon plus générale les droits fondamentaux de la personne.

Transposition

Toute cette construction jurisprudentielle a été d'abord synthétisée par la directive du 15 décembre 1997 (97/80) relative à la preuve de la discrimination dans les cas de discrimination fondée sur le sexe, afin que les États membres mettent en œuvre une telle conception de la notion de discrimination. Mais la France devait transposer deux autres directives communautaires adoptées sur le fondement de l'article 13 du traité d'Amsterdam afin de lutter contre d'autres discriminations. Il s'agit de la directive du 29 juin 2000 qui traite de la discrimination « à raison de la race ou de l'origine ethnique » dans et au-delà de l'emploi et du travail, et de la directive du 27 novembre 2000 relative au cadre général pour lutter contre les discriminations fondées sur la religion ou les convictions, le handicap, l'âge ou l'orientation sexuelle, dans l'emploi et la profession.

Les deux définitions de la notion de discrimination indirecte coexistent actuellement, mais la directive 2002/73, qui modifie la directive du 10 février 1976 relative à la discrimination fondée sur le sexe dans l'emploi et la profession et qui doit être transposée avant le 5 octobre 2005, se rallie à son tour à la définition des directives 2000. Ainsi, la construction communautaire de la discrimination a été introduite en droit français par la loi du 16 novembre 2001 et spécialement la notion de discrimination indirecte à partir de l'expérience acquise en matière de discrimination à raison du sexe. En outre, la notion de discrimination directe a été précisée : la comparaison entre salariés pourra avoir lieu non seulement au présent, mais en cas de succession de salariés dans le temps. La comparaison pourra même être hypothétique.

Le rapport discrimination/égalité

La CJCE a affirmé que l'égalité de traitement entre les hommes et les femmes était un droit fondamental et que le respect des droits fondamentaux de la personne faisait partie des principes généraux du droit communautaire dont la Cour devait assurer le respect. Elle avait antérieurement, déjà précisé que l'objectif de l'égalité de rémunération entre les travailleurs masculins et féminins, inscrit dans le traité (art.119), s'il avait un objectif économique, avait également un objectif social. Et tout récemment elle a donné primauté à l'objectif social.

Mais, la non-discrimination parvient-elle à l'égalité même ? La quête d'égalité entre hommes et femmes pose encore d'autres questions, concernant la grossesse et les « actions positives ».

La question de la grossesse/maternité

Comment considérer cette période qui est assortie d'une protection ? S'agit-il d'une exception au principe d'égalité, ou, au contraire, d'un traitement spécifique pour réaliser plus d'égalité ? Mais à quelles conditions ? Constitue-t-elle une discrimination directe ou bien une discrimination indirecte lorsqu'une mesure, comme un licenciement, est prise en raison de la grossesse ? Soutenir qu'il s'agit d'une discrimination indirecte parce que ce sont les femmes qui sont concernées introduit l'idée d'une justification possible. Soutenir au contraire qu'il s'agit d'une discrimination directe apporte un ensemble de garanties aux mères puisque une telle mesure ne peut admettre de justification. C'est la thèse de la discrimination directe qui a été retenue par la CJCE et par la directive 2002/73 qui parlent à ce propos d'« égalité substantielle ». C'est la seule conception qui permette de garantir l'emploi de la mère si elle souhaite revenir dans l'entreprise après un licenciement nul.

La nécessité de mesures d'« actions positives »

Enfin, l'approfondissement de la notion de discrimination a permis de donner plus de consistance au principe d'égalité de traitement entre hommes et femmes. Le progrès s'est surtout manifesté par la notion de discrimination indirecte qui permet des comparaisons entre groupes (les femmes/les hommes de telle qualification...) et pas seulement entre individus. Le critère statistique a permis de rendre visibles ces discriminations.

Au-delà, il s'agit d'adopter des mesures dites de rattrapage, ou « actions positives » au sens du droit communautaire. Ces mesures sont destinées à compenser les inégalités historiquement subies par un groupe et qui se perpétuent. La France a longtemps été hostile à de telles mesures car elles impliquaient de tenir compte du critère de sexe pour les adopter, ce qui était tenu pour contraire à la Constitution. La décision du Conseil constitutionnel du 14 août 2003 a franchi le pas en matière de retraite du régime général au nom de l'« intérêt général », en validant une bonification de deux ans par enfant pour les mères et en retenant que les inégalités subies par elles étaient destinées à disparaître. Ce qui reste cependant à démontrer ! En cela, le droit français est fidèle à l'article 141 du traité d'Amsterdam qui incite les États à adopter de telles dispositions.

De façon plus générale, la discussion est vive en France sur ces différentes conceptions de l'égalité et de la discrimination. Certains se réfèrent au modèle américain d'« *affirmative action* » au moment même où la Cour suprême avec l'arrêt Grutter/Bollinger du 23 juin 2003 se rapproche de la jurisprudence de la CJCE. Cette dernière, en effet, a privilégié dans un premier temps avec l'arrêt Kalanke, de 1995, l'égalité entre individus sur l'égalité entre groupes. Elle a depuis infléchi sa jurisprudence pour admettre des actions positives dont la finalité doit être légitime et proportionnée à l'objectif poursuivi.

Ainsi la construction de la notion de discrimination a permis si ce n'est de nombreux procès en France, à la différence d'autres pays européens, du moins une clarification des principes et des notions. La mise en œuvre de ces dispositions s'impose en droit français, le droit communautaire primant le droit national en ces matières.

Bibliographie

BORGETTO M., LAFORE R. (2000), *La république sociale*, PUF, Paris.

BOSSUYT M. (1976), *L'interdiction de la discrimination dans le droit international des droits de l'homme*, Bruylant, Belgique.

FASSIN D. (2002) « L'invention française de discrimination », *Revue française de science politique*, août, p. 403-423.

GUIOMAR F. (2002), *La justification des mesures de gestion du personnel*, thèse université Paris-X-Nanterre.

LANQUETIN M.-T. (1995), « La preuve de la discrimination : l'apport du droit communautaire », *Droit social*, n° 5, p. 434-446.

LOCHAK D. (1987), « Réflexions sur la notion de discrimination », *Droit social*, n° 5, p. 778-790.

12

Rapports sociaux et division du travail entre les sexes

Danièle Kergoat

Sexe, genre, différence des sexes, rapports sociaux de sexe, ces termes ne sont pas interchangeables même s'ils réfèrent tous au traitement différentiel que la société accorde aux groupes sociaux de sexe. Il est donc nécessaire de s'accorder sur des définitions *a minima* des termes utilisés et de s'arrêter quelque peu sur leurs usages et leurs fonctions. D'autant que, dans une perspective scientifique, il s'agit moins de décrire le phénomène étudié que de chercher à le comprendre. Pour ce faire, une boîte à outils est indispensable.

« Rapports sociaux de sexe » renvoie à une terminologie spécifiquement française (et cela d'autant plus que « rapport » est intraduisible en anglais, en espagnol, en russe, etc., sinon par « relation », ce qui a un tout autre sens, nous y reviendrons). Le terme, nous dit-on parfois, est d'usage malaisé, disgracieux. Peut-être mais il reste incontournable car si le « genre », depuis qu'il a franchi l'Atlantique, désigne le système qui organise la différence hiérarchisée entre les sexes, la notion de rapport social permet, elle, de penser la dynamique de ce système. À nos yeux, les deux termes sont donc utiles, non concurrentiels et non interchangeables.

Les rapports sociaux de sexe

Ce sont les questions de la régulation et de l'intégration sociale ainsi que celles de l'individu et du lien social qui dominent actuellement la pensée sociologique. Or les rapports entre les hommes et les femmes, quelle que soit la terminologie employée, n'entrent pas, ou sinon à la marge, dans de tels champs épistémologiques. Certes, hommes et femmes se côtoient continuellement, vivent ensemble et « produisent du vivre » ensemble. Mais la théorie du lien social est loin de pouvoir rendre compte à elle seule du réel observable : les inégalités de tous ordres perdurent [Bihr, Pfefferkorn, 2002], les violences (physiques et symboliques) sont quotidiennes, le groupe des hommes légifère au nom de l'universel la vie du groupe des femmes, exploite son travail professionnel et lui extorque du surtravail (le travail domestique). Que, sur ce dernier point, nombre de femmes cèdent « par amour » (du partenaire, des enfants) ou par sens du devoir ne change rien à la réalité têtue des faits. C'est le rapport social qui permet de penser ensemble ces différentes dimensions, de dépasser le relationnel pour comprendre ce qui bloque ainsi la machinerie sociale.

Le rapport social peut être assimilé à une tension qui traverse la société ; cette tension se cristallise peu à peu en enjeux autour desquels, pour produire de la société, pour la reproduire ou « pour inventer de nouvelles façons de penser et d'agir », les êtres humains sont en confrontation permanente. Ce sont ces enjeux qui sont constitutifs des groupes sociaux. Ces derniers ne sont pas donnés au départ, ils se créent autour de ces enjeux par la dynamique des rapports sociaux. En d'autres termes, si des êtres humains mâles et femelles existent bien au départ, le genre auquel ils appartiennent socialement est le fruit d'un processus historique et culturel [Oakley, 1972 ; Mathieu, 2000] : c'est pourquoi l'on peut dire que les groupes sociaux de sexe sont créés par et se créent dans le rapport social, qu'ils ne lui sont pas préexistants. Enfin, les rapports sociaux sont multiples et aucun d'entre eux ne détermine la totalité du champ qu'il structure. C'est ensemble qu'ils tissent la trame de la société et impulsent sa dynamique : ils sont consubstantiels. Car les rapports sociaux sont indémêlables au sein de la matrice sociétale : parler de consubstantialité revient donc à affirmer que « séquencer » les rapports sociaux est une opération — certes nécessaire pour le sociologue — qui reste de l'ordre de la logique mais qui ne peut en aucun cas être appliquée sans précaution à l'analyse des pratiques sociales.

La notion de rapport social renvoie donc simultanément à un principe d'engendrement (les rapports sociaux produisent et reproduisent, par la médiation des enjeux, les pratiques sociales lesquelles en retour agissent sur les tensions que sont les rapports sociaux) et à un principe heuristique (les rapports sociaux servent à comprendre les pratiques observées).

Les rapports sociaux de sexe répondent aux mêmes caractéristiques : les groupes sexués ne sont pas le produit de destins biologiques mais sont d'abord des construits sociaux ; ces groupes se construisent par tension, opposition, antagonisme, autour d'un enjeu. Les rapports sociaux de sexe ont une base matérielle même s'ils ont aussi une base idéelle : tout pouvoir, comme le disait Foucault, a besoin d'un savoir, c'est ici le naturalisme qui est l'idéologie de légitimation, la « doxa de sexe », comme la nomme Monique Haicault [2000]. Ils peuvent être périodisés, ils font l'Histoire au même titre que les autres rapports sociaux. Ces rapports sociaux reposent d'abord et avant tout sur un rapport hiérarchique entre les sexes ; il s'agit bien là d'un rapport de pouvoir, d'un rapport de « classes » [Guillaumin, 1992] et non d'un simple principe de « classement ».

Le rapport social de sexe est donc de même nature que les autres rapports sociaux (il leur est consubstantiel), même s'il a ses caractéristiques propres : il traverse la totalité de l'espace-temps connu, les ségrégations qu'il opère ont des formes particulières [Collectif, 1984, 1988 ; Battagliola *et al.*, 1986 ; Devreux, 2001 ; Kergoat, 2000] ; les femmes ne sont pas ségréguées, comme les autres groupes dominés ; elles sont inscrites dans l'ensemble des systèmes sociaux d'âge, de classe, de race [Goffman, 2002].

Mais il s'agit de définir l'enjeu premier de ce rapport social. Cette opération de définition est essentielle tant au niveau théorique que méthodologique : en effet, les rapports sociaux sont invisibles et ne peuvent faire l'objet d'observation directe et de mesure. Seuls les enjeux s'y prêtent. Deux enjeux existent qui sont fondamentaux selon les sociétés et la période considérée : la procréation (le contrôle de la procréation) et le travail (la division du travail entre les sexes).

La division sexuelle du travail

Nous faisons l'hypothèse que dans la société française, et plus largement dans la société occidentale, le travail est bien l'enjeu principal des rapports sociaux de sexe [Molinier, 2003] ; *a contrario*, on peut d'ailleurs souligner le fait que la légalisation de la contraception et de l'avortement n'a rien changé, sur le fond, quant aux rapports de genre. Il ne s'agit pas ici du seul travail salarié ou même professionnel mais du travail comme « production du vivre ». Ce qui revient à l'utiliser tel qu'il a été défini à partir du XVIIIe siècle puis construit comme paradigme par les philosophes du XIXe, Marx et Hegel principalement. Même si les doxa marxiste et économiste ont réduit le travail à la seule production marchande, il n'en reste pas moins que, si l'on s'en tient aux textes, toute activité vraiment humaine est « travail », avec ses deux volets : le travail comme œuvre et création *versus* le travail comme aliénation. Ce sont ces deux volets que reprend la psychodynamique du travail lorsque Christophe Dejours écrit : « Travailler, ce n'est pas seulement transformer le monde, c'est aussi se transformer soi-même, se produire soi-même » [Dejours, 1998].

Cette conceptualisation du travail implique également, au niveau collectif, l'inclusion non seulement du travail professionnel (qu'il soit salarié ou non, marchand ou non marchand, formel ou informel), mais également du travail domestique (qui dépasse bien largement les tâches ménagères pour inclure les soins corporels et affectifs aux enfants, le suivi de leur scolarité et même la production physique des enfants [Tabet, 1998]). Celui-ci ne se caractérise pas par une addition de tâches mais comme une activité intégrée, productrice de richesses tout autant sinon plus que le travail salarié ; il se définit comme « mode de production domestique » [Delphy, 1998], ou bien comme une « relation de service » — la disponibilité permanente du temps des femmes au service de la famille et plus largement de la parenté — relation qui est considérée comme caractéristique du procès de travail domestique [Fougeyrollas-Schwebel, 2000]. On voit bien dès lors comment, par le fil du travail ainsi redéfini, on arrive à saisir dans les filets de l'analyse des champs et des notions aussi traditionnellement éloignés du salariat telle que, par exemple, les systèmes familiaux.

Dans cette perspective, la tension va s'opérer autour du « partage » du travail entre les sexes, partage qui a pour caractéristiques l'assignation prioritaire des hommes à la sphère productive et des femmes à la sphère reproductive ainsi que, simultanément, la captation par les hommes des fonctions à forte valeur sociale ajoutée (politiques, religieuses, militaires, etc.).

Cette forme de division sociale a, selon nous, deux principes organisateurs :

— le principe de séparation (il y a des travaux d'hommes et des travaux de femmes) ;

— le principe hiérarchique (un travail d'homme « vaut » plus qu'un travail de femme).

Une anecdote sur la valeur différente accordée au travail, selon qu'il est effectué par un homme ou par une femme, mérite d'être contée. Il y a quelques années, je visitais à deux reprises une entreprise de métallurgie. Avant l'automatisation, le poste de pontonnier était tenu uniquement par des hommes qui le justifiaient ainsi : c'était un travail fatigant, à haute responsabilité (on pouvait écraser des ouvriers en laissant tomber des charges d'une telle hauteur), qui demandait une attention de tous les instants. Quelques années plus tard, l'automatisation aidant, seuls quelques postes manuels existaient encore... et ils étaient tenus par des femmes ! Quand j'exprimais mon étonnement, on (c'est-à-dire des hommes) m'expliqua très sérieusement que c'était « un travail de femme » : le travail laissant beaucoup de temps morts, un homme, isolé ainsi sur son ponton, s'ennuierait tandis que les femmes, elles, pouvaient... tricoter ! Le travail et la charge de travail étaient pourtant restés les mêmes. Par contre, le poste était fortement déclassé sur la grille des qualifications et le salaire était amputé environ du tiers. Et, que je sache, sans protestation syndicale.

Cet exemple est éclairant. Si ces deux principes (séparation et hiérarchie) se retrouvent dans toutes les sociétés connues et sont légitimés par l'idéologie naturaliste, cela ne veut pas dire cependant que la division sexuelle du travail soit une donnée immuable. Au contraire, elle est en fait d'une incroyable plasticité : ses modalités concrètes varient fortement dans le temps et dans l'espace comme l'ont abondamment démontré ethnologues et historien(ne)s. Ce qui est stable, ce ne sont pas les situations (elles évoluent constamment), mais l'écart entre les groupes de sexe. C'est donc sur cet écart tout autant que sur les « conditions » qu'il convient de porter l'analyse car si la condition féminine s'est incontestablement améliorée, en tout cas dans la société française, l'écart, lui, reste infrangible. Mais, masqué par le mouvement brownien des relations sociales, il est souvent mal perçu.

Une perception du rapport social brouillée par le quotidien des relations sociales

Nous disions que « relation sociale » n'est en aucune façon le synonyme de « rapport social ». Les relations sociales sont immanentes. Elles apparaissent entre des individus concrets (et non des groupes sociaux) au fil des rencontres. Le rapport social, lui, est antérieur à la rencontre et postérieur à elle (les pratiques sociales peuvent le faire bouger). Les relations sociales peuvent dévaster un individu, elles ne font bouger en rien les rapports entre les groupes sociaux auxquels ces individus appartiennent. Cependant, ces groupes sont aussi producteurs d'appartenance, de solidarité, de reconnaissance mutuelle, même si les procès de cette production sont fort différents selon que l'on appartient au groupe des dominés ou à celui des dominants [Mathieu, 1991].

Sous l'effet de la mixité scolaire, du débat autour de la parité en politique, du discours individualiste et égalitariste, tout se passe comme si, au niveau du social épidermique, hommes et femmes étaient égaux. Et ils le sont (presque !) devant la loi. Il est donc explicable que les femmes se vivent d'abord comme « égales », au quotidien. Ce qui résiste ne serait qu'archaïsme, retard de mentalité ou mauvaise volonté individuelle. Et que la quête de l'Amour, dans toutes les couches sociales, fasse plus que jamais recette.

Les études récentes sur les représentations qu'ont les jeunes femmes de leur vie future sont à cet égard instructives. La norme égalitariste règne en maître : il serait tout à fait envisageable d'avoir un conjoint dont le statut professionnel serait inférieur au sien, et le partage du travail domestique est posé comme un acquis incontournable. La division sexuelle du travail paraît négociable, non au terme d'un mouvement social mais dans les relations interpersonnelles, dans le couple. S'il ne l'est pas, et si leurs moyens financiers le permettent, les femmes externalisent le travail domestique, ce qui permet d'évacuer la tension autour de ce point d'achoppement de la division du travail qu'est le travail domestique : les relations dans le couple sont sauvegardées, et l'on peut dire en toute bonne foi que, chez soi, il n'y a « pas de problème ». En d'autres termes, s'il y a bien ici déplacement des lignes de tension, le rapport social hommes/femmes reste inentamé.

Un nouveau paradigme pour penser une société qui bouge mais qui reproduit inlassablement l'écart hommes/femmes

Reprenons l'exemple de l'externalisation du travail domestique. Pour être complète, l'analyse doit se déployer à deux niveaux : celui des relations sociales, mais aussi (et la théorisation en termes de rapports sociaux le permet) comme un nouveau paradigme de la servitude, au croisement qu'il est de la division sexuelle, ethnique et sociale du travail et des rapports de sexe, des rapports de classes et des rapports ethniques. Il est d'ailleurs remarquable que de nombreux travaux actuellement se consacrent à cette situation, soit en insistant sur l'entrée travail de service aux personnes (le travail de « *care* »), soit sur celle des migrations féminines du Sud vers le Nord et de l'Est vers l'Ouest.

Déclinons ce paradigme. Les femmes des sociétés du Nord travaillent de plus en plus ; elles sont de plus en plus fréquemment cadres et investissent dans leurs carrières. Pour réaliser ces dernières, et comme le travail domestique n'est toujours pas pris en compte dans les sociétés marchandes, et que l'implication subjective est de plus en plus demandée sinon réquisitionnée par les nouvelles formes de gestion des entreprises, elles doivent externaliser « leur » travail domestique. Pour ce faire, elles peuvent puiser dans l'énorme réservoir des femmes précaires-pauvres, françaises et immigrées. Cette demande, massive au niveau européen, a créé un immense appel d'air pour les femmes migrantes qui arrivent dans les pays du Nord avec l'espoir de trouver un emploi de service (garde d'enfants, ménage, aide aux personnes âgées...). Ces femmes, souvent diplômées, entrent en concurrence directe avec les précaires des pays d'origine qui, elles, ne sont que peu diplômées.

Deux rapports sociaux entre femmes, inédits historiquement, se mettent ainsi en place : un rapport de classes entre les femmes du Nord, employeuses, et cette nouvelle classe servile ; un rapport de concurrence entre femmes toutes précaires, mais précaires différemment, des pays du

Nord et des pays du Sud et, bientôt, de « couleurs » différentes avec l'arrivée sur ce marché des femmes des pays de l'Est. Les rapports ethniques sont ainsi en train de se remodeler à travers les migrations féminines et l'explosion des services aux personnes.

Quant aux rapports de genre, ils se présentent eux aussi sous une forme inédite : l'externalisation du travail domestique a une fonction d'apaisement des tensions dans les couples bourgeois des pays du Nord (et dans nombre de ceux, urbains, des pays du Sud mais il s'agit là alors de mouvements migratoires internes au pays concerné) et permet également une plus grande flexibilité des femmes envers la demande d'implication des entreprises. À un niveau plus général, cela autorise les sociétés du Nord de faire l'économie d'une réflexion sur le travail domestique. Mais cette pacification des relations sociales dans les couples et dans les entreprises ne fait pas avancer d'un pouce la lutte pour l'égalité. Elle a, au contraire, une fonction plutôt régressive à cet égard car elle fonctionne au niveau du masquage et du déni. Dans le même temps, les rapports de classes sont exacerbés, numériquement par le plus grand nombre d'individu(e)s engagé(e)s dans ce type de rapports, et concrètement par la mise en contact physique — par le biais du travail domestique — des femmes précaires (économiquement et/ou légalement) et des femmes nanties.

Bien loin d'avoir épuisé les problèmes sociaux, les problématiques des rapports sociaux de sexe et de la division sexuelle du travail ont encore, à l'évidence, bien du travail à venir...

Bibliographie

BATTAGLIOLA F., COMBES D., DAUNE-RICHARD A.- M., DEVREUX A.- M., FERRAND M., LANGEVIN A. (1990), *À propos des rapports sociaux de sexe. Parcours épistémologiques*, CSU-CNRS, Paris (première édition : 1986).

BIHR A., PFEFFERKORN R. (2002), *Hommes, femmes, quelle égalité ?*, Éditions de l'Atelier, Paris.

COLLECTIF (1984), *Le sexe du travail. Structures familiales et système productif*, PUG, Grenoble.

COLLECTIF (1988), *Les rapports sociaux de sexe : problématiques, méthodologies, champs d'analyse*, Iresco, Paris.

DELPHY C. (1998), *L'ennemi principal*, Syllepse, « Nouvelles questions féministes », Paris.

DEJOURS C. (1998), « "Travailler" n'est pas "déroger" », *Travailler*, n° 1, p. 5-12.

DEVREUX A.-M. (2001), « Les rapports sociaux de sexe : un cadre d'analyse pour des questions de santé ? », *in* AIACH P., CEBE D., CRESSON G., PHILIPPE C. (dir.), *Femmes et hommes dans le champ de la santé : approches sociologiques*, Éditions de l'École nationale de la santé, Rennes, p. 97-116.

Fougeyrollas-Schwebel D. (2000), « Le travail domestique », *in* Hirata H., Laborie F., Le Doare H, Senotier D. (coord.), *Dictionnaire critique du féminisme*, PUF, Paris, p. 235-240.

Goffman E. (2002), *L'arrangement des sexes*, La Dispute, Paris (édition anglaise : 1977).

Guillaumin C. (1992), *Sexe, race et pratique de pouvoir. L'idée de Nature*, Côté-Femmes « Recherches », Paris.

Haicault M. (2000), *L'expérience sociale du quotidien. Corps, espace, temps*, Les Presses de l'Université d'Ottawa, Canada.

Hirata H., Zarifian P. (2000), « Travail (le concept de) », in *Dictionnaire critique du féminisme*, PUF, Paris, p. 230-235.

Kergoat D. (2000), « Division sexuelle du travail et rapports sociaux de sexe », *in* Hirata H., Laborie F., Le Doaré H., Sénotier D. (dir.), *Dictionnaire critique du féminisme*, PUF, Paris, p. 35-44.

Le Feuvre N. (2003), *Penser la dynamique du genre*, mémoire d'habilitation à diriger des recherches, université Toulouse-Le Mirail.

Mathieu N.-C. (2000), *L'anatomie politique. Catégorisations et idéologies du sexe*, Côté-Femmes « Recherches », Paris.

Molinier P. (2003), *L'énigme de la femme active : égoïsme, sexe et compassion*, Payot, Paris.

Oakley A. (1972), *Sex, Gender and Society*, Temple Smith, Londres.

Tabet P. (1998), *La construction sociale de l'inégalité des sexes : des outils et des corps*, L'Harmattan, « Bibliothèque du féminisme », Paris.

II

Corps

13

Femmes et sexualité, une individualisation sous contrainte

Michel Bozon

Il existe un lien dialectique entre genre et sexualité. L'un ne change pas sans l'autre, et réciproquement. Les transformations sociales des dernières décennies du XXe siècle ont produit des changements profonds dans les rapports entre hommes et femmes et entraîné des évolutions irréversibles du contexte social, institutionnel et normatif de la sexualité. Il s'est ensuivi une individualisation des pratiques, des trajectoires et des normes sexuelles, qui a abouti à une véritable ouverture des possibles pour les femmes nées à partir des années 1950, dont la vie sexuelle n'a plus grand-chose à voir avec celle de leurs mères et grand-mères.

L'existence de ces changements ne nous conduit cependant pas à interpréter, comme on le fait souvent, l'individualisation de la sexualité comme une « libération sexuelle », qui aurait permis aux femmes, à partir d'une génération donnée, de s'affranchir radicalement des « contraintes du passé » et de parvenir à une égalité sexuelle avec les hommes. Déplaçant les régulations sociales de la sexualité — plus qu'elle ne les abolit —, l'individualisation se décline bien différemment pour les femmes et les hommes. En témoignent, entre autres, le déséquilibre persistant des attentes sociales et des jugements sur les conduites sexuelles des hommes et des femmes, les différences durables de leurs modes d'engagement dans la sexualité, le poids de la violence sexuelle dont les victimes continuent à être, dans leur immense majorité, des femmes, ainsi que la vigueur du commerce du sexe (prostitution, échangisme, etc.) dont les clients sont toujours, pour la plupart, des hommes. La persistance d'une forte asymétrie amoureuse selon le sexe tient moins à une logique intrinsèquement inégalitaire de la sphère sexuelle qu'elle n'est l'une des expressions, dans le domaine privé, de la recomposition permanente des inégalités de sexe dans le monde social. En s'incorporant aux individus — c'est-à-dire en s'inscrivant dans les corps, dans les émotions et dans les relations —, l'organisation asymétrique de la sexualité, induite par le fonctionnement social, contribue en retour à légitimer les inégalités d'ensemble entre hommes et femmes, en les asseyant sur une prétendue essence psychologique, qui opposerait un désir et un goût du pouvoir masculins à une affectivité et une disponibilité féminines.

Le renouvellement du cadre social, institutionnel et normatif de la sexualité

La seconde moitié du XXe siècle a introduit des ruptures et des évolutions qui ont reconfiguré les conditions d'exercice de la sexualité. Les années 1950 étaient encore celles de l'apogée du mariage, des familles nombreuses, et... des grossesses non désirées, allant de pair avec un taux d'activité des femmes historiquement bas. Dans l'enquête sur *Le choix du conjoint* réalisée en 1959 [Girard, 1964], les trois quarts des personnes interrogées se déclaraient en faveur de la virginité des femmes au mariage. Dans les années 1960, le baby-boom s'achève et la baisse de la fécondité s'amorce, ainsi que la hausse du divorce, en même temps que débute l'irrésistible essor du travail salarié et des carrières continues chez les femmes. Le mouvement féministe, très actif dans les années 1970 et 1980, revendique l'égalité dans tous les domaines de la vie, publique et privée, ce qui conduit à un renouvellement des lois régissant la sexualité, la reproduction et les rapports entre les sexes [Mossuz-Lavau, 1991] : légalisation de la contraception et de l'avortement, redéfinition du viol comme crime, dépénalisation de l'homosexualité, suppression de l'autorité du mari.

La rapide diffusion de la pilule contraceptive à partir du début des années 1970 va, en moins de deux décennies, conduire à son terme le processus de dissociation de la sexualité et de la procréation, entamé en France avant la Révolution. Le poids et la peur des grossesses non prévues reculent. Le fait que les méthodes médicales de contraception soient désormais mises en œuvre par les femmes permet l'émergence d'une programmation de la vie reproductive et de nouvelles manières de vivre l'expérience sexuelle. Comparée aux autres pays européens, la fécondité en France se stabilise cependant à un niveau relativement haut : dans la décennie 1990, la descendance finale y reste supérieure à deux enfants par femme, et la proportion de femmes sans enfants y est plus faible qu'ailleurs en Europe. L'apparition du sida dans les années 1980 remet à l'ordre du jour le préservatif, qui fait une percée remarquée chez les jeunes : se posent alors le problème de l'articulation entre usage du préservatif et recours à la contraception hormonale, et celui de la place des hommes dans la prévention.

À partir des années 1970, l'organisation institutionnelle du mariage a connu un affaiblissement sans précédent, même si l'aspiration au couple n'a pas reculé. Le mariage devient beaucoup plus tardif ; ceux qui se marient ont tous déjà vécu une période d'union informelle et ont souvent déjà des enfants. Une part croissante de ceux qui cohabitent ne se marient plus. Enfin, les unions deviennent moins stables et plus brèves, puisque 50 % d'entre elles aboutissent à une séparation dans les quinze ans. Ainsi, de plus en plus nombreux sont les individus qui connaissent des parcours combinant des séquences de vie conjugale et de vie sans partenaire stable.

La prolongation générale de la scolarité touche particulièrement les femmes et contribue à un rééquilibrage de leurs relations avec la génération adulte ; avec la mixité scolaire, les trajectoires de jeunesse s'allongent et s'uniformisent entre hommes et femmes. Le vote en 1999 de la loi sur la parité dans l'accès aux fonctions de représentation publique témoigne des progrès de la norme d'égalité. Cependant la même année, la publication de l'enquête *Emploi du temps* de l'INSEE révèle à quel point la sphère domestique reste, malgré les évolutions du couple, un bastion de résistance à l'égalité pratique entre les sexes [Brousse, 1999].

Avec l'affaiblissement des communautés d'interconnaissance, de l'autorité adulte et de l'encadrement religieux, voués au respect de principes absolus, les sources émettrices d'informations, de représentations et de normes diffuses en matière de sexualité se multiplient : médias, psychologie vulgarisée, médecine, éducation sexuelle à l'école, enquêtes sur la sexualité, campagnes de prévention, littérature, publicité, cinéma, etc. Il y a prolifération des représentations de la sexualité et du genre qui atteignent des publics divers, même si leur influence directe sur les comportements reste limitée, car elles ne sont plus associées à des appareils de contrôle et de sanction efficaces, comme l'étaient naguère l'Église ou les communautés locales [Bozon, 2004].

L'individualisation des pratiques et des trajectoires sexuelles. L'ouverture des possibles pour les femmes

Le changement majeur pour les femmes est l'allongement de leur vie sexuelle, qui s'accompagne d'une diversification des cadres d'exercice de leur sexualité. Trajectoires, pratiques et attitudes sexuelles des hommes et des femmes se rapprochent, entraînant un recul de la passivité amoureuse féminine et l'ouverture pour elles de nouveaux possibles.

L'entrée des femmes dans la sexualité adulte est devenue plus précoce : celles qui sont nées vers le milieu des années 1970 connaissent leur premier rapport trois ans avant celles qui étaient nées cinquante ans plus tôt, et un an avant celles qui étaient nées vingt ans auparavant. La différence de calendrier entre hommes et femmes, qui était de 2,5 ans pour les personnes qui entraient dans la sexualité vers 1950, n'existe plus pour celles qui commencent leur vie sexuelle vers 1995, dont l'initiation se produit vers 17,5 ans. Par ailleurs, les jeunes hommes n'ont plus recours à la prostitution à l'entrée dans la sexualité, alors qu'en 1970 25 % des hommes de 20 à 29 ans disaient avoir déjà eu des rapports sexuels avec des prostituées. Enfin, les premiers rapports sexuels non protégés ont peu à peu disparu (51 % en 1970, contre moins de 10 % à la fin des années 1990). Pour l'ensemble des femmes, il devient loisible d'envisager une période assez longue de vie sexuelle pré-matrimoniale, voire préconjugale, alors que dans les décennies 1950 et 1960, celle-ci était encore l'apanage des hommes.

Avec l'affaiblissement du mariage institutionnel, la sexualité a acquis un rôle inédit dans la vie conjugale. Le répertoire sexuel des hommes et des femmes s'élargit, en particulier depuis les années 1960, et la valeur de réciprocité dans l'activité sexuelle prend une place croissante, notamment dans les phases naissantes du couple. En France par exemple, une comparaison entre l'enquête Simon (1970) et l'enquête ACSF (1992) fait apparaître l'importance prise par les pratiques symétriques, comme les caresses, la masturbation mutuelle ou les pratiques de sexualité orale [Bozon, Leridon, Riandey, 1993]. Cunnilingus et fellation sont devenus un élément banal du répertoire conjugal. La sexualité s'inscrit ainsi dans le mouvement plus général qui, depuis les années 1970, recommande, au plan normatif, l'égalité, la communication et le partage entre conjoints. Rappel de l'obligation de prendre en compte les aspirations du/de la partenaire, l'idéal de réciprocité prend son sens dans un contexte où l'autonomie et l'accomplissement des individus sont de plus en plus valorisés [Singly, 1996]. En France, des années 1970 aux années 1990, la proportion de femmes se déclarant très satisfaites de leur vie sexuelle progresse fortement (de 26 à 51 %), alors que celle des hommes n'augmente que légèrement (de 41 à 47 %). Cette évolution est à rattacher à une attitude plus active des femmes dans les rapports amoureux, qui les rend moins dépendantes de la bonne volonté masculine.

Dans les dernières décennies du XXe siècle, l'expérience de la rupture conjugale s'est banalisée. Or les périodes qui suivent une rupture sont propices à une remise en cause des attitudes antérieures en matière de sexualité, en particulier chez les femmes. Certaines femmes qui ont des enfants entretiennent, à la suite d'une séparation, des relations amoureuses stables sans vie conjugale. Cette situation a été interprétée, avec raison, comme traduisant une domination des hommes sur le marché matrimonial, qui préfèrent des femmes plus jeunes. Mais on peut y lire aussi une manifestation positive du fait que ces femmes, adoptant une approche plus individuelle, cessent de concevoir l'activité sexuelle comme rouage d'un couple et vivent, dans un contexte bien différent de l'adolescence, des expériences sexuelles qui représentent une forme de « liberté sur le tard » [Attias-Donfut, 2001]. Une activité sexuelle non liée au couple devient ainsi socialement plus acceptable pour les femmes.

La prolongation de la vie sexuelle aux âges avancés est un changement marquant des dernières décennies du XXe siècle. Construction sociale et psychologique élaborée à partir d'une réalité biologique, la ménopause ne marque plus la fin de la vie sexuelle des femmes, comme elle le faisait encore pour beaucoup d'entre elles dans les années 1960. Si elle devient un passage moins traumatisant, c'est que le traitement préventif de ses conséquences physiologiques s'est fortement amélioré — en raison de la demande sociale des femmes — et que ses conséquences psycho-sociales se sont réduites, notamment en raison de la présence des femmes sur le marché du travail, qui les rend moins dépendantes de la dimension familiale et privée de leur identité sociale. En 1992, les femmes en couple de plus de 50 ans sont 80 % à avoir eu des rapports sexuels dans l'année, ce qui n'était le cas que de 51 % d'entre elles en 1970. Ce sont les femmes en couple, plus que celles vivant seules, qui bénéficient principalement de cette nouvelle expérience du vieillissement sexuel, proche de celle des hommes.

Le recul de l'identification de la sexualité féminine à la fécondité et au couple (marié) a ouvert la voie à une diversification normative, qui remet en cause la légitimité des anciennes sources de la morale. En témoigne par exemple l'éclosion en France, dans les années 1990 et 2000, d'une production littéraire, principalement féminine, dans laquelle des écrivaines s'attachent à mettre en scène des situations complexes et diverses, dans lesquelles l'expérience sexuelle, ouvertement évoquée en tant que telle, et non systématiquement liée à l'affectivité et au couple, est révélatrice des difficultés de construction de soi dans une société individualisée. Ces œuvres témoignent d'une absence de représentation partagée, d'une diversité des manières de donner cohérence à sa vie sexuelle, mais aussi de la difficulté pour un désir féminin de trouver sa place dans une société dominée par des scénarios sexuels masculins.

Une asymétrie durable des modes d'engagement dans la sexualité

Nombreuses, les manifestations de l'asymétrie sexuelle et amoureuse sont, pour certaines, traditionnelles, alors que d'autres sont d'apparition récente, même si elles ravivent des attitudes anciennes.

Interrogés sur le nombre de partenaires avec qui ils ont eu des rapports sexuels au cours de leur vie, hommes et femmes donnent des réponses qui ne concordent pas, les nombres déclarés par les hommes étant bien supérieurs, en France (douze en moyenne, contre trois pour les femmes) comme dans tous les pays. Les unes ont sélectionné les hommes avec qui elles avaient noué des relations, alors que les autres ont effectué un dénombrement de leurs expériences sexuelles, aussi brèves soient-elles. Les femmes évitent de mettre en avant les expériences qui n'ont pas « compté », ne correspondant pas à ce qu'une relation doit être. Ainsi la relation affective ou conjugale reste considérée comme le cadre normatif de la sexualité pour les femmes. Il y a là moins un choix personnel que l'intériorisation d'attentes sociales très contraignantes ; elles anticipent les jugements sévères que l'on continue à porter sur celles qui ont des expériences multiples. Cette contrainte ne pèse pas sur les hommes : deux tiers d'entre eux sont d'accord avec l'idée selon laquelle « on peut avoir des rapports sexuels avec quelqu'un sans l'aimer », qu'un tiers des femmes seulement approuve.

Les différences entre garçons et filles en matière de sexualité se manifestent tôt. Interrogés sur les raisons qui les ont poussés à avoir un rapport avec le (la) premier(e) partenaire, les garçons de 15 à 18 ans déclarent plus souvent le désir, l'attirance ou la curiosité, alors que les filles indiquent généralement l'amour et la tendresse. Les premiers pas dans la sexualité avec partenaire sont ainsi d'emblée envisagés par les femmes comme une manière de tester leur capacité à nouer une relation. Le fait que les comportements des jeunes soient aujourd'hui moins régulés par les adultes que par les pairs n'a pas adouci la sévérité du contrôle de la réputation des filles : on continue à opposer les filles faciles aux filles sérieuses, tout en les plaçant souvent en situation de double contrainte (être à la fois sérieuses et se manifester disponibles). Malgré le recul du mariage, les jeunes femmes subissent toujours fortement l'injonction à former un couple (hétérosexuel) et à procréer : celles qui n'en passent pas par là, ou tardent à le faire, sont jugées comme des femmes « incomplètes » et tenues de se justifier.

La plupart des individus connaissent au moins une expérience de vie conjugale. La relation sexuelle entre homme et femme dans un couple naissant est marquée par un haut degré d'accord et de réciprocité entre partenaires et par l'intensité et la variété de l'activité sexuelle. Cette convergence se réduit fortement dans les phases ultérieures du couple. L'éventail des techniques sexuelles utilisées par les partenaires diminue avec le temps, ainsi que la communication à l'occasion des rapports sexuels. En outre, à mesure qu'augmente la durée de vie conjugale, l'initiative et l'envie d'avoir des rapports sexuels sont de plus en plus perçues comme étant le fait des hommes.

La procréation est un seuil décisif dans ce passage du couple naissant « convergent » au couple stabilisé « divergent ». Le rythme d'activité sexuelle chute à la naissance des enfants et, même s'il se produit une légère remontée lorsque les enfants grandissent, le niveau initial n'est plus jamais atteint. Une nouvelle division du travail se met en place, dans laquelle les femmes apparaissent comme les partenaires parentaux et les hommes comme les partenaires sexuels, initiateurs des rapports. Le désir sexuel féminin passe à l'arrière-plan, comme si, après être devenue mère, la femme devait se contenter de jouer le second rôle sur la scène sexuelle. Pour la sexualité, comme pour la division domestique du travail, la procréation apparaît comme un moment clef de l'histoire du couple, où les rapports de genre, après une phase initiale peu différenciée, basculent vers une différenciation productrice d'inégalité.

À l'époque contemporaine, la violence sexuelle continue à toucher une fraction significative des femmes [Jaspard *et al.*, 2003]. Les femmes peuvent être les victimes de rapports contraints de la part d'amis ou de conjoints et de harcèlement sexuel au travail. Parmi les femmes en couple, celles qui sont dans une situation sociale supérieure à leur conjoint, par exemple parce qu'il est au chômage, subissent proportionnellement plus de rapports sexuels contraints. Au travail, celles qui n'ont pas de mari (célibataires ou divorcées) sont plus harcelées que les autres. La violence sexuelle n'est pas l'effet de pulsions masculines irrépressibles, mais sans doute une manière extrême de « remettre les femmes à leur place ».

Les conditions de poursuite d'une vie sexuelle aux âges avancés diffèrent selon le sexe. Les femmes dont le mari décède continuent bien moins une vie sexuelle, à âge égal, que celles qui se séparent. En revanche, qu'ils soient veufs ou divorcés, les hommes restent bien plus souvent actifs sexuellement que les femmes. Cette différence s'explique en termes démographiques, comme résultat du déséquilibre de partenaires disponibles induit par l'espérance de vie plus courte des hommes, mais elle tient aussi au fait que les hommes choisissent des partenaires plus jeunes, ce qui accroît la tendance à une « mise à la retraite » sexuelle anticipée des femmes.

La médicalisation produit une redéfinition technique de la sexualité, qui remet en ordre les contenus normatifs du féminin et du masculin. Ainsi la diffusion de la contraception médicale a contribué à produire une normalité contraceptive à l'usage des femmes [Bajos, Ferrand *et al.*, 2002]. Il n'y a plus de place pour l'ambivalence face au désir d'enfant ou de grossesse : celles qui ne souhaitent pas encore d'enfants doivent recourir aux méthodes efficaces qui leur sont proposées, sous peine de passer pour irresponsables et déviantes. Le propre de la sexualité ordinaire est désormais d'être inféconde et protégée. C'est le fait d'interrompre la contraception qui demande une décision plutôt que le fait de la débuter. Mais la lourde obligation de contrôler les conséquences de l'activité sexuelle pèse toujours exclusivement sur les femmes. L'entrée dans la sexualité et la contraception est aujourd'hui inaugurée par la première consultation gynécologique, première étape d'une longue carrière de patiente, sous contrôle médical. Loin de pulvériser le socle de la domination masculine, la médicalisation de la contraception contribue à remotiver l'assignation des femmes à la fonction reproductive.

À la fin des années 1990, l'introduction de molécules chargées de stimuler l'activité sexuelle (Viagra, Cialis...), est une manière de (re)mettre l'érection masculine au centre des rapports : isolée du déroulement de l'acte sexuel et de ses conséquences, celle-ci est envisagée comme une question mécanique, pensée sans relation à la (aux) partenaire(s). Imaginés comme aphrodisiaque plus que comme traitement, le Viagra et ses concurrents réveillent ainsi le rêve d'un désir illimité et programmable, et entretiennent la vision traditionnelle de la centralité du désir physique masculin.

Les évolutions de la sexualité sont une bonne illustration du caractère mitigé des changements sociaux des dernières décennies du XXe siècle. On peut avoir l'impression superficielle que les femmes ont été « libérées ». Cependant la hiérarchie psychologique des rôles des hommes et des femmes dans la sexualité a peu bougé, la représentation de la féminité achevée passe toujours aussi fortement par la maternité et c'est encore aux femmes qu'il incombe de veiller aux conséquences de l'activité sexuelle. Tout cela pèse sur les possibilités de diversification des conduites et des normes sexuelles chez les femmes. La tension entre le désir et l'affectivité, qui peut traverser chacun de nous, tend à être considérée comme une division stable du masculin et du féminin. Cette représentation d'un « ordre naturel » des sexes dans l'interaction sexuelle, où chacun est à sa place et complète l'autre, est sans doute un des éléments qui contribuent à la résignation des femmes aux inégalités de la sphère domestique. Des moments de plus grand renouvellement des rôles dans la sexualité n'émergent que plus tardivement dans la biographie des femmes, lorsqu'elles ont, en quelque sorte, « payé leur dû » en matière de reproduction.

Bibliographie

ATTIAS-DONFUT C. (2001), « Sexe et vieillissement », *in* BLÖSS T. (dir.), *La dialectique des rapports hommes-femmes*, PUF, Paris, p. 197-215.

BAJOS N., FERRAND M. et l'équipe Gine (2002), *De la contraception à l'avortement. Sociologie des grossesses non prévues*, INSERM, Paris.

BOZON M. (2002), *Sociologie de la sexualité*, Nathan, Paris.

BOZON M. (2004), « La nouvelle normativité des conduites sexuelles, ou la difficulté de mettre en cohérence les expériences intimes », *in* MARQUET J. (dir.), *Normes et conduites sexuelles. Approches sociologiques et ouvertures pluridisciplinaires*, Academia-Bruylant, Louvain-La Neuve, p. 15-33.

BOZON M., LERIDON H., RIANDEY B. (1993), « Les comportements sexuels en France : d'un rapport à l'autre », *Population et Sociétés*, n° 276, février.

BOZON M., LERIDON H. (dir.) (1993), Numéro spécial de *Population*, 5, « Sexualité et sciences sociales ».

BROUSSE C. (1999), « La répartition du travail domestique entre conjoints reste très largement spécialisée et inégale », France-Portrait social, Paris, INSEE, p. 135-151.

FERRAND M. (2004), *Féminin-Masculin*, La Découverte, Paris.

GIRARD A. (1964), *Le choix du conjoint. Une enquête psychosociologique en France*, PUF-INED, Paris.

JASPARD M. *et al.* (2003), *Les violences envers les femmes en France*, La Documentation française, Paris.

MOSSUZ-LAVAU J. (1991), *Les lois de l'amour. Les politiques de la sexualité en France (1950-1990)*, Payot, Paris.

SINGLY F. (DE), 1996, *Le soi, le couple et la famille*, Nathan, Paris.

SPIRA A., BAJOS N. (1993), *Les comportements sexuels en France*, La Documentation Française, Paris.

14

Contraception et avortement

Nathalie Bajos et Michèle Ferrand

Avec la légalisation de la diffusion de la contraception médicale (pilule, stérilet) à partir de 1967 et la dépénalisation de l'avortement en 1975, les femmes vivant en France ont acquis la possibilité de refuser une maternité dont elles ne veulent pas, la loi leur reconnaissant l'autonomie entière de leur décision. Cette innovation qui fait passer la maîtrise de la fécondité sous contrôle féminin représente une avancée importante, voire fondamentale, vers l'égalité entre les sexes, libérant les femmes d'un destin ancré dans le déterminisme biologique de la maternité.

Le retard français

Au regard des législations de la plupart des pays industrialisés, cette liberté n'a été acquise que récemment en raison des résistances de l'État français, clairement nataliste depuis le XIXe siècle.

La législation française vis-à-vis du droit individuel de la maîtrise de la procréation est restée longtemps marquée par la lutte contre le « péril démographique », qui va conduire au vote de la loi de 1920 déclarant illégales toutes techniques, contraceptives ou abortives, ainsi que toute information sur la maîtrise de la fécondité. Les femmes n'ont alors d'autre recours que l'avortement clandestin, pourtant de plus en plus durement réprimé, notamment sous le régime de Vichy. À partir de 1964, une fois l'intermède du baby-boom terminé, la question du contrôle des naissances se pose à nouveau. Alors que les autres pays industrialisés offrent, dès les années 1960, de nouveaux moyens contraceptifs — pilules hormonales et dispositifs intra-utérins —, la France ignore ces nouvelles opportunités, malgré la création en 1960 du Mouvement français pour le planning familial (MFPF) qui tente de promouvoir « sous le manteau » les méthodes importées de l'étranger.

L'évolution des mentalités en faveur du droit des couples à décider du nombre de leurs enfants va obliger les politiques à envisager la modification de la loi de 1920. La loi Neuwirth autorisant, sous contrôle médical et pour les femmes majeures (plus de 21 ans), l'usage des contraceptifs modernes, sera votée en 1967, en dépit de l'opposition des catholiques, de la droite traditionnelle, des natalistes et d'une partie du corps médical [Ferrand, Jaspard, 1987 ; Mossuz-Lavau, 1991]. Mais les décrets tarderont à être publiés et, en 1970, seulement 6 % des femmes en âge de procréer utilisent la pilule. Face à l'inertie des pouvoirs publics, le mouvement féministe va faire de l'accès limité à la contraception et de l'interdiction de l'avortement, le symbole de l'oppression des femmes. Plusieurs actions politiques et médiatiques sont organisées pour démontrer l'inefficacité de la loi et son injustice sociale. Après d'importants mouvements sociaux et un long parcours parlementaire, deux lois sont simultanément votées en décembre 1974 : la deuxième loi Neuwirth, élargissant les conditions d'accès à la contraception et son remboursement, et surtout, la loi Veil (promulguée en 1975 après l'échec d'un recours en inconstitutionnalité), dépénalisant dans certaines conditions le recours à l'IVG (interruption volontaire de grossesse). Ces deux lois seront ensuite amendées à plusieurs reprises pour prendre en compte dysfonctionnements, résistances sociales et médicales. La loi la plus récente (2001) a ainsi allongé les délais de recours à l'IVG de deux semaines, rendu l'entretien préalable facultatif pour les femmes majeures, supprimé l'obligation de l'autorisation parentale pour les mineures, permis la diffusion de l'information contraceptive, favorisé l'accès des jeunes à la contraception d'urgence (pilule du lendemain) et légalisé, sous certaines conditions, la stérilisation à but contraceptif.

La spécificité à la française : préférence pour la pilule et stabilité de l'avortement

Les pays développés ont en général des taux d'utilisation de la contraception élevés, mais avec une grande variété des méthodes utilisées [Leridon, Toulemon, 2003]. Les stérilisations (féminine et masculine) sont très fréquentes aux États-Unis, au Canada, au Royaume-Uni et aux Pays-Bas. Le recours à la pilule est très élevé en Allemagne, en France et en Hongrie, le stérilet la méthode la plus utilisée en Norvège et en Finlande, et fréquente en France et en Hongrie. Les Françaises apparaissent aujourd'hui comme les plus fortes utilisatrices de contraception médicalisée (pilule ou stérilet) : en 2000, 74,7 % des femmes de

18-44 ans déclaraient utiliser une méthode de contraception, dont 45,4 % la pilule et 17,3 % le stérilet.

En 1967, un seul type de pilule existait, les « pilules normodosées de première génération ». Dès 1974, sont apparues les « pilules de deuxième génération », moins dosées en œstrogènes, puis en 1982, les pilules « de troisième génération », non remboursées par la Sécurité sociale, contenant un nouveau progestatif ayant moins d'effets androgéniques (permettant ainsi d'éviter prise de poids, pilosité, acné). Par ailleurs, les dispositifs intra-utérins ont vu s'améliorer leur efficacité, leur meilleure acceptabilité et la diminution des effets secondaires, par le recours à certains métaux (cuivre) ou par leur association à des hormones. Enfin, sont également disponibles de nouvelles méthodes contraceptives : le préservatif féminin et dans le domaine de la contraception hormonale féminine, l'implant, le patch et l'anneau vaginal.

Dès 1970, les premières enquêtes montrent une très forte hétérogénéité dans l'usage de la contraception moderne selon les positions idéologiques des femmes (politiques et religieuses notamment), mais aussi selon le niveau de diplôme, l'âge, la catégorie sociale et le lieu d'habitat. La contraception est d'abord utilisée par les couches moyennes intellectuelles diplômées, urbaines, non pratiquantes et de gauche. Au fur et à mesure de la diffusion des méthodes et de l'adhésion des médecins à la contraception médicalisée, les différences s'atténuent pour laisser place à une plus grande homogénéité de la pratique.

La France se caractérise par un usage quasi généralisé de la pilule : 92 % des femmes nées dans les années 1960 l'ont prise, à un moment ou à un autre de leur vie [Leridon, Toulemon, 1997]. Son emploi a augmenté à tous les âges. Le préservatif, promu depuis 1987 comme moyen de prévention du sida ne l'a pas détrônée ; aux jeunes âges, le préservatif est d'ailleurs souvent utilisé en combinaison avec la pilule : à 18-19 ans, 28 % des utilisatrices de la pilule y ont aussi recours. Globalement, l'augmentation de l'usage de la pilule s'est faite au détriment de celui du stérilet, qui baisse entre 1988 et 1994 [Guibert-Lantoine, Leridon, 1998], mais pas de la même manière selon l'âge et le milieu social. En une vingtaine d'années, la pilule a ralenti sa progression chez les femmes de 35 à 39 ans, tandis que le recours au stérilet s'est stabilisé au-dessus de 35 ans et recule fortement entre 25 et 34 ans. Le retard de l'âge à la maternité pourrait expliquer en partie cette double évolution, car le stérilet est principalement prescrit comme contraception d'arrêt quand le nombre d'enfants souhaité a été atteint.

Aujourd'hui, c'est moins l'accès à la contraception que le recours privilégié à certains produits qui différencie encore les femmes, notamment l'accès aux pilules de troisième génération (non remboursées). Certains écarts subsistent dans l'utilisation du stérilet, pour lequel l'effet spécifique de la catégorie socioprofessionnelle — déjà observé en 1978 et 1988 — se maintient. En 2000, toutes choses égales par ailleurs, seules les ouvrières présentent des proportions significativement plus fortes pour la pilule et plus faibles pour le dispositif intra-utérin.

La proportion de femmes qui ne désirent pas d'enfant et qui déclarent n'utiliser aucun moyen de contraception alors qu'elles ont des rapports sexuels est aujourd'hui très faible (moins de 3 %). Pourtant, une grossesse sur trois s'avère non prévue et se termine plus d'une fois sur deux par un avortement (soit 25 avortements pour 100 naissances, taux nettement supérieur que dans nombre de pays industrialisés). Malgré la large diffusion de la contraception, depuis plus de vingt ans, le nombre annuel d'avortements reste stable, se situant autour de 200 000 par an, sans que cette stabilité s'accompagne de sa banalisation [Bajos, Ferrand *et al.*, 2002].

Si, en moyenne, près d'une femme sur deux connaîtra une IVG au cours de sa vie, des recherches récentes montrent que toutes les femmes ne sont pas exposées de la même manière au risque d'une grossesse non programmée, notamment en raison des circonstances dans lesquelles est apparue cette grossesse.

Les logiques sociales qui structurent la décision de recourir à l'avortement diffèrent sensiblement selon les phases du cycle de vie (Sihvo *et al.*, 2003). Les jeunes femmes disposant d'un capital culturel et social interrompent une grossesse non prévue car la maternité viendrait obérer leur avenir tandis que, pour les jeunes n'ayant pas de perspectives scolaires, la maternité socialement précoce représente un moyen d'acquérir un statut et une identité sociale. Chez les femmes de 25-35 ans, c'est le plus souvent leur situation affective qui détermine leur décision : une maternité ne peut s'envisager que dans le cadre d'un couple stable. Cette dimension intervient également chez les femmes plus âgées pour lesquelles la situation professionnelle joue également : si la maternité risque de mettre en péril leur insertion professionnelle, la décision de recours à l'IVG sera plus probable.

Il semble enfin qu'au début du XXIe siècle la demande d'IVG soit globalement bien prise en charge en France. Avec quelques nuances, toutefois : un certain manque d'infrastructures publiques, pas assez de praticiens volontaires, une stigmatisation des femmes qui n'a pas complètement disparu. Enfin, il y a un véritable problème lié aux délais d'accès à l'IVG, à l'insuffisance de l'accueil durant les mois d'été [Nisand, 1999]. Une enquête conduite auprès des femmes ayant eu récemment une IVG montre que les problèmes rencontrés sont liés à l'absence d'encadrement de la femme dans ses démarches pour trouver un centre d'IVG. Les généralistes semblent souvent mal informés sur les procédures à suivre, mais les problèmes de prise en charge ne peuvent être réduits au seul manque d'information des praticiens car leurs pratiques renvoient aussi à leurs représentations en la matière. L'analyse des parcours suivis par les femmes montre l'absence d'une politique sanitaire claire, où se dégageraient deux priorités : celle d'une meilleure visibilité de l'offre du système de soins en matière d'interruption volontaire de grossesse et celle d'une meilleure formation des praticiens [Bajos *et al.*, 2003].

La norme contraceptive : plus facile à édicter qu'à respecter

Le maintien d'un taux important d'IVG pose la question des échecs contraceptifs ou, plus précisément, celle des difficultés que peuvent rencontrer les femmes dans la gestion quotidienne de leur pratique contraceptive. En effet, en 2000, 67 % des grossesses non prévues s'étaient produites alors que la femme utilisait une contraception.

Ces grossesses non prévues ont souvent été expliquées par l'ambivalence des femmes (et des hommes) face au désir d'enfant ou par l'insuffisance de l'information et de l'accès à la contraception. Sont moins souvent mis en évidence les aléas de la vie affective, les conditions matérielles objectives et les modalités de prescription qui peuvent permettre de comprendre ce que peut signifier pour les femmes, l'obligation de contrôler au jour le jour leur fécondité sur plus de trente ans de vie procréative. Les grossesses non prévues, qu'elles se terminent par une naissance ou par une IVG, se produisent dans un contexte global d'adhésion des femmes à la norme contraceptive. Cette norme se construit à travers des pratiques et des temporalités prescrites (il y a le bon moment et les bonnes conditions pour avoir son premier rapport sexuel, comme il y a le bon moment et les bonnes conditions pour avoir un enfant et, pour chacun de ces moments, il y a une « bonne contraception » : préservatif, préservatif et pilule, pilule, stérilet). Or il n'est pas si simple de respecter cette norme, même si on est convaincu de sa justesse. Les femmes qui n'utilisent aucune méthode contraceptive de manière régulière alors qu'elles ne veulent pas d'une grossesse restent rares et parmi elles, celles qui ont des difficultés d'information ou surtout d'accès à la contraception sont majoritaires. Il s'agit souvent de jeunes femmes se trouvant dans des configurations familiales où leur droit à la sexualité n'est pas reconnu (mineures, jeunes femmes issues de l'immigration maghrébine, etc.). Cette non-reconnaissance de leur vie sexuelle par l'entourage rend plus difficile pour elles l'usage de la contraception. Mais il peut également s'agir de femmes vivant dans des conditions particulièrement précaires (quelles que soient les modalités de cette précarité) et pour lesquelles la vie est tellement chaotique et imprévisible que la contraception et la prévention du risque de grossesse ne sont pas d'actualité [Bajos, Ferrand *et al.*, 2002].

Aujourd'hui, puisque les moyens sont donnés aux femmes, toute naissance se doit d'être désirée, tout enfant attendu, voire « programmé ». Et l'arrivée de cet enfant réclame certaines conditions : un couple stable, les moyens de le prendre en charge et de s'en occuper le mieux possible. L'augmentation du niveau d'exigences vis-à-vis de l'accueil d'un enfant qui se manifeste clairement dans le report de la première naissance (de 24 ans en 1970 à 29,2 ans en 2000 [Toulemon, Mazuy, 2001]) justifie le refus de poursuivre une grossesse entamée sous des auspices peu favorables. Les enquêtes récentes montrent que le facteur le plus déterminant dans le refus d'une grossesse ou d'une naissance est l'instabilité et la faible durée de la relation amoureuse [Sihvo *et al.*, 2002]. Contrairement à ce que prédisaient les antiféministes, la pilule n'a pas provoqué la fin du couple parental et l'appropriation des enfants par les seules femmes [Bajos, Ferrand, 2004].

Au tournant du troisième millénaire, après les luttes féministes, le choix et l'usage d'une « bonne contraception » semblent aller de soi. Pourtant, sa pratique au quotidien place les femmes face à des injonctions contradictoires. D'autant que le droit des femmes à la maîtrise de la procréation ne s'est réalisé que dans le cadre de sa médicalisation. La démarche contraceptive relève en premier lieu d'une prescription qui obéit d'abord à une logique médicale. Cette dernière privilégie systématiquement la pilule, et le stérilet pour les femmes ayant constitué leur famille. L'inadéquation éventuelle de la contraception prescrite par rapport au contexte dans lequel se trouve la femme est rarement envisagée : c'est à la femme de se conformer à la prescription. Le corps médical, en donnant priorité à l'efficacité théorique, oublie souvent que la contraception s'utilise dans un cadre relationnel particulier, où il est nécessaire de prendre en compte le partenaire.

Mais, au-delà des injonctions médicales, les femmes qui sont considérées comme principales responsables de la contraception, y compris quand elles vivent en couple, subissent aussi des pressions normatives en ce qui concerne les attentes de la société par rapport à leur rôle féminin, ancré aujourd'hui comme hier, dans la maternité. Même si la contraception a permis aux femmes d'en finir avec les grossesses subies, même si elle leur permet de mieux penser l'articulation entre carrière professionnelle et carrière maternelle, c'est toujours à elles et à elles seules de gérer la « conciliation » entre le travail et la charge des enfants.

En libérant en principe les femmes de l'angoisse d'une grossesse non souhaitée, la contraception médicale place théoriquement les femmes dans une position équivalente à celle des hommes face aux risques pris dans les rapports sexuels. Toutefois, malgré cette révolution, les pratiques sexuelles des hommes et des femmes renvoient à des représentations où le désir et le plaisir masculins restent prioritaires. Et la prégnance de ce modèle rend compte, pour partie, des difficultés auxquelles sont confrontées les femmes dans la gestion concrète de leur contraception, et des échecs qui peuvent en découler. Alors que le choix d'une contraception par la femme est présenté comme ne dépendant que d'elle, il résulte souvent d'une négociation avec le partenaire, et la femme n'est pas toujours en position de faire prévaloir son point de vue. Ainsi en est-il de la prise en compte par les femmes de la préférence de leur partenaire pour certaines méthodes qui peut les conduire à accepter de prendre la pilule ou d'utiliser un stérilet, alors qu'aucune de ces deux méthodes ne leur convient, parce que leur partenaire refuse une contraception à l'acte, comme les spermicides ou, plus souvent encore, le préservatif. Si, dans les premiers temps de la libéralisation de la contraception hormonale, les femmes ont pu considérer comme leur victoire le fait de pouvoir y recourir, pour les jeunes qui sont nées dans la génération suivante, le fait que la seule méthode présentée comme efficace soit l'ingestion, durant plusieurs années, d'un « médicament », dont les effets secondaires sont en même temps redoutés, leur semble être une charge supplémentaire dont les hommes sont exemptés.

La contraception moderne, malgré sa remarquable efficacité théorique, n'apparaît donc pas comme une panacée. Les méthodes ne se renouvellent guère et le partage de la responsabilité des hommes et des femmes devant le risque d'une grossesse non désirée reste encore trop inégalitaire. Bien du chemin reste à faire du côté de la contraception masculine. En outre, la médicalisation extrême de la contraception moderne, liée à l'insuffisance de formation des médecins en la matière, apparaît comme un facteur d'échec, par la non-prise en compte de la réalité des pratiques concrètes des femmes. Une réflexion sur la médicalisation de la contraception, mais aussi de l'avortement médicamenteux, est d'ailleurs souhaitable. Ce constat, ponctuellement pessimiste, ne doit pourtant jamais laisser oublier la fantastique avancée que représente la maîtrise de la fécondité pour l'émancipation des femmes. La recherche doit continuer, les innovations doivent être diffusées largement pour permettre aux femmes de se les approprier de manière à ce qu'elles parviennent à mieux gérer leur vie selon leurs désirs et leurs attentes.

Bibliographie

BAJOS N., FERRAND M. et l'équipe Giné (2002), *De la contraception à l'avortement. Sociologie des grossesses non prévues*, INSERM, Paris.

BAJOS N., FERRAND M. (2004), « La contraception : levier réel ou symbolique de la domination masculine », *Sciences sociales et santé*, vol. 22 (3), p. 117-140.

BAJOS N. *et al.* (2003), « L'accès au système de soins pour une demande d'IVG. Apports conjoints d'une enquête qualitative et d'une enquête quantitative », *Revue d'épidémiologie et de santé publique*, n° 51, p. 631-647.

BAJOS N., LERIDON H., GOULARD H., OUSTRY P., JOB-SPIRA N., COCON Group (2003), « Contraception : from accessibility to efficiency », *Human Reprod*, n° 18, vol. 5, p. 994-998.

FERRAND M. (2004), *Féminin-Masculin*, La Découverte, Paris.

FERRAND M., JASPARD M. (1987), *L'interruption volontaire de grossesse*, PUF, « Que sais-je ? », Paris.

GUIBERT-LANTOINE de C., LERIDON H. (1998), « La contraception en France : un bilan après trente ans de libéralisation », *Population*, n° 53, vol. 4, p. 785-812.

LERIDON H. *et al.* (2002), « La médicalisation croissante de la contraception en France », *Population et sociétés*, n° 381, juillet-août.

LERIDON H., TOULEMON L. (1997), « La régulation des naissances se généralise », *in* CHASTELAND J.-C., CHESNAIS J.-C. (dir.), *La population du monde*, Cahiers de l'INED, PUF, Paris.

MOSSUZ-LAVAU J. (2002), *Les lois de l'amour. Les politiques de la sexualité en France (1950-1990)*, Payot, Paris (première édition : 1991).

NISAND I. (1999), *L'IVG en France : propositions pour diminuer les difficultés que rencontrent les femmes*, rapport remis à la ministre de l'Emploi et de la Solidarité et au secrétariat d'État à la Santé, La Documentation française, Paris.

http://www.gyneweb.fr/sources/contraception/ivg.htm

SIHVO S. *et al.* (2003), « Women's life cycle and abortion decision in unintended pregnancies », *Journal of Epidemiology and Community Health Care*, n° 57, vol. 8, p. 601-605.

SPIRA A. (dir.) (1993), *Contraceptifs oraux remboursés et non remboursés*, Éditions INSERM, Paris.

TOULEMON L., MAZUY M. (2001), « Les naissances sont retardées, mais la fécondité est stable », *Population*, n° 4, p. 611-644.

15

États de santé

Marie-Josèphe Saurel-Cubizolles

Les différences d'état de santé observées dans les populations humaines ne peuvent être attribuées aux seuls aléas biologiques. Bien qu'elle soit déterminée à l'échelle de la personne par des éléments biologiques, la variabilité entre les individus peut être dans une large mesure expliquée par des éléments du contexte de vie. En outre, à l'échelle collective, la variabilité d'état de santé des populations humaines peut s'expliquer en partie par des effets de groupe. Ce texte aborde deux aspects : la comparaison de l'état de santé des femmes et des hommes d'une part, et l'amplitude des inégalités sociales de santé, qui ne semble pas identique pour les femmes et pour les hommes, d'autre part.

Comparer l'état de santé : vitalité et morbidité

Savoir le nombre de morts et comment la mort survient est une façon de connaître avec fiabilité l'état de santé des populations puisque l'événement « décès » est indiscutable et définitif. Mieux comprendre qui est malade, handicapé(e) ou déficient(e), qui consulte les soignants, et qui va ou séjourne à l'hôpital est nécessaire dès lors que l'objectif est d'améliorer la qualité de vie, la prévention, les soins ou le système de santé. C'est indispensable aussi pour améliorer les connaissances sur les déterminants de la santé humaine.

La mortalité plus tardive de la population féminine atteste de la vitalité des femmes. En France, en 2003, l'espérance de vie (définie comme le nombre moyen d'années à vivre calculé à partir de la mortalité par année d'âge) à la naissance était de 83 ans pour les femmes et de 76 ans pour les hommes [Desesquelles, Richet-Mastain, 2004]. La France est ainsi très bien placée pour la longévité des femmes (après le Japon). Mais elle est le pays de l'Union européenne où la surmortalité masculine est la plus forte, même si cette dernière tend à se réduire légèrement depuis le début des années 1990.

L'espérance de vie à 20 ans — de 63 ans pour les femmes et 56 ans pour les hommes — indique que la différence de mortalité entre les deux sexes est modérée dans l'enfance. Elle est néanmoins défavorable aux garçons. On constate aussi une surmortalité masculine intra-utérine, dont les raisons demeurent mal comprises [Smith, 2000]. L'écart de mortalité entre les hommes et les femmes est particulièrement grand de l'adolescence à la soixantaine. La différence des taux de mortalité — celui des femmes soustrait à celui des hommes — est ainsi de 2 pour mille à 15-19 ans et de 38 pour mille à 60-65 ans, les taux étant bien sûr beaucoup plus élevés pour les hommes à cet âge (65 pour mille), qu'à l'adolescence (4 pour mille) [Beaumel, Doisneau, Vatan, 2003].

L'espérance de vie à 65 ans — de 21 ans pour les femmes et 17 ans pour les hommes — montre que la différence de mortalité entre les deux sexes s'est en partie « exprimée » avant cet âge : à 65 ans, il n'y a plus que quatre ans de différence. Toutefois, ces quatre années ont un effet important sur la structure de la population, avec des personnes de plus en plus nombreuses et un âge de plus en plus élevé : les femmes vieillissent plus souvent seules, sur une durée longue.

L'information sur la santé, relative aux décès, provient surtout d'une bonne documentation des causes médicales ayant provoqué la mort. Cette information repose sur l'ensemble des médecins qui signent les certificats de décès, décrivant ainsi ce qui « cause » la mortalité de la population. Les causes de décès, pour les femmes et pour les hommes de tous âges en 1999, sont décrites en tableau 1.

Pour les deux sexes, les maladies cardio-vasculaires et les tumeurs occasionnent près de 60 % des décès. Les femmes meurent principalement de maladies vasculaires ; parmi ces causes, les maladies cérébro-vasculaires ont entraîné plus de décès chez les femmes et les infarctus plus de décès chez les hommes. Les tumeurs représentent la cause principale de la mortalité masculine. Alors que les cancers du poumon représentent, à eux seuls, 8 % des décès d'hommes, les localisations des tumeurs entraînant la mort sont d'abord le sein, puis le côlon et le poumon pour les femmes.

Les maladies des appareils respiratoire et digestif sont responsables d'une part voisine des décès d'hommes et de femmes tandis que les maladies endocriniennes sont plus représentées comme cause de décès pour les femmes. Les morts violentes représentent 9 % des décès des hommes et 7 % des décès des femmes ; suicides et accidents de la circulation contribuent davantage à la mortalité masculine. Ces deux dernières causes qui représentent la moitié (51 %) des morts violentes d'hommes d'une année regroupent moins d'un tiers (28 %) des morts violentes de femmes. Les autres causes classées « morts violentes » sont notamment les accidents du travail, les accidents domestiques et les homicides.

Tableau 1 **Principales causes de décès pour les femmes et les hommes en 1999**

	Femmes		Hommes	
	Effectifs	%	Effectifs	%
Maladies de l'appareil circulatoire dont :	88 844	**34**	76 075	**28**
Infarctus	20 101	**8**	24 969	**9**
Maladies cérébro-vasculaires	23 275	**9**	16 537	**6**
Tumeurs dont :	59 442	**23**	89 142	**32**
Cancer du poumon	4 329	**2**	20 867	**8**
Cancer de l'intestin	7 937	**3**	8 906	**3**
Cancer du sein	11 281	**4**	112	—
Morts violentes	17 864	**7**	25 919	**9**
Maladies de l'appareil respiratoire	21 416	**8**	22 125	**8**
Maladies de l'appareil digestif	11 941	**4**	13 570	**5**
Maladies endocriniennes	10 265	**4**	6 992	**2**
Autres causes	52 923	**20**	40 641	**15**
Toutes causes	259 804	**100**	274 199	**100**

Champ : France métropolitaine.

Source : INSERM, SC8 — service d'information sur les causes médicales de décès [INSEE, 2004].

La mortalité étant avant tout dépendante de l'âge, la répartition des causes de décès est très contrastée selon les différents moments de la vie. Par conséquent, la comparaison entre les deux sexes produit des constats divers selon qu'il s'agit de la mortalité des enfants, des jeunes adultes ou des adultes de plus de 80 ans. Chez ces derniers dont la part s'accroît, les décès sont le plus souvent attribuables aux maladies de l'appareil respiratoire, aux tumeurs et aux suicides pour les hommes, et aux maladies de l'appareil circulatoire, aux troubles mentaux, sénilité et aux chutes pour les femmes.

Alors que ce bref descriptif de la mortalité dessine un tableau où les hommes apparaissent plus fragiles, différents indicateurs de morbidité (maladies, affections, santé perçue) évoquent paradoxalement un état de santé moins bon pour les femmes. C'est particulièrement vrai dans le domaine de la santé mentale. La prévalence des dépressions et des troubles anxieux, qui constituent la plus grande part des pathologies mentales, est deux fois plus élevée chez les femmes [Lovell, Fuhrer, 1996 ; Meertens, Scheepers, Tax, 2003]. En revanche, les troubles addictifs et les troubles de personnalité antisociale sont plus fréquents chez les hommes.

La plupart des atteintes ostéo-articulaires sont plus répandues chez les femmes et augmentent avec l'avancée en âge : cervicalgies, douleurs des épaules, syndromes du canal carpien ou tendinites du poignet. Ces atteintes sont dues en partie aux contraintes posturales, notamment professionnelles, pour les hommes comme pour les femmes [Derriennic, Touranchet, Volkoff, 1996].

Pour être compté parmi les malades faut-il encore avoir été identifié comme tel. La mesure du nombre de malades et donc de la prévalence des maladies, dépend entièrement de la disponibilité, de l'accès, de la qualité et de l'usage du système de soins, auquel les femmes recourent plus. L'autodéclaration de la santé, ainsi que des questionnaires spécifiques de certaines atteintes sont souvent utilisés comme indicateurs dans les études épidémiologiques. Ils permettent d'obtenir une information directe, auprès des personnes concernées, et affranchie du filtre médical. En dépit de leur forte corrélation à la mortalité à court terme, ou aux mesures considérées plus objectives de la santé, ils présentent de réelles limites qui empêchent leur utilisation unique ou systématique.

Avec les questions sur la santé perçue, les résultats obtenus indiquent que les hommes vont ou se sentent mieux. En 1999, 24 % des femmes et 32 % des hommes estimaient que leur santé était « très bonne » ; cette différence s'observait, plus ou moins prononcée, à tout âge [Dumartin, 2000]. Les « maladies chroniques » semblent plus fréquentes pour les femmes, contribuant à la symptomatologie plus élevée, notamment dans la seconde partie de la vie.

Exceptées celles directement liées aux différences physiologiques (cancer de la prostate ou cancer du sein), les pathologies très fortement dépendantes du sexe sont peu nombreuses et ne peuvent pas contribuer massivement aux différences observées au niveau des populations. Par exemple, la spondylarthrite ankylosante avec un *sex ratio* estimé à quatre hommes pour une femme touche moins de 1 pour mille personnes, ou la sclérose en plaques, deux femmes pour un homme, atteint environ 0,6 pour mille personnes. Dans les deux cas, la maladie atteint les adultes jeunes et la prédisposition génétique est bien établie ; l'étiologie demeure néanmoins complexe et n'exclut pas des interactions gènes-environnement, notamment pour la spondylarthrite.

Inégale santé : sexe et différences sociales

Un des domaines de santé pour lequel les inégalités sociales ont été explorées est la santé cardio-vasculaire. De 1970 à 1990 en France, la mortalité par maladies coronariennes entre 35 et 54 ans a davantage diminué chez les femmes (d'environ 50 %) que chez les hommes (32 %). Alors qu'il n'y a pas de différence de mortalité par maladies coronariennes selon les groupes socioprofessionnels pour les femmes, les différences sociales sont fortes pour les hommes et se sont accrues au cours des dernières décennies. En 1970, pour les hommes actifs de 35 à 54 ans, les ouvriers n'avaient pas de risque plus élevé que les cadres ou professions intellectuelles supérieures. En 1990, le risque des ouvriers était multiplié par 1,8 et celui des employés par 3,5 comparé à celui des cadres [Lang, Ribet, 2000]. Cette situation n'est pas spécifique à la France ; dans d'autres pays européens les gradients sociaux de mortalité due aux maladies de l'appareil circulatoire se sont aussi accrus au cours des dernières décennies [Mackenbach *et al.*, 2003].

Les travaux en santé mentale montrent que les personnes en situation sociale défavorisée ont des fréquences plus élevées de maladies [Lovell, 2000]. Toutefois, les indicateurs sociaux les plus discriminants ne sont pas toujours les mêmes selon la maladie et selon le sexe. À partir de données nationales incluant des personnes de 16 ans ou plus, les troubles dépressifs — 20 % chez les femmes et 9 % chez les hommes — étaient plus fréquents parmi les personnes sans emploi. Chez les hommes, la fréquence était deux fois plus élevée pour les chômeurs que pour les travailleurs. Chez les femmes, elle était identique pour les femmes au foyer et pour celles occupant un emploi, mais plus du double pour celles en situation de chômage.

Une autre étude, centrée sur les femmes ayant un enfant âgé d'un an, produisait un résultat similaire [Romito, Saurel-Cubizolles, Lelong, 1999]. Ce qui était déterminant pour les femmes était de se trouver dans la situation qu'elles souhaitaient en matière d'emploi, le non-emploi « contraint » étant la plus mauvaise situation. Parallèlement, avoir de graves difficultés financières était fortement associé au risque de troubles dépressifs pour ces nouvelles mères.

Constater que les personnes au chômage ont une santé plus mauvaise ne suffit pas à établir le rôle pathogène du chômage. Une partie de la différence de santé provient d'effets de sélection qui excluent les personnes malades de l'entrée ou du maintien dans l'emploi.

De manière générale, les travaux épidémiologiques convergent pour constater des écarts sociaux de mortalité ou de mauvaise santé plus importants pour les hommes que pour les femmes. On peut se demander si cette inégale amplitude ne provient pas de la manière dont on classe socialement les unes et les autres dans les statistiques. Fondée principalement sur la profession, la mesure de la situation sociale des femmes en population générale se heurte au fait qu'elles sont moins souvent « actives occupées ». Entre 30 et 54 ans le groupe des

« inactives », au sens conventionnel du terme, représente environ 30 % des femmes alors que celui des inactifs se situe autour de 11 % des hommes [Bigot, 2004]. Pour les deux sexes, les risques de mauvaise santé sont généralement accrus pour le groupe sans activité, mais on imagine facilement que l'hétérogénéité sociale du groupe est plus importante lorsqu'il représente un tiers de la population plutôt qu'un dixième. Des travaux de recherche sont en cours sur cette question méthodologique — et sociologique — du classement social des femmes et des hommes. Il se peut que les dimensions sociales les plus pertinentes pour faire varier les aspects de santé ne soient pas identiques pour les deux sexes [Kuh, Hardy, 2002].

Au-delà, l'hypothèse selon laquelle situation sociale et santé seraient moins nettement associées pour les femmes que pour les hommes est difficile à expliquer. Elle invite à s'interroger sur le réseau de vie et de relations aux différents âges, et dès la vie *in utero* : pour de nombreuses pathologies, les inégalités sociales de santé ont en partie pour origine les conditions de vie dans l'enfance. Il est par ailleurs établi que la situation sociale du compagnon est liée au risque de mortalité cardio-vasculaire d'une personne, même en tenant compte de la situation sociale individuelle, ceci pour les femmes et pour les hommes [Ribet *et al.*, 2001].

Le rôle des soins médicaux est important et diffère beaucoup selon le sexe. Qu'il s'agisse des informations sur la santé, de l'accès aux soignants, de l'observance des prescriptions, des comportements de prévention ou de l'utilisation des campagnes de dépistage, les études soulignent la plus grande implication des femmes. Par ailleurs, celles-ci sont plus nombreuses à être dispensatrices de soins de santé, à titre professionnel comme à titre profane [Cresson, 1995].

Dans ce lien avec le savoir et les pratiques médicales et sa persistance au cours du temps, la fonction de reproduction a un impact déterminant : accouchement, grossesse, contraception, interruption volontaire de grossesse restent des affaires de femmes. L'évolution spectaculaire des pratiques au moment de la ménopause — diffusion des traitements hormonaux et débats scientifiques concomitants — montre que l'industrie pharmaceutique et les gynécologues prescripteurs ne sont pas restés indifférents ni inertes dans cette histoire. En France, à la fin des années 1990, un important gradient social est observé dans la prise d'un traitement hormonal substitutif de la ménopause : les femmes les plus instruites, les plus riches sont plus souvent traitées [Hassoun *et al.*, 2004]. Cette situation pourrait se modifier rapidement, avec la diffusion des résultats récents sur l'accroissement du risque de cancers.

Enfin, ce qui fait marginalité et discrimination a un impact négatif sur l'état de santé. La question est de savoir si cet impact est de même ampleur pour les hommes et pour les femmes. Il n'y a actuellement pas de bilan possible à établir car les résultats disponibles sont peu nombreux et difficilement comparables mais plusieurs éléments sont en faveur, là encore, d'un impact moins net chez les femmes.

En matière de santé, une chose est certaine pour l'individu : il mourra un jour ; naître fille dans les contrées européennes augmente les chances que ce jour soit plus tardif. Avant cette fatale issue, il demeure que l'état de santé est aussi une construction sociale et parler de santé est impossible sans le filtre des expériences individuelles et collectives, des savoirs et des pratiques médicales. En ce sens, comparer la santé des hommes et des femmes ne peut se faire avec neutralité, tous les acteurs se référant à une catégorie sexuée, la leur ou celle dominante dans leur pratique professionnelle. Néanmoins, la santé des personnes et, ce faisant, celle des populations sont soumises aux lois de la biologie. Les physiologistes, les psychologues ou les généticiens peuvent expliquer que le sexe commence dès la conception, qu'il affecte les perceptions et les aptitudes, et qu'il est lié aux comportements [Wizemann, 2001]. Le tableau dressé dans ce chapitre est le résultat d'influences culturelles mêlées aux déterminations biologiques, tout au long de la vie des personnes.

Les femmes ont moins de pouvoir que les hommes dans la sphère économique et politique et elles occupent moins souvent des emplois d'encadrement. Elles sont les principales actrices du travail domestique, ce qui leur confère tout à la fois un rôle de servante et une part d'autonomie, sinon de pouvoir, dans la gestion de la sphère privée. Enfin elles disposent de ressources financières personnelles, en moyenne, moins élevées que les hommes. Ces caractéristiques définissent les femmes comme un groupe socialement dominé par les hommes. Cependant leur état de santé, notamment leur vitalité, est meilleur. Cette situation est paradoxale compte tenu des nombreuses inégalités sociales de mortalité.

En présence d'inégalités sociales de santé, retrouvées plus importantes pour les hommes, l'hypothèse d'une population féminine moins inégalitaire, peut-être plus solidaire, et probablement plus soumise ou adaptée aux normes que la population masculine peut être formulée. Il reste à apporter des éléments probants sur chacun de ces aspects. Il est, pour cela, nécessaire de maintenir actif un ensemble de connaissances sur les différences de santé, dans toutes leurs dimensions, y compris temporelles et spatiales.

Bibliographie

Beaumel C., Doisneau L., Vatan M. (2003), « La situation démographique en 2001 », *INSEE Résultats*, n° 19.

Bigot J.-F. (2004), « Enquête sur l'emploi 2003, l'emploi diminue et le chômage augmente fortement », *INSEE première*, n° 958, avril.

Cresson G. (1995), *Le travail domestique de santé*, L'Harmattan, Paris.

Derriennic F, Touranchet A., Volkoff S. (1996), *Âge, travail, santé. Études sur les salariés âgés de 37 à 52 ans, enquête Estev 1990*, INSERM, Paris.

Desesquelles A., Richet-Mastain L. (2004), « Bilan démographique 2003. Stabilité des naissances, augmentation des décès », *INSEE première*, n° 948, février.

Dumartin S. (2000), « Trois quarts des Français se considèrent en bonne santé », *INSEE première*, n° 702, mars.

Hassoun D. *et al.* (2004), *Femmes, médecins, ménopause*, Masson, Paris.

INSEE (2004), *Femmes et hommes. Regards sur la parité*, INSEE, Paris.

Kuh D., Hardy R. (2002), *A Life Course Approach to Women's Health*, Oxford University Press, Oxford.

Lang T., Ribet C. (2000), « Les maladies cardio-vasculaires », *in* Leclerc A., Fassin D., Grandjean H., Kaminski M., Lang T. (dir.), *Les inégalités sociales de santé*, La Découverte, Paris, p. 223-238.

Lovell A., Fuhrer R. (1996), « Troubles de la santé mentale », *in* Saurel-Cubizolles M.-J., Blondel B. (dir.), *La santé des femmes*, Flammarion, Paris, p. 252-283.

Lovell A. (2000), « Les troubles mentaux », *in* Leclerc A., Fassin D., Grandjean H., Kaminski M., Lang T. (dir.), *Les inégalités sociales de santé*, La Découverte, Paris, p. 251-266.

Mackenbach J-.P. *et al.* (2003), « Widening socioeconomic inequalities in mortality in six Western European countries », *International Journal of Epidemiology*, 32 (5), octobre, p. 830-837.

Meertens V., Scheepers P., Tax B. (2003), « Depressive symptoms in the Netherlands 1975-1996 : a theoretical framework and an empirical analysis of socio-demographic characteristics, gender differences and changes over time », *Sociology of health and illness*, 25, p. 208-231.

Ribet C. *et al.* (2001), « Do cardiovascular risk factors in men depend on their spouses'occupational category ? », *European Journal of Epidemiology*, 17, p. 347-356.

Romito P., Saurel-Cubizolles M.-J., Lelong N. (1999), « What makes new mothers unhappy : psychological distress one year after birth in Italy and France », *Social Science and Medicine*, 49, p. 1651-1661.

SMITH G.-C. (2000), « Sex, birth weight, and the risk of stillbirth in Scotland, 1980-1996 », *American Journal of Epidemiology*, 151, p. 614-619.

WIZEMANN T.-M., PARDUE M.-L. (dir.) (2001), *Exploring the biological contributions to human health. Does sex matter ?* National Academy Press, Washington.

Je remercie chaleureusement mes collègues Monique Kaminski et Pierre-Yves Ancel, épidémiologistes à l'INSERM, et Brigitte Lhomond, sociologue au CNRS, pour les échanges très utiles à propos de ce texte qui, par ailleurs, n'engage que moi.

16

Procréation, corps, sciences et techniques au XXe siècle

Delphine Gardey

La « procréation » est d'évidence un objet très contemporain. Elle signale une préoccupation (l'assouvissement du désir d'enfant) et des capacités récentes (de nouvelles technologies médicales). Avec la « procréation », on est au cœur du processus biologique de la reproduction, de l'acte d'engendrer ou d'enfanter. On se situe ainsi à la fin d'un processus et au début de nouvelles histoires dont les origines et les agendas, complexes, sont loin d'être aujourd'hui démêlés.

Les tendances de long terme

Sur le long terme, les sociétés occidentales ont vu une série d'associations « obligatoires » — tant au niveau normatif que pratique — se défaire. Première en importance est sans doute la dissociation qui intervient entre la sexualité et la conjugalité. Le couple marital, temple de l'ordre social, a été mis à mal (célibats prolongés, divorces, nouvelles unions, concubinages, relations homosexuelles), cependant que l'impératif d'une vie sexuelle limitée à la seule conjugalité a été largement subverti. Il serait naïf d'imputer au siècle qui vient de s'achever le seul bénéfice de ces transformations. Les couples français de l'Ancien Régime savaient déjà limiter leur descendance. Le poids des normes religieuses et des contraintes sociales et culturelles s'est cependant allégé au cours du dernier tiers du XXe siècle, accréditant la thèse d'une « révolution » des mœurs.

Avec la dissociation du couple sexualité/conjugalité, c'est aussi le couple sexualité/reproduction qui est plus largement défait. Ces transformations reposent sur l'utilisation de techniques contraceptives « traditionnelles » (retrait, âge élevé au mariage, espacement des naissances par l'allaitement, abstinence), puis « modernes » (éponges, diaphragmes, préservatifs). Le couple sexualité/reproduction s'est, par ailleurs, dissocié du fait de l'action conjuguée de deux types d'acteurs que sont les mouvements de lutte pour la limitation des naissances et les initiatives médicales et scientifiques qui définissent la reproduction humaine comme un objet et un domaine d'action possible.

La médicalisation de la contraception témoigne d'un processus d'intervention plus général sur le corps féminin et, en particulier, le corps reproducteur. Le corps féminin comme objet sexué justifie la définition d'une science nouvelle au XIXe siècle : la gynécologie. L'obstétrique et le suivi de la grossesse et de l'accouchement sont également profondément médicalisés et technicisés au cours du siècle suivant. L'endocrinologie, cette nouvelle science des hormones, est aussi et durablement polarisée sur le corps féminin en raison de l'accumulation des savoir-faire, des spécialités médicales, des compétences techniques et des ressources acquises dans le cadre de la gynécologie clinique et obstétricale [Oudshoorn, 1994]. La découverte d'un contraceptif universel sous la forme d'un contraceptif destiné aux femmes enregistre cette accumulation des gestes scientifiques et des connaissances sur le corps des femmes et reproduit l'assimilation entre la reproduction humaine et le corps féminin. L'exclusion de la fertilité masculine des discours et des pratiques scientifiques comme des discours et des pratiques politiques est durable [Pfeffer, 1993]. Pas de contraceptifs masculins commercialisés avant les dernières décennies du siècle, autant par défaut de science que d'habitudes culturelles permettant d'envisager sérieusement le corps masculin comme corps sexué et reproducteur.

Les recherches dans le domaine de la contraception et de la reproduction humaine qui se développent à partir des années 1930 [Clarke, 1998] débouchent à la fin du XXe siècle sur des dissociations inédites, et ce, bien que l'accès à ces technologies en France, comme dans la plupart des pays européens, repose sur une référence normative au couple hétérosexuel. Les techniques de reproduction (fécondation *in vitro*) dissocient ainsi la fécondation de l'ovule de l'acte sexuel, cependant que nombre de consultations de couples stériles mettent en évidence la non-consommation sexuelle (ou l'absence de vie sexuelle) de certains couples hétérosexuels en quête d'aide à la procréation et que des personnes célibataires obtiennent l'accès à ces technologies (notamment dans le contexte américain qui n'est pas ou peu réglementé). Les sciences peuvent finalement pourvoir à une naissance qui soit une « immaculée conception ».

La dissociation du couple sexualité/reproduction autorise paradoxalement « plus » de sexualité et « moins » de sexualité. Elle permet, par ailleurs, l'association de l'homosexualité avec la reproduction « biologique » par l'entremise de tiers : mères porteuses, dons de spermes ou d'ovocytes... Plus généralement, les différents gestes techniques contemporains qui interviennent aux différents stades de la conception humaine tendent à dissocier une série d'autres paires jusqu'ici indissociables : maternité et gestation (avec l'invention des couveuses, des soins et gestes thérapeutiques ou chirurgicaux prénatals et finalement d'un âge de la vie inédit dans l'histoire humaine) ; reproduction et viviparité, avec le projet littéral des « bébés éprouvettes » et l'utopie, sans doute, d'un affranchissement possible de la gestation humaine du corps maternel ; reproduction et génération, enfin, avec le brouillage des repères de la filiation et le spectre de la transgression possible de l'inceste dans le cas du clonage.

Procréation, science, politique

L'inventaire rapide de ce qui a été dissocié au XXe siècle doit être complété d'une présentation succincte des nouveaux appariements idéologiques et matériels, institutionnels et pratiques qui se sont produits. Première et cruciale est vraisemblablement l'association empruntée à la pensée de Malthus entre bien-être et limitation des naissances. Les variantes de cette proposition sont multiples au cours du XXe siècle. La tradition néomalthusienne française lie socialisme, anarchisme, liberté sexuelle, limitation des naissances et bonheur social. La vulgarisation des procédés contraceptifs et la vente de préservatifs soutient une action « au service de la grève des ventres » et pacifiste avant la guerre de 1914, pro-avortement, et donc condamnée dans l'entre-deux-guerres, dans un contexte profondément nataliste [Guerrand, Ronsin, 1990]. L'idée d'une régulation ou d'une limitation des naissances n'est cependant pas l'exclusive de ces mouvements révolutionnaires. Philanthropes, féministes, réformistes s'intéressent aux bienfaits économiques et sociaux de la réduction des naissances. On glisse des notions de « libre maternité » ou de « contrôle des naissances » (*birth control*) aux notions de « planning familial » mais aussi de « boom » ou d'« explosion démographique ». L'association entre la limitation des naissances et le bien-être économique et social est extrêmement forte dans le contexte de la guerre froide. L'idée du « planning familial » est alors très fortement connectée avec les questions de sécurité économique et nationale. La crainte des pauvres est renforcée par les statistiques élaborées par les Nations unies dans les années 1950, indiquant la croissance des populations du tiers monde. Ce contexte opère très directement dans la genèse de la pilule comme contraceptif universel et marque une association durable entre « science » et « reproduction » [Marks, 2001].

Les sciences et les institutions médicales, mais aussi les appareils d'État et les élites qui leur sont liées, sont mobilisés comme le troisième terme de cette association nouvelle entre limitation des naissances et bien-être économique et social. Une connexion qui s'inscrit dans des contextes et agendas historiques et politiques différents. L'anxiété des nations pour le déclin de la fertilité, mais aussi des différentiels de fertilité entre classes et « races » s'expriment fortement entre les deux guerres. Alors que la plupart des pays d'Europe adoptent des politiques pronatalistes, se développe une série de pratiques de prévention des naissances indésirables. Aux États-Unis, plus de trois mille personnes sont stérilisées entre 1907 et 1920 pour des motifs psychiatriques ou pénaux. La Suède se lance dans un programme de stérilisation qui concerne près de soixante mille personnes jusqu'aux années 1970. Des politiques également pratiquées en Suisse et en Norvège. Les théories eugénistes reposent sur l'idée qu'une amélioration de la population peut être obtenue par la maîtrise scientifique. Il s'agit de contrôler la reproduction afin de sélectionner les variations génétiques favorables et d'éliminer avant la fécondation (par interdiction du mariage ou stérilisation) ou après (par avortement ou infanticide) celles qui semblent défavorables [Massin, 1996]. Révélatrice de la popularité de ces thèses, la psychiatrie allemande est largement convertie à l'eugénisme avant la venue au pouvoir d'Hitler. L'euthanasie de cent cinquante mille patients et la stérilisation de trois cent mille « malades héréditaires » témoignent des liens profonds entre « psychiatrie ordinaire » et « médecine nazie », délimitant une « biocratie » qui sera renforcée et redéployée dans l'entreprise plus systématique d'extermination entreprise par le IIIe Reich. Les politiques natalistes des démocraties européennes, les politiques eugénistes durables de certains pays démocratiques tout comme la politique conjointement nataliste, raciale et antifamilialiste du régime nazi [Bock, 1996] témoignent de ce que le corps des femmes en tant que corps reproducteur a été surinvesti au XXe siècle. Corps nationalisé, corps enrégimenté, en tant que « corps de la nation » (« *Volkskorper* »), le corps des mères est l'enjeu de dispositifs expérimentaux concrets, d'agendas collectifs complexes et parfois contradictoires.

Ces horizons de définition de la procréation ne doivent pas nous être inconnus quand nous reprenons l'histoire du côté du récit des sujets individuels ou collectifs, et de l'émancipation.

Émancipation et contrainte

L'association entre « contrôle » et « *agency* » ou l'affirmation conjointe du sujet individuel (« je ») ou du sujet collectif (« femmes ») et de la thématique du contrôle des naissances s'actualise de façon particulièrement vive dans les sociétés occidentales au cours des années 1970.

Le Mouvement de libération des femmes (MLF) fait de la libre disposition des corps un de ses arguments premiers et s'engage dans la lutte pour une sexualité libérée de la procréation en militant pour « le libre accès aux moyens anticonceptionnels » et la légalisation de l'avortement. Du statut d'objet du discours et de l'action de l'État et des sciences, le « corps féminin » semble accéder au statut de source de l'expression et de l'expérience. Appropriable individuellement et collectivement, il devient l'une des clefs de l'affirmation du sujet. Le paradoxe est que la surexposition (la mise en scène publique) du corps féminin comme corps sexué et reproducteur vise à faire disparaître la surdétermination de cette définition sexuée et reproductrice et permettre l'émergence d'un sujet moins « encorporé » ou plus neutre et finalement redéployé dans ses capacités d'action en tant que sujet.

Les technologies médicales et les dispositifs de soins sont généralement considérés comme des citadelles qu'il faut combattre ou comme des instruments dont il est impératif de s'emparer. La vision féministe des technologies est d'abord instrumentale et positiviste avant de proposer des approches plus critiques des sciences et des techniques qui s'insèrent dans les renouvellements plus généraux des études des sciences [Gardey, Löwy, 2000]. Mais cette critique féministe renouvelée des nouvelles technologies de reproduction porte peu aujourd'hui dans la société, à la différence, par exemple, des études sur les OGM. Les discussions sur la reproduction humaine sont renvoyées à la sphère intime (couple, famille), professionnelle (corps médical) ou morale (comités d'éthique) témoignant d'une absence stupéfiante du corps des femmes comme question politique.

Le déficit public de discussion tient à de multiples facteurs dont participe un contexte fortement individualiste et libéral. Avec la procréation, il est question de « désir », de « droit à la naissance », soit d'aspirations légitimées. Cette idéologie du sujet et de son empire s'accommode assez bien avec le régime technoscientifique actuel où la déréglementation, la privatisation, la concurrence et les rendements financiers sont la norme, si bien qu'il est possible de parler aux États-Unis comme depuis la Grande-Bretagne de Margaret Thatcher d'un « marché » des nouvelles technologies de reproduction (NTR). « Espoirs à vendre », peut-on titrer à propos de la consommation des techniques d'assistance médicale à la procréation aux États-Unis. On y décrit la promotion commerciale étonnamment efficace de ces méthodes, les enjeux financiers considérables qui y sont liés, la croissance exponentielle de la demande, le coût prohibitif des traitements et le développement lent d'une démarche de consommateur plus « éclairé » ou « averti » de la part de « patientes » qui éprouvent dans leur chair des taux finalement peu probabilisés de réussite [Becker, 2000].

D'autres enquêtes soulignent les ségrégations sociales et ethniques qui structurent ces usages. Dans un contexte concurrentiel, le recours au NTR est très largement tributaire du niveau social et de l'origine ethnique. Seules les couches supérieures blanches peuvent accéder massivement à ces technologies. Les enquêtes sur les banques de sperme mettent au jour la sophistication des critères de segmentation raciaux et sociaux : les caractéristiques socio-ethniques des spermes au moment du « don » sont spécifiées, préservées et reventilées pour l'usage en fonction d'une demande façonnée comme une clientèle ségrégée. Les normes masculines classiques (hommes de statut supérieur) et les formes de domination raciale ordinaire y sont largement réitérées [David-Floyd, Dumit, 1998].

Ces tendances récentes témoignent autant des logiques et des horizons possibles pour l'avenir que des continuités que ces pratiques entretiennent avec une certaine obsession de la définition biologique de l'identité et de la filiation. Du côté du passif, du négatif ou du normatif, il faut donc insister sur les continuités d'action autour du corps féminin et du corps gestant au XXe siècle : sur la médicalisation et la technicisation de la reproduction humaine ; sur l'invention de nouvelles catégories de « patients » : la femme enceinte, le couple stérile, mais aussi le patient « non né » [Casper, 2000] ; sur le déplacement de la fécondation du corps vers le laboratoire ; sur le déploiement de moyens d'accès sans précédent sur le contenu de l'utérus (échographie, amniocentèse, chirurgie fœtale) ; sur la dissociation du couple mère-fœtus et l'émergence du fœtus sur la scène publique ; sur l'introduction de tiers dans la reproduction (tiers pouvant ou non autoriser le droit à la procréation : scientifiques, médecins, État et ses institutions sociales et sanitaires, comités d'éthique et de sages) ; sur les facettes doubles de l'émancipation et de la contrainte coexistant dans l'histoire technique et sociale de la reproduction ; sur l'affaiblissement des scénarios alternatifs au tout scientifique et technique ; sur la focalisation des traitements sur le corps féminin (le boom récent de l'injection intracellulaire du sperme du géniteur biologique (ISCI) — plutôt que la fertilisation *in vitro* avec donneur — en dépit des traitements lourds qu'elle implique pour les femmes, témoigne une fois encore d'une préférence biologique et génétique et du fait qu'il est acquis que la stérilité d'un homme peut et doit être résolue sur sa partenaire) ; sur l'euphémisation conjointe de ce qui est effectivement à l'œuvre sur le corps des femmes.

Cette vision par trop pessimiste ne fait certainement pas crédit à la complexité du social, à son inventivité et aux opportunités multiples qui sont faites aux femmes, aux couples hétérosexuels et homosexuels d'inventer de nouvelles formes de parenté, de liens biologiques et sociaux, de modes d'interaction aux techniques [Akrich, Laborie, 1999].

Du côté de l'actif, du positif et de l'invention du social, il faudrait insister sur la non-prévalence du tout biologique ou du tout génétique dans la façon dont les expériences concrètes de parenté sont redéfinies dans certains contextes techniques contemporains (mères porteuses ; dons de spermes ; parentés homosexuelles) [Franklin, Ragonné, 1998] ; sur les chances offertes par le déplacement des frontières (frontières des limites de la fertilité ; frontières des limites de la viabilité) ; sur les multiples façons dont les personnes créent du lien social dans le frayage avec les techniques, comme cela peut être le cas, par exemple, dans l'expérience échographique. La littérature contemporaine sur les sciences et les techniques s'est attachée à mettre en évidence la flexibilité interprétative des techniques, la pluralité et la localité des significations, leur réversibilité aussi [Chabaud-Rychter, Gardey, 2002]. Si comme l'indique Donna Haraway [1988], la fin du partage culture/nature et les nouvelles formes d'encorporation « cyborg » constituent pour les femmes de nouvelles cartes à jouer, la géographie sociale et politique de ces opportunités reste cependant à établir : l'une des façons pour les agents et les collectifs de (se) jouer des biotechnologies ou de définir les règles de jeu plus communes (ou de « bien commun ») autour de leur usage, réside notamment dans la possibilité d'en savoir plus sur les histoires passées et contemporaines, sur les façons dont il a été possible et dont il est possible de faire du social, de l'économique, du politique avec les technologies biomédicales.

Bibliographie

AKRICH M., LABORIE F. (dir.) (1999), Dossier : « De la contraception à l'enfantement. L'offre technologique en question », *Les Cahiers du Genre*, n° 25.

BECKER G. (2000), « Espoir à vendre : commercialisation et consommation de techniques d'assistance médicale à la procréation aux États-Unis », *Sciences Sociales et Santé*, 18, 4, p. 105-126.

BOCK G. (1996), « Equality and difference in national socialist racism », *in* Scott J.W. (eds.), *Feminins and History*, Oxford University Press, Oxford, p. 267-292.

CASPER M. (2000), *The Making of the Unborn Patient*, Rutgers University Press.

CHABAUD-RYCHTER D., GARDEY D. (dir.) (2002), *L'engendrement des choses. Des hommes, des femmes et des techniques*, Éditions des Archives contemporaines, Paris.

CLARKE A. (1998), *Disciplining Reproduction : Modernity, American Life and the Problem of Sex*, California University Press, Berkeley.

David-Floyd R., Dumit J. (1998), *Cyborg Babies : From Techno-Sex to Techno-Tots*, Routledge, New York.

Franklin S., Ragonné H. (éds.) (1998), *Reproducing Reproduction : Kinship, Power and Technological Innovation*, University of Pensylvannia Press, Philadelphia.

Gardey D., Löwy I. (dir.) (2000), *L'invention du naturel. Les sciences et la fabrication du féminin et du masculin*, Éditions des Archives contemporaines, Paris.

Guerrand R., H., Ronsin F. (1990), *Le sexe apprivoisé. Jeanne Humbert et la lutte pour le contrôle des naissances*, La Découverte, Paris.

Haraway D. (1988), *Simians, Cyborg, and Women : The Reinvention of Nature*, Free Association Books, London.

Massin B. (1996), « L'euthanasie psychiatrique sous le IIIe Reich. La question de l'eugénisme », *L'Information psychiatrique*, n° 8, octobre, p. 811-822.

Marks L. (2001), *Sexual Chemistry : A History of the Contraceptive Pill*, Yale University Press, Yale.

Oudshoorn N. (1994), *Beyond the Natural Body : Archeology of Sex Hormons*, Routledge, London.

Pfeffer N. (1993), *A Political History of Reproductive Medecine*, Polity Press, Cambridge.

17

Pratiques sportives : inégalités et différences

Annick Davisse et Catherine Louveau

Partie prenante de la massification des loisirs des dernières décennies, la pratique sportive s'est diversifiée : codifiée, encadrée, orientée vers la compétition, spectacularisée, elle est aussi devenue pratique d'entretien du corps et de loisir physique. L'accès des femmes au sport est donc multidimensionnel : il concerne le sport de haut niveau, le sport spectacle médiatisé à travers les grandes manifestations, tels les Jeux olympiques où les femmes demeurent sous-représentées. Il en va de même s'agissant de l'accès des femmes aux postes d'encadrement et de direction des institutions sportives. Contribuant à la « fabrication des hommes », le sport reste un espace très majoritairement masculin. C'est l'inégale et différente présence des deux sexes dans les pratiques physiques et sportives que l'on analysera ici, alors qu'il est souvent avancé aujourd'hui que LA femme est devenue sportive à l'égal des hommes ou encore que filles et garçons « c'est du tout comme ».

Une augmentation de la pratique des femmes

En France, depuis près de 40 ans, l'arrivée des femmes a fortement contribué à la massification de la pratique physique et sportive, toutes formes et finalités confondues. En 1967, 22 % d'entre elles se déclaraient pratiquantes occasionnelles ou régulières ; en 2000, c'est dans une proportion comparable à celle des hommes qu'elles se disent adeptes de l'exercice physique ou du sport : 79 % des femmes de 15 à 75 ans déclarent exercer au moins une activité, contre 88 % des hommes [Institut national des sports et de l'éducation physique — ministère de la Jeunesse et des Sports, 2002]. Si ce sont des activités informelles ou « auto-organisées » que les femmes ont principalement investies (seule, avec des ami(e)s, en famille...), elles sont aussi de plus en plus présentes dans le sport institué : en 35 ans, le nombre des licences féminines a été multiplié par 5 (par 3,5 pour les licences masculines).

Cette évolution quantitative doit globalement assez peu aux politiques incitatives, le plus souvent ponctuelles et hésitantes. Elle naît des changements intervenus dans les modes de vie depuis les années 1970 et plus généralement d'une conjoncture économique et sociale : accès croissant des femmes au salariat, tertiarisation des emplois s'accompagnant d'un souci des apparences, omniprésence d'une culture sportive médiatique, place croissante de l'image sous toutes ses formes et, corrélativement, injonction à l'entretien du corps [Travaillot, 1998].

La persistance des inégalités

La massification d'une activité physique n'a pas entraîné l'uniformisation des pratiques et encore moins leur indifférenciation. Depuis une trentaine d'années, nombre d'enquêtes sur les Français et les pratiques sportives ont mis en avant des obstacles spécifiques pour les femmes : la situation familiale, les enfants, les coûts ou encore l'éloignement des équipements appartiennent à cet ensemble de « raisons » invoquées ; elles résistent mal à l'objectivation [Louveau, 2004]. Sous l'angle quantitatif, la situation familiale différencie peu les probabilités de pratiques, à l'exception peut-être des femmes vivant seules avec enfant(s). En revanche, l'activité professionnelle et le niveau d'études demeurent particulièrement discriminants pour les femmes. Considérant la scolarisation plus longue pour une plus grande partie de la population, la très large diffusion de la culture sportive et la pression en faveur de la forme physique et de la minceur, on pouvait faire l'hypothèse que les femmes les moins concernées par une activité physique il y a quinze ans seraient plus nombreuses à s'adonner à ce type d'exercice, sous quelque forme que ce soit et au moins de temps en temps. Or il faut bien admettre que la « nécessité » de l'entretien du corps par la pratique physique [Irlinger, Louveau et Métoudi, 1990] n'est toujours pas également partagée au sein de la population féminine. L'écart entre les femmes cadres ou travaillant dans le tertiaire et les femmes ouvrières et agricultrices, ayant souvent connu des scolarités courtes, est toujours considérable : en 2000, les trois quarts des femmes ne pratiquant aucune activité physique sont employées et ouvrières ; 27 % des ouvrières ne déclarent aucune activité pas même de la marche, contre 4 % des cadres. Ici, les inégalités entre femmes et hommes peu dotés en capital culturel, scolaire et économique demeurent réelles : les hommes ont toujours plus de probabilité de pratiquer une activité sportive que les femmes.

Concernant l'accès à une pratique physique ou à un sport, l'appartenance sociale accentue toujours les différences et les inégalités entre les sexes. La question du temps des femmes n'est pas anecdotique ; mais, à l'instar du rapport au travail, la question centrale qui demeure est celle du temps qu'on s'autorise à prendre. Les choix d'investissement prioritaire comptent davantage que le temps dont on dispose. L'absence d'intérêt pour une pratique physique est d'autant plus probable que les femmes investissent prioritairement l'espace domestique et la famille. Ne pas avoir/trouver de temps est une conséquence, non une cause [Louveau, 2004].

Des activités durablement sexuées

Ce sont surtout les disciplines de forme, d'entretien du corps et de loisir physique que les femmes ont investies depuis une trentaine d'années. Leur présence croissante n'a pas modifié la tendance lourde observée de longue date : plus la pratique est institutionnalisée et codifiée, moins les femmes y sont présentes. En 2001, le mouvement sportif licencié comprend un tiers de femmes (contre 18 % en 1963) et on compte 24 % de femmes parmi l'ensemble des compétiteurs, proportion inchangée depuis quinze ans. Au-delà de ces finalités qui partagent encore hommes et femmes, les différences les plus visibles concernent les disciplines sportives choisies. La sexuation des pratiques est un processus durable structurant l'histoire du sport [Davisse, Louveau, 1998 ; Arnaud, Terret, 1996] ; elle demeure effective aujourd'hui alors que les interdits réglementaires sont levés. Une trentaine de disciplines sportives comptent moins de 20 % de femmes. Les sports de combat rapproché, les sports collectifs de grand terrain, les sports motorisés, de pleine nature et de glisse demeurent très majoritairement masculins, alors que les danses, les gymnastiques ou encore l'équitation sont toujours, voire de plus en plus, des activités « de femmes ».

Comment expliquer cette historique et persistante sexuation des pratiques sportives alors que dorénavant « les femmes peuvent tout faire » ? On peut d'abord observer un rapport d'homologie avec le travail professionnel et domestique. Dès que les activités impliquent la force, le risque, des compétences techniques, scientifiques, des technologies, les armes ou les grands espaces, les pratiques sportives demeurent majoritairement des « territoires » masculins, des lieux — pratiques et/ou symboliques — où se construit en propre la masculinité. Plus celle-ci se joue sur le terrain de la force et de l'affrontement, du « physique », plus affirmées sont, à ce jour encore, les résistances à la venue des femmes

La sexuation des sports a aussi partie liée avec les représentations dominantes de la féminité et plus encore avec les catégories du masculin et du féminin. L'acceptabilité de pratiques et de modes d'engagement du corps pour les femmes s'est modifiée au fil de l'histoire ; la gymnastique

— la danse même — n'ont pas été données comme féminines « de tout temps ». Malgré ces « déplacements », on observe que les interdits comme les prescriptions de pratiques sportives pour les femmes se réfèrent à trois représentations dominantes de la femme. Si la référence à la mère s'est peu à peu estompée (ou se manifeste autrement : préconiser le travail du « giron » est devenu rare, penser l'organisation des pratiques avec des garderies pour les enfants fréquent), la femme bel objet et la femme virile sont en revanche des références fortement récurrentes qui ont traversé le XXe siècle.

La femme virile, donnée comme modèle repoussoir, est une qualification accompagnant plus généralement l'histoire de l'accès des femmes à des fonctions socialement dévolues aux hommes ; dans le sport, elle persiste largement aujourd'hui. Le traitement médiatique des sportives agit ici comme un révélateur, qu'il s'agisse des images et des discours [Brocard, 1992 ; Lemieux, 2002] ou du langage utilisé pour nommer les femmes dans le sport [Tétet, 1997]. La description positive ou négative des unes ou des autres est entendue comme une prescription comme le notait Philippe Perrot [1984] à propos du travail des apparences. En dérogeant quant au sport choisi, aux normes dominantes de la féminité ou aux morphologies, l'identité de ces femmes devient suspecte : « le sport menace leur beauté », « ce ne sont pas de vraies femmes », « c'est un troisième sexe », ou encore, désignation banalisée et qui se veut élogieuse : ce sont des « garçons manqués ».

Changements et permanences caractérisent la présence des femmes et des deux sexes dans les pratiques sportives ces dernières décennies. Les conditions et finalités des pratiques se sont diversifiées, les femmes ont accédé à des activités naguère impensables ou impossibles pour le sexe dit « faible ». Aujourd'hui, les définitions dominantes des catégories de sexe sont questionnées, en particulier par les choix de pratiques « transgressant » l'ordre social des rapports de sexes [Mennesson, 2000]. En même temps et justement parce qu'il s'agit de pratiques impliquant les corps, on peut repérer une reproduction des différences et des inégalités entre les sexes. Dans les plaidoyers pour le développement du sport dans la population féminine, il est courant d'entendre dire que si les petites filles pratiquent un sport dans leur enfance, elles deviendront des femmes sportives, et que d'ailleurs « tout commence à l'école ».

Les filles plus sportives qu'avant, mais moins que les garçons

Les deux dernières décennies ont vu augmenter fortement la pratique juvénile des activités physiques et sportives. Pour un grand nombre de parents en effet, « faire du sport » est désormais dans les canons de la bonne éducation. Le champ sportif est donc massivement investi par les enfants. Selon les enquêtes récentes [ministère de la Jeunesse et des Sports, 2002 ; Muller, 2003 ; Choquet 2001], on peut considérer qu'entre 11 et 18 ans un peu plus d'une fille sur deux pratique régulièrement une activité physique et sportive (en dehors de l'école), alors que c'est le cas de trois garçons sur quatre. L'écart se creuse à 15 ans, en défaveur des filles. À la fin du lycée, moins d'une fille sur trois pratique encore (60 % des garçons). Les filles sont aussi plus nombreuses à n'avoir jamais fait de sport. Les garçons sont davantage inscrits en club (52 % contre 40 %), ils ont une pratique plus intensive et nettement plus orientée vers la compétition. Les filles sont plutôt inscrites en danse (un quart de celles qui pratiquent) et, pour les plus jeunes, en gymnastique (tandis que les garçons pratiquent massivement le football). La différenciation entre filles et garçons perdure fortement dans les goûts déclarés par les jeunes ; les enquêtes récentes confirment en effet une étude de 1985 : si filles et garçons ont en commun de préférer des activités qui leur sont inhabituelles, notamment celles de pleine nature, les filles plébiscitent l'équitation et les garçons la moto [Davisse, Louveau, 1998]. Les rejets sont plus encore significatifs : les filles ne souhaitent pratiquer ni le rugby ni la boxe, les garçons ne veulent pas de la danse. Parmi les pratiques plus informelles, filles et garçons ont en commun d'aller à la piscine, de marcher ou de faire du vélo. Les raisons qu'indiquent les jeunes en faveur d'une pratique sportive sont pour partie semblables : le plaisir, les rencontres et la santé, mais les garçons évoquent plutôt la finalité de compétition, de performance, les filles l'amaigrissement.

Tous les constats montrent l'inégalité sociale dans le sport : on note ainsi que parmi les enfants de cadres supérieurs 77 % des garçons et 62 % des filles déclarent avoir une activité, alors que c'est le cas de 70 % des garçons et 41 % des filles parmi les ouvriers. La probabilité et l'intensité de la pratique sont d'autant plus élevées que les parents ont un niveau d'études élevé ; cette différence est particulièrement sensible pour les filles, surtout lorsque la mère est diplômée. Les revenus sont également discriminants. Ces inégalités sont particulièrement perceptibles en lycée professionnel et en zone d'éducation prioritaire (ZEP). Selon Marie Choquet [2001], les filles « françaises de souche » sont plus nombreuses à pratiquer un sport que les « Françaises d'origine étrangère », mais aucune étude comparative n'autorise les propos ministériels selon lesquels les filles des quartiers urbains sensibles feraient « de moins en moins » de sport.

Le décrochage des adolescentes

Parmi les filles qui pratiquent une activité sportive (ou de la danse), une sur trois arrête entre 12 et 15 ans, alors que le taux de pratique des garçons reste stable jusqu'à 16 ans. À 18 ans, la moitié de celles qui déclaraient faire du sport à 12 ans a arrêté. Les raisons évoquées par les adolescentes sont, comme pour leurs mères, d'abord liées à l'usage du temps. Les filles disent aussi qu'elles préfèrent faire autre chose.

Les activités délaissées sont, dans l'ordre : la danse, la gymnastique et la natation. L'investissement, en temps et en efforts, que supposerait la réalisation de soi dans ces activités, semble à l'adolescence bien plus lourd qu'au temps de l'enfance. Le cadre des activités abandonnées est plutôt le club ou l'association, les adolescentes préférant pratiquer entre amies. Elles font souvent état, dans leurs raisons d'arrêter, d'insatisfactions relatives à l'ambiance, aux déplacements ou aux rapports à l'encadrement. Les filles sont aussi plus nombreuses que les garçons à ne pas reprendre d'autres activités sportives (26 % des filles contre 15 % des garçons), phénomène accentué dans les milieux populaires puisque à la différence des garçons, on ne les retrouve pas dans les pratiques de rue (« foot des cités », « basket en liberté », rollers, etc.), et peu dans les dispositifs incitatifs des politiques de la ville ou d'insertion.

À l'école : tout peut commencer... ou finir

À la question « faut-il être sportive ? », on peut, pour les adultes, répondre que c'est affaire de choix. Mais l'école, dont c'est la mission spécifique, doit répondre de l'égalité d'initiation culturelle créée pour qu'il y ait bien choix. Ainsi, c'est grâce à l'école que beaucoup de filles, orientées vers les activités réputées féminines, rencontrent les sports collectifs ou l'athlétisme programmés dans les cours d'éducation physique, en particulier en collège.

Elles peuvent aussi accéder à ces activités culturellement peu probables grâce au chaînon indispensable que constituent les associations sportives des collèges et lycées. Sur 100 adhérents de l'Union nationale du sport scolaire, on compte aujourd'hui 40 filles. Ces licenciées scolaires sont pour plus des trois quarts des collégiennes. En vingt-cinq ans, s'il y a eu accroissement du nombre de licenciés, la place des plus jeunes (11 à 13 ans) est passée de 21 % à 35 % du total des licenciés du sport scolaire, à 39 % pour les filles. De plus en plus d'élèves adhèrent donc aux associations sportives scolaires dès l'entrée au collège, mais les adolescents s'en écartent, particulièrement les filles ; s'il y a, sur

100 licenciés, 44 filles parmi les benjamins, parmi les juniors, elles ne sont plus que 32.

En éducation physique et sportive (EPS), l'engagement des filles dans l'activité sportive flanche à partir de la classe de quatrième, moment où celui des garçons augmente, et, à l'issue des scolarités, les notes au baccalauréat des candidates sont, selon la section et les activités notées, d'un à deux points inférieures à celles des candidats. Ces écarts ont rendu la mixité problématique en EPS (classes mixtes en sixième et cinquième, séparation en quatrième et au-delà) même après son avènement dans l'institution scolaire. Depuis le milieu des années 1990, elle semble se généraliser. « Semble », car le fait de ne plus séparer les élèves d'une classe ne prouve pas que l'on sache œuvrer à une mixité réelle. Relever le défi de la mixité en EPS suppose d'identifier comment les activités sportives se sont structurées dans l'histoire des hommes, au double sens d'histoire de l'humanité et d'histoire des rôles sociaux masculins, tissés dans l'affrontement, le défi et l'épreuve. Déconstruire ce marquage de sexe, ce n'est ni renoncer aux sports collectifs ou à l'athlétisme pour les filles, ni se contenter de leur proposer en l'état les formes historiquement masculines d'entrée dans ces pratiques (en ce sens le concept de parité, appliqué au sport, est dénué de sens s'il vise par exemple quatre millions de footballeuses). L'élaboration d'une éducation physique et sportive réellement mixte appelle à reconnaître, en préalable, que les filles ne sont pas toutes spontanément attirées par le sport, et à leur proposer des entrées dans les activités sportives mobilisant d'autres ressorts que ceux qui semblent mobiliser beaucoup de garçons, comme la logique d'affrontement. La mixité suppose aussi une place nouvelle de la danse, aussi utile aux garçons, pour peu que, là aussi, des entrées nouvelles soient ouvertes. Défendre la mixité, comme vision du monde refusant la séparation des filles et des garçons, est un choix de même nature que celui du collège unique : on ne saurait se contenter de mettre les élèves ensemble face à des contenus de pratique inchangés, sous peine de reproduire les inégalités sociales et culturelles.

Si les inégalités quant à l'accès des femmes et des filles aux activités physiques et sportives demeurent patentes, leurs choix, leurs raisons de s'engager ou de se désengager contribuent à l'évolution des pratiques et représentations. L'histoire des femmes en effet, n'a pas produit que de l'oppression mais aussi des questionnements et des pratiques novatrices. La présence des femmes dans ces activités a partie liée avec leurs conditions et plus généralement avec les rapports sociaux entre les sexes qui se construisent simultanément dans l'école, dans l'espace domestique, dans l'espace public, dans le travail. La place des femmes dans le sport en dit long sur leur situation et leur considération dans une culture donnée : l'impossibilité ou l'extrême contrôle de la pratique des filles et des femmes dans nombre de pays d'Afrique, du Moyen-Orient en témoigne. Ici, le sport s'inscrit en effet dans des logiques émancipatrices. Le sport et l'EPS constituent des lieux essentiels de la construction des identités sexuées et des relations filles/garçons qui portent les futurs rapports entre les femmes et les hommes.

Bibliographie

ARNAUD P., TERRET T. (dir.) (1996), *Histoire du sport féminin*, L'Harmattan, Paris.

BROCARD C. (1992), « L'image de la sportive dans la publicité », *Staps*, n° 28, p. 83-98.

CHOQUET M. (2001), *Jeunes et pratique sportive*, rapport au ministère de la Jeunesse et des Sports, INJEP, Paris

DAVISSE A. (1999), « Elles papotent, ils gigotent », *Ville — École — Intégration*, n° 116, p. 185-198

DAVISSE A. (2000), « Sport pour les filles, lecture pour les garçons, Chiche ? *in* Romian H. (dir.), *Pour une culture commune, de la maternelle à l'université*, Hachette Éducation, Paris, p. 82-95

DAVISSE A., LOUVEAU C. (1998), *Sports, école, société : la différence des sexes*, L'Harmattan, Paris.

INSEP/Ministère de la Jeunesse et des Sports (2002), *Les pratiques sportives en France*. INSEP, Paris.

IRLINGER P., LOUVEAU C., MÉTOUDI M. (1990), « L'activité physique, une manière de soigner l'apparence ? », *Données Sociales*, INSEE, p. 269-272.

LEMIEUX C. (2002), « Les inégalités de traitement entre les sportifs masculins et féminins dans les médias français », *Le sport de haut niveau au féminin*, INSEP, Paris, p. 267-274

LOUVEAU C., DAVISSE A., SELS J. (2002), *L'accès des femmes et des adolescentes aux pratiques sportives*, CRESS/Unité de recherches sur les cultures sportives, université de Paris-XI, non publié.

LOUVEAU C. (2004), « Pratiquer une activité physique ou sportive, la persistance des inégalités parmi les femmes », *Recherches féministes*, Université Laval, Québec, vol. 17, n° 1, p. 39-76.

MENNESSON C. (2000), *Des femmes au monde des hommes. La construction de l'identité des femmes investies dans des sports « masculins »*, thèse de doctorat en sciences sociales, université Paris-V-René-Descartes.

MINISTÈRE DE LA JEUNESSE ET DES SPORTS (2002, 2003), « Le sport chez les jeunes de 12 à 17 ans », *Stat-info*, 02-04, octobre 2002.

MULLER L. (2003), « La pratique sportive des jeunes dépend avant tout de leur milieu culturel », *INSEE Première*, n° 932, novembre.

PERROT P. (1984), *Le travail des apparences ou les transformations du corps féminin XVIIIe-XIXe siècle*, Seuil, Paris.

TÉTET C. (1997), « La linguistique, le sport et les femmes », *Cahiers de Lexicologie, Revue Internationale de lexicologie et lexicographie*, 71, 2, p. 195-220.

TRAVAILLOT Y. (1998), *Sociologie des pratiques d'entretien du corps*, PUF, Paris

18

Les violences envers les femmes : une reconnaissance difficile

Maryse Jaspard

Considérée comme essentielle pour l'élimination des inégalités entre les sexes, la lutte contre les violences faites aux femmes a émergé sur la scène internationale, sous la pression des ONG féministes, en 1985, lors de la troisième Conférence mondiale sur les femmes de Nairobi. Depuis, les grands organismes internationaux ont formulé des recommandations et mis en place des plans d'action pour cerner le phénomène et tenter de l'éradiquer.

En France, dès le début des années 1970, les militantes féministes ont dénoncé les violences faites aux femmes en luttant pour la qualification juridique du viol en tant que crime, la reconnaissance des violences conjugales et du harcèlement sexuel au travail. Les pouvoirs publics ont apporté des réponses à ces problèmes au plan judiciaire : la loi du 23 décembre 1980 a donné une définition juridique du viol et, en 1992, la réforme du Code pénal a introduit des dispositions relatives au harcèlement sexuel au travail et aux violences par un conjoint. En 1995, la mission de coordination de la quatrième Conférence mondiale des femmes a retenu le thème des violences parmi les axes prioritaires de la contribution française. En 1997, l'État a commandité une Enquête nationale sur les violences envers les femmes en France (ENVEFF), qui a permis de collecter de statistiques précises afin de cerner l'ampleur du phénomène.

Problèmes de définition des violences

Si la notion d'atteinte à la personne apparaît consensuelle, les marges d'interprétation sont vastes. En deçà des images courantes de la violence (brutalités physiques, agressions sexuelles...), tout peut être interprété comme une atteinte à la personne : les violences institutionnelles, le vieillissement biologique, la maladie, d'une façon générale l'injustice, les inégalités économiques et sociales structurelles, le chômage, l'exclusion… Le concept de violences envers les femmes est plus circonscrit. Il s'inscrit dans une problématique de genre qui analyse la violence masculine comme un mécanisme social contribuant à maintenir la subordination des femmes envers les hommes ; cependant, une vision essentialiste qui placerait les hommes en position d'agresseurs et les femmes en position de victimes doit être rejetée, les femmes pouvant elles-mêmes exercer des violences.

En se limitant aux violences interpersonnelles, on retiendra que les actes violents, quelle qu'en soit la nature et quels qu'en soient les protagonistes, sont une atteinte à l'intégrité physique et psychique de la personne. La violence s'exerce de façon univoque et s'inscrit dans un fonctionnement d'emprise sur l'autre, ce qui la distingue du conflit, mode relationnel interactif. De l'ordre du privé, les violences envers les femmes sont souvent occultées, qu'il s'agisse de violences conjugales, de violences sexuelles ou de harcèlement au travail. Le panorama de ces différents types de violences présenté ici s'appuie en grande partie sur les résultats de l'enquête ENVEFF.

De la demande sociale à l'engagement scientifique

En 1997, le phénomène était partiellement cerné par les statistiques administratives (police, justice). Les associations de lutte contre les violences connaissaient bien les situations vécues par les personnes qui s'étaient adressées à elles, mais on ignorait ce qui se passait dans l'ensemble de la population. La réalisation d'une enquête en population générale s'avérait indispensable pour prendre la mesure réelle du phénomène. L'enquête ENVEFF, coordonnée par l'Institut de démographie de l'université Paris-I et réalisée par une équipe de recherche interinstitutionnelle [1], devait en priorité évaluer la fréquence des divers types de violences interpersonnelles (verbales, psychologiques, physiques et sexuelles) qui s'exercent envers les femmes, à l'âge adulte, dans leurs différents cadres de vie (couple, famille, travail, lieux collectifs).

Première enquête statistique sur ce thème en France, elle ne bénéficiait d'aucune expérience antérieure directement transposable. La mesure d'un tel phénomène, multiforme et complexe, n'allait pas de soi et nécessitait l'élaboration d'un cadre conceptuel et méthodologique

1 Équipe composée de Maryse Jaspard, responsable de l'enquête, Elizabeth Brown, Stéphanie Condon, Jean-Marie Firdion, Dominique Fougeyrollas-Schwebel, Annik Houel, Brigitte Lhomond, Florence Maillochon, Marie-Josèphe Saurel-Cubizolles Marie-Ange Schiltz.

approprié. La construction de la problématique de recherche s'est appuyée en partie sur le bilan tiré des travaux internationaux sur la question.

La collecte des données a été menée en 2000, par téléphone auprès d'un échantillon représentatif de 6 970 femmes âgées de 20 à 59 ans et résidant, hors institution, en métropole. Dans la continuité, des enquêtes ont été réalisées en Polynésie, à l'île de la Réunion et en Nouvelle-Calédonie. Le questionnaire d'une durée de 45 minutes reposait sur une méthodologie particulière : l'évocation progressive des actes de violence a facilité la mise en confiance de l'interviewée et favorisé la remémoration d'événements parfois très anciens [Jaspard *et al.*, 2003].

La scène de ménage : violence ou conflit ?

Propos blessants, paroles injurieuses, autoritarisme paternaliste condescendant ou tyrannique, contrôle, reproches et réprimandes, humiliations, jalousie maladive, dénigrement, dévalorisation, cris, menaces, brutalités physiques et sexuelles... Quelques exemples de violences conjugales, expression d'une volonté de s'imposer à l'autre, de le dominer. Mais dans nombre de cas, la cruauté des faits n'est pas aussi évidente : c'est souvent l'accumulation d'actes, de gestes, de paroles en apparence sans gravité qui constitue le comportement violent. C'est pourquoi la perception de la violence n'est pas toujours immédiate, aussi bien pour les auteurs que pour les victimes ou leur entourage. Par ailleurs, la confusion, courante, entre violence et conflit embrouille l'analyse du phénomène. Le conflit se manifeste principalement par des disputes, qui peuvent dégénérer en scènes de ménage itératives ; c'est un mode relationnel qui implique la réciprocité entre les protagonistes, alors que, si la violence peut prendre des formes identiques (agressions verbales et physiques), elle est univoque : la même personne subit les coups et cède lors des altercations, la peur s'installe et la victime plie face à la volonté du partenaire.

Dans les scènes de ménage, l'agressivité verbale, voire physique, est partagée entre femmes et hommes ; dans les situations de violence, le constat sociologique est que les femmes sont majoritairement victimes. L'adaptation à de nouveaux rapports sociaux entre les sexes se fait à un rythme différent selon le sexe et le groupe social. Au sein des couples, ce décalage est propice à développer malentendus et incompréhensions : entre des hommes, encore souvent enfermés dans les codes de la virilité, et leurs compagnes qui tentent d'instaurer ou de pérenniser leur propre autonomie. Dans certains milieux, le fossé qui séparait les aspirations masculines et féminines s'est creusé, engendrant une exacerbation des violences envers les femmes, tant dans la sphère privée que dans la sphère publique.

Autant d'éléments qui éclairent les résultats les plus patents de l'enquête ENVEFF en métropole et dans les enquêtes des départements et territoires d'outre-mer, mais également d'autres enquêtes étrangères : c'est dans le cadre du huis clos conjugal que s'exercent le plus de violences de toutes natures. Le terme de « femmes battues », couramment utilisé, ne rend pas compte de la totalité des violences subies par les femmes. Dans un contexte social où la violence physique est prohibée, les violences psychologiques apparaissent comme une forme moderne de la domination d'un sexe sur l'autre. Les jeunes femmes déclarent le plus de violences ; elles sont encore plus touchées lorsqu'elles sont immigrées ou issues de l'immigration, en provenance d'un pays où le droit est inégalitaire selon le sexe. Les femmes victimes de violence conjugale appartiennent à tous les milieux sociaux.

De fait, la violence conjugale s'exerce selon un continuum incluant toutes les formes d'agressions (verbales, psychologiques, physiques et sexuelles) ; c'est moins la nature des agressions que leur répétition, voire leur cumul, qui détermine la gravité des situations de violence. Aussi, les chercheuses d'ENVEFF ont proposé une mesure des situations de violence conjugale en calculant un taux global qui tient compte du nombre des faits cités et de leur fréquence.

Seules les femmes qui ont déclaré plusieurs formes d'agressions répétées sont considérées comme étant « en situation de violence conjugale » : 9 % des femmes en couple interrogées ont été dans ce cas au cours de l'année 2000 ; parmi celles-ci, 6,5 % subissaient du harcèlement psychologique, plus rarement des contraintes sexuelles et 2,5 % étaient victimes de brutalités physiques associées à des pressions psychologiques, cumulées quelquefois avec des agressions sexuelles. Dans l'île de la Réunion, ces proportions sont multipliées par 1,5, en Polynésie par 6 et en Nouvelle-Calédonie par 10.

Les violences conjugales : un phénomène social transversal

Les processus sous-jacents aux situations de violence conjugale échappent quelque peu à une analyse sociologique en termes de groupes sociaux. La hiérarchie sociale habituellement opérante ne fonctionne guère, et un bon capital scolaire ne garantit pas la sécurité dans le couple : les femmes cadres ont dénoncé autant de cumuls de violences que les ouvrières (environ 3 %). Toutefois, une grande instabilité professionnelle et l'exclusion, temporaire ou définitive, du monde du travail favorisent l'émergence de climats conjugaux délétères ; les situations de violence sont doublées lorsque la femme est au chômage et triplées lorsque c'est l'homme. Les inégalités de capitaux sociaux, scolaires ou professionnels, en défaveur des hommes accentuent le risque de violence au sein des couples. La fréquence des situations de violence ne semble pas liée à la présence d'enfants mais elle est indissociable du cycle de vie conjugale. La violence est maximale chez les jeunes couples qui n'habitent pas ensemble. Avec la durée de l'union légitime et l'âge, le harcèlement psychologique diminue ; phénomène imputable à des stratégies d'évitement ou de contournement des femmes, plus qu'à un affaiblissement du comportement dominateur du conjoint, non mis en cause. Les situations de cumul démarrent rapidement et perdurent. Les femmes divorcées ou séparées ont fréquemment été victimes pendant et après la vie commune, mais la rupture de l'union a souvent arrêté la spirale de la violence ; la preuve est faite de la capacité de nombre de femmes à se séparer d'un conjoint violent. Si le mariage n'a pas directement d'effet protecteur, le nombre d'unions hors du cadre légal est déterminant : les femmes qui ont eu plusieurs partenaires sont presque deux fois plus que les autres dans une situation de cumul de violences. Malgré les images de femmes « libérées » véhiculées par les médias, certaines paient un lourd tribut à leur indépendance.

D'un autre côté, les représentations sexuées de l'amour et de la sexualité qui perdurent au cours des générations, associées à la peur de la perte de l'autre accroissent les tensions au sein du couple. Fréquemment perpétrées par des partenaires intimes, les violences sexuelles sont peu dénoncées par celles qui les subissent.

Violences sexuelles : secret de famille ou insécurité publique ?

Sur la scène conjugale se jouent des scénarios sexuels qui peuvent mettre à mal l'harmonie du couple et engendrer des phénomènes de violences. La révélation de contraintes sexuelles conjugales est importante dans l'enquête ENVEFF : 1 % des femmes en couple ont déclaré avoir subi, au cours des douze derniers mois, des violences sexuelles de la part de leur partenaire, dont 0,2 % étaient des rapports imposés par l'usage de la force et 0,8 % des gestes sexuels imposés malgré leur refus. À l'échelle de l'année, tous cadres de vie confondus, on a pu estimer qu'environ 50 000 femmes âgées de 20 à 59 ans avaient pu être victimes d'un viol, principalement de la part d'un partenaire. Pourtant en dépit de la loi, la reconnaissance du viol conjugal a du mal à faire son chemin. Les faits de jurisprudence en la matière sont peu nombreux.

En réalité, la définition de l'agression sexuelle est délicate. La nature des actes sexuels n'est pas en cause, au regard du Code pénal, c'est la contrainte, menace ou surprise qui qualifient l'infraction : « l'agression sexuelle est toute atteinte sexuelle commise avec violence, contrainte, menace ou surprise » (article 222-22), mais la perception individuelle de la contrainte est fluctuante. La définition du viol est plus précise : « Tout acte de pénétration sexuelle, de quelque nature qu'il soit, commis sur la personne d'autrui par violence, contrainte, menace ou surprise est un viol » (article 222-23). Cependant, la qualification du viol est restée incertaine, en raison des difficultés liées à l'administration de la preuve [Bordeaux *et al.*, 1990 ; Vigarello, 1998].

Au cours de sa vie, plus d'une femme enquêtée sur dix a déclaré avoir subi au moins une agression sexuelle, dont 5 % d'attouchements du sexe, environ 6 % de tentatives de viol, et près de 3 % de viols dont la moitié ont été perpétrés par des conjoints ou ex-conjoints. Les attouchements qui ont lieu plutôt avant 15 ans sont le fait, dans un cas sur dix du père ou beau-père, environ une fois sur trois d'un autre homme de la parenté ou d'un proche. Près de la moitié des tentatives de viol, plus nombreuses après 18 ans, sont rarement le fait des hommes de la parenté, à l'exception de l'ex-partenaire (une fois sur cinq). Toutes les analyses sont convergentes : les agressions sexuelles sont perpétrées principalement par des hommes proches. Alors que les peurs se canalisent sur la barbarie du viol par surprise, les violences sexuelles intrafamiliales s'inscrivent dans la durée et sont les plus fréquentes.

L'indignation face aux agressions sexuelles est maintenant générale ; ce qui ne va pas sans susciter des questionnements politiques et scientifiques. La polémique très médiatisée orchestrée par Elizabeth Badinter lors de la sortie de son essai antiféministe, a ravivé le débat autour de ces questions [Fabre, Fassin, 2003 ; Jaspard, Condon, 2004].

Harcèlement sexuel au travail comme à la ville : sexisme ordinaire ou violence caractérisée ?

Entrée dans le droit français en 1992, la notion de harcèlement sexuel est désormais questionnée. Ses détracteurs nient l'utilité de la spécificité du sexuel pour qualifier les agressions et le harcèlement, d'autant plus que la loi dite de modernisation sociale a introduit dans le Code pénal l'infraction de harcèlement moral au travail. À l'opposé, les partisans de la spécification sexuelle déplorent cette nouvelle législation qui risque de noyer le harcèlement sexuel dans la nébuleuse psychologisante du harcèlement moral et de masquer ainsi sa dimension politique. D'une façon plus générale, la spécificité latine de la séduction est mise en avant par ceux qui s'opposent à ce concept ; la rhétorique désuète du texte de loi y invite : « Le fait de harceler autrui dans le but d'obtenir des faveurs de nature sexuelle est puni... » (article 222-33). Si la séduction est bien un des fondements des rapports sociaux, les codes de la rencontre amoureuse sont sexués. La situation de harcèlement ressortit au sexisme et interroge la notion de continuum des violences sexuelles.

Les ouvrages qui ont décrypté le harcèlement sexuel au travail [Cromer, 1995 ; Louis, 1994] démontrent les mécanismes de bascule du harcèlement vers l'agression caractérisée, voire le viol. La distinction entre harcèlement et agression, opérationnelle au plan judiciaire, reflète de façon artificielle la réalité vécue. Alors que les débats juridiques tournent principalement autour de la question de l'intentionnalité et de la charge de la preuve, l'analyse sociologique se heurte à des problèmes de contenu. Certaines approches ont une définition très extensive des agressions sexuelles, en plus des attouchements, tentatives de viol et viols, elles incluent les injures sexuelles, les avances non désirées, le pelotage, les sifflements... Il faut se garder de la tentation de globalisation du phénomène, sous peine de le masquer.

L'enquête ENVEFF a cerné le harcèlement sexuel au travail en considérant les avances, le pelotage, l'exhibitionnisme, le voyeurisme, l'environnement pornographique sur une période de 12 mois : 2 % des enquêtées sont ainsi concernées. En dépit des marges d'incertitude qui entourent la mesure du phénomène, des tendances se dégagent d'études pourtant divergentes aux plans conceptuel et méthodologique. En dehors de la précarité de l'emploi, les femmes travaillant dans des secteurs qui restent des bastions masculins, comme par exemple, la police ou les transports, sont les plus exposées. Un rapport équilibré des effectifs d'hommes et de femmes sur le lieu de travail réduit la proportion des atteintes. L'âge et, de façon inattendue, le statut matrimonial des femmes sont déterminants : les jeunes et moins jeunes célibataires, les femmes divorcées sont les plus touchées.

La question du harcèlement sexuel n'est pas circonscrite à la sphère professionnelle. Le sens premier du terme désigne la répétition, ce qu'exprime la locution « harcèlement de rue » qui correspond à un ensemble de comportements sexistes itératifs dont les femmes peuvent être la cible dans les espaces publics. En opérant le même regroupement de faits qu'au travail, on peut calculer un taux de harcèlement sexuel dans les lieux publics : près d'une femme sur dix est concernée, près d'une sur trois chez les jeunes franciliennes, voire une sur deux si l'on ajoute les agressions verbales. Les espaces publics, particulièrement dans les grandes agglomérations apparaissent ainsi comme un espace inégalitaire et sexiste. S'il est indéniable que cette forme de harcèlement entrave la libre circulation des femmes dans les espaces publics, il ne conduit pas inéluctablement à des agressions sexuelles caractérisées ; à l'aune d'une année, les violences portant plus directement atteinte au corps sont peu fréquentes. Mais les peurs irrationnelles font le lit des politiques sécuritaires et l'image de dangerosité qui stigmatise des quartiers et des groupes sociaux a la vie dure.

Les violences envers les femmes sont-elles sorties de l'ombre ? Pour le meilleur ou pour le pire ?

Le XXIe siècle s'ouvre dans un contexte où la médiatisation des violences est devenue un support politique, voire commercial. Les révélations publiques des souffrances les plus intimes et des drames familiaux font la une des médias. Et paradoxalement, alors que le plus souvent ce qui ressort de la violence au quotidien est occulté, la question des violences envers les femmes est rendue plus visible au travers de ces débordements médiatiques. Il est improbable que le voile du silence qui recouvre ces violences perpétrées dans l'intimité soit levé par cette sorte de pseudo-libération de la parole. En 2000, dans un climat médiatique alors discret sur la question, les deux tiers des victimes de violences sexuelles ont dévoilé ces faits au moment de la passation de l'enquête ENVEFF, sans doute parce que les conditions d'anonymat de l'entretien s'y prêtaient. Les femmes victimes se taisent parce qu'elles ont peur ; parce qu'elles se sentent coupables et honteuses, elles minimisent les faits de violences qu'elles subissent, quand elles ne les dénient pas totalement.

La focalisation sur les situations les plus tragiques, en renforçant des réactions émotives, obère grandement l'approche scientifique des violences envers les femmes qui doit se frayer un chemin dans un enchevêtrement d'enjeux contradictoires.

Bibliographie

BORDEAUX M. *et al.* (1990), *Qualifié viol*, Méridiens Klincksieck, Paris.

CROMER S. (1995), *Le harcèlement sexuel en France — La levée d'un tabou 1985-1990*, La Documentation française, Paris.

DAUPHIN C., FARGE A. (dir.) (1997), *De la violence et des femmes*, Albin Michel, Paris.

DE KONINCK M., CANTIN S. (2004) « La critique de l'ENVEFF signée par Marcela Iacub et Hervé Le Bras ou l'arroseur arrosé », *Nouvelles questions féministes*, vol. 23, n° 1, p. 72-82.

FABRE C., FASSIN E. (2003), *Liberté, égalité, sexualités*, Belfond, Paris.

GILLIOZ L., DE PUY J., DUCRET V. (1997), *Domination et violence envers la femme dans le couple*, Payot, Lausanne.

HIRIGOYEN M.-F. (2001), *Malaise dans le travail. Harcèlement moral, démêler le vrai du faux*, Syros, Paris.

JASPARD M. *et al.* (2003), *Les violences envers les femmes en France, une enquête nationale*, La Documentation française, Paris.

JASPARD M., CONDON S. (2004), *Genre, violences sexuelles et justice*, Journée-séminaire du 20 juin 2003, INED, Documents de travail n° 121, Paris.

LOUIS M.-V. (1994), *Le droit de cuissage. France, 1860-1930*, Éditions de l'Atelier/Éditions Ouvrières, Paris.

ROMITO P. (2003), « Les attaques contre les enquêtes sur les violences envers les femmes », *Nouvelles questions féministes*, vol. 22, n° 3, p. 82-87.

VIGARELLO G. (1998), *Histoire du viol XVIe-XXe siècle*, Seuil, Paris.

III

Famille

19

Dynamique d'égalité de sexe et transformations de la parenté

Irène Théry

« Rompre avec une analyse asexuée du monde du travail ne revient pas seulement, pas essentiellement, à faire entrer les femmes et le féminin dans l'univers professionnel. Le genre oblige à repenser les catégories et les schémas d'analyse » [Laufer, Marry, Maruani, 2003, p. 11]. Nous voudrions montrer ici que cette phrase s'applique parfaitement à la question de la parenté. Aussi n'avons-nous pas cherché à rendre compte de la masse des enquêtes empiriques étudiant les différenciations sociales hommes/femmes dans la famille, tâche au demeurant impossible dans l'espace d'une courte contribution. Notre objectif est différent : montrer qu'une sociologie de la dimension sexuée de la vie sociale amène à mettre en doute l'hypothèse classique selon laquelle les mutations contemporaines de la famille occidentale seraient la conséquence de la montée de la référence à l'individu, au « soi », plutôt qu'au groupe ou à la société.

Pour une sociologie de la dimension sexuée du social, le véritable moteur structurel de ces mutations est au contraire sociétal. Il renvoie à la dynamique historique de l'égalité de sexe, devenue en trois ou quatre décennies une valeur non seulement reconnue, mais constitutive de l'idée démocratique elle-même. Cette mutation a ouvert une nouvelle ère, encore à peine entamée, et pose des questions inédites. Dans la parenté, les changements ne concernent pas seulement les droits et les rôles des femmes mais se traduisent par une véritable redéfinition sociale des liens de couple et de filiation ainsi que de la distinction privé/public. C'est pourquoi cette approche amène à mettre en question la pertinence sociologique d'un objet tel que « la famille », pour rappeler que celle-ci n'est jamais ni première ni isolable [Lévi-Strauss, 1983]. La réinscrire dans la parenté, c'est-à-dire une certaine modalité instituée du lien social en général, permet de voir que les changements qu'elle connaît aujourd'hui participent d'une recomposition de la distinction de sexe dans la société tout entière.

L'individu « neutre » et la dimension sexuée de la famille

La parenté est un domaine qui a ignoré plus fortement et plus longtemps que d'autres la perspective du genre. Ceci semble vrai en anthropologie [Collier, Yanagisako, 1987] comme en sociologie. Tout s'est passé comme si là plus qu'ailleurs résistait l'évidence de catégories à la fois individualisées et abstraites, « l'Homme, la Femme, l'Enfant ». Non pas qu'on ne traitât pas des rôles respectifs des uns et des autres, bien au contraire, mais en considérant que ceux-ci s'appliquaient en quelque sorte à des catégories préconstituées. La différence biologique du mâle et de la femelle, du géniteur et de l'engendré, du petit et de l'adulte s'imposait comme le donné naturel à partir duquel les sciences sociales étudiaient comment sont « construits » les rapports sociaux entre les différents individus qui « composent » la famille. Aussi l'analyse des changements familiaux dans les sociétés occidentales contemporaines a-t-elle longtemps été placée sous l'égide d'une catégorie neutre, ou plutôt asexuée : l'individu. Ces changements ont été compris de façon très large comme un mouvement sans précédent d'émancipation de l'individu par rapport au groupe, et de mise en cause de l'institution au profit de la référence au soi [Giddens 1991].

La dominance dans les sciences sociales de l'hypothèse de l'individualisation comprise comme une « désinstitutionnalisation » [Roussel 1989] s'explique mieux aujourd'hui. Elle a correspondu à une phase historique où ce qui était visible était l'implosion du modèle familial traditionnel : baisse de la nuptialité et de la fécondité, augmentation des unions libres, des naissances hors mariage, des divorces, des familles monoparentales et recomposées. Tous ces changements démographiques ont été d'une ampleur telle qu'ils donnaient le sentiment d'un éclatement de la famille en une multitude de choix privés, en référence à une seule valeur : l'individualisme. D'où une polarisation très forte des débats politiques des années 1970 et 1980 entre un camp « familialiste » pour lequel cet individualisme signifiait la destruction de la famille et un camp « antifamilialiste » qui y voyait aussi la fin de la famille, mais sous la forme de l'émancipation individuelle par rapport aux conventions sociales.

Dans la décennie 1990, il est apparu plus clairement que l'implosion de l'ancien avait masqué l'émergence pourtant indissociable du nouveau. Une sociologie de la famille s'est alors employée à démontrer que l'opposition antérieure entre « le soi, le couple et la famille » [Singly, 1996] était démentie par l'observation. La famille, loin de disparaître, se réinventait autrement. De son côté, la sociologie du droit a critiqué l'idée de désinstitutionnalisation en soulignant que le droit se voyait même conférer une place sans précédent dans la gestion de la vie privée : appels à de nouveaux droits, juridicisation de relations autrefois hors droit (famille naturelle), judiciarisation croissante de l'intimité [Théry, 1993]. Il existe aujourd'hui dans la sociologie française une réelle diversité des conceptualisations et des approches théoriques et méthodologiques de la famille contemporaine [Segalen, 2000].

Parmi elles, celle qui inscrit la famille dans la dimension sexuée de la vie sociale met en avant le fait que les modes institutionnels de ce que Mauss appelait la « division par sexes » [Théry, 2003] ont la caractéristique d'être toujours indirects et subordonnés : le genre n'est pas l'attribut substantiel d'une classe d'individus, mais une modalité des distinctions/relations sociales dans leur généralité. Autrement dit, la vie sociale auto-instituée constitue les congénères de l'espèce en partenaires de la vie sociale non pas en attribuant des rôles ou des qualités à des catégories préconstituées par le « biologique », mais au contraire en différenciant une entité abstraite, symbolique (le « nous, les humains » coextensif à la cosmologie de telle ou telle société) en relations sociales modalisées par la division par sexes, par âges et par générations. Loin que cette division constate un fait naturel, elle constitue un fait social. Loin qu'elle ait un centre originel — la reproduction et la famille — à partir duquel elle s'étendrait ensuite au social tout entier, elle est d'abord globale, sociétale et culturelle. Comme le montre l'anthropologie comparative du genre, elle est indissociable de la cosmologie et des valeurs caractéristiques d'une société ou d'un ensemble de sociétés [Strathern, 1992]. Elle ne concerne pas seulement les distinctions intersexes mais aussi intrasexes, et l'une de ses formes est même la distinction « de sexe indifférencié » : ne pas distinguer par sexes entre des partenaires pourtant sexués est une option sociale toujours significative [Alès, Barraud, 2000].

L'hypothèse majeure est alors qu'un bouleversement aussi capital que l'émergence de la valeur d'égalité de sexe, devenue en trois ou quatre décennies une valeur cardinale des sociétés démocratiques, et même parfois le drapeau commun de la « civilisation » face au reste du monde, met en cause l'organisation sociale tout entière et est le moteur structurel majeur des changements récents de la famille. Dans cette perspective, la référence au « soi » est perçue non comme une cause, mais simplement comme l'une des formes d'expression d'un changement sans précédent des formes concrètes du vivre ensemble de nos sociétés.

Cette approche antidéterministe et antifonctionnaliste, pour laquelle les valeurs et les conceptions, donc la signification, sont la caractéristique du fait social humain, est directement inspirée de la conception maussienne du symbolisme social [Tarot, 2000]. Elle ne signifie évidemment pas que la vie sociale elle-même « réalise » dans les faits les valeurs qui lui servent de référence : il n'y a pas d'égalité concrète des sexes du fait que la valeur égalité soit devenue aujourd'hui dominante. De nouvelles formes d'inégalités concrètes entre sexes et entre femmes ont même surgi. Mais en faire l'étude empirique suppose d'abord d'apercevoir en quoi les modalités mêmes d'auto-institution du social sont d'ores et déjà profondément transformées.

Le démariage comme recomposition de l'alliance et de la filiation

Les changements actuels ne prennent leur sens que situés dans le temps long de l'histoire de la modernité. Le souligner est d'autant plus important que la vie familiale des années 1945-1965, qui sert souvent d'image stéréotypée de la « famille traditionnelle », est à bien des égards exceptionnelle au regard du temps long, que ce soit par la dominance inhabituelle de la vie en mariage, la baisse du taux d'activité féminine et la généralisation d'un modèle femme au foyer/homme pourvoyeur, ou l'interruption de la baisse structurelle de la fécondité entamée avec la transition démographique [Théry, 1998]. Dans une perspective sociologique de dimension sexuée de la vie sociale, la référence comparative est différente. Pour la France, c'est le modèle familial tel qu'il fut élaboré au tournant de la Révolution française et finalement institué par le Code Napoléon.

Ce modèle a deux traits majeurs. Tout d'abord la familialisation de la parenté. La société démocratique rompt avec le lignage comme dimension constitutive de la société aristocratique d'Ancien Régime, au sens où les stratégies d'alliance et l'ordre des naissances inscrivaient chacun à un rang déterminé dans la hiérarchie sociale, doté de droits spécifiques. Le contrôle par les chefs de lignée des mariages de leurs enfants, la division entre filles dotées et garçons héritiers, entre aînés et cadets étaient les formes majeures des divisions par sexes, par âges et par générations assurant *via* le lignage la reproduction de la société d'ordres. Au tournant XVIIIe-XIXe siècles, le système de parenté se recompose comme une succession de familles conjugales, relevant d'une sphère distincte de la sphère publique : la sphère privée. Il y a donc une réelle traduction dans la parenté de la valeur Individu — au sens du sujet des droits de l'homme — quand la laïcisation de la société enlève à l'Église son monopole sur le mariage par création du mariage civil. Le nouveau principe de libre choix du conjoint émancipe les deux sexes de la tutelle parentale en leur permettant de « fonder » une nouvelle famille.

Mais en même temps, et c'est le second trait, cette famille conjugale est d'emblée naturalisée et perçue comme une entité holiste hiérarchique. Le couple devient une entité fusionnelle (ce qui avec deux ne fait qu'un), où l'époux englobe hiérarchiquement l'épouse, et à laquelle le mariage confère le statut de socle institutionnel de la nouvelle petite famille. La référence à la nature de l'Homme, de la Femme et de l'Enfant, légitime à la fois la puissance maritale et la puissance paternelle. Seul l'homme est réputé indépendant. La société lui délègue la magistrature de la société familiale, dont il est seul représentant dans la vie publique, en particulier par son droit de vote [Verjus, 2002].

Comprendre que la hiérarchie des sexes est constitutive de l'émergence de l'entité famille conjugale permet de saisir que la dynamique d'égalité de sexe ait trouvé dans « la famille » son plus permanent obstacle. L'assujettissement des femmes paraît même paradoxalement plus direct dans la société démocratique que dans la société d'Ancien Régime, où l'identité de caste englobait l'identité de sexe, assurant aux femmes de haut rang autorité et pouvoir sur leurs subordonnés des deux sexes. Cependant, cette dynamique d'égalité sexuée commence dès le début du XIXe siècle et les années 1960 du XXe siècle précipitent, au sens chimique du terme, un changement social entamé de longue date.

Pour en percevoir la traduction dans la famille, la sociologie doit renouer avec la parenté, c'est-à-dire percevoir la famille comme une institution, et non un simple groupe de fait tissé de liens « naturels », biologiques et/ou psychologiques. L'inscription du groupe domestique familial dans la parenté (système symbolique de relations instituées comme fondamentalement hétérogènes : alliance, filiation, germanité) permet de se défaire de l'idée d'une « individualisation » relativement homogène. Cependant que la définition sociale du lien de germanité, égalisé en France dès la Révolution ne connaît pas de bouleversements majeurs, on assiste à deux recompositions non seulement différentes mais opposées du couple et de la filiation.

La première est l'implosion du modèle holiste et hiérarchique du couple. En référence à la valeur d'égalité de sexe, non seulement la femme conquiert des droits égaux (abolition de la puissance maritale, puis de la puissance paternelle, dualisation de la notion de chef de famille), mais une toute nouvelle conception du couple émerge : le couple duo, autrement dit ce qui avec un et un fait deux [Théry, 1999]. Cette conception, fondamentalement contractuelle, est la traduction de l'émergence des femmes comme sujets indépendants. Elle change le sens du mariage, même si la façon dont se tisse au quotidien la trame conjugale n'en est pas transfigurée d'un coup [Kaufman, 1992]. Désormais, la liberté de rompre est ce qui donne son véritable sens à l'engagement. Un nouvel idéal du mariage comme éternel re-mariage

[Cavell, 1993] se substitue à l'ancien idéal dans lequel, après le temps de la rencontre, les noces marquaient, pour l'aventure amoureuse du couple, la fin de l'histoire au double sens du terme : « Ils se marièrent et eurent beaucoup d'enfants. »

Ainsi, l'égalité de sexe n'est pas seulement une égalité de droits entre hommes et femmes au sein d'une conception inchangée du couple : elle en remodèle le sens en autonomisant ses enjeux propres de ceux de la procréation, et ce d'autant plus que la révolution contraceptive change la vie sexuelle et que les femmes entrent massivement dans le salariat. La maternité n'est plus l'acmé de la féminité. Au plan sociologique, le fait majeur est le démariage, en ce sens que le mariage a cessé d'être l'institution unique du couple et de la famille : ne pas se marier, se marier ou se démarier est désormais une question de conscience personnelle. Ce changement profond de l'institution du couple est aussi ce qui a permis de cesser d'assimiler couple et « couple homme-femme », et de penser le lien amoureux entre deux hommes ou deux femmes comme un véritable lien de couple. L'entrée en 1999 dans le Code civil de l'expression « couple de même sexe » est un changement juridique majeur, même si le PaCS est à l'évidence un sous-statut [Théry, 1999].

En faisant imploser l'ancien modèle holiste hiérarchique de la famille, la dynamique d'égalité de sexe a également bouleversé la filiation. À la pluralisation des formes du couple a répondu un très puissant mouvement d'unification des liens de filiation. C'est la fin de l'opprobre sur la « faute » de la grossesse hors mariage, qui a pesé si lourd dans l'histoire des femmes, et de l'abîme, organisateur de siècles de notre histoire, entre filiation légitime et illégitime. La famille cesse de se confondre avec la famille en mariage.

L'axe commun du droit de la famille est désormais la filiation, considérée de plus en plus comme le seul lien idéalement inconditionnel. Le principe d'indissolubilité s'est déplacé du couple vers la filiation. Le démariage ouvre ici la question des fondements de la filiation : entre une accentuation du poids accordé à la vérité biologique (empreintes génétiques), et une accentuation du poids accordé au psychologique et au « projet » d'enfant, la société tout entière semble écartelée. Mais comment répondre par une « vérité du fait » (biologique ou psychologique), autrement dit par l'autorité de la nature, à une question qui n'est pas de l'ordre du fait, mais de la signification des liens sociaux ?

Au-delà, la multiplication des ruptures et recompositions familiales pose le problème de la pérennité des liens de l'enfant à chacun de ses parents et sa parentèle. On fustige ici le pouvoir des mères et, là, la démission des pères. Un nouveau principe de coparentalité après rupture conjugale a émergé, qui s'efforce de combattre les asymétries culturelles et sociales entre hommes et femmes, en référence au principe d'égale implication des deux sexes dans la filiation (réformes de l'autorité parentale en 1987, 1993, 2000). La notion récente de pluriparentalité tente de remettre en cause la prégnance du modèle d'exclusivité du père et de la mère, quand plus d'un homme, plus d'une femme sont impliqués dans la vie et l'histoire d'un enfant (insémination avec donneur, adoptions, recompositions familiales). La revendication d'un droit à « connaître ses origines », qui signifie en réalité un droit à ne pas être privé de son histoire par une raison d'État fabricatrice et détentrice d'un secret des filiations, a récemment émergé chez des enfants adoptés ou nés sous X [Fine, 1998]. Toutes ces questions traversent les débats actuels sur les familles homoparentales [Gross, 2000].

Qu'il s'agisse des fondements de la filiation, de la permanence des liens ou des pluriparentalités, la question de l'articulation entre une alliance idéalement contractuelle et une filiation idéalement inconditionnelle est sous-jacente à la plupart des polémiques qui divisent aujourd'hui l'opinion. Il n'est pas possible à l'heure actuelle de savoir si la valeur d'égalité de sexe sera conçue d'abord comme une question identitaire et personnelle ou d'abord comme une question relative et sociétale. La première hypothèse tend à l'émergence de nouvelles formes de catégorisation juridique des individus (droits des pères, des mères, des enfants ; droits des homosexuels, des hétérosexuels, des transsexuels), et la seconde tend plutôt à la recomposition d'un système de parenté à la fois commun et pluraliste. Entre les deux, la société tout entière est prise dans de nouveaux dilemmes.

Bibliographie

ALÈS C., BARRAUD C. (dir.) (2001), *Sexe relatif ou sexe absolu ?*, Éditions de la Maison des Sciences de l'Homme, Paris.

CAVELL S. (1993), *À la recherche du bonheur, Hollywood et la comédie du remariage*, traduction française, Cahiers du cinéma, coll. « Essais », Paris.

COLLIER J.-F., YANAGISAKO S. J. (dir.) (1987), *Gender and Kinship, Essays Toward a Unified Analysis*, Stanford University Press, Stanford.

FINE A. (dir.) (1998), *Adoptions, ethnologie des parentés choisies*, Éditions de la Maison des Sciences de l'Homme, Paris.

GIDDENS A. (1991), *Modernity and Self-Identity*, Polity Press, Londres.

GROSS M. (dir.) (2000), *Homoparentalité, état des lieux*, Bayard, Paris.

KAUFMAN J.-C. (1992), *La trame conjugale*, Nathan, Paris.

LAUFER C., MARRY C., MARUANI M. (dir.) (2003), *Le travail du genre. Les sciences sociales du travail à l'épreuve des différences de sexe*, La Découverte, Paris.

LÉVI-STRAUSS C. (1983) « La famille », *in* LÉVI-STRAUSS (1954), *Le regard éloigné*, Plon, Paris.

ROUSSEL L. (1989), *La famille incertaine*, Odile Jacob, Paris.

SEGALEN M. (2000), *Sociologie de la famille*, Armand Colin, Paris.

SINGLY DE F. (1996), *Le soi, le couple et la famille*, Nathan, Paris.

STRATHERN M. (1992), *After Nature, English Kinship in Late Twentieth Century Londres*, Cambridge University Press.

TAROT C. (2000), *De Durkheim à Mauss, l'invention du symbolique*, La Découverte, Paris.

THÉRY I. (1993), *Le démariage*, Odile Jacob, Paris.

THÉRY I. (1998), *Couple, filiation et parenté aujourd'hui*, La Documentation française/Odile Jacob, Paris.

THÉRY I. (1999), « L'énigme de l'égalité. Mariage et différence des sexes dans À la recherche du bonheur », *Esprit*.

THÉRY I. (2003), « Division des sexes, division par sexes, sur une leçon de Marcel Mauss », *in* FOUGEYROLLAS-SCHWEBEL D., PLANTÉ C., RIOT-SARCEY M., ZAIDMAN C. (dir.), *Le genre comme catégorie d'analyse*, L'Harmattan, Paris,.

VERJUS A. (2002), *Le cens de la famille, Les femmes et le vote 1789-1848*, Belin, Paris.

20

La politique familiale française

Jeanne Fagnani et Marie-Thérèse Letablier

Encastrée dans l'ensemble des politiques sociales et reliée par de multiples passerelles aux politiques de l'emploi, explicite et généreuse en termes de prestations financières, la politique familiale française a beaucoup évolué depuis les années 1970. Elle a pris ses distances avec le modèle de l'homme principal pourvoyeur des ressources du ménage et a peu à peu intégré le fait que les mères occupent un emploi, en mettant en place des mesures destinées à aider les familles à articuler travail et vie familiale. Mais, en excluant les hommes de cette problématique, elle a persévéré dans la voie d'un « maternalisme » peu soucieux de promouvoir l'égalité au sein des ménages tout en permettant aux femmes d'exercer une activité professionnelle.

Cette politique — complexe et poursuivant des finalités multiples [Commaille *et al.*, 2002] — sera analysée à travers le prisme des dispositifs destinés à faciliter l'articulation entre travail et vie familiale, que l'on désigne généralement par « politique de conciliation ».

Politique familiale et travail professionnel des mères depuis 1945

Au lendemain de la Seconde Guerre mondiale et jusqu'aux années 1960, l'attention des pouvoirs publics était focalisée sur la protection de la mère et de l'enfant et sur l'amélioration de leur santé. La mauvaise situation sanitaire d'une partie de la population, la forte mortalité infantile et juvénile, ainsi que des préoccupations démographiques ont justifié le développement et la réforme des services de la « protection maternelle et infantile » (PMI). C'est dans cette perspective qu'au lendemain de la Libération, le gouvernement a modifié le dispositif de l'allocation de salaire unique (ASU) pour le rendre indépendant des revenus de la famille et non imposable, et l'augmenter à partir du deuxième enfant. Jusqu'aux années 1960, la politique familiale promut ainsi le modèle du couple traditionnel en aidant généreusement les familles où seul l'homme exerçait une activité professionnelle. Jusqu'en 1962, la politique d'encouragement au maintien de la mère au foyer fut financièrement incitative pour les couples ayant au moins deux enfants [Martin, 1998]. Les mères étaient d'autant plus incitées à adhérer à ce modèle que la majorité des emplois offerts étaient peu gratifiants et rémunérateurs et que leurs conjoints, dans un contexte de plein-emploi, étaient à l'abri du chômage. En outre, la rareté des équipements destinés à l'accueil des enfants ne pouvait que renforcer les réticences des mères à l'égard du travail salarié. La prégnance du modèle traditionnel et les carences des modes de garde expliquent l'échec partiel des responsables de la planification économique à faire entrer les femmes dans la société salariale. À partir de 1962, le faible montant de l'allocation de salaire unique n'encourageait plus les mères à rester chez elles. Réduite à la portion congrue, sa suppression intervint en 1978. Ainsi, à la fin des années 1960, si les responsables politiques ne cherchaient pas encore à aider les mères à s'investir dans la sphère économique, ils ne cherchaient plus à les en dissuader. Une étape décisive fut franchie au début des années 1970 lorsque la politique familiale commença à intégrer le paradigme de « la mère qui travaille ».

L'emprise croissante des politiques de l'emploi sur la politique familiale

À partir de la fin des années 1970, les partenaires sociaux et les décideurs politiques s'accordaient sur la nécessité de développer une politique d'accueil de la petite enfance pour aider « les mères à concilier emploi et famille ». Mais ce n'est qu'avec l'avènement de la gauche au pouvoir en 1981 que l'accès des femmes à l'emploi devint un réel enjeu politique. Élu en partie grâce à l'électorat féminin, le président Mitterrand et son gouvernement ne pouvaient occulter les obstacles à l'insertion professionnelle des femmes et, en particulier, les problèmes liés à la garde des enfants.

Les « contrats-crèches » mis en place en 1983 visaient à encourager les collectivités locales à développer des structures collectives de garde, les caisses d'allocations familiales (CAF) prenant en charge une partie des dépenses de fonctionnement. En 2003, le nombre de places en crèches s'élevait à 220 000, accueillant environ 10 % des enfants de moins de trois ans. Près du tiers des enfants âgés de deux ans et la quasi-totalité des enfants de trois ans sont déjà scolarisés. Les haltes-garderies disposent aussi de 70 000 places qui permettent aux parents à temps partiel de confier leur enfant durant quelques heures à du personnel qualifié.

Parallèlement, se sont développés les modes de garde individuels subventionnés par les pouvoirs publics : assistantes maternelles agréées, employées à domicile ou parents gardant eux-mêmes leurs enfants. Dans un contexte de chômage croissant, le principal objectif était de réduire le coût du travail dans le secteur de l'accueil de la petite enfance afin d'encourager les familles à créer des emplois — la Sécurité sociale et l'État prenant en charge une partie des cotisations sociales et du salaire des assistantes maternelles et des gardes à domicile. La politique familiale devint ainsi dans les années 1980 un des instruments des politiques de l'emploi, comme en témoigne également l'extension progressive des dispositifs de l'allocation parentale d'éducation et du congé parental d'éducation.

Pour lutter contre le travail « au noir » dans ce secteur et accentuer les efforts des pouvoirs publics dans le domaine de la qualité de l'accueil, l'aide à la famille pour l'emploi d'une assistante maternelle agréée (AFEAMA) a été réformée en 1990 de façon à la rendre plus avantageuse pour les familles. L'AFEAMA, gérée et versée par les CAF, était jusqu'au 1er janvier 2004, octroyée aux parents qui confiaient un enfant de moins de 6 ans à une assistante maternelle agréée. Outre la prise en charge par les CAF des cotisations sociales des assistantes maternelles, la famille recevait un complément financier et pouvait en même temps bénéficier d'une réduction d'impôt. Cette réforme fut accompagnée d'une amélioration de la professionnalisation des assistantes maternelles : une formation de deux ans dans les cinq ans suivant leur agrément fut désormais requise. Cette prestation a remporté un réel succès car elle diminuait sensiblement les frais de garde pour les parents : le nombre de familles bénéficiaires est passé de 110 000 en 1991 à 604 000 en 2003. L'assistante maternelle est ainsi devenue le principal mode de garde des enfants de moins de 3 ans dont les deux parents travaillent. Elle est aussi un recours pour de nombreux parents en tant que garde extra-scolaire pour leurs enfants scolarisés à l'école maternelle.

La création en 1985 d'une autre prestation permettait à des familles de recourir à un autre mode de garde, souple et flexible, et jusque-là très onéreux : la garde au domicile des parents par une personne rémunérée. L'allocation de garde d'enfant à domicile (AGED) versée par les CAF, couvre une partie des cotisations sociales dues au titre de l'emploi d'une personne employée par la famille pour s'occuper de ses enfants. Officiellement, l'objectif de cette prestation était de diversifier les modes de garde et de favoriser la liberté de choix des parents. Mais, dans un contexte de chômage croissant, il s'agissait aussi d'encourager la création d'« emplois familiaux » en accordant de substantiels avantages fiscaux aux familles employeuses. En 2003, 51 000 familles percevaient l'AGED. La proportion d'enfants gardés de cette manière reste faible car c'est un mode de garde coûteux que seules les familles ayant des revenus relativement élevés peuvent s'offrir tout en bénéficiant de déductions fiscales.

Toujours au nom de la lutte contre le chômage, mais en jouant cette fois sur un autre registre, les dispositifs du congé parental et de l'allocation parentale d'éducation (APE) ont été renforcés en 1994. L'APE fut étendue aux naissances de rang deux au lieu de trois. Cette prestation versée par les CAF était allouée sans condition de ressources jusqu'au troisième anniversaire du benjamin lorsque l'un des parents d'une famille d'au moins deux enfants cessait ou réduisait son activité professionnelle pour s'occuper de ses enfants. Son montant forfaitaire (493 euros par mois en 2003 en cas d'interruption complète d'activité, ce qui est le cas de 80 % des bénéficiaires) était non imposable. Entre 1993 et 2001, le nombre des bénéficiaires de l'APE a plus que triplé, pour atteindre un effectif de 562 000 parents en 2003, à 98 % des mères. De fait, cette réforme a provoqué une chute du taux d'activité des mères de deux enfants dont le plus jeune a moins de trois ans, taux qui a chuté de plus de quinze points entre 1994 et 1997. Bien qu'inscrite dans le champ de la politique familiale, l'APE s'avère être un instrument de politique d'emploi [Fagnani, 2000].

Une augmentation sensible des dépenses en faveur de l'accueil des enfants

Au total, l'effort de la collectivité en faveur de l'accueil de la petite enfance s'est traduit par une hausse importante des dépenses publiques dans ce domaine. Entre 1994 et 2002, le total des dépenses que la branche famille de la Sécurité sociale, par le biais des CAF, a consacré aux prestations d'accueil des jeunes enfants a augmenté sensiblement (tableau 1). Cette progression s'explique essentiellement par la montée en charge des prestations d'aide à la garde à domicile soit par un parent (l'APE), soit par une assistante maternelle agréée (l'AFEAMA), alors que pendant la même période les dépenses des CAF en faveur des crèches ont connu une croissance plus limitée. La contribution des collectivités locales, estimée à un milliard d'euros en 2001 [Legendre *et al.*, 2004] porte principalement sur le financement des crèches, haltes-garderies, centres de loisirs, et garderies périscolaires. Par ailleurs, on estime à plus de 500 millions d'euros le coût pour l'État des réductions d'impôt ou exonérations fiscales liées à la garde de jeunes enfants.

Tableau 1 **Dépenses consacrées par la branche Famille de la Sécurité sociale* aux modes de garde individuels : évolution 1994-2002 (en millions d'euros constants)**

	1994	2002	Augmentation (en %)
Allocation parentale d'éducation (APE)	974,68	2 996,10	+ 207
Allocation pour l'emploi d'une assistante maternelle agréée (AFEAMA)	709,10	2 065,00	+ 152
Allocation de garde d'enfant au domicile (AGED)	88,42	115,50	+ 32

* Ensemble des régimes

Source : CNAF, Direction des statistiques, des études et de la recherche, 2003.

Du « libre choix » au soutien à la « parentalité » : beaucoup d'ambiguïtés

À la fin des années 1990, les politiques de « conciliation » prennent un nouveau tournant, sous l'effet de l'impulsion européenne d'une part, et du changement de majorité politique au gouvernement, d'autre part. Au niveau européen, la question de l'articulation entre la vie professionnelle et la vie familiale revêt une importance particulière en lien avec les objectifs fixés en matière d'emploi, et avec la promotion du principe d'égalité entre les sexes. Cette stratégie européenne mise en place au sommet de Luxembourg en 1997 place la lutte contre le chômage au premier rang des solutions pour résoudre les problèmes sociaux. Les recommandations qui ont suivi demandent aux gouvernements de veiller à ce que les mesures de protection sociale notamment soient plus incitatives vis-à-vis de l'emploi. Les femmes doivent être encouragées à entrer et à se maintenir sur le marché du travail et, dans cette perspective, doivent être aidées par des mesures facilitant l'articulation entre le travail et la vie familiale, et en particulier par un soutien à la garde des enfants. Le second axe d'intervention des instances européennes concerne l'égalité entre femmes et hommes, érigée en principe général commun à toutes les politiques dans les pays de l'Union (procédure du *mainstreaming*). L'intégration de ce référentiel dans le champ politique de la « conciliation » a un double effet : il remet en question les objectifs de l'action publique en matière d'aide aux familles, et en particulier le principe du « libre choix » pour les mères de travailler ou d'élever leurs enfants. Il met aussi en exergue la figure du père au nom du partage des responsabilités parentales et souligne, à cet égard, la nécessaire neutralité des politiques vis-à-vis du genre.

La « nouvelle politique familiale » mise en place par le gouvernement socialiste, en 1997, a intégré ces nouveaux référentiels dans ses objectifs, ce qui s'est traduit par un accroissement des budgets consacrés à l'accueil des jeunes enfants et par un soutien à l'expression de la parentalité et à l'implication des pères dans la vie familiale. Mais, l'augmentation de l'effort collectif consenti vis-à-vis de l'accueil des jeunes enfants ne s'est pas accompagnée d'une remise en cause du système de prestations : l'APE qui suscite de nombreuses controverses en raison de son impact sur le taux d'emploi des mères et de son effet sur le maintien de la division traditionnelle du travail entre hommes et femmes, n'a pas été supprimée. Elle a été aménagée pour faciliter les conditions de retour à l'emploi, notamment par la création d'une aide à la reprise d'activité (l'ARAF), et de rendre possible le cumul d'une APE avec un salaire lors de la reprise d'activité. Le développement des structures d'accueil collectif s'est accompagné d'une clarification juridique permettant d'innover, en particulier en termes d'horaires d'ouverture.

Quel que soit le mode de garde adopté, de moins en moins d'enfants sont gardés par leurs parents, et par conséquent certaines activités parentales tendent à être « défamilialisées » pour être déléguées à d'autres personnes rémunérées. La création d'une « prestation spécifique dépendance » (PSD) pour les personnes âgées nécessitant aide et soins, rebaptisée « allocation perte d'autonomie » (APA) en 2002, subit la même évolution : transformer en travail rémunéré et en emplois ce qui était du ressort et de l'entière responsabilité des familles.

Un partage des activités parentales très inégal

La participation des pères aux activités parentales reste limitée, en dépit des discours sur les « nouveaux pères ». Donner aux pères une place plus importante dans la vie familiale est devenu, en effet, l'objet de débats récurrents, sous l'impulsion des psychologues, pédiatres, pédopsychiatres et psychanalystes qui insistent sur l'effet bénéfique de l'engagement paternel sur le bien-être des enfants et l'équilibre de la vie familiale. Les hommes eux-mêmes, surtout lorsqu'ils sont séparés de leur conjointe, revendiquent l'exercice de cette responsabilité parentale et font pression sur les responsables politiques pour que ce droit soit respecté. Progressivement, toutes les prestations ont été ouvertes aux pères, mais ceux-ci y ont un recours très limité. Ces « pères au foyer » pendant les premières années de leur enfant, qui représentent seulement 2 % des bénéficiaires de l'APE, ont un profil assez spécifique : ils sont majoritairement ouvriers ou employés, ont des salaires plus modestes que ceux de leurs partenaires, vivent avec des conjointes plus diplômées ayant de fortes contraintes professionnelles, et exercent souvent leur métier dans un milieu de travail féminisé [Boyer, Renouard, 2003]. La création d'un congé de paternité en 2002 (onze jours s'ajoutant aux trois jours de congé initiaux) visait explicitement à impliquer davantage les pères dans les activités parentales dès la naissance de leur enfant, afin de promouvoir la « parité familiale » au sein des ménages. Ce congé, accordé aux pères actifs ou chômeurs, salariés ou indépendants, doit être pris dans les quatre mois qui suivent la naissance ou l'adoption d'un enfant. Soumis au même régime que le congé de maternité, il entraîne une suspension du contrat de travail et donne lieu à la perception d'indemnités journalières versées par la caisse d'assurance-maladie. Les modalités du partage des activités parentales évoluent lentement alors que les mères sont de plus en plus engagées dans la vie professionnelle. Grand nombre d'entre elles sont ainsi confrontées au stress engendré par le cumul des activités professionnelles, parentales et domestiques. *In fine*, s'occuper des enfants au quotidien reste une activité largement dévolue à la mère, même lorsqu'elle exerce une activité professionnelle à temps complet, et la réduction du temps de travail à 35 heures n'a pas entraîné de modification radicale dans ce domaine [Fagnani, Letablier, 2003].

La PAJE : une réforme en trompe-l'œil ?

La récente réforme des aides à l'accueil des jeunes enfants confirme l'emprise des politiques de l'emploi sur la politique familiale. Depuis janvier 2004, une prestation unique d'accueil du jeune enfant (PAJE) regroupe sous une même appellation l'ensemble des aides à la petite enfance. En dépit d'un objectif affiché de simplification du système, la réforme reste limitée car de nouveaux plafonds de ressources ont été introduits, multipliant les critères d'éligibilité, variables selon les modes de garde. Les nouvelles modalités avantagent les familles avec des revenus moyens ou modestes qui ont recours à une assistante maternelle agréée, ainsi que les ménages aisés qui emploient une personne à domicile. La véritable nouveauté consiste à étendre aux parents « bi-actifs » d'enfant unique l'équivalent de l'APE actuelle intitulé « complément de libre choix d'activité » : le parent qui suspend son activité professionnelle après la fin du congé de maternité a droit à une allocation d'un montant mensuel fixe de 500 euros pendant six mois. Dans ce cas, les conditions d'éligibilité sont restrictives : avoir travaillé de façon continue durant les deux années précédant la naissance. Cette condition contribue à exclure du champ de la prestation nombre de mères qui ont occupé des emplois précaires ou non déclarés avant leur grossesse.

Parallèlement, la poursuite de l'effort financier en faveur des crèches est en partie soumise à la participation des entreprises, lesquelles sont incitées à investir dans la garde des enfants en contrepartie de crédits d'impôt. Mais, en dépit de ces incitations au développement de partenariats, les modes de garde individuels restent privilégiés.

Compte tenu de la persistance de la division sexuelle du travail dans la sphère domestique, l'insertion des femmes dans l'emploi est en partie conditionnée par les politiques de prise en charge des enfants et des personnes adultes dépendantes. Dans cette perspective, pour se conformer aux exigences de l'Union européenne en matière d'égalité des chances entre les sexes sur le marché du travail, le développement et l'amélioration des services en faveur de la petite enfance s'imposent. Les aides fournies par la collectivité aux familles pour leur permettre d'articuler travail et vie familiale se sont sensiblement renforcées au cours des trente dernières années. Toutefois, les objectifs assignés à ces politiques restent marqués du sceau de l'ambiguïté quant au soutien à l'activité professionnelle des mères et à l'incitation au partage des activités parentales. Par ailleurs, l'appui institutionnel et financier aux modes de garde individualisés va à l'encontre du principe d'égalité d'accès des familles aux prestations et équipements collectifs. Il entretient une dualité des modes d'accueil, du marché du travail et des qualifications dans le secteur de l'accueil de la petite enfance. Enfin, si elle en est un rouage important, la politique familiale ne peut à elle seule faire évoluer dans un sens favorable à l'égalité entre les sexes l'articulation de la vie professionnelle et de la vie familiale, les politiques de l'emploi et du temps de travail en sont également des composantes essentielles.

Bibliographie

Boyer D., Renouard S. (2003), « Les pères bénéficiaires de l'allocation parentale d'éducation », *L'e-ssentiel*, n° 17, CNAF.

Commaille J., Strobel P., Villac M. (2002), *La politique de la famille*, La Découverte, « Repères », Paris.

Fagnani J., Letablier M.-T. (2003), « S'occuper des enfants au quotidien : mais que font donc les pères ? », *Droit social*, n° 3, p. 251-259.

Fagnani J. (2000), *Un travail et des enfants. Petits arbitrages et grands dilemmes*, Bayard, Paris.

Legendre F. *et al.* (2004), « Les aides publiques à la garde de jeunes enfants », *Recherches et Prévisions*, n° 75, p. 5-20.

Martin J. (1998), « Politique familiale et travail des femmes mariées en France. Perspective historique : 1942-1982 », *Population*, n° 6, p. 1119-1154.

21

Le non-partage du travail domestique

Isabelle Puech

À l'heure où le travail professionnel s'est féminisé à grande vitesse, le travail domestique demeure une affaire de femmes : qu'il s'agisse des tâches ménagères ou des soins apportés aux enfants, à l'orée du XXIe siècle, les activités domestiques sont toujours essentiellement assurées par les femmes.

La famille au cœur de l'exploitation économique des femmes

D'emblée, le travail domestique a occupé une place centrale dans les débats féministes qui ont, dès les années 1970, dénoncé l'exploitation des femmes dans la sphère domestique et distingué très vite travail ménager et travail domestique [Delphy, 1978]. La famille est appréhendée comme le fondement de l'exploitation économique des femmes : elle est le lieu d'appropriation matérielle de la force de travail des femmes par les hommes. Les débats se focalisent alors sur l'interdépendance entre la sphère privée et la sphère professionnelle et sur l'idée que ce qui bloque la reconnaissance sociale du travail domestique, c'est son invisibilité et sa gratuité [Michel, 1978].

Progressivement, les sociologues du travail et de la famille ont investi le sujet en entreprenant une série de recherches sur la « conciliation » entre la vie familiale et l'activité professionnelle, la « disponibilité permanente » des femmes [Chabaud-Rychter, Fougeyrollas, Sonthonnax, 1985], la paternité [Ferrand, 1984], la conjugalité [Singly, 1987], et plus récemment les pratiques domestiques des hommes [Devreux, Frinking, 2001]. La théorie de la domination masculine apparaît en filigrane dans la plupart des travaux menés dans ce champ, de même que l'idée d'échanges, de transactions, au sein de la famille [Singly, 2001].

Objet d'études sociologiques donc, mais aussi enjeu politique, économique et social rendu brusquement visible sur la scène politique dans les années 1980.

La reconnaissance politique du travail domestique

La valeur accordée au travail domestique, invisible et gratuit rappelons-le, a toujours été moindre que celle attribuée au travail professionnel, socialisé et reconnu symboliquement et financièrement : la production — masculine — vaut en effet toujours plus que la reproduction — féminine — [Hirata, Kergoat, 1998]. Le travail domestique *a priori* sans valeur et non producteur de richesse a ainsi longtemps été absent des débats politiques, et ce malgré les pamphlets féministes et les études statistiques — moins militantes donc supposées plus « crédibles » — dénonçant la « double journée » de travail des femmes. C'est l'évaluation monétaire du travail domestique au début des années 1980, qui va permettre sa reconnaissance en tant que question économique et sociale [Fouquet, 2001]. Définissant ce travail comme l'ensemble des activités réalisées gratuitement au domicile et qui ont un substitut marchand, Ann Chadeau et Annie Fouquet [1981] ont ainsi appliqué aux activités ménagères les règles d'évaluation du travail marchand, et ont pu alors montrer le poids considérable de ce travail dans l'économie française (entre la moitié et les deux tiers du produit intérieur brut). Dans un contexte de crise de l'emploi, le travail domestique apparaît alors pour les pouvoirs publics comme un formidable « gisement d'emplois », permettant la création des emplois familiaux [Fouquet, 2001], occupés essentiellement par des femmes. Car, en effet, le transfert des tâches domestiques se fait généralement — que ce soit à l'intérieur de la famille ou en dehors de celle-ci — vers d'autres femmes, ce qui poussera certains sociologues à définir ce travail comme une « mise au travail des femmes en tant que groupe social » [Fougeyrollas-Schwebel, 1996].

Concrètement, qu'en est-il du partage des tâches domestiques entre les hommes et les femmes et quelles sont les évolutions qui se profilent ?

L'inégal partage des tâches domestiques : une réalité ancienne et durable

Pour comprendre la façon dont se répartissent les tâches domestiques au sein des couples, il faut d'abord rappeler que jusqu'à la moitié XXe siècle, le modèle traditionnel principal de la division sexuelle du travail conférait aux hommes, censés être les pourvoyeurs économiques de la famille, une place privilégiée dans l'espace public alors que les femmes étaient reléguées dans la sphère privée où elles assumaient la quasi-totalité des tâches domestiques et parentales qui leur étaient « naturellement » dévolues.

Néanmoins, à partir des années 1960, le modèle familial évolue considérablement : les couples divorcent de plus en plus, ils commencent à préférer les « unions libres » au mariage, un nombre croissant de femmes élèvent seules leurs enfants... Les femmes, justement, sont les principales instigatrices des recompositions qui traversent la famille à ce moment-là, les femmes et plus particulièrement leur comportement d'activité. Car bien qu'elles aient toujours travaillé, leur taux d'activité connaît à partir des années 1960, un essor considérable et continu, y compris vingt ans plus tard, en pleine période de crise de l'emploi [Maruani, 2000]. Parallèlement, le rapport des femmes à l'emploi se modifie radicalement : désormais les femmes travaillent, même lorsqu'elles ont des enfants. Le taux d'activité des mères de famille ne commence à chuter fortement qu'à partir du troisième enfant. Le modèle dominant n'est plus celui du choix (travailler ou élever ses enfants), ni celui de l'alternance (travailler, s'arrêter, reprendre son activité professionnelle), mais celui du cumul (travailler et avoir des enfants) [Maruani, 2000].

Pourtant, malgré les transformations de l'activité et de la norme sociale de l'emploi des femmes, celles-ci continuent à assumer la majeure partie des tâches domestiques et parentales. Et lorsque l'on additionne leurs temps de travail professionnel et domestique, elles travaillent quotidiennement une demi-heure de plus que les hommes [Brousse, 1999].

Inégal partage et spécialisation des rôles

Dans la dernière enquête Emploi du temps de 1999, plus de 15 000 individus de 15 ans et plus ont répertorié sur un carnet, les activités réalisées au cours d'une journée. Celles-ci ont été réparties par l'INSEE entre quatre grands temps : le *temps physiologique* (dormir, manger, se laver, se préparer) qui occupe la moitié de la journée ; le *temps domestique*, évalué quotidiennement à 3,5 heures en moyenne ; le *temps de travail professionnel et d'études* qui représente, actifs et inactifs confondus, 3,5 heures par jour ; et enfin le *temps libre* (4,5 heures en moyenne) [Dumontier, Pan Ké Shon, 1999]. Le temps parental, dissous dans cette nomenclature dans le temps domestique, a été isolé et quantifié pour la première fois par le groupe « Division familiale du travail » du Matisse [Barrère-Maurisson, 2001] : il représente la moitié d'un temps de travail professionnel à temps complet, soit près de 20 heures par semaine.

Globalement, les femmes consacrent deux fois plus de temps aux tâches domestiques que les hommes (5 heures par jour en moyenne, contre 2,5 heures pour les hommes). Et si l'on ne prend en compte que le « noyau dur » de ces activités (courses, cuisine, vaisselle, linge, soins matériels aux enfants), celui-ci est pris en charge à 80 % par les femmes. En outre, les hommes consacrent trois fois moins de temps à leurs enfants que les femmes [Algava, 2002].

Les différences observées entre hommes et femmes ne sont pas d'ordre purement quantitatif. Hommes et femmes n'accomplissent pas le même type d'activités domestiques. Bernard Zarca [1990] a ainsi établi une catégorisation sexuée de ces tâches, reprise dix ans plus tard par Cécile Brousse [1999]. Les *activités à dominante féminine* sont réalisées à plus de 80 % par les femmes (préparation des repas, vaisselle, ménage, linge, enfants...), alors que le bricolage et le jardinage sont des *activités à dominante masculine*. En revanche, la parité est presque atteinte pour les *activités mixtes* (*négociables* selon Bernard Zarca : courses, démarches administratives...). Répétitivité et pénibilité caractérisent les tâches à dominante féminine, alors que les activités masculines, moins contraignantes, plus occasionnelles, impliquent moins de responsabilités, plus de satisfaction, et se traduisent plus souvent par la réalisation d'objets durables [Brousse, 1999].

Cette spécialisation des rôles et l'inégal partage des tâches s'aggravent avec la vie en couple et l'arrivée des enfants. La présence d'enfants modifie aussi les comportements d'activité professionnelle dans un sens inverse pour les hommes et pour les femmes : la présence de jeunes enfants se traduit en effet par une augmentation du temps de travail professionnel du père et une diminution de celui de la mère. Si, pour les hommes, l'exercice d'une activité professionnelle détermine le temps consacré aux tâches domestiques, pour les femmes, la réalisation professionnelle dépend davantage de leurs charges familiales [Brousse, 1999]. Néanmoins, certains facteurs contribuent à accroître le pouvoir de négociation des femmes et entraînent alors un partage des tâches moins inégalitaire : le statut de salarié, l'exercice d'une activité professionnelle, le niveau de diplôme permettent ainsi aux femmes d'obtenir une répartition plus équilibrée des activités domestiques dans leur couple [Brousse, 1999].

Des évolutions de faible ampleur

Lorsque l'on compare les deux dernières enquêtes Emploi du temps de l'INSEE (1986 et 1999), c'est la lenteur de l'évolution qui frappe. En treize ans, la participation des hommes au travail domestique n'a augmenté que d'une dizaine de minutes par jour (celle des femmes a baissé de vingt minutes). Certes, les écarts se resserrent, la spécialisation des tâches s'atténue, mais les faits sont là : le travail domestique demeure l'apanage des femmes.

Les nouveaux modes de consommation (appareils électroménagers, nouvelles habitudes alimentaires...) ont transformé la nature même de ces tâches, en simplifiant certaines mais en en créant de nouvelles. Parallèlement, certains mécanismes contribuent à maintenir et reproduire les inégalités entre hommes et femmes. Dans la famille en particulier, la participation des grands enfants aux activités domestiques demeure très proche de celle de leurs parents : les filles consacrent toujours plus de temps à ces tâches que les garçons, d'autant plus lorsque la fratrie est grande [Brousse, 1999]. La socialisation différenciée des hommes et des femmes joue un poids considérable dans la reproduction des inégalités observées. Mais c'est aussi l'intériorisation des rôles sexués qui contribue à expliquer que les femmes elles-mêmes ne perçoivent pas toujours l'inégal partage des tâches dans leur couple comme une forme d'expression de la domination masculine. François de Singly a montré en ce sens que, dans la prise en charge des enfants ou d'autres membres de la famille, se jouent aussi d'autres enjeux, en termes d'identité relationnelle, d'« altruisme de proximité ». Le sens de l'inégale répartition des activités domestiques entre hommes et femmes ne se réduit pas à l'expression d'une forme de domination masculine [Singly, 2001]. Et au plan macrosocial, cet inégal partage n'a de sens que dans un contexte socioculturel, économique et institutionnel donné. Le partage plus égalitaire des tâches entre les hommes et les femmes en Suède par exemple [Anxo, Flood, Kocoglu, 2002], ou bien au contraire les analogies qui peuvent être relevées dans la répartition des tâches domestiques en France et aux Pays-Bas [Devreux, Frinking, 2001] n'a de sens que si l'on prend en compte les contextes sociétaux dans lesquels s'inscrit la division sexuelle du travail domestique.

La réduction collective du temps de travail : une mesure insuffisante

Les études l'ont montré : le travail à temps partiel — principal vecteur de la réduction du temps de travail en France dans les années 1980 et 1990 — se traduit pour les femmes concernées par une augmentation du temps consacré aux tâches domestiques et par une invisibilité croissante de ce travail [Kergoat, 1984]. En s'étendant aussi aux hommes, la réduction du temps de travail à 35 heures aurait pu laisser augurer une redistribution plus équilibrée des activités domestiques, mais la réalité est plus complexe, comme le montrent les deux enquêtes de grande ampleur qui, à ce jour, permettent d'évaluer en France l'effet des « 35 heures » sur la division sexuelle du travail domestique et familial : l'enquête *RTT et modes de vie* de la Dares [Estrade, Méda, Orain, 2001] et l'enquête sur la vie quotidienne des parents de jeunes enfants de la CNAF [Fagnani, Letablier, 2003].

Selon la première, 44 % des hommes déclarent consacrer plus de temps aux tâches domestiques depuis la RTT, contre 39 % des femmes. Mais la spécialisation des rôles opère toujours et ce sont pour l'essentiel les activités de bricolage et de jardinage qui ont bénéficié de ce temps libéré par les « 35 heures ». C'est surtout le moment où ces tâches sont réalisées qui a changé et qui permet de décharger le week-end de ce travail et de consacrer plus de temps aux enfants : ainsi, 46 % des hommes déclarent consacrer plus de temps à leurs enfants depuis la RTT, contre 49 % des femmes. Selon l'enquête de la CNAF, 60 % des parents de jeunes enfants déclarent mieux articuler leur vie familiale et leur vie professionnelle depuis les « 35 heures », mais comme le montre l'enquête de la Dares, cette articulation a été facilitée surtout pour les cadres, les femmes notamment, davantage que pour les salariées les moins qualifiées dont les conditions de travail se sont particulièrement dégradées. Alors que les femmes cadres sont 47 % à trouver que la gestion de leur vie familiale et professionnelle est plus facile depuis la RTT, les salariées non qualifiées ne sont que 28 % dans ce cas. Pour ces dernières, la réduction du temps de travail est en effet souvent synonyme d'intensification du travail, de stress, de dégradation des relations de travail [Bué, Hamon-Cholet, Puech, 2003], et d'horaires plus irréguliers et plus imprévisibles que ceux des femmes cadres. Mais, pour ces dernières, et de façon générale, mieux agencer charges professionnelles et familiales ne va pas toujours de pair avec un partage plus égalitaire des tâches domestiques et parentales entre hommes et femmes.

Une meilleure organisation des temps de vie n'est en effet pas incompatible avec le maintien, voire le renforcement des inégalités en matière de partage des tâches domestiques et parentales.

Bibliographie

ALGAVA E. (2002), « Quel temps pour les activités parentales ? », *Études et résultats*, n° 162, DREES, mars.

ANXO D., FLOOD L., KOCOGLU Y. (2002), « Offre de travail et répartition des activités domestiques et parentales au sein du couple : une comparaison entre la France et la Suède », *Économie et statistique*, n° 352-353, p. 127-150.

BARRÈRE-MAURISSON A., avec la collaboration de BUFFIER-MOREL M. et RIVIER S. (2001), *Partage des temps et des tâches dans les ménages*, *Cahier Travail et emploi*, La Documentation française, ministère de l'Emploi et de la Solidarité, Paris.

BROUSSE C. (1999), « La répartition du travail domestique entre conjoints reste très largement spécialisée et inégale », *France. Portrait social 1999-2000*, Paris, INSEE, p. 135-151.

BUÉ J., HAMON-CHOLET S., PUECH I. (2003), « Organisation du travail : comment les salariés vivent le changement », *Premières synthèses*, Dares, n° 24.1, juin.

CHABAUD-RYCHTER D., FOUGEYROLLAS-SCHWEBEL D., SONTHONNAX F. (1985), *Espace et temps du travail domestique*, Méridiens-Klienckieck, Paris.

CHADEAU A. FOUQUET A. (1981), « Peut-on mesurer le travail domestique ? », *Économie et statistique*, n° 136, p. 29-42.

DELPHY C. (1978), « Travail ménager ou travail domestique ? », *in* MICHEL A., *Les femmes dans la société marchande*, PUF, Paris, p. 39-54.

DEVREUX A.-M., FRINKING G. (2001), *Les pratiques des hommes dans le travail domestique. Une comparaison franco-néerlandaise*, CSU-Iresco, Worc-Université de Tilburg.

DUMONTIER F., PAN KE SHON J.-L., 1999, « En 13 ans, moins de temps contraint et plus de loisirs », *INSEE Première*, n° 675.

ESTRADE M.-A., MÉDA D., ORAIN R. (2001), « Les effets de la réduction du temps de travail sur les modes de vie des salariés : qu'en pensent les salariés un an après ? », *Premières Synthèses*, Dares, n° 21.1, mai.

FAGNANI J., LETABLIER M.-T. (2003), « La réduction du temps de travail a t-elle amélioré la vie quotidienne des parents de jeunes enfants ? », *Premières Synthèses*, Dares, n° 01.2, janvier.

FERRAND M. (1984), « Paternité et vie professionnelle », *in* COLLECTIF, *Le sexe du travail*, PUG, Grenoble, p. 127-139.

Fougeyrollas-Schwebel D. (1996), « Le partage domestique : économie des servitudes et du partage », *in* Hirata H., Senotier D. (dir.), *Femmes et partage du travail*, Syros, Paris, p. 87-101.

Fouquet A. (2001), « Le travail domestique : du travail invisible au "gisement" d'emplois », *in* Laufer J., Marry C., Maruani M. (dir.), *Masculin-féminin : questions pour les sciences des l'homme*, PUF, Paris, p. 99-127.

Hirata H., Kergoat D. (1998), « La division sexuelle du travail revisitée », *in* Maruani M. (dir.), *Les nouvelles frontières de l'inégalité. Hommes et femmes sur le marché du travail*, La Découverte, Paris, p. 91-104.

Kergoat D. (1984), *Les femmes et le travail à temps partiel*, La Documentation française, Paris.

Maruani M. (2003), *Travail et emploi des femmes*, La Découverte, « Repères », Paris (première édition : 2000).

Michel A. (1978), *Les femmes dans la société marchande*, PUF, Paris.

Singly F. (de) (1997), *Fortune et infortune de la femme mariée*, PUF, Paris (première édition : 1987).

Singly F. (de) (2001), « Charges et charmes de la vie privée », *in* Laufer J., Marry C., Maruani M. (dir.), *Masculin-féminin : questions pour les sciences de l'homme*, PUF, Paris, p. 149-167.

Zarca B. (1990), « La division du travail domestique. Poids du passé et tensions au sein du couple », *Économie et statistique*, n° 228, janvier, p. 51-60.

22

Couples homosexuels et familles homoparentales

Éric Fassin

Lorsqu'en 1997 s'est engagé en France, avec l'arrivée au pouvoir de la gauche, le débat sur ce qui allait devenir en 1999 le pacte civil de solidarité (PaCS), on parlait déjà de couples homosexuels, mais pas encore de familles homoparentales. En effet, on avait pris conscience, pendant les années 1980, que la mort d'un malade du sida laisse souvent son compagnon dépourvu de tout droit (du bail à l'héritage, qui ne peuvent se transmettre) : en France comme ailleurs, ce sera le point de départ des revendications d'unions civiles. Mais l'homoparentalité reste encore invisible et impensable dans les années 1990 : famille et homosexualité ne font pas bon ménage.

Le mot lui-même n'existe d'ailleurs que depuis 1996 : c'est l'Association des parents gays et lesbiens (APGL) qui l'a forgé, pour qualifier l'ensemble des situations de parentalité concernant des homosexuels — avec l'adoption et la procréation médicalement assistée, en dépit des restrictions légales, mais aussi dans le cadre de recompositions familiales après une union hétérosexuelle ou d'une coparentalité impliquant à la fois des lesbiennes et des gays. De même que naguère le mariage des homosexuels ne renvoyait qu'aux unions hétérosexuelles où des hommes et des femmes tentaient d'enfouir leurs désirs illégitimes pour des personnes du même sexe, de même, encore dans les années 1990, c'est seulement aux parents des gays et des lesbiennes qu'on songeait lorsqu'une même phrase associait les mots « famille » et « homosexualité » — y compris pour les représentations savantes, du moins en France : dans un « état des savoirs » sur la famille, on ne trouvait alors aucune référence à l'homosexualité, et nul ne songeait à s'en étonner [Singly, 1991].

Statuts juridiques

La réalité des couples homosexuels et des familles homoparentales n'est donc pensable et pensée qu'à partir du moment où elle devient un enjeu dans l'espace public, autrement dit, lorsqu'on commence à débattre de statuts juridiques. Il convient d'ailleurs ici d'élargir la perspective : en effet, la France n'est pas plus isolée que pionnière sur ce terrain [Borrillo, 2001 ; Wintemute et Andenas, 2001]. L'initiative part des pays scandinaves : c'est au Danemark qu'est d'abord mis en place, dès 1989, un partenariat enregistré civilement pour les couples de même sexe ; la Norvège empruntera ce modèle en 1993, et la Suède en 1995. L'Islande leur emboîte le pas en 1996.

La France ne suivra ces exemples européens qu'en 1999, avec le PaCS, qui n'ouvre pas davantage de droits en matière de filiation. Toutefois, cette loi enclenche une logique nouvelle : en effet, la France institue pour la première fois un statut également ouvert aux couples de même sexe et de sexe différent. Depuis, les choses ont bougé dans de nombreux pays — en particulier aux Pays-Bas, où le mariage et l'adoption sont ouverts indifféremment aux homosexuels et aux hétérosexuels depuis 2001. La Belgique a fait de même pour le mariage, et l'Espagne s'apprête à l'imiter, tandis que la Suède et la Grande-Bretagne ont fait un choix comparable pour l'adoption. Au Canada, l'Ontario et le Québec ont inspiré l'État fédéral et pour le mariage, et pour l'adoption. Bien d'autres pays, de l'Europe à l'Amérique latine, et jusqu'à l'Afrique du Sud, ont commencé à bouger sur ces questions.

Le cas des États-Unis est plus complexe : après le Vermont, qui a créé un statut réservé aux couples de même sexe en 2000, c'est le mariage lui-même qui s'est ouvert en 2004 — à la fois dans le Massachusetts, en conformité avec un arrêt de la Cour suprême de cet État, et à l'instar du maire de San Francisco, dans des comtés du Nouveau-Mexique et d'Oregon et des municipalités du New Jersey et de l'État de New York. L'avenir de ces initiatives (et des couples mariés en quelques semaines) est incertain, dès lors qu'un amendement à la constitution du Massachusetts pourrait mettre fin à cette expérience légale en 2006, tandis que partout ailleurs la justice a suspendu les initiatives de « désobéissance civile » [Fabre, Fassin, 2004].

Reste que la question des droits en matière de filiation ne se confond pas avec celle de la reconnaissance des couples. Aux États-Unis, certains États offrent la possibilité d'adopter l'enfant de son partenaire, tandis que le New Jersey a reconnu l'adoption conjointe pour les couples de même sexe en 1997. Il en va de même pour la procréation médicalement assistée (qu'il s'agisse de mères porteuses ou d'insémination artificielle avec donneur) : la législation varie selon les États. De même, aux Pays-Bas, l'accès à la PMA ne découle pas de la reconnaissance conjugale. Il est vrai qu'en France non plus, puisque les lois de bioéthique ne font place qu'aux couples de sexe différent, indépendamment de leur statut matrimonial. Quant à l'adoption, si pour les couples elle requiert dans notre pays le mariage, elle est possible, à titre individuel, pour les célibataires — même si, en pratique, les agréments peuvent aujourd'hui être refusés, et depuis 2002 avec l'aval de la Cour européenne des droits de l'homme, à moins de cacher son homosexualité... Filiation et alliance doivent donc être pensées à la fois dans leur spécificité et dans leur articulation.

Débats politiques

L'évolution juridique dépasse à l'évidence le cadre national : ce n'est pas seulement en France qu'on bascule d'une logique de tolérance pour les pratiques individuelles à la reconnaissance de couples homosexuels, voire de familles homoparentales. Bien sûr, l'imitation joue un rôle dans cette multiplication de réformes, et la circulation juridique européenne et internationale y est pour quelque chose, autant que les médias. En outre, on peut penser que cette évolution s'inscrit dans une logique de démocratisation des mœurs : les normes sociales ne sont plus acceptées comme des évidences, et font l'objet de débats politiques — y compris les normes sexuelles. Les mouvements homosexuels et féministes participent ensemble de cette remise en cause de l'ordre sexuel, qui ne s'arrête pas aux frontières des États. L'internationalisation des questions sexuelles, qui se joue autour de la place de l'homosexualité dans le droit en même temps que des femmes dans la société, explique des réactions parfois violentes, dans les registres de l'hétérosexisme et du sexisme, de l'homophobie et de la misogynie, contre une « dénaturalisation » de l'ordre sexuel qui en vient parfois à symboliser, par exemple dans certains pays musulmans, l'« occidentalisation » autant que la démocratisation.

Pour autant, il convient de distinguer les contextes nationaux spécifiques dans lesquels s'inscrit cette évolution internationale. En effet, si les questions du couple et de la famille se trouvent posées dans de nombreux pays, leur signification sociale varie selon l'histoire de chacun. Ainsi, tandis qu'en France c'est la filiation qui pose le plus problème (les sondages viennent ici confirmer les discours), aux États-Unis c'est le mariage lui-même (comme l'indique bien la loi fédérale votée en 1996 : *Defense of Marriage Act*). Alors qu'outre-Atlantique l'ouverture du mariage peut être défendue au nom de l'évidence que nombre d'homosexuels font déjà famille, dans notre pays, c'est par crainte de voir aussi s'ouvrir des droits en matière de filiation qu'on s'oppose à cette revendication. Autrement dit, c'est ici la filiation, et là-bas le mariage que ces débats révèlent comme des valeurs « sacrées » [Fassin, 2001].

Il est vrai qu'on a pu entendre aussi aux États-Unis des inquiétudes sur le développement psychique des enfants d'homosexuels — pour l'instant démenties par toutes les enquêtes [Patterson, 1997], y compris en France [Nadaud, 2002]. Mais, au-delà de l'intérêt de l'enfant, c'est au nom des « fondements anthropologiques de la culture » ou de l'« ordre symbolique » qu'en France on a pu s'opposer aux revendications nouvelles [Théry, 1997]. En effet, dans le débat hexagonal, la « différence des sexes » s'est trouvée constituée en principe transcendant la politique. Rien de tel outre-Atlantique, où les anthropologues sont au contraire intervenus en tant que profession pour rappeler en 2004, contre les déclarations du président George W. Bush, qu'aucune loi des sciences sociales ne fermait la porte aux unions de même sexe. Bref, l'argument de l'universalité de la différence des sexes n'est pas universellement utilisé : c'est même sans doute une caractéristique du débat français, qui demande à être analysée dans le contexte de notre histoire idéologique récente [Borrillo *et al.*, 1999].

Pratiques sociales

Les débats et les statuts nouveaux ont rendu visibles les couples homosexuels et les familles homoparentales : la reconnaissance de l'homosexualité fonctionne ainsi comme une sorte de *coming out*, « sortie du placard » à la fois individuelle et collective. Le couple et la famille ne marquent donc pas seulement une organisation de la vie privée, mais aussi une inscription sociale. On assiste aujourd'hui, dans nombre de pays (même si les enquêtes sont davantage développées en anglais), à une transformation des représentations et des pratiques de l'homosexualité. La « libération » des années 1970 conduisait à la penser, surtout à partir de l'exemple des gays, en ne considérant que les comportements sexuels. En conséquence, les individus apparaissaient détachés de toute appartenance sociale — sinon celle de la communauté ou du « ghetto » [Pollak, 1982]. C'est avec l'épidémie de sida que l'homosexualité prend un sens social : au lieu d'une pratique atomisée, elle est prise dans des liens sociaux. La sexualité s'articule à une conjugalité, voire à une parenté.

La famille homosexuelle n'est d'ailleurs pas seulement définie par l'homoparentalité, puisqu'elle peut également être constituée du cercle des amis, qui sont parfois d'anciens amants [Weston, 1991]. La famille est ainsi délimitée, non par les liens du sang, mais par la logique des relations choisies. Autrement dit, c'est le modèle de la parenté élective, qui permet du reste d'appréhender l'ensemble des transformations familiales « postmodernes » [Stacey, 1996]. Mais une caractéristique propre aux sociabilités gaies et lesbiennes ressort en même temps : si l'intimité homosexuelle est aussi une relation sociale, cette famille n'est pas seulement définie par contraste avec la famille d'origine, mais aussi dans le prolongement d'un modèle affectif qui plonge ses racines dans l'histoire de l'homosexualité, féminine autant que masculine : l'amitié [Weeks *et al.*, 2001].

C'est du reste un enjeu, tout à la fois politique et scientifique, de l'interprétation de ces transformations dans les modes de vie : déterminer le rapport entre ces configurations nouvelles et les modèles existants — entre couples homosexuels et hétérosexuels, entre familles homoparentales et « hétéroparentales » [Stacey, Davenport, 2002]. L'homosexualité s'est longtemps vu enfermer dans la contre-culture, stigmate que des homosexuels ont pu retourner en fierté. L'évolution actuelle marque-t-elle une normalisation des gays et des lesbiennes, sommés de se couler dans les modes de vie majoritaires, en renonçant à inventer des formes nouvelles de relations ? Ou bien à l'inverse les homosexuels représentent-ils l'avant-garde des transformations du couple et de la famille ? À moins qu'au-delà des apparences l'écart ne demeure jusque dans la conformité : ainsi le couple gay se révélerait, toujours original, comme un « ordinaire insolite » [Schiltz, 1998].

L'exemple des familles homoparentales est révélateur de cette tension. D'une part, tous les travaux le montrent, elles n'ont rien que de banal. N'était l'expérience de l'homophobie, les recompositions familiales ne différeraient guère selon qu'elles restent dans le cadre hétérosexuel ou non : la belle-mère joue le même rôle, qu'elle partage sa vie avec un homme ou une femme [Le Gall, 2001]. Les gays et les lesbiennes sont bien « des parents comme les autres ». D'autre part, l'importance des pratiques de « coparentalité » leur donne une spécificité, qui aide à penser diverses formes de « pluriparentalité », de l'adoption « ouverte » aux parents biologiques à la recomposition familiale, en passant par les mères porteuses et les dons d'ovocytes ou de spermes sans anonymat [Cadoret, 2002].

Questions aux sciences sociales

C'est d'ailleurs, au-delà des revendications, l'intérêt du mouvement actuel : il pose des questions d'ordre général à nos sociétés, mais aussi aux disciplines qui ont pour mission de les comprendre. En France, à la différence des États-Unis, les spécialistes de sciences sociales sollicités comme experts ont dans un premier temps prétendu évaluer les couples homosexuels et les familles homoparentales à l'aune des définitions existantes — à commencer par la « différence des sexes », appellation euphémisée de l'hétérosexualité. Il n'est donc pas surprenant que des réalités nouvelles leur soient apparues d'abord « impensables » : elles n'entraient pas dans le cadre de savoirs qui s'étaient constitués sans les prendre en compte. Pourtant, il est plus fécond de renverser la logique, et d'interroger nos savoirs à la lumière des évolutions sociales, quitte à reformuler les définitions : c'est ainsi que les sciences sociales restent des sciences historiques, par leurs approches autant que par leurs objets [Fassin, 2000].

On peut ainsi revenir sur des évidences : qu'est-ce qu'un couple ? Le modèle matrimonial nous amène, implicitement ou explicitement, à poser trois critères — la durée, en dépit du divorce ; la fidélité, nonobstant l'adultère ; la cohabitation, qui en France caractérise aujourd'hui le couple hétérosexuel davantage que le mariage. Les couples homosexuels montrent que ces critères ne se superposent pas nécessairement : la durée n'implique pas toujours la résidence partagée, et moins souvent l'exclusivité sexuelle. Il se pourrait que cet exemple nous amène à réfléchir, comme pour le mariage, sur la « privatisation » du couple, dont les normes moins contraignantes permettraient aux individus de définir les modalités variables du contrat amoureux.

Deuxième interrogation : qu'est-ce qu'une famille ? Le débat sur l'homoparentalité a servi de révélateur. L'idée que tout enfant a et doit avoir un père et une mère apparaît ainsi comme une norme décalée par rapport à la réalité. C'est vrai de la réalité sociale, avec les familles monoparentales (un seul parent), ou recomposées (une pluralité de parents et beaux-parents). Mais c'est vrai également dans le droit : l'adoption plénière est ouverte aux individus depuis 1966, et l'on peut donc n'être inscrit dans la filiation que d'un homme, ou d'une femme. Autrement dit, les débats actuels nous invitent à repenser nos catégories les plus évidentes, non seulement parce qu'elles excluent des pratiques nouvelles, mais aussi parce qu'elles ignorent des réalités déjà bien établies.

Troisième interrogation : qu'est-ce que la parenté ? Au-delà de la norme hétérosexuelle, on prend conscience d'un modèle qui, dans la société mais aussi en anthropologie, naturalise la famille et du même coup la parenté, comme si la reproduction se confondait avec la filiation, donc comme si la biologie définissait les normes [Fassin, 2002]. En même temps, l'homoparentalité nous engage à réfléchir à la distinction et à l'articulation entre parentalité et parenté — entre deux représentations, étroite et large, des « parents ». Bien des fantasmes actuels révèlent en effet qu'on imagine à tort les enfants prisonniers d'une relation exclusive avec leurs père et mère, en oubliant que la socialisation est multiple et complexe.

On pourrait penser que couples homosexuels et familles homoparentales n'ont pas leur place dans une réflexion sur les sexes ou le genre. On y rencontre des hommes ou des femmes, mais pas les deux : pour reprendre les termes du débat français, la « différence des sexes » en serait par définition absente. Ainsi s'expliquerait le silence relatif du féminisme pendant le débat sur le PaCS. Une autre perspective est pourtant possible. Non pas que l'homosexualité effacerait dans une pratique égalitaire les rapports de pouvoir de la domination masculine : l'enquête ethnographique tend à remettre en cause cette vision idéalisée, volontiers entretenue par les intéressés [Carrington, 1999].

Sans doute le féminisme s'est-il trouvé embarrassé, dès lors que les revendications nouvelles semblaient légitimer, en même temps que l'homosexualité, l'institution du mariage dont il avait développé la critique depuis les années 1970. C'est pourquoi, s'il est vrai que le féminisme a d'emblée été confronté à la question lesbienne, c'est historiquement sans l'articuler à la question familiale. Pour autant, une lecture féministe de l'actualité sexuelle montrerait comment elle remet en cause les normes qui sont au principe de la domination masculine. Les interrogations sur le couple, la famille et la parenté débouchent en effet sur une dénaturalisation de l'ordre sexuel qui ébranle le fondement de la hiérarchie des sexes en même temps que des sexualités.

Bibliographie

Borrillo D., Fassin E., Iacub M. (dir.) (2001), *Au-delà du PaCS. L'expertise familiale à l'épreuve de l'homosexualité*, PUF, Paris (première édition : 1999).

Borrillo D. (2001), « Pluralisme conjugal ou hiérarchie des sexualités : la reconnaissance juridique des couples homosexuels dans l'Union européenne », *Revue de droit de McGill*, Montréal, vol. 46, n° 4, p. 877-922.

Cadoret A. (2002), *Des parents comme les autres. Homosexualité et parenté*, Odile Jacob, Paris.

Carrington C. (1999), *No Place Like Home : Relationships and Family Life among Lesbians and Gay Men*, University of Chicago Press, Chicago.

Fabre C., Fassin E. (2003, rééd. augmentée 2004), *Liberté, égalité, sexualités : actualité politique des questions sexuelles*, Belfond — 10/18, Paris.

FASSIN E. (2000), « Usages de la science et science des usages. À propos des familles homoparentales », *L'Homme*, numéro spécial « Question de parenté », 154-155, avril-septembre, p. 391-408.

FASSIN E. (2001), « Same sex, different politics : comparing and contrasting "gay marriage" debates in France and the United States », *Public Culture*, printemps, vol. 13, n° 2, p. 215-232.

FASSIN E. (2002), « La nature de la maternité. Pour une anthropologie de la reproduction », *Journal des anthropologues*, numéro spécial « Médecine et biologie : chimères et production du social », 88-89, p. 103-122.

GROSS M. (dir.) (2000), *Homoparentalités, état des lieux. Parentés et différence des sexes*, ESF, Paris.

LE GALL D. (2001), « Recompositions homoparentales féminines », in LE GALL D., BETTAHAR Y. (dir.), *La pluriparentalité*, PUF, Paris, p. 203-242.

NADAUD S. (2002), *Homoparentalité : une nouvelle chance pour la famille ?* Fayard, Paris.

PATTERSON C. (1997), « Résultats des recherches concernant l'homoparentalité », trad. DUBREUIL E. (publication originale en 1995 sous l'égide de l'American Psychology Association), *Petit guide bibliographique à l'usage des familles homoparentales et des autres*, APGL, Paris.

POLLAK M. (1982), « L'homosexualité masculine, ou : le bonheur dans le ghetto ? », *Communications*, 35, p. 37-55.

SCHILTZ M.-A. (1998), « Un ordinaire insolite : le couple homosexuel », *Actes de la recherche en sciences sociales*, numéro « Homosexualités », décembre, 125, p. 30-43.

SINGLY F. (DE) (dir.) (1991), *La famille. L'état des savoirs*, La Découverte, Paris.

STACEY J. (1996), *In the Name of the Family : Rethinking Family Values in the Postmodern Age*, Beacon Press, Boston.

STACEY J., DAVENPORT E. (2002), « Queer Families Quack Back », *in* RICHARDSON D., SEIDMAN S. (dir.), *Handbook of Lesbian and Gay Studies* (dir.), Sage, Londres.

THÉRY I. (1997), « Le Contrat d'union sociale en question », *Esprit*, 10, octobre, p. 159-187.

THÉRY I. (dir.) (2001), dossier « L'un et l'autre sexe », *Esprit*, 3-4, mars-avril.

WEEKS J., HEAPHY B., DONOVAN C. (2001), *Same Sex Intimacies. Families of Choice and Other Life Experiments*, Routledge, Londres et New York.

WESTON K. (1991), *Families We Choose. Lesbians, Gays, Kinship*, Columbia University Press, New York.

WINTEMUTE R., ANDENAS M. (dir.) (2001), *Legal Recognition of Same-Sex Partnerships. À Study of National, European and International Law*, Hart, Londres.

23

Vies privées des filles et garçons : des socialisations toujours différentielles ?

Sylvie Cromer

Dans une société érigeant en principe fondamental l'égalité entre les sexes, qu'en est-il de la « fabrication » des filles et des garçons dans et par les familles ? Les parents, et plus largement les réseaux familiaux, restent en effet l'instance de socialisation première, malgré le poids croissant des lieux collectifs d'accueil de la petite enfance, de l'école, des groupes de pairs, des médias. Mais, à l'heure des formes familiales diversifiées, de l'importance des naissances hors mariage, du travail généralisé des femmes, de l'essor des scolarités féminines, de la scolarisation précoce, de la dépréciation des signes de virilité, que devient le classique « processus durable de triage, par lequel les membres des deux classes sont soumis à une socialisation différentielle » [Goffman, 1977] ?

Un point aveugle de la sociologie

Plusieurs ouvrages phares ont dénoncé, sur la base d'observations des interactions adulte/enfant et d'analyses de la littérature, des jeux et de l'environnement notamment, le conditionnement social et culturel auquel sont soumis dès la naissance petites filles [Beauvoir, 1949 ; Belotti, 1974], mais aussi petits garçons [Falconnet, Lefaucheur, 1977], et prôné dès lors une éducation dépassant l'appartenance à un sexe pour dissoudre la hiérarchie sexuée. Pour autant, la question de l'éducation dans la sphère privée est restée dans l'oubli sociologique. Ce n'est que récemment, dans la lignée des travaux sur le genre et avec l'émergence, dans les années 1990, d'une sociologie de l'enfance [Sirota, 1998], et des nouvelles définitions de la socialisation comme transactions complexes et continues, que sont interrogées au-delà des discours, les pratiques et les représentations en la matière.

En effet, après la découverte du sentiment de l'enfance, les champs de la petite enfance et de l'enfance ont été au XXe siècle largement

« psychologisés », c'est-à-dire laissés aux psychologues, psychanalystes, cognitivistes, lesquels ont théorisé une construction de l'identité démultipliée — identité de sexe, identité de genre, identité sexuelle — et normalisé les pratiques sociales à l'égard des enfants. Dans un second temps, c'est le prisme de l'école et les effets de la pédagogisation qui ont servi à l'analyse de la fonction éducative familiale devenue plus complexe. Sont également à invoquer des difficultés méthodologiques pour appréhender l'univers mouvant, poreux, des familles et mener les investigations empiriques, restées par trop fragmentaires et fragiles : circonscrire la spécificité de l'empreinte familiale, articuler les variables âge, sexe et classe sociale, confronter déclarations et réalités. Mais le questionnement de la construction sociale de l'identité sexuée a été esquivé. Au nom de l'intimité et de l'identité sexuée — admise comme une évidence et une nécessité psychologiques — la famille a été épargnée comme lieu inévitable de l'élaboration d'une différenciation des rôles, alors que l'école, en vertu du principe égalitaire, était plus ou moins sommée de mettre au jour les stéréotypes liés au sexe.

Deux exemples concernant la tranche d'âge peu étudiée des enfants et des jeunes de moins de 14 ans paraissent emblématiques des stratégies parentales sexuées éducatives : les jouets, traditionnellement attributs de sexe, et les usages sociaux sexués du temps libre. Aux discours et pratiques, seront confrontées les représentations de genre véhiculées par les albums illustrés. Auparavant, examinons la place des mères et des pères, déterminante dans les interactions.

Places dissymétriques des pères et des mères, traitements précoces différenciés des enfants

Les études menées en psychologie — notamment sur l'interprétation des pleurs de bébé, la manipulation de l'enfant, des jouets et jeux, ou encore sur les interactions verbales — ont rendu compte des systèmes de relations parent/enfant et de la mise en place, très tôt, de traitements différenciés en fonction des sexes du parent et de l'enfant [Bergonnier-Dupuy, 1999]. Mais c'est d'abord dans le cadre social des places assignées aux pères et aux mères et de leurs responsabilités respectives, que se définit la socialisation des enfants. Or les comparaisons des deux enquêtes Emploi du temps de l'INSEE de 1986 et 1999 [Brousse, 1999] montrent d'une part, que la mise en couple et la présence d'enfants conduisent à une spécialisation des rôles et, d'autre part, que les évolutions restent mineures : les femmes ont en charge la plus grande part des tâches domestiques liées à la présence d'enfants. Les soins matériels aux enfants et la charge éducative et affective les occupent respectivement 30 et 10 minutes par jour, contre 7 et 6 pour les hommes. De plus, la traditionnelle répartition en domaines privilégiés d'interaction et d'intervention subsiste : l'affectif, le matériel et le travail scolaire pour elles, le ludique et la transmission d'un goût ou d'un hobby pour eux. Et ce, même si « le champ de la définition de la paternité s'élargit au fur et à mesure que le niveau scolaire des parents s'élève et que l'activité professionnelle de la mère se rapproche de celle du père (en particulier en termes d'investissement personnel) » [Ferrand, 2004].

Les statuts et les rôles différentiels parentaux conduisent à une sexuation de la pédagogie familiale dont témoignent les couples frère/sœur [Langevin, 1999]. Non seulement les positions et les comportements diffèrent selon les sexes, mais les modèles éducatifs transmis et les constructions de l'identité sont subtilement et sexuellement différenciés, conduisant à l'élaboration de champs de la masculinité et de la féminité.

Les jouets ont un sexe

Le jouet est le reflet par excellence des valeurs et des activités tant domestiques que professionnelles des adultes. Aussi, les attributions de jouets par les adultes, les appropriations de jouets par les enfants, les interactions adultes/enfants permettent-elles de rendre explicites les modèles sociaux sexués en vigueur. Aujourd'hui encore, pour les enfants, les parents et les fabricants, les jouets ont un sexe (de manière caricaturale à en juger par les catalogues ou l'agencement sexué des magasins de jouets). L'industrie du jouet et des médias joue sans nul doute un rôle amplificateur par le biais du marketing.

Au rayon des jouets dits masculins, se trouvent les voitures, les mallettes de bricolage, les tenues de Zorro ou d'aventuriers, tandis qu'aux filles sont attribuées les poupées, les ustensiles de cuisine, les trousses de maquillage et les panoplies d'infirmière. De fait, alors que les jouets des garçons favorisent la mobilité, la manipulation, l'invention et le goût de l'aventure, ceux des filles développent l'intérêt porté à soi et aux autres, dans la mise en avant de la séduction et de la maternité. En outre, la quantité et la diversité des jouets diffèrent selon le sexe de l'enfant : les filles restent moins dotées que les garçons [Tap, 1985 ; Vincent, 2001]. L'écart se creuse au-delà de l'âge de 10 ans : les filles censées se tourner vers d'autres centres d'intérêt sous prétexte de maturité et de féminité abandonnent (ou doivent abandonner) plus tôt l'univers du jouet et reçoivent des cadeaux « utiles », tels des bijoux, des cosmétiques, des vêtements. Pourtant, les jouets mixtes sont en expansion et les lieux collectifs favorisent l'usage des jouets de l'autre sexe.

Mais « posséder un jouet de l'autre sexe ne conduit pas à jouer comme l'autre sexe » [Brougère, 2003] : les cultures ludiques elles-mêmes ont un sexe, filles et garçons jouant différemment. Sans compter que l'expérience ludique est plus importante et davantage réinvestie chez les garçons.

Selon une étude réalisée auprès de 240 enfants âgés de 3 à 10 ans [Tap, 1985], les enfants aiment ce qu'ils ont le droit de posséder et délaissent les jouets qui ne sont pas « les leurs », avec une évolution significative avec l'âge : si à 3-4 ans les enfants rejettent peu les jouets de l'autre sexe, l'augmentation de conformité d'appréciation est forte entre 5 et 7 ans et continue d'augmenter entre 8 et 10 ans chez les garçons. Les parents témoignent des mêmes tendances et de la même répartition sexuée des jouets, les hommes étant plus conformistes. Dans une enquête récente, portant sur 312 enfants de 8 à 11 ans et leur mère [Vincent, 2001], une plus grande liberté semble conférée aux mères et aux filles, du fait du rôle prééminent des femmes dans les tâches éducatives. Ainsi, les filles reçoivent plus de jouets de l'autre sexe et se les approprient plus facilement. Quant aux parents, « diplôme et sexe des parents se conjuguent en définitive pour produire des effets assez contrastés ». Par exemple, les parents de milieux supérieurs sont réticents à offrir une poupée aux garçons, ceux des milieux populaires y sont catégoriquement opposés. Le pendant de la poupée interdite aux garçons est, nous le verrons, le jeu vidéo, fortement restreint pour les filles. D'une manière générale, les pères sont plus respectueux de l'identité de sexe des jouets (tant pour les garçons que pour les filles), alors que les mères marquent plus de tolérance.

Les usages sociaux sexués du temps libre

Les univers culturels des 6-14 ans, marqués par l'âge, le sexe et le milieu social, illustrent le fonctionnement et la complexité des schémas et des influences de genre [Octobre, 2004]. Si les comportements culturels des enfants ressemblent à ceux des parents, ils sont structurés certes par la combinaison sexe/âge de l'enfant, mais aussi par le sexe du parent. Alors même que le temps libre, aujourd'hui plus long et plus fréquent, constitue un domaine où les responsabilités parentales, contrairement au suivi scolaire, sont plus partagées, les deux parents ne sont pas interchangeables que ce soit en termes de champ occupé et d'implication ou de registre d'intervention. De même, garçons et filles diffèrent dans leurs consommations, pratiques ou usages culturels, voire n'occupent pas les mêmes domaines.

Les hobbies ou passions, fortement homothétiques entre parents et enfants de même sexe, sont un bon exemple de l'imbrication des différentes influences du sexe. Les pères, plus investis que les mères dans un hobby, notamment pour des raisons de temps, transmettent davantage leur passion, et les garçons sont déclarés plus nombreux et plus précoces que les filles à avoir un hobby. Pourtant, celles-ci ne font pas moins d'activités et y sont plus encouragées parce qu'elles s'orientent dans des hobbies rentables scolairement comme la lecture. Seulement les parents sont moins enclins à déclarer les passions des filles. De surcroît, la polarisation des modèles parentaux très sexués — les mères pratiquant lecture, danse, arts plastiques, activités manuelles, les pères, s'adonnant à la pêche, la chasse, le football, la mécanique — se retrouve au niveau des enfants. Aux filles sont dévolues les activités artistiques et quelques activités sportives caractérisées par une proximité avec l'esthétique ou les animaux (la gymnastique, la danse, la natation et l'équitation) ; aux garçons, la majorité des sports (le football, les arts martiaux et le vélo), ainsi que le domaine technologique des jeux vidéo et de l'informatique.

La comparaison des pratiques artistiques amateur — danse, musique, écriture — et des pratiques sportives éclaire également le classement opéré, soit du côté masculin, soit du côté féminin.

Il s'avère qu'à l'entrée à l'école primaire, avant donc tout effet des normes scolaires, les filles sont plus massivement impliquées, plus assidues et témoignent d'un plus fort investissement identitaire, en matière de danse et de musique. Pourtant, les filles bénéficient moins de l'accompagnement parental et sont plus autonomes, les parents s'occupant plus des fils. Mais les mères sont elles-mêmes plus nombreuses à pratiquer, suivent davantage l'enfant et prennent en charge dans la prime enfance les activités éducatives et d'éveil, construisant de cette façon des modèles féminins de pratiques artistiques. À l'inverse, du cours préparatoire à la classe de troisième, les filles sont globalement moins impliquées que les garçons dans les pratiques sportives qu'elles abandonnent plus précocement. Leur activité est moins institutionnalisée, moins intensive. Or, concernant le sport, le père est plus médiateur que la mère et son initiation bénéficie davantage au fils.

Comment se définissent et se clivent les idéaux en pôle masculin et pôle féminin ? La césure intérieur/extérieur n'est pas pertinente. La distinction semble se situer entre l'affirmation de soi sous-tendue par la valorisation de force, du risque et de la compétition entre pairs encourageant l'émancipation par rapport à l'autorité, ainsi qu'une plus forte implication du ludique et de la technique d'une part et, d'autre part, l'expression de soi basée sur la culture de l'entretien du corps, de l'apparence, de l'échange relationnel (notamment familial), favorisant l'incorporation et le respect des normes, en particulier scolaires.

C'est pourquoi, lorsque les garçons se livrent à des pratiques artistiques, ils optent pour l'athlétique hip hop, choisissent percussions, cuivres ou instruments électroniques, préfèrent en matière d'écriture les scénarios imaginaires aux journaux intimes. Malgré la scolarisation, ils restent en retrait dans la lecture (sauf des bandes dessinées) et la fréquentation des équipements culturels (cinéma, cirque, spectacles de rue, monuments).

Les nouvelles technologies n'abolissent pas les logiques sexuées. Les filles privilégient les séries télévisées documentaires, mais aussi sentimentales propices à l'apprentissage de la grammaire amoureuse, un usage bureautique de l'ordinateur, les forums et le courriel sur Internet, mais délaissent les jeux vidéo, auxquels ne les incitent ni les thématiques guerrières ni les parents.

Les loisirs comme les jouets sont un outil de formation : les goûts qui en résultent aboutissent tant à un classement de classe que de sexe des individus.

Représentations du genre dans les albums illustrés

Les écrits destinés aux enfants — littérature, manuels ou presse — sont depuis toujours l'objet de la scrupuleuse attention des adultes, considérés, du fait de leur forte légitimation culturelle, comme une voie et un enjeu majeurs de la socialisation. À cet égard, les albums illustrés pour les enfants de moins de 10 ans sont un terrain de prédilection pour porter un nouveau regard, au-delà des stéréotypes remis en cause dans les années 1970 [Michel, 1986], sur les représentations du masculin et du féminin. D'une part, les ambitions idéologiques de construire une réalité sociale sont clairement affichées avec, par exemple, la thématique privilégiée de la famille ; d'autre part l'impact est assuré avec une omniprésence dans l'environnement de l'enfant (plus de 19 millions d'exemplaires vendus en 1999) et une pratique de lecture spécifique : ce livre à l'image prépondérante est sans cesse manipulé, regardé, lu...

537 albums de fiction datant de 1994, analysés par une méthode quantitative recueillant dans le texte et l'image les informations sur tous les personnages, révèlent, outre la surreprésentation masculine, la hiérarchisation entre les sexes [Brugeilles, Cromer, Cromer, 2002]. Le héros, adulte ou enfant, est plus souvent de sexe masculin et s'inscrit dans l'échelle sociale par ce rôle de premier plan et un métier. Alors que la fonction paternelle n'est qu'une des facettes de l'identité masculine, la mère est le modèle adulte féminin prédominant. Ainsi, bien que plus nombreuses que les pères et davantage impliquées dans les interactions

avec les enfants, en particulier avec le fils, les mères n'accèdent pas au rôle principal et sont tenues à l'écart de champs entiers de l'activité professionnelle. Quant à la petite fille, elle reste le personnage manquant des histoires, sauf dans les albums privilégiant les humains plutôt que les animaux, où elle endosse à égalité avec le garçon le statut d'héroïne et où d'ailleurs l'équilibre entre les générations et les sexes est mieux respecté.

La composition sexuée de l'équipe de création, écrivain-illustrateur, n'est pas non plus sans influence. Lorsque l'équipe est mixte, la présence d'enfants ou d'adultes féminins se renforce et le rôle de personnage principal est plus volontiers confié aux enfants féminins. De fait, des leviers existent pour favoriser une représentation plus égalitaire entre les sexes et une plus grande mixité dans les livres. Et changer les livres n'est-ce pas une voie pour dessiner des perspectives de transformation de la réalité sociale ?

Dans le cercle du privé et de l'intime, sous la bannière de la valeur d'égalité, mais hors les lois sociales égalitaires, on n'élève pas des neutres, mais on produit du masculin et féminin, avec des variations selon la classe sociale et le sexe. Malgré les revendications des années 1970 d'une éducation « sans préjugés », à l'heure où le sexe est assigné de plus en plus tôt, avant la naissance de l'enfant, l'idée d'une nécessaire socialisation sexuée n'est pas remise en cause. Les jouets, les usages du temps libre, la littérature de jeunesse témoignent d'une mise en œuvre de la différenciation sexuée dès le plus jeune âge et de son renforcement au cours de l'enfance. Ils révèlent aussi les tensions inhérentes aux pratiques éducatives. Les filles et les mères disposent de plus de marge de manœuvre et neutralisent partiellement les territoires masculins, alors que les garçons se voient fortement déconseillés de s'aventurer hors de leurs domaines. Est préservée la construction de la virilité, pierre angulaire de l'ordre des sexes : « L'identité de sexe est bel et bien une notion sociologique à géométrie variable » [Vincent, 2001]. Quant au processus d'émancipation féminine, il apparaît fortement contrôlé, par la diffusion multimédiatique massive de représentations sexuées. On citera comme exemple le développement d'une presse magazine spécialisée à destination de filles de plus en plus jeunes. Dans ce contexte, deux champs restent de surcroît largement inexplorés : la construction du corps sexué et les violences liées au sexe.

Bibliographie

BEAUVOIR S. (DE) (1949), *Le deuxième sexe*, Gallimard, Paris.

BELOTTI E. G. (1974), *Du côté des petites filles. L'influence des conditionnements sociaux sur la formation du rôle féminin dans la petite enfance*, Des Femmes, Paris.

BERGONNIER-DUPUY G. (1999), « Pratiques éducatives parentales auprès des jeunes enfants », *in* LEMEL Y., ROUDET B. (dir.), *Filles et garçons jusqu'à l'adolescence, socialisations différentielles*, L'Harmattan, Paris, p. 57-84.

BROUGÈRE G. (2003), *Jouets et compagnie*, Stock, Paris.

BROUSSE C. (1999), « La répartition du travail domestique entre conjoints reste très largement spécialisée et inégale », *France. Portrait social 1999-2000*, INSEE, Paris, p. 135-151.

BRUGEILLES C., CROMER I., CROMER S. (2002), « Les représentations du masculin et du féminin dans les albums illustrés ou comment la littérature enfantine contribue à élaborer le genre », *Population*, n° 2, vol. 57, p. 261-292.

FALCONNET G., LEFAUCHEUR N. (1977), *La fabrication des mâles*, Seuil, Paris.

FERRAND M. (2004), *Féminin-Masculin*, La Découverte, Repères, Paris.

GOFFMAN E. (2002), *L'arrangement des sexes*, La Dispute, Paris (première édition : 1977).

LANGEVIN A. (1999), « Frères et sœurs. Approches par les sciences sociales », *in* LEMEL Y., ROUDET B. (dir.), *Filles et garçons jusqu'à l'adolescence, socialisations différentielles*, L'Harmattan, Paris, p. 151-171.

LEMEL Y., ROUDET B. (dir.) (1999), *Filles et garçons jusqu'à l'adolescence, socialisations différentielles*, L'Harmattan, Paris.

MICHEL A. (1986), *Non aux stéréotypes : vaincre le sexisme dans les manuels scolaires et les livres pour enfants*, UNESCO, Paris.

OCTOBRE S. (2004), *Les loisirs culturels des 6-14 ans*, ministère de la Culture et de la Communication, La Documentation française, Paris.

SIROTA R. (1998), « L'émergence d'une sociologie de l'enfance : évolution de l'objet, évolution du regard », *Éducation et Sociétés*, n° 2, p. 9-33.

TAP P. (1985), *Masculin et féminin chez l'enfant*, Privat, Toulouse.

VINCENT S. (2001), *Le jouet et ses usages sociaux*, La Dispute, Paris.

24

Retraite et genre

Carole Bonnet

Dans le système de retraite français, les droits sont étroitement liés à l'activité professionnelle. Les règles de calcul étant, à de rares exceptions près, les mêmes pour les hommes et pour les femmes, il n'est guère étonnant, lorsqu'on se penche sur l'histoire de la participation des femmes au marché du travail et sur les évolutions de salaire, de constater aujourd'hui des niveaux de retraite individuelle beaucoup plus faibles pour ces dernières que pour les hommes. Toutefois, ces écarts de retraite sont moins importants que ceux qui résulteraient uniquement de l'activité professionnelle, en raison d'un certain nombre de droits conférés aux individus en tant que parents ou conjoints (telle la pension de réversion en cas de veuvage) et destinés principalement aux femmes. En effet, certains de ces dispositifs sont explicitement sexués, d'autres ne le sont pas ou plus. Mais de fait, en raison de la répartition des tâches au sein du ménage et d'une espérance de vie des femmes plus élevée, ces dernières en sont les principales bénéficiaires.

Cet article recense un certain nombre d'inégalités entre hommes et femmes face à la retraite et en expose les principales raisons. Dans un second temps, quelques éléments de prospective concernant les évolutions de ces écarts et l'impact des réformes sont avancés.

Le montant de la retraite des femmes est inférieur de 44 % à celui des hommes

Les retraitées âgées de 65 ans et plus percevaient en 2001 une pension mensuelle moyenne de 606 euros au titre des droits acquis en contrepartie d'une activité professionnelle, contre 1 372 euros pour les hommes (tableau 1). Cet écart du simple au double se réduit pour atteindre 44 % lorsqu'on ajoute aux droits directs les autres composantes de la retraite, et tout particulièrement les pensions de réversion, perçues essentiellement par des femmes (en 2002, elles représentent 97 % des bénéficiaires d'une réversion du secteur privé).

Tableau 1 **Montant de la retraite[1], par sexe et âge en 2001 (montant mensuel moyen)**

	65-69 ans	70-74 ans	75-79 ans	80-84 ans	85 ans et plus	Ensemble
	Droits directs acquis en contrepartie d'une activité professionnelle					
Hommes	1 393	1 374	1 373	1 392	1 187	1 372
Femmes	666	619	587	566	506	606
Rapport (F)/(H)	0,48	0,45	0,43	0,41	0,43	0,44
	Retraite totale (droits directs plus pension de réversion)					
Hommes	1 466	1 456	1 464	1 488	1 287	1 455
Femmes	805	808	833	864	835	822
Rapport (F)/H)	0,55	0,55	0,57	0,58	0,65	0,56

Champ : retraités[2] de droit direct de 65 ans et plus.

1. La retraite totale comprend l'allocation du minimum vieillesse.

2. Ces statistiques n'incluent pas les 5 % de retraités, presque exclusivement des femmes, qui ne touchent que des pensions de réversion (soit environ 600 000 individus).

Source : Échantillon interrégimes de retraités (EIR) 2001.

Deux raisons principales expliquent les écarts de pension de droit direct entre hommes et femmes : des carrières plus courtes et des rémunérations moins importantes au cours de l'activité. En 2001, parmi les retraités de droit direct de 65 ans et plus, la durée moyenne de cotisation était de 42,25 ans pour les hommes et 29,75 ans pour les femmes en incluant les majorations de durée pour enfants (tableau 2). Parmi ces retraités, les femmes ne sont que quatre sur dix à avoir liquidé leur retraite avec une carrière complète, c'est-à-dire en ayant la durée de cotisation requise pour bénéficier du taux plein (taux maximal de 50 % au régime général), alors que c'est le cas de huit hommes sur dix.

Tableau 2 **Durée de cotisation moyenne[1] des retraités de droit direct, selon l'âge et le sexe en 2001 (en années)**

	65-69 ans	70-74 ans	75-79 ans	80-84 ans	85 ans et plus	Ensemble
Hommes	41,50	42,00	43,00	44,00	41,00	42,25
Femmes	30,50	29,75	29,75	28,75	28,25	29,75

Champ : retraités de droit direct de 65 ans et plus.

1. Durée cotisée au titre d'une activité professionnelle + « périodes assimilées » (chômage, préretraite, maladie, etc.) + majorations de durée d'assurance pour enfants.

Source : Échantillon interrégimes de retraités (EIR) 2001.

Si on considère uniquement les retraités avec une carrière complète — ce qui permet d'isoler l'effet des différences de rémunération et du temps partiel sur la pension de retraite — l'écart entre les droits directs des hommes et des femmes s'élève encore à 35 % en 2001 (tableau 3).

Tableau 3 **Montant mensuel moyen des pensions de droit direct des retraités avec une carrière complète, par sexe et âge, en 2001**

	65-69 ans	70-74 ans	75-79 ans	80-84 ans	85 ans et plus	Ensemble
Hommes	1 478	1 445	1 449	1 475	1 307	1 453
Femmes	1 026	967	906	924	790	950
Ratio (F)/(H)	0,69	0,67	0,63	0,63	0,60	0,65

Champ : retraités de droit direct de 65 ans et plus.

Source : Échantillon interrégimes de retraités (EIR) 2001.

Les retraites des femmes sont plus dispersées que celles des hommes. Les rapports interdéciles de retraite globale (ratio entre le niveau de retraite au-dessus duquel se situent les 10 % de femmes touchant les pensions les plus élevées et du niveau de retraite en dessous duquel se situent les 10 % touchant les niveaux de pension les plus faibles) s'établissent à 4,3 pour les hommes et 7,0 pour les femmes en raison d'une variation plus grande des durées validées. Ainsi, près de quatre femmes sur dix perçoivent moins de 600 euros par mois en 2001, alors que ce n'est le cas que d'un homme sur dix [Coëffic, 2002]. Les faibles droits acquis conduisent de nombreuses femmes à bénéficier des minima de pension. En 2002, une femme retraitée du régime général sur deux voit sa pension portée au minimum contributif (minimum de pension si le départ à la retraite se fait au taux plein), alors que ce dispositif ne concerne que 20 % des hommes. Enfin, même si les titulaires de faibles retraites ne bénéficient pas automatiquement du minimum vieillesse (557 euros mensuels en 2001), cette prestation étant conditionnée aux ressources globales du ménage, les femmes représentent 62 % des 670 000 bénéficiaires en 2002.

Les inégalités ne se limitent pas au niveau des pensions

Les femmes liquident leurs droits, c'est-à-dire demandent à bénéficier de leur retraite, en moyenne deux ans plus tard que les hommes, exception faite de la fonction publique civile, régime dans lequel elles partent plus tôt qu'eux (les femmes de la génération 1934 qui ont été affiliées au régime de la fonction publique civile toute leur carrière partent en moyenne à 57,3 ans ; elles représentent 6,3 % des femmes retraitées de cette génération). Les femmes de la génération 1934 sont ainsi parties à la retraite à 61,3 ans contre 59,2 ans pour les hommes. Ce départ plus tardif s'explique par de nombreuses liquidations à 65 ans (ce qui permet de bénéficier du taux plein sans avoir la durée de cotisation requise) — un tiers des femmes dans la génération née en 1934 —, alors que c'est seulement le cas de moins de 4 % des hommes, ces derniers partant majoritairement à 60 ans (86 %) [Coëffic, 2003].

Si l'âge de liquidation est plus tardif, l'âge moyen de cessation d'activité (calculé pour les individus encore en activité à 50 ans) est le même, voire légèrement inférieur, accroissant ainsi pour les femmes la durée de la période sans emploi avant le départ à la retraite. Le statut durant cette période diffère également selon le sexe. Plus de la moitié des hommes et des femmes ne sont pas en emploi lorsqu'ils demandent la liquidation de leur retraite [Burricand, Roth, 2000]. Mais alors que les hommes connaissent des passages plus fréquents par la préretraite (32 % contre 21 % des femmes), les femmes sont davantage en inactivité (19 % contre 9 % des hommes), cette dernière relevant pour moitié de l'invalidité, et aussi pour partie du chômage (18 % contre 13 % pour les hommes).

Enfin, et cette fois l'inégalité joue en sens inverse, à 60 ans, l'espérance de durée de retraite des femmes est de 6,3 ans supérieure à celles des hommes, respectivement 24,5 et 18,2 ans en 2000, en raison de leur moindre mortalité, ce qui compense plus que largement leur départ plus tardif à la retraite.

Les inégalités de pension reflètent les inégalités sur le marché du travail

Sous l'effet de la montée de l'activité des femmes, les écarts de pension entre hommes et femmes se réduisent avec les générations, mais de façon lente (tableau 1). Ainsi, en 2001, les retraitées âgées de 65 à 69 ans ont cotisé en moyenne neuf trimestres de plus que celles âgées de 85 ans et plus, et l'écart entre hommes et femmes s'est réduit de sept trimestres (tableau 2).

Le taux d'activité des femmes augmente au fil des générations (sauf aux âges extrêmes) et atteint aujourd'hui environ 80 % entre 25 et 50 ans. Les interruptions d'activité aux âges médians deviennent plus rares et plus courtes. Une grande différence de comportement s'observe en particulier entre les générations nées en 1940 ou avant, dont les taux d'activité connaissent une baisse sensible aux âges de la maternité (d'environ dix points) et celles nées en 1950 ou après, pour lesquelles la baisse est beaucoup moins marquée. Le différentiel de taux d'activité entre hommes et femmes ne cesse de décroître. S'il s'élevait à 27 points au début des années 1980, il n'est plus que de 13 points en 2002.

La situation des femmes a aussi évolué favorablement du côté des salaires. Du fait de la hausse de leur qualification et de leur expérience professionnelle, l'écart de salaire entre les hommes et les femmes se réduit. Si le salaire moyen d'une femme travaillant à temps complet était égal à 64 % de celui d'un homme en 1960, il s'élève respectivement à 68 %, 74 % et 82 % du salaire d'un homme à temps complet en 1975, 1985 et 2001. Les écarts subsistent car les femmes occupent encore des emplois moins qualifiés que les hommes dans l'ensemble, leurs carrières continuant notamment à être plus souvent interrompues que les leurs, avec un impact négatif sur les salaires. Et à qualification égale, responsabilités et secteur d'activité identiques, elles continuent à être payées 12 % de moins qu'eux [Meurs, Ponthieux, 1999].

L'écart de pension entre hommes et femmes ne se réduit que lentement

Le changement de comportement d'activité s'observe entre les générations 1930 et 1950. Or, si les premières sont maintenant à la retraite (depuis 1990), les secondes ne partiront qu'à partir de 2010. Il faut alors se livrer à des exercices de prospective pour étudier ces évolutions. En supposant que les écarts de taux d'activité entre hommes et femmes continuent à se réduire jusqu'à atteindre une différence d'environ dix points en 2010, que le niveau de temps partiel se maintient à son niveau de la fin des années 1990 et avec la législation en vigueur en 2004 (c'est-à-dire en incluant les dispositions de la dernière réforme des retraites de 2003), Bonnet, Buffeteau et Godefroy [2004] évaluent pour les femmes une durée de cotisation au titre de l'activité professionnelle de 32,5 ans en moyenne pour la génération 1965-1974, contre 29,3 ans pour la génération 1940-1944. Cette durée reste inférieure à celle validée par les hommes, même si cette dernière diminue sensiblement sous l'effet de l'allongement de la scolarité (42,1 ans pour la génération 1940-1944, contre 40,2 pour la génération 1965-1974). Si on inclut les majorations de durée pour enfants (deux ans par enfant dans le secteur privé ; un an dans le secteur public, cette dernière disposition ayant été modifiée par la réforme des retraites de 2003) et celles au titre de l'assurance vieillesse des parents au foyer (l'AVPF affilie obligatoirement et gratuitement à l'assurance vieillesse, sous condition de ressources, des individus interrompant leur activité pour s'occuper de leurs enfants), l'écart de durée entre hommes et femmes diminue. La durée validée des femmes est majorée de six ans en moyenne et atteindrait ainsi 38,4 ans. La durée des hommes reste quasiment inchangée, ces derniers bénéficiant peu ou pas de ces majorations.

Cette hausse des durées validées couplée à un maintien des écarts actuels de salaire entre hommes et femmes devrait conduire à des pensions de droit direct des femmes âgées de 65 à 69 ans inférieures de 29 % à celles des hommes en 2040, alors que l'écart est de 50 % en 2001 (tableau 4).

Tableau 4 **Ratio (pension moyenne des femmes/pension moyenne des hommes), selon l'âge**

		65-69 ans	70-74 ans	75-79 ans	80-84 ans	85 ans et plus
2001	Droit direct	0,48	0,45	0,43	0,41	0,43
	Retraite totale	0,55	0,55	0,57	0,58	0,65
2020	Droit direct	0,66	0,62	0,55	0,56	0,45
	Retraite totale	0,70	0,68	0,64	0,69	0,65
2040	Droit direct	0,71	0,71	0,67	0,66	0,62
	Retraite totale	0,74	0,75	0,72	0,75	0,78

Source : Échantillon interrégimes de retraités (EIR) 2001 et projections avec le modèle Destinie (2020 et 2040) extrait de [Bonnet, Buffeteau, Godefroy, 2004].

Au fil des générations, l'âge de liquidation resterait stable pour les femmes — la hausse des durées travaillées compensant l'allongement de la scolarité —, tandis qu'il augmenterait pour les hommes. L'écart entre les âges de départ des hommes et des femmes se réduirait ainsi d'environ 1,5 an entre les générations les plus anciennes (1940-1944) et les plus récentes (1965-1974).

Les facteurs freinant la réduction des inégalités

Si les écarts entre les niveaux de pension se réduisent dans les simulations, ce mouvement est lent. En 2040, les pensions de retraite des femmes âgées de 65 à 69 ans seraient encore inférieures d'un quart à celles des hommes du même âge. Par ailleurs, l'évolution globale à la hausse des taux d'activité féminins masque d'autres évolutions du travail des femmes qui pourraient avoir un impact important sur leur retraite [Bonnet, Colin, 2003].

Les femmes occupent plus souvent des emplois précaires (stages, contrats aidés, CDD) et elles risquent plus souvent le chômage, ce qui a un effet sur l'acquisition des droits à la retraite. Certains contrats aidés comme le contrat emploi-solidarité ne sont pas pris en compte dans les régimes complémentaires. De même, si le chômage indemnisé permet de valider des trimestres « gratuits » (sans cotisation), le calendrier des périodes de chômage peut conduire à inclure dans le calcul du salaire de référence de moins bonnes années.

Mais c'est le développement du temps partiel qui a le plus marqué l'évolution de l'activité féminine des vingt dernières années. Si le taux d'activité des femmes âgées de 25 à 59 ans a crû de dix points depuis le milieu des années 1980, près des trois quarts de cette hausse sont dus à la croissance de l'emploi à temps partiel. En 2002, parmi les 3,9 millions de travailleurs à temps partiel, 83 % sont des femmes. Le temps partiel concerne 30 % des actives occupées et 5 % des hommes [Bigot, 2004]. Or le temps partiel a aussi des conséquences sur la poursuite de la carrière et sur la retraite. Tout d'abord, sa prise en compte accroît l'écart de rémunération entre hommes et femmes évoqué précédemment en le faisant passer à 32 % dans le secteur privé en 1997 ; elle le fait par ailleurs repartir à la hausse depuis le début des années 1990 [Meurs, Ponthieux, 1999]. En ce qui concerne les droits à retraite, si les règles de validation de trimestres dans le régime général ne pénalisent que les très faibles niveaux de temps partiel (à partir d'un temps partiel fournissant une rémunération annuelle au moins égale à 40 % d'un temps plein au Smic, la durée validée est la même que pour un temps complet), les années de travail à temps partiel diminuent le salaire annuel moyen qui sert au calcul de la retraite de base, dès lors qu'elles font partie des vingt-cinq meilleures années de salaire retenues pour ce calcul. De plus, elles se répercutent intégralement sur le nombre de points acquis dans les régimes complémentaires. L'impact est le plus grand pour les individus dont la carrière connaît un profil ascendant et lorsque le temps partiel intervient en fin de carrière [Colin, Mette, 2003]. Or c'est le cas de beaucoup de femmes : en 2002, 29 % des femmes âgées de 50 à 59 ans occupant un emploi sont à temps partiel contre 5 % des hommes.

En ce qui concerne les réformes des retraites intervenues depuis le début des années 1990 (réforme Balladur 1993 ; réforme Fillon 2003), très peu d'études en France analysent leur impact sous l'angle du genre. On peut néanmoins citer les travaux de Michèle Tourne [1996] concernant les effets de la réforme de 1993 (les principales dispositions sont un allongement de la durée de cotisation requise de 150 à 160 trimestres et une hausse des dix aux vingt-cinq meilleures années pour la détermination du calcul du salaire de référence, servant au calcul de la pension). Elle conclut que les femmes sont moins nombreuses à être touchées. En effet, celles dont les durées de carrière sont inférieures à dix ans ou qui sont de toute manière rattrapées par les minima de pension ne sont pas affectées par la réforme. En revanche, lorsqu'elles sont touchées, elles perdent plus. Le passage des dix aux vingt-cinq meilleures années accroît la probabilité d'inclure une année de faible salaire. Ce type de problématique est plus répandu à l'étranger [Veil, 2001 ; Falkingham et Rake, 2001 ; Ginn, 2003]. Comme le rappelle Anne-Marie Brocas [2003], il semble que le débat sur les inégalités de retraite entre hommes et femmes ait plutôt eu lieu dans les années 1970-1980, donnant naissance à la plupart des avantages familiaux dont la majoration de durée d'assurance et l'assurance vieillesse des parents au foyer. Ces derniers étaient destinés à majorer les pensions des femmes ou à leur permettre la constitution de droits individuels. Cependant, cette question de l'égalité des retraites entre hommes et femmes a récemment été ramenée sur le devant de la scène par l'introduction de la dimension européenne (et de la problématique de l'égalité de traitement entre hommes et femmes) dans le débat national [Lanquetin, 2003].

D'après les travaux actuellement en cours [Bonnet, Buffeteau, Godefroy, 2004], les différentes réformes des retraites depuis le début des années 1990 ne remettent pas en cause la tendance globale à la réduction des écarts de pension entre hommes et femmes, même si elles ont très probablement agi comme un frein. Ces études soulignent ainsi le rôle joué par les évolutions sur le marché du travail et implicitement, le nécessaire renforcement de l'égalité professionnelle entre hommes et femmes. Ces travaux s'attachent désormais à étudier l'impact des réformes sur certaines catégories de populations, en particulier féminines, connaissant une double instabilité, familiale et professionnelle. On peut en effet se demander si la réduction anticipée des écarts entre hommes et femmes ne s'accompagnerait pas d'une hausse des disparités au sein de la population féminine elle-même.

Bibliographie

Bardaji J., Sedillot B., Walraet E. (2001), « Évaluation de trois réformes du régime général d'assurance vieillesse à l'aide du modèle de microsimulation Destinie », *Document de travail*, INSEE, G2002/07.

Bigot J.-F. (2004), « Enquête sur l'emploi 2003 — L'emploi diminue et le chômage augmente fortement », *INSEE Première*, n° 958.

Bonnet C., Colin C. (2003), « Les retraites des femmes : situation actuelle et perspective », *Travail, genre et sociétés*, n° 9, p. 226-233.

Bonnet C., Buffeteau S., Godefroy P. (2004), « Retraite : vers moins d'inégalités entre hommes et femmes ? », *Populations et Société*, n° 401, INED.

BROCAS A.-M. (2003), « Réponse à la controverse sur Retraites : inégalités en tous genres », *Travail, genre et sociétés*, n° 9, p. 246-253.

BURRICAND C., ROTH N. (2000), « Les parcours de fin de carrière des générations 1912-1941 : l'impact du cadre institutionnel », *Économie et statistique*, n° 335, p. 63-79.

COEFFIC N. (2002), « Les montants des retraites perçues en 2001 », *Études et résultats*, n° 183.

COEFFIC N. (2003), « L'âge de liquidation de la génération 1934 », *Études et résultats*, n° 237.

COLIN C., METTE C. (2003), « Impact des différents aléas de carrière sur les pensions de retraite : inactivité, chômage, travail à temps partiel », *Retraite et société*, n° 40, p. 22-51.

GINN J. (2003), *Gender, Pensions and the Lifecourse*, The Policy Press, University of Bristol.

FALKINGHAM J., RAKE K. (2001), « Modelling the gender impact of the british pension reforms », *in* ARBER S., GINN J., STREET D. (dir.), *Women and Pensions*, Open University Press, 2001, p. 67-85

LANQUETIN M.-T. (2003), « Les retraites des femmes : quelle égalité ? », *Droit social*, n° 11, p. 960-969.

MEURS D., PONTHIEUX S. (1999), « Emploi et salaires : les inégalités entre femmes et hommes en mars 1998 », *Premières synthèses*, n° 32. 2, août.

TOURNE M. (1996), « L'évolution des droits de retraite des femmes au régime général », *Retraite et société*, n° 13, p. 49-83.

VEIL M. (2001), « Allemagne : la réforme des retraites de 2001 : quelles incidences pour les femmes », *Chroniques internationales de l'IRES*, n° 70, p. 3-14.

IV

Marché du travail

25

Scolarités

Catherine Marry et Sylvie Schweitzer

La longue inégalité de traitement scolaire entre les filles et les garçons a, depuis quelques dizaines d'années, été largement soulignée. Au regard des recherches récentes elle reste cependant à nuancer et à lire à l'aune de l'organisation du marché du travail et des évolutions de la société industrielle. En effet, les formations consenties aux filles sont directement liées aux professions qui leur sont ouvertes et à celles qu'elles — et leurs familles — s'autorisent à investir. Tout au long des XIXe et XXe siècles évolue le partage entre les métiers mixtes et ceux qui sont réservés ou interdits aux femmes, partage dont la structure de l'enseignement porte largement trace quels que soient le niveau de scolarité ou l'époque envisagés. Les enseignements primaires, secondaires, techniques et supérieurs sont marqués par les mutations qui ont touché les diverses générations de filles et de jeunes femmes : à une mixité des formations répond une mixité des métiers. Dans tous les pays développés, une question en tire le fil rouge : le mélange des sexes sur les bancs de tous les apprentissages.

L'enseignement primaire : pour ou contre la mixité ?

Ère de fondamentales mutations, le XIXe siècle réorganise l'ensemble des positions et rôles sociaux. Qu'il s'agisse de l'accès à la nouvelle citoyenneté et donc du droit de vote, de la responsabilité civile et donc du droit à l'autonomie et au travail, ou du droit à l'enseignement et donc au libre accès aux professions, les femmes, quel que soit le régime politique, en sortent vaincues et exclues. Pourtant, la question de l'égalité des sexes a été débattue, y compris pour l'accès à l'enseignement primaire : les États-nations en voie d'élaboration multiplient les textes juridiques et administratifs, la population urbaine croît aux dépens de celle des campagnes, quand la suppression des corporations, en particulier en France, n'assure plus la formation des plus qualifié(e)s. La nouvelle société a besoin d'actives et d'actifs alphabétisé(e)s.

Alors, les écoles primaires passent du côté de l'obligation. En France, le ministère de l'Instruction publique demande en 1833 l'ouverture d'une école dans chaque commune, tout en avalisant l'inégalité de traitement entre les garçons et les filles : pour les premiers, il s'agit des communes de plus de 500 habitants, et ce n'est qu'en 1850 que la loi Falloux impose une école primaire de filles dans les communes de plus de 800 habitants [Lelièvre, Lelièvre, 1991]. À la même époque, d'autres pays tranchent de la même manière : en Espagne, la loi Moyano impose en 1857 une école de filles pour les villages de 500 habitants ; la Finlande devance la France en demandant une école de filles dans toutes les communes à partir de 1866 : le ministère Ferry ne fera de même qu'en 1882, imposant de surcroît la gratuité de l'enseignement. Quant à sa laïcité, la République sera là moins radicale que pour l'enseignement des garçons, tolérant jusqu'aux années 1920 des écoles publiques où enseignent des sœurs congréganistes, celles-là mêmes qui encadraient les filles quand l'État les abandonnait encore.

La question de la mixité des classes, plus économique en locaux et en enseignant(e)s, est partout débattue. Probablement sous la pression de l'Église catholique, une ordonnance française de 1835 prescrit la séparation des sexes, mais elle est assouplie un an plus tard par une cohabitation régulée par une cloison au milieu des classes. Quand financièrement faire se peut, et par exemple dans les villes, le patrimoine scolaire de la IIIe République se déploie en construisant des écoles aux murs, et longtemps aux horaires, bien séparés. Il faudra attendre les années 1960 pour que la mixité soit partout imposée, quand dans des pays plus petits et majoritairement protestants de surcroît, comme les Pays-Bas, elle est acquise avec l'alphabétisation de masse [Rogers, 2004].

De fait, la mixité des lieux suppose et implique la coéducation des sexes et donc leur confrontation. Or les enseignant(e)s ne s'y sont jamais trompés : tout de suite les filles ont rivalisé avec les garçons, obtenant souvent l'avantage. Mais il leur sera interdit d'aiguiser cette concurrence et de s'imposer jusqu'au dernier tiers du XXe siècle. Tout juste pourront-elles être proportionnellement plus nombreuses que les garçons à être reçues au certificat d'études.

Pour arrimer la séparation des sexes sur les bancs de l'école primaire, les discussions des pédagogues ont été vives et contradictoires entre les tenants de la mixité et les autres, qui prônaient une séparation supposée garante de la moralité et de la chasteté des filles. Et, longtemps, les seconds auront aussi gain de cause dans l'enseignement secondaire entravant alors l'accès des filles aux métiers les plus prisés.

L'enseignement secondaire : contre la mixité

Concurrence scolaire, concurrence sur le marché du travail : le cas de l'enseignement secondaire s'organise puis s'enracine dans la discrimination. Dans le système napoléonien comme dans les autres pays la place des femmes est pensée : elles sont exclues de l'enseignement secondaire que les États organisent pour former leurs nouvelles élites. Contrairement à leurs frères et cousins qui sont au lycée ou au *Gymnasium*, les filles des classes aisées fréquentent pensions ou couvents, laïques comme religieux, et consacrent leurs talents à l'apprentissage des langues étrangères, de la littérature, de l'histoire et de la géographie, des arts, mais surtout pas du grec, du latin, des mathématiques ou de la philosophie, disciplines indispensables à la compréhension et des sciences et du monde. Quel que soit l'examen (baccalauréat français, belge, grec ou *Abitur* allemand) qui permet d'accéder à l'enseignement supérieur — universités ou écoles — les difficultés qui leur sont opposées sont extrêmes.

Au cours du dernier tiers du XIXe siècle, quand s'installe la deuxième industrialisation et les nouvelles compétences qu'elle requiert, que de nouveaux cursus, en particulier scientifiques et techniques, sont inaugurés dans les établissements secondaires, les filles s'y cherchent une place. Mais même si elles sont soutenues par les fractions les plus éclairées de la société — laïques, protestantes et juives —, la bataille est rude. Dans la plupart des pays occidentaux, elle se conclut dans la création d'établissements non mixtes qui ne mènent en général pas au diplôme convoité. En France, la loi Camille Sée de 1880 crée un lycée de filles dans chaque département, dont le cursus ne mène pas au baccalauréat jusqu'en 1924 [Mayeur, 1993 ; Moulinier, 2002]. En Allemagne, quand en 1898 le Reichstag proclame la liberté pour les femmes d'accéder aux études de médecine, de pharmacie, de dentisterie, il faut dix ans pour que tous les *Länder* réorganisent leur enseignement secondaire féminin. Et il en va de même en Grèce avec les *parthenagogeia* et ailleurs, sauf aux Pays-Bas où les *Gymnasium* sont ouverts aux filles dès 1880, contre l'avis de la majorité des enseignants qui arguent que les programmes devraient pointer les différences de capacités : aux garçons les mathématiques et les sciences, aux filles la littérature.

Si les arguments moraux sont là assortis de commentaires négatifs sur les capacités intellectuelles des filles, il est clair que la société cherche surtout à préserver la non-mixité des métiers auxquels ces études logiquement conduisent, et ce d'autant qu'ils sont réservés à une élite : à peine 3 % d'une classe d'âge est scolarisée dans le supérieur à la veille de la Seconde Guerre mondiale. Il faudra les grands bouleversements qui suivent les années 1960 pour que la mixité s'installe dans les établissements secondaires et avec elle la concurrence des jeunes gens et des jeunes filles sur les bancs et aux examens [Thébaud, Zancarini-Fournel, 2003]. Dès lors et un peu comme pour le certificat d'études au XIXe siècle, les filles sont très vite les plus nombreuses à obtenir les examens de fin d'études secondaires [Baudelot, Establet, 1991].

Cette meilleure réussite des filles dans l'enseignement secondaire ne s'est pas démentie depuis. En 2001, 71 % des filles et 56 % des garçons accèdent au baccalauréat général et technologique ; la supériorité numérique des filles est écrasante en lettres (83,3 % de bachelières « L » en 2003), moindre en sciences économiques et sociales (65,6 % en « ES ») et la parité presque atteinte dans la prestigieuse filière scientifique ou « S » (46,2 %). Ces succès féminins n'ont pas bouleversé l'ordre des inégalités sociales : les enfants de cadres supérieurs sont toujours largement surreprésentés dans les parcours des voies consacrées de l'excellence (grandes écoles), les fils plus encore que les filles. Ces dernières en effet ne tirent pas tous les bénéfices de leurs succès scolaires et dans tous les milieux sociaux, elles sont moins nombreuses à opter pour les filières les plus sélectives. Parmi les bachelières et bacheliers scientifiques de 2002, 22,9 % des filles sont entrées dans une classe préparatoire aux grandes écoles, quand c'est le cas de 38,8 % des garçons [Lemaire, 2004]. Choix de dupes ou de dominées [Baudelot, Establet, 1991], refus raisonné et raisonnable d'une voie qui leur a été longtemps fermée et hostile [Duru-Bellat, 2004] ou choix positif et moins contraint pour une autre voie, comme la médecine [Marry, 2004] ? Quoi qu'il en soit, ces orientations s'avèrent incontestablement moins rentables en termes de carrière professionnelle et salariale.

L'enseignement professionnalisant : la séparation des sphères

Si l'on freine l'accès des jeunes filles aux métiers anciens ou nouveaux, que ce soit du droit, de la médecine, de la haute administration ou même de l'enseignement, bien d'autres lieux de formation intermédiaires sont cependant ouverts, comme les Écoles primaires supérieures en France, *Hogere Burgersschool* aux Pays-Bas [Briand, Chapoulie, 1992]. Mais, une fois encore, on opte pour la séparation des sphères et des apprentissages.

En France, les effectifs de cet enseignement primaire supérieur dépassent rapidement ceux des lycées (103 000 filles contre 42 000 dans les années 1930 par exemple), avec des élèves qui achèvent ou non leur cursus par l'obtention du brevet et du brevet supérieur. Si ces diplômes sont nécessaires pour passer les concours de l'administration — et pas seulement pour y être institutrices — dans les secteurs de la santé (infirmières, sages-femmes), ils sont aussi largement professionnalisant pour ces autres métiers féminins qui se multiplient dès la fin du XIXe siècle : la comptabilité, le commerce, le secrétariat... tout ce secteur tertiaire où des millions de femmes sont salariées ou à leur compte [Schweitzer, 2002]. Mais le brevet supérieur remplace aussi — comme pour les garçons — le rare baccalauréat dans les nouveaux lieux de formations supérieures qui s'ouvrent pour compléter l'enseignement universitaire, les Instituts scientifiques et autres écoles spécialisées, d'ailleurs conçus mixtes.

Si les États subventionnent et contrôlent ces établissements, leurs programmes et leurs enseignant(e)s, bien d'autres filières, souvent courtes, un ou deux ans, existent : il y a là les CAP (puis les BEP dans les années 1960) strictement sexués dès leur création (1911) si bien que le marché du travail porte d'ailleurs encore largement trace de cette exclusion avec l'absence de mécaniciennes, électriciennes et autres menuisières [Moreau, 2004]. Mais les compétences professionnelles sont aussi élaborées dans le cadre de formations subventionnées par les organismes consulaires (les chambres de commerce et d'industrie), les mairies, les industriels, les Églises. Sont formées là tant des dactylographes, des coiffeuses, des couturières, des repasseuses, des cuisinières, que des gouvernantes, des commerçantes, des secrétaires de direction et des institutrices. Par ailleurs, certaines de ces écoles accueillent des jeunes filles de 17 ou 18 ans et leur délivrent des diplômes cousins de ceux de HEC-Jeunes Filles, c'est-à-dire assimilables à un enseignement supérieur [Claire, Schweitzer, 2003].

L'enseignement supérieur : une mixité nuancée

« Corps de femme avec un cerveau d'homme », les premières étudiantes qui fréquentent les universités françaises au tournant du XXe siècle sont perçues comme des « monstres », d'autant plus inquiétantes, qu'elles viennent souvent de pays étrangers (Russie, Pologne...) [Christen-Lecuyer, 2000]. Ces pionnières ont dû faire preuve d'une détermination sans faille et du soutien de leurs proches pour affronter l'hostilité de l'institution et se voir reconnaître le droit de passer les examens d'abord, de fréquenter les cours ensuite et enfin d'exercer leur profession. Pendant des décennies, seule une petite minorité parvint à décrocher la licence ou le doctorat. De surcroît, nombre de ces jeunes femmes s'arrêtaient lors de leur mariage ou de la naissance de leur premier enfant. Ce n'est qu'à partir des années 1960 que la majorité des étudiantes obtiennent des diplômes et exercent un métier, inaugurant la nouvelle figure de la « bourgeoise laborieuse » [Mosconi, 1994].

Une certaine ouverture sociale a accompagné la vive progression de la population estudiantine au cours des quatre dernières décennies et la part des filles n'a cessé d'augmenter : 42 % en 1960, 46 % en 1971, 50 % en 1980, 53 % en 1990, 56,5 % en 2003, pour une France qui ne se distingue guère de la moyenne des autres pays occidentaux. Si les lycéennes du troisième millénaire se dirigent vers l'université avec des projets professionnels souvent plus ambitieux que ceux des garçons, elles envisagent moins souvent qu'eux d'être ingénieures ou informaticiennes. Toutefois, leurs projets ne se limitent pas aux professions les plus féminisées d'enseignantes ou de psychologues. Nombre d'entre elles aspirent à devenir juges, avocates, journalistes et médecins, toutes professions longtemps réservées aux hommes. Pour réaliser ces projets, elles se mobilisent autour de la réussite scolaire, accèdent plus jeunes au baccalauréat et à l'université et résistent mieux, dans toutes les disciplines, au processus d'élimination des deux premières années universitaires. Leur part diminue en troisième cycle mais la parité est aujourd'hui atteinte dans la plupart des domaines.

Le renversement historique des inégalités sexuées au profit des filles dans l'accès au baccalauréat et à l'université s'est toutefois accompagné d'un étonnant maintien des différences d'orientation par domaines d'études que la richesse des nations n'entame pas, au contraire [Establet, 2003]. Les filles comme les garçons ont diversifié leurs orientations en délaissant les lettres pour l'économie, la gestion, le droit, les sciences politiques, la médecine. Dans tous ces domaines, elles représentent aujourd'hui plus de la moitié de la population étudiante mais elles restent minoritaires dans les cursus centrés sur les mathématiques et la physique. Après un accueil plutôt favorable aux pionnières, les « sciences et structures de la matière » sont le seul domaine d'études qui n'a connu aucune augmentation de la part des femmes depuis quarante ans (un tiers environ d'étudiantes). Et la progression dans les sciences de l'ingénieur, à l'université et dans les grandes écoles, reste très lente (6 % en 1960, 24,5 % en 2003).

Cette division sexuelle des savoirs pose la question de la moindre rentabilité scolaire et professionnelle des orientations des jeunes femmes, puisque les filières où dominent les mathématiques et la physique sont celles qui garantissent la meilleure insertion professionnelle. Par ailleurs, en dépit de leurs succès scolaires et de leurs ambitions professionnelles, les jeunes diplômées de l'université se heurtent toujours et partout à des difficultés de progression dans leur carrière. Leur part s'étiole au fil de la hiérarchie des grades et des corps, dans le secteur privé comme dans le monde académique, dans les professions mixtes comme dans les plus masculines. Une fois encore, comprendre cette irritante énigme de la difficile transmutation de l'excellence scolaire des filles en excellence des carrières implique de sortir des murs de l'école pour aller voir sur le marché du travail, dans les entreprises ainsi que dans leurs deux familles : celle d'origine et celle d'arrivée.

Bibliographie

BAUDELOT C., ESTABLET R. (1991), *Allez, les filles !*, Seuil, Paris (réédition en poche, 1992).

BRIAND J.-P., CHAPOULIE J.-M. (1992), *Les collèges du peuple. L'enseignement primaire supérieur et le développement de la scolarisation prolongée sous la IIIe République*, CNRS/INRP/Presses de l'ENS, Fontenay-Saint-Cloud, Paris.

CHRISTEN-LECUYER C. (2000), « Les premières étudiantes de l'Université de Paris », *Travail, genre et sociétés*, n° 4, p. 35-50.

CLAIRE J., SCHWEITZER S. (2003), « Des formations initiales pour les métiers : l'enseignement féminin à Lyon, XIXe et XXe siècles », *Revue du Nord*, n° 17, p. 175-191.

DURU-BELLAT M. (2004), *L'école des filles*, L'Harmattan, Paris (première édition : 1990).

ESTABLET R. (2003), « Filles et garçons à l'école : un changement social à suivre », *in* LAUFER J., MARRY C., MARUANI M. (dir.), *Le travail du genre. Les sciences sociales du travail à l'épreuve des différences de sexe*, La Découverte-Mage, Paris, p. 181-189.

LELIÈVRE C., LELIÈVRE F. (1991), *Histoire de la scolarisation des filles*, Nathan, Paris.

LEMAIRE S. (2004), « Que deviennent les bacheliers après leur baccalauréat », *Note d'information du ministère de l'Éducation nationale*, 04, 14, juin.

MARRY C. (2004), *Les femmes ingénieurs. Une révolution respectueuse*, Belin, « Perspectives sociologiques », Paris.

MAYEUR F. (1993), *L'enseignement secondaire des jeunes filles sous la IIIe République*, FNSP, Paris.

MOREAU G. (2004), *Le monde apprenti*, La Dispute, Paris.

MOSCONI N. (1994), *Femmes et savoir. La société, l'école et la division des savoirs*, L'Harmattan, Paris.

MOULINIER P. (2002), *La naissance de l'étudiant moderne (XIXe siècle)*, Belin, Paris.

ROGERS R. (dir.) (2004), *La mixité dans l'éducation. Enjeux passés et présents*, ENS éditions, Paris.

SCHWEITZER S. (2002), *Les femmes ont toujours travaillé. Une histoire du travail des femmes*, XIXe-XXe siècles, Odile Jacob, Paris.

THÉBAUD F., ZANCARINI-FOURNEL M. (dir.) (2003), *Clio*, dossier « Éducation et mixité », n° 18.

26

La croissance de l'activité féminine

Catherine Sofer

La croissance de l'activité féminine, en France, dans les pays développés, mais aussi — même si c'est parfois ailleurs à un moindre degré — dans le monde entier, constitue l'une des mutations majeures de la seconde moitié du XXe siècle. Le développement de l'activité féminine est étroitement lié à celui de l'éducation des filles, d'une part, et à l'évolution des salaires relatifs des femmes, d'autre part. Les liens entre ces différents phénomènes peuvent être considérés comme un sorte de cercle vertueux qui s'est enclenché au début des années 1960 : hausse du niveau d'éducation ⇒ accroissement de la rentabilité de l'activité ⇒ moindre retrait du marché du travail ⇒ accroissement de la rentabilité de l'éducation *via* des hausses de salaires ⇒ hausse du niveau d'éducation ⇒ accroissement de l'activité... L'une des questions qui se pose est de savoir si cet enchaînement n'a pas été remis en question par le fort ralentissement de la croissance économique de ces dernières années.

L'objectif de cet article est donc tout d'abord de décrire l'évolution globale constatée en France, puis de donner un aperçu des comparaisons internationales. Nous fournirons ensuite des clefs d'analyse, avant d'examiner les liens entre activité des femmes et fécondité. Enfin, nous livrerons quelques conclusions et des éléments de réflexion prospective.

L'évolution de l'activité des femmes en France

Commençons, comme le veut la tradition, par quelques chiffres. Au cours des quarante dernières années, l'accroissement de l'activité des femmes a été le phénomène le plus marquant sur le marché du travail en France, et dans la plupart des pays du monde. En France, par exemple, les femmes représentaient 34 % des actifs en 1962 (comme au début du siècle) contre plus de 45 % aujourd'hui. La féminisation du salariat s'accélère au début des années 1960. Elle amplifie fortement une évolution déjà esquissée depuis le milieu du XIXe siècle, mais qui avait connu un retournement au milieu du XXe siècle, avec le fort recul de l'agriculture au profit du travail salarié : les femmes représentaient 36 % des actifs en 1911, chiffre qui comprend les agricultrices, en progression lente mais constante depuis 1850 [Marchand et Thélot, 1991].

Au cours des dernières décennies, l'activité des femmes s'est renforcée particulièrement aux âges intermédiaires : le taux d'activité des femmes âgées de 25 à 49 ans est ainsi passé de 58 à 81 % entre 1975 et 2003 [INSEE, 2004].

Il faut également noter deux caractéristiques de cette évolution des taux d'activité : un resserrement de la population active dans une catégorie d'âge plus étroite en raison, d'une part, d'entrées plus tardives dans la vie professionnelle et, d'autre part, de sorties plus précoces. Globalement, rapporté à la population totale, le taux d'activité des femmes n'est pas de beaucoup supérieur aujourd'hui à ce qu'il était au début du XXe siècle. Cela tient au resserrement des âges d'activité : le taux d'activité des hommes, pour la même raison, a chuté lui de plus de vingt points sur la même période.

Progressivement, pendant la seconde moitié du XXe siècle, l'activité féminine s'est donc rapprochée, dans une certaine mesure, du modèle masculin. Cependant, le rapprochement constaté avec les comportements d'activité des hommes connaît certaines limites : particulièrement depuis le début des années 1980, avec une intensification au début des années 1990, de très nombreux emplois créés l'ont été à temps partiel, en France comme dans la plupart des pays développés [voir le chapitre de Rachel Silvera]. De sorte qu'aujourd'hui plus de 40 % des femmes ayant un emploi en France ont un emploi à temps partiel contre moins de 6 % des hommes.

Quelques comparaisons internationales

En matière de travail à temps partiel, la France se situe plutôt dans la moyenne des pays européens, où on peut d'ailleurs noter la forte corrélation entre l'activité des femmes (et sa progression) et l'importance du travail à temps partiel, même si quelques pays où le travail à temps partiel des femmes est particulièrement développé ont néanmoins un taux d'activité des femmes inférieur à la moyenne (l'Allemagne, par exemple). Cependant, il faut noter que dans les pays nordiques, où le développement du travail salarié des femmes s'est produit plus tôt et a conduit à des taux d'activité des femmes particulièrement élevés, le travail à temps partiel recule depuis le milieu des années 1990 (moins 5 points au Danemark ou en Norvège, moins 10 points en Suède). Serait-ce là l'amorce d'un renversement général de tendance en Europe, et d'un nouveau rapprochement avec les comportements masculins au travail ?

Le phénomène massif d'augmentation de l'activité des femmes dans la seconde moitié du XXe siècle se retrouve, en effet, dans tous les pays développés, et également, à des degrés divers dans les pays en développement : dans ces derniers, les femmes représentaient en 2002, 40 % de la main-d'œuvre totale [Banque mondiale, 2004]. Il faut cependant noter que les comparaisons internationales d'activité des femmes sont à manier avec précaution, car elles donnent des résultats assez différents selon les indicateurs utilisés. Par exemple, l'Union européenne publie de façon régulière des statistiques de taux d'emploi, plutôt que de taux d'activité. Si on compare les deux indicateurs, les chômeuses sont donc ôtées du numérateur du dernier, de sorte que le taux d'emploi des pays dans lesquels le taux de chômage est élevé est, à taux d'activité égal, plus faible. D'autre part, la durée moyenne des études est différente d'un pays à l'autre. Elle est particulièrement longue en France, par exemple. De plus, dans les statistiques européennes, les élèves ou les étudiants qui travaillent quelques heures par semaine pendant la durée de leurs études sont comptabilisés parmi les personnes ayant un emploi. Or la pratique de cumul des études et d'un travail est très différente selon les différents pays (elle est peu répandue en France ou dans les pays du Sud). Lorsque le taux d'emploi est calculé pour la tranche d'âge 15 à 64 ans, ce qui est le cas en général pour les statistiques européennes, ou pour celles de l'OCDE, les différences entre pays incorporent ces éléments, de même qu'elles sont également sensibles à des pratiques diverses selon les pays en matière d'âge de départ à la retraite (précoce en France relativement à la plupart des autres pays développés, par exemple) [Letablier, Lurol, 2000]. Si on compare les taux d'emploi des femmes âgées de 15 à 64 ans dans les différents pays de l'Europe des 25, par exemple, la France se situe à peine au-dessus de la moyenne en 2003 (56 % contre 55 %), alors que le taux d'emploi des femmes en Suède, en Norvège, ou au Royaume-Uni est supérieur de 10 à 15 points. Mais si on compare les taux d'activité ou les taux d'emploi des femmes dans la tranche d'âge 25-49 ans, la France est beaucoup plus proche des taux des pays du Nord : comme dans ces derniers pays, et contrairement à ce qui se passe dans les pays du Sud ou dans de nombreux pays du centre de l'Europe continentale (comme en Allemagne), la grande majorité des femmes en France a une activité professionnelle continue. Par ailleurs, le groupe des pays du sud de l'Europe se distingue à la fois par un faible taux d'emploi et d'activité des femmes, une faible proportion d'emplois à temps partiel, et une faible participation des mères de jeunes enfants. C'est exactement l'inverse dans les pays nordiques (sauf pour le temps partiel en Finlande, relativement peu développé, avec le phénomène nouveau et intéressant signalé ci-dessus, du recul sensible du travail à temps partiel chez les femmes dans ces pays depuis le milieu des années 1990).

Les pays d'Europe continentale occupent en général une position intermédiaire, au moins pour certaines des variables qui viennent d'être évoquées. Certains pays comme les Pays-Bas, peuvent afficher le taux d'emploi féminin à temps partiel le plus élevé d'Europe (près de 75 %) et un taux d'emploi des femmes de 10 points au-dessus de la moyenne européenne. La France se situe, on l'a vu, dans la moyenne européenne pour ces variables, mais au-dessus de la moyenne pour l'activité des 25-50 ans.

Les pays d'Europe orientale, dont les « nouveaux pays », c'est-à-dire ceux entrés dans l'Union européenne en 2004 se caractérisent dans l'ensemble par des taux d'activité et d'emploi autour de la moyenne : en 2003, le taux d'emploi des 15-64 ans est de 56 % en République tchèque, 59 % en Estonie, mais seulement 46 % et 51 % en Pologne et en Hongrie, ce qui place ces deux derniers pays en dessous de la moyenne européenne. Malte et surtout la Turquie rejoignent le peloton des pays méditerranéens, avec des taux qui se situent au-dessous de 35 %. On y constate une tendance à la stabilité ou à la décroissance de l'activité des femmes, comme en Pologne et surtout en Roumanie (moins huit points depuis 1997). Seuls trois pays de l'Est (Bulgarie, Hongrie, Lettonie) connaissent une croissance décelable de l'emploi des femmes. Cependant, ils ont tous une même caractéristique, qui est la très faible proportion d'emplois féminins à temps partiel : moins de 4 % en Bulgarie ou en Slovaquie, par exemple. Dans l'ensemble des pays d'Europe orientale, qui, pour la plupart d'entre eux, avaient hérité du régime communiste une activité féminine traditionnellement élevée (et à temps complet), la tendance est donc plutôt, pour l'instant, à la décroissance de l'activité : la conjonction d'une forte hausse des coûts de garde d'enfant (l'État s'est logiquement désengagé de l'activité économique, mais il a également cessé de financer de nombreuses infrastructures publiques, comme les crèches), et d'un très faible développement du temps partiel dans la période de transition ne fournissent pas, pour le moment, un environnement très favorable à l'activité des femmes.

Enfin, si on compare l'Europe aux autres pays développés, on retrouve la même évolution générale pour le taux d'activité des 15-64 ans : les États-Unis, par exemple qui connaissaient en 1964 un taux d'activité des femmes de cette classe d'âge inférieur à 50 % et inférieur à celui de la France, ou encore le Canada, ont rejoint le peloton de tête. L'Australie et la Nouvelle-Zélande connaissent une évolution comparable à celle des Pays-Bas ; la courbe des taux d'activité du Japon est proche de celle de l'Allemagne ou de la France (autour de 60 % aujourd'hui), et enfin la Corée ou le Mexique ont plutôt le profil des pays du sud de l'Europe [OCDE, 1964, 2000, 2001, 2002].

Quelques éléments d'analyse

On est frappé par la continuité du développement de la population active féminine, en dépit d'une conjoncture économique beaucoup plus défavorable que dans les années 1960 ou le début des années 1970. Cette croissance de l'activité des femmes, liée à la hausse des salaires réels, qui s'est poursuivie tout en se ralentissant fortement par rapport aux trois décennies d'après guerre, s'est accompagnée d'une élévation très sensible du niveau de formation des filles qui dépasse désormais celui des garçons [voir chapitre 25]. D'où la mise en place progressive et continue du « cercle vertueux » auquel il est fait allusion dans l'introduction, même si le développement du travail à temps partiel risque de conforter une répartition des tâches où les femmes ont la charge principale du travail domestique. Cela pourrait constituer un frein puissant à l'égalisation de la situation des hommes et des femmes sur le marché du travail. Car, comme dans les années 1960, la progression de l'activité féminine est avant tout le fait des femmes vivant en couple, et particulièrement des femmes ayant des enfants. Aujourd'hui, dans leur grande majorité, les mères de deux enfants sont sur le marché du travail, et la moitié des mères de trois enfants sont actives (contre moins de 20 % en 1982).

Cette évolution va dans le sens d'une approche fondée sur l'analyse économique, qui met l'accent sur la comparaison entre la rentabilité relative du temps de travail marchand et du travail domestique [Becker, 1981 ; Apps et Rees, 1997 ; Rapoport, Sofer, Solaz, 2003] : tant que le secteur marchand continue à produire à des prix de plus en plus faibles des substituts aux biens qui pourraient être produits dans la sphère domestique (vêtements, produits alimentaires…), et tant que les salaires réels des femmes ne baissent pas, ou tant que des aspects institutionnels ou des politiques sociales ou fiscales ne tendent pas à rendre plus rentable le retour à la maison (comme l'extension de l'allocation parentale d'éducation (APE) aux parents d'un deuxième enfant en 1994, qui a provoqué une chute sensible du taux d'activité des femmes [Marc, 2004 et voir chapitre 20, « La politique familiale française »]), l'accroissement du taux d'activité des femmes devrait en effet se poursuivre. Une illustration de cette approche est fournie par l'analyse, intéressante, parce qu'à première vue paradoxale, des liens entre activité féminine et fécondité.

Les liens entre activité féminine et fécondité

En effet, s'il est un « produit » de l'activité domestique dont le coût des substituts marchands joue un rôle particulièrement important, ce sont bien les enfants. Or le coût des enfants est très variable d'un pays à l'autre selon le degré d'investissement de l'État en matière de subventions des modes de garde, ou selon les dispositions institutionnelles d'aide aux familles avec enfants (allocations familiales, dégrèvements fiscaux, prestations sociales diverses...). Non seulement le coût des enfants est très variable d'un pays à l'autre, mais, dans un même pays, il est souvent également très différent selon le statut de la mère vis-à-vis du marché du travail. En effet, si un certain nombre de prestations liées aux enfants sont réservées aux femmes au foyer ou réduisant leur activité (telle l'APE), ou soumises à un plafond de revenu du ménage, elles diminuent le coût de l'enfant pour les femmes au foyer (et donc le rendent, en termes relatifs, plus élevé pour celles qui travaillent). Inversement, le système fiscal français du quotient familial, en raison de son caractère régressif (l'économie d'impôt liée aux enfants est d'autant plus élevée que les revenus du ménage sont plus élevés), et malgré les effets désincitatifs sur le travail des femmes d'un impôt qui porte sur le ménage et non sur l'individu, diminue relativement le coût des enfants pour les mères qui travaillent. Notons qu'au coût direct des enfants s'ajoute le coût d'opportunité, indirect : il s'agit du manque à gagner, pour les femmes (dans la quasi-totalité des cas, ce sont uniquement les femmes qui sont concernées), lié à un retrait du marché du travail, au passage à temps partiel, ou au fait de renoncer à une carrière plus brillante, mais intensive en temps. Le coût des enfants est donc susceptible d'avoir une influence forte sur l'activité de leur mère, mais aussi bien entendu, en amont et simultanément, sur les décisions des couples en matière de fécondité.

Précisément, dans les pays de l'OCDE, l'accroissement généralisé de l'activité féminine s'est accompagné d'une très sensible baisse du taux de fécondité moyen, qui est passé de 2,9 enfants par femme en 1960 à 1,6 à la fin des années 1990, donc au-dessous du taux de remplacement des générations [Adsera, 2004].

L'analyse économique standard des choix de fécondité [Becker, 1960 ; Willis, 1974] met traditionnellement en avant un lien causal entre les deux phénomènes : avec l'accroissement de l'activité des femmes, le coût total (direct et indirect) des enfants s'élève fortement. Les couples vont donc se tourner plutôt vers des activités domestiques ou de loisir moins intensives en temps et réduire leur nombre d'enfants. D'où la concomitance des deux phénomènes majeurs observés partout dans le monde, ou presque, pendant la seconde moitié du XXe siècle : l'accroissement de l'activité des femmes et la baisse de la fécondité.

Cependant, depuis les années 1980, un paradoxe est apparu : en comparant les différents pays développés, on trouve plutôt une relation positive entre taux d'activité des femmes et fécondité. En effet, la plupart des pays à forte participation des femmes au marché du travail, comme les États-Unis, les pays scandinaves ou la France, par exemple, ont des taux de fécondité élevés (environ 2 enfants par femme), alors qu'au contraire de nombreux pays à faible participation féminine (Espagne, Grèce, Italie) connaissent à la fois des faibles taux d'emploi féminin et des bas taux de fécondité (proches de 1 enfant par femme) [Thévenon, 2004].

Ces écarts pourraient bien s'expliquer par des différences institutionnelles entre les pays [Adsera, 2004 ; Kögel, 2004], différences qui portent sur les caractéristiques du marché du travail, ou sur l'intervention de l'État en matière de modes de garde, et qui ont pour conséquence de faire varier considérablement le coût des enfants d'un pays à l'autre : les pays à forte fécondité sont ceux dans lesquels les coûts liés à la présence d'enfants (en particulier des très jeunes) sont faibles, soit parce que le marché du travail est particulièrement flexible, comme aux États-Unis (coût des modes de garde peu élevés, faible coût d'un retrait provisoire du marché du travail, nombreux emplois à temps partiel), soit parce que l'État les prend largement en charge (fortes dépenses publiques en matière de gardes d'enfant, défiscalisation...), comme dans les pays nordiques ou en France. À l'inverse, les pays du sud de l'Europe, à faible fécondité, ont à la fois peu d'aides publiques à la prise en charge des jeunes enfants, peu d'emplois à temps partiel, et un fort taux de chômage, d'où un coût des enfants particulièrement élevé.

Il ressort bien de ces analyses que la seule politique nataliste efficace aujourd'hui consiste, non pas à inciter financièrement les femmes à rester ou retourner à la maison lorsqu'elles ont des enfants, mais, au contraire, d'une part à faire diminuer le coût global des enfants pour les femmes qui travaillent, et, sans doute, d'autre part, à viser à un partage plus équitable de ce coût par les hommes.

L'activité féminine a continué à se développer dans le monde à la fin du XXe siècle, et continue de se développer au début du XXIe, en dépit d'une conjoncture économique beaucoup plus défavorable que dans les années 1960 ou au début des années 1970. Cette croissance de l'activité des femmes est liée à la hausse des salaires réels, qui se poursuit, en relation avec une élévation très sensible du niveau de formation des filles qui dépasse désormais celui des garçons dans beaucoup de pays développés. Cependant, les comportements d'activité des hommes et des femmes demeurent différents. D'une part, le développement du travail à temps partiel, même s'il facilite l'activité des femmes, en particulier des moins qualifiées d'entre elles, risque de conforter une division traditionnelle des tâches dans les couples, ce qui constitue un frein puissant à l'égalité sur le marché du travail. Peut-être une solution consiste-t-elle à encourager, comme dans les pays scandinaves, le travail à mi-temps des jeunes pères ? D'autre part, la persistance dans les esprits du modèle de famille dit « traditionnel » incite périodiquement des gouvernements à tenter de renvoyer les femmes à la maison, dans l'espoir de faire baisser le chômage, ou d'augmenter la natalité. Le remède se révèle illusoire, dans un cas comme dans l'autre, mais ces politiques risquent néanmoins de semer des obstacles sur le chemin de l'égalité. Enfin, les années récentes ont démontré que la croissance de l'activité des femmes n'allait pas nécessairement de pair avec la baisse de la natalité. Au contraire : la seule politique nataliste qui se révèle efficace consiste, aujourd'hui, à minimiser le coût des enfants pour les femmes qui travaillent, et sans doute à inciter les hommes à partager ce coût plus équitablement.

Bibliographie

ADSERA A. (2004), « Changing fertility rates in developed countries. The impact of labour market institutions », *Journal of Population Economics*, vol. 17, février, p. 17-43.

APPS P., REES R., [1997], « Collective labor supply and household production », *Journal of Political Economy*, 105, p. 178-190.

Banque mondiale (2004), *Labour Force Statistics*.

BECKER G.S. (1981), *A Treatise on the Family*, Cambridge Mass, Harvard University Press, Cambridge.

BECKER G.S. (1960), « An economic analysis of fertility », in *Demographic and economic change in developed countries*, Princeton University Press, Princeton.

EUROSTAT (2004), *Statistiques de l'emploi*.

INSEE (2004), *Femmes et hommes. Regards sur la parité*, Édition 2004, Paris.

KÖGEL T. (2004), « Did the association between fertility and female employment within OECD countries really changed its sign ? », *Journal of Population Economics*, vol. 17, février, p. 45-65.

LETABLIER M.-T., LUROL M. (2000), « Les femmes entre travail et famille dans les pays de l'Union européenne », *La Lettre du Centre d'Études de l'Emploi*, n° 63, juillet, p. 1-10.

MARC C. (2004), « L'influence des conditions d'emploi sur le recours à l'APE », *Recherches et Prévisions*, n° 75, mars, p. 21-38.

MARCHAND O., THELOT C (1991), *Deux siècles de travail en France*, INSEE études, Paris

OCDE (1964, 2000, 2001, 2002), *Labour Market Statistics.*

RAPOPORT B., SOFER C. SOLAZ A. (2003), « Household Production in a Collective Model : Some New Results » TEAM Working Papers, *Cahiers de la MSE*, université Paris-I-Panthéon-Sorbonne.

THÉVENON O. (2004), « Les enjeux pour l'emploi feminin de la stratégie européenne pour l'emploi », *Revue de l'OFCE*, n° 90, juillet, p. 379-417.

WILLIS R.J. (1974), « Economic Theory of Fertility Behavior » *in* : T.W. SCHULTZ (éd.), *The Economics of the Family*, University of Chicago Press, Chicago.

27

Chômage, sous-emploi et précarité

Margaret Maruani et Danièle Meulders

Sur le marché du travail, les disparités entre hommes et femmes ne se définissent pas uniquement par les inégalités professionnelles, par celles qui touchent au travail, c'est-à-dire aux conditions d'exercice de l'activité professionnelle. On les retrouve de façon centrale dès que l'on aborde les situations d'emploi, c'est-à-dire les modalités d'accès et de retrait du marché du travail.

Le chômage est, aujourd'hui comme hier, une des inégalités de sexe les plus criantes. Le fait n'est pas nouveau, il se vérifie depuis plusieurs décennies. Il n'est pas spécifiquement français : dans la plupart des pays européens, les femmes sont plus durement touchées par le chômage. Il concerne particulièrement les jeunes et les ouvrier(e)s. Au-delà du chômage conventionnel, c'est-à-dire dès que l'on s'éloigne des définitions officielles pour pénétrer dans la nébuleuse du halo du chômage, les différences entre hommes et femmes s'accusent. De la même façon que le chômage, le sous-emploi et la précarité sont fortement sélectifs. Par le biais du travail à temps partiel, ils touchent massivement les femmes.

Le surchômage féminin

Le surchômage féminin est un phénomène durablement incrusté dans le fonctionnement du marché du travail. Comment peut-on le mesurer ? Avant que de se pencher sur les chiffres, il convient de faire un petit détour par les définitions conventionnelles du chômage.

En France, trois définitions du chômage coexistent, qui sont autant d'indicateurs partiels du non-emploi.

La première, et la plus connue, repose sur la norme établie par le Bureau international du travail (BIT). C'est le chômage au sens du BIT que l'INSEE calcule à partir de ses enquêtes annuelles sur l'emploi qui est utilisé pour les comparaisons internationales. Cette définition, extrêmement restrictive, comprend les personnes strictement sans emploi, n'ayant pas travaillé durant la période de référence (la semaine précédente), se déclarant disponibles pour travailler et pouvant attester de recherches effectives d'emploi. C'est elle qui est retenue par Eurostat, l'organisme européen de statistique qui fournit ainsi des données harmonisées pour l'ensemble de l'Union européenne.

La deuxième définition, le chômage au sens du recensement, regroupe tous ceux qui, à l'occasion des recensements de la population effectués régulièrement par l'INSEE, se déclarent spontanément chômeurs. C'est donc la définition la plus « subjective » en ce qu'elle se fonde sur les déclarations des individus sans se fonder sur leur disponibilité pour travailler ou sur leurs démarches de recherche d'emploi.

La troisième est établie par les données de l'Agence nationale pour l'emploi (ANPE). Elle rassemble les demandes d'emploi en fin de mois (DEFM), c'est-à-dire les inscriptions comme demandeurs d'emploi sur les listes de l'ANPE. Jusqu'en 1995, l'ANPE incluait dans les DEFM les chômeurs exerçant une activité à temps réduit. Depuis 1995, une nouvelle catégorie a été créée (la catégorie 6) qui enregistre séparément les demandeurs d'emploi ayant eu, dans le mois, une activité réduite de plus de 78 heures. La nouvelle statistique principale de l'ANPE (la catégorie 1) exclut ainsi, de fait, une grande partie du sous-emploi.

Ces trois définitions du chômage produisent des chiffres notablement différents. Ainsi, si l'on se fonde sur les données de 1999 (date du dernier recensement), le nombre des chômeurs oscille entre 2,6 millions (les DEFM), 2,8 millions (chômage au sens du BIT) et 3,4 millions (chômage au sens du recensement). Entre la plus ouverte et la plus fermée de ces définitions, l'écart est de 770 000.

Partant de là, que peut-on dire du surchômage féminin ? En France, on le repère déjà au milieu des années 1970 : au recensement de 1975, au tout début de ce que l'on nomme la « crise de l'emploi », le chômage touche 2,7 % des hommes et 5,6 % des femmes. Dans l'Union européenne, on le retrouve avec une grande constance dans la plupart des pays depuis le début des années 1980 (voir annexe II). En 2002, les taux de chômage des femmes sont supérieurs à ceux des hommes dans dix pays. Ils sont particulièrement élevés en Espagne (16,4 %), en Grèce (15 %) et en Italie (12,2 %). Dans l'Europe des 12, en 1983, 8,7 % des hommes et 11,8 % des femmes étaient au chômage. Vingt ans plus tard, en 2002, dans l'Europe des 15, 6,9 % des hommes et 8,7 % des femmes sont au chômage : l'écart s'est resserré, mais il demeure. L'évolution est variable selon les pays : en France, au Luxembourg, en Belgique, au Portugal et aux Pays-Bas, les taux de chômage masculin et féminin se rapprochent alors qu'en Espagne, en Grèce et en Italie, on n'observe pas de réduction des écarts.

C'est chez les moins de 25 ans que les différences entre chômage masculin et féminin sont les plus préoccupantes — et les plus surprenantes : dans des générations où les femmes sont plus diplômées que les hommes, à des âges où l'effet famille ne joue pas, on a du mal à comprendre. C'est particulièrement vrai en France où un écart de près de 5 points sépare le chômage des jeunes hommes (18,2 %) de celui des jeunes femmes (22,8 %). Dans les pays de l'Europe du Sud, le chômage des jeunes femmes, cumulant les effets de l'âge et du sexe, atteint des sommets impressionnants : en 2002, en Espagne, en Grèce et en Italie, avant 25 ans, près d'une femme sur trois est au chômage.

La perplexité est la même lorsque l'on observe le lien entre chômage et qualification. Les pays européens ont connu une hausse sensible du niveau d'éducation de la population en âge de travailler, et ce tout particulièrement pour les femmes de moins de 50 ans dont le niveau d'éducation dépasse désormais celui des hommes.

De façon générale, lorsque le niveau d'instruction augmente, le taux de chômage diminue. Dans les faits, qu'observe-on ? Cette tendance se retrouve dans certains pays, comme la Finlande et la France où le niveau d'éducation pèse de façon très sensible sur le risque de chômage. Il n'existe cependant pas de relation uniforme applicable à tous les pays européens.

Dans certains pays, des différences prononcées en défaveur des femmes apparaissent : en Irlande, le taux de chômage des femmes de niveau d'éducation élevé est supérieur à celui des hommes de niveau d'éducation moyen. Au Portugal, le taux de chômage des femmes et des hommes ayant un niveau d'instruction moyen est supérieur à celui des femmes et des hommes n'ayant qu'un faible niveau d'éducation. En Grèce et en Espagne, le taux de chômage des femmes de niveau d'éducation élevé est supérieur à celui des hommes de tous les niveaux. Dans ce dernier pays, le paradoxe est à son comble : le taux de chômage des femmes diplômées de l'enseignement supérieur est identique à celui des hommes analphabètes [Torns, 1995].

L'idée que le niveau d'instruction protège du chômage souffre, on le voit, d'exceptions qui laissent perplexe — et qui interrogent sérieusement la théorie du capital humain : peut-on encore défendre l'idée que l'inégal accès des hommes et des femmes au marché du travail tient à un moindre investissement de ces dernières en capital humain ?

L'analyse du chômage par catégorie socioprofessionnelle, en revanche, ne réserve pas beaucoup de surprises : dans toute l'Europe, ce sont les ouvriers qui sont les plus touchés par le chômage, et parmi eux, les femmes sont bien souvent en première ligne. C'est particulièrement vrai en France où le taux de chômage des ouvrières (16 %) dépasse de près de 6 points celui des ouvriers (10,2) (voir annexe II).

Taux de chômage et niveau d'éducation en 2001

	Niveau d'éducation								
	Faible			Moyen			Élevé		
	Total	Hommes	Femmes	Total	Hommes	Femmes	Total	Hommes	Femmes
Allemagne	11,7	13,1	10,2	8,1	8,2	8,0	4,2	3,8	4,9
Autriche	7,1	7,4	6,9	3,6	3,7	3,5	1,9	4,6	2,4
Belgique	10,9	10,2	12,2	5,0	3,7	6,8	3,1	2,9	3,4
Danemark	6,4	5,4	7,5	3,7	3,1	4,6	3,3	3,4	3,2
Espagne	14,3	10,1	22,0	13,5	8,7	19,7	10,2	6,7	14,1
Finlande	17,8	16,7	19,1	10,6	9,7	11,6	4,3	3,9	4,7
France	13,3	11,3	15,6	7,6	5,6	10,2	4,9	4,3	5,5
Grèce	9,0	6,1	14,2	13,4	8,7	19,6	7,4	4,7	10,6
Irlande	6,5	6,6	6,3	3,0	2,7	3,4	1,6	1,6	1,7
Italie	11,2	8,6	16,4	9,2	7,0	12	5,6	3,9	7,5
Pays-Bas	3,1	2,5	3,8	1,7	1,4	2,0	1,6	1,6	1,6
Portugal	4,3	3,2	5,7	4,4	3,5	5,3	2,7	1,8	3,3
Royaume-Uni	9,2	11,6	6,7	4,9	5,2	4,4	2,2	2,4	2,0
Suède	8,4	8,5	8,4	5,7	5,9	5,5	3,0	3,8	2,3
Europe des 15	10,8	9,3	13,2	7,2	6,3	8,2	4,5	3,7	5,4

Source : Eurostat Enquête Forces de Travail (2001).

Le halo du chômage

Le chômage dont il a été question jusqu'ici nous donne la mesure d'une partie des situations de privation d'emploi : la frange reconnue du chômage, celle des statistiques mises aux normes européennes et utilisées comme baromètre économique et social. Mais à côté de ce comptage officiel existent de nombreuses formes de chômage, tout aussi bien repérées et mesurées, mais rarement montrées.

Statistiquement parlant, une grande partie de ces chômages non conventionnels sont parfaitement discernables. En 1986 déjà, Michel Cézard avait dénombré les composantes de ce halo du chômage ainsi défini : « autour du noyau central des chômeurs BIT gravitent des personnes qui ne satisfont pas à toutes les conditions pour être classées "chômeur". Elles forment le halo du chômage, avec toute une graduation de situations » [Cézard, 1986].

Cette notion de halo est particulièrement pertinente pour appréhender le chômage féminin au-delà des taux et des instruments de mesure établis. De fait, il faut reconsidérer les marges du marché du travail comme des zones d'ombre et de flou, de moins en moins marginales [Freyssinet, 2002] et de plus en plus féminisées. Entre chômage « découragé », chômage « révélé » et inactivité contrainte, un nombre grandissant de femmes évoluent dans des situations de non-emploi aux statuts divers, plus ou moins visibles et donc difficilement mesurables. Car, dans le halo du chômage, la prépondérance féminine est patente : plus on s'éloigne du chômage conventionnel, plus on rencontre de femmes. Une recherche réalisée sur les données de l'enquête Emploi de 2001 [Maruani, 2002] le montre : si l'on additionne les chômeurs découragés, indisponibles ou en activité réduite, le nombre de chômeurs passe de 2,2 à 4,2 millions. Et si l'on recalcule les taux de chômage en tenant compte du halo, on aboutit à des résultats saisissants : bien loin du seuil fatidique des 10 %, le taux de chômage global double et l'écart entre hommes et femmes se creuse : de 3,6 sur la base du chômage BIT, il passe à 7,7, lorsque l'on recense toutes les catégories de chômeurs.

Les taux de chômage en France en 2001

	Hommes	Femmes	Total
Taux de chômage officiel (chômage au sens du BIT)	7,1	10,7	8,8
Taux de chômage global	12,8	20,5	16,3

Source : INSEE, Enquête Emploi de mars 2001 et calculs de l'auteur in *Les mécomptes du chômage, op. cit.*

Comment comprendre ce phénomène ? Il semble très probable que l'indisponibilité et le découragement touchent les femmes bien plus que les hommes. C'est là le signe de la porosité des frontières entre chômage et inactivité : entre une chômeuse découragée ou momentanément indisponible et une femme au foyer, quelle différence ? Dans la réalité, ce sont bien deux catégories différentes, qui ont des comportements d'activité différents, mais que les statistiques ne distinguent pas.

Dans la population en âge de travailler, l'inactivité est un statut qui demeure socialement admissible pour les femmes, difficilement pensable pour les hommes. Sans emploi, de nombreuses femmes échappent ainsi à tout recensement du chômage en se fondant « naturellement » dans la forme spécifiquement féminine et socialement invisible de la privation d'emploi : les « femmes au foyer », figures oubliées de la réflexion sur le chômage. L'analyse du surchômage féminin ne peut faire l'économie d'une réflexion sur le halo du chômage et l'inactivité contrainte : là se niche une part importante du non-emploi féminin qui ne se nomme pas chômage dans les définitions conventionnelles mais qui appartient bel et bien à la privation involontaire d'emploi.

Précarité et sous-emploi

Le chômage n'est évidemment pas la seule manifestation de la crise de l'emploi : la multiplication des emplois atypiques, de la précarité et du sous-emploi font partie du tableau de la dérégulation du marché du travail — et de la recrudescence des inégalités de sexe devant l'emploi.

Qu'entend-on par « emplois atypiques » ? Il s'agit d'un terme générique englobant tous les types d'emplois qui, d'une manière ou d'une autre, dérogent à la norme du travail sur contrat à durée indéterminée et à temps plein.

Dans l'Europe des 15, les emplois temporaires — c'est-à-dire les différentes formes d'emplois à durée indéterminée — concernent 14,3 % des femmes et 12,1 % des hommes actifs pendant que le travail à temps partiel touche 33,5 % des femmes et 6,6 % des hommes.

Part de l'emploi temporaire et de l'emploi à temps partiel par sexe en 2002

	Emploi temporaire			Temps partiel		
	Hommes	Femmes	Écart	Hommes	Femmes	Écart
Belgique	5,5	10,3	-4,8	5,9	37,7	-31,8
Danemark	7,4	10,5	-3,1	11	31,4	-20,4
Allemagne	11,8	12,2	-0,4	5,8	39,5	-33,7
Grèce	9,8	13,4	-3,6	2,3	8,1	- 5,8
Espagne	29,2	34,2	-5	2,6	17	-14,4
France	12,5	16	-3,5	5	29,7	- 24,7
Irlande	4,5	6,3	-1,8	6,5	30,5	-24
Italie	8,3	12,1	-3,8	3,7	16,7	-13
Luxembourg	4	4,7	-0,7	1,8	26,4	-24,6
Pays-Bas	12,2	17	-4,8	21,5	72,8	-51,3
Autriche	7,3	7,4	-0,1	5,1	35,7	-30,6
Portugal	20,5	23,4	-2,9	7,1	16,4	- 9,3
Finlande	13,9	20,5	-6,6	8	17,1	- 9,1
Suède	13,3	17,9	-4,6	11,2	32,9	-21,7
Royaume Uni	5,5	6,8	-1,3	9,4	44	-34,6
Europe des 15	12,1	14,3	-2,2	6,6	33,5	-26,9

Source : Eurostat, Enquête sur les forces de travail, 2002.

En France, si l'on recense l'ensemble des emplois atypiques, près de 6 millions de personnes sont concernées, dont 4 millions à temps partiel. Les emplois atypiques représentent ainsi 25 % de l'emploi total, contre 16 % en 1990 [Ferrandon, 2001]. Les deux tiers d'entre eux sont occupés par des femmes. Entre le milieu des années 1980 et l'année 2002, le nombre de salariés employés sous contrat à durée déterminée a triplé (de 319 000 à 897 000), celui des intérimaires a été multiplié par cinq (de 114 000 à 514 000), les contrats aidés et stages ont triplé (de 115 000 à 421 000). Les emplois temporaires, qui touchaient 2,7 % de la population active occupée en 1985, concernent en 2002 8 % des personnes ayant un emploi.

Ces formes d'emploi masquent, évidemment, des situations très hétérogènes : l'intérim, réputé pour la précarité des conditions d'emploi qu'il offre, embauche aussi parfois des salariés très qualifiés ; certains CDD régulièrement renouvelés peuvent s'avérer plus stables que des CDI qui débouchent sur un licenciement.

C'est pourquoi l'identification des emplois temporaires à la précarité ne peut être totale, même si elle est globalement juste et justifiée. Ce qui réunit ces diverses formes d'emploi, ce n'est pas seulement le fait qu'elles soient, d'une manière ou d'une autre, « hors normes ». C'est aussi leur instabilité qui les assimile à la précarité et qui les rapproche du chômage. Car ce sont souvent les mêmes personnes qui oscillent entre contrats à durée déterminée, intérim, petit boulot et chômage. Ils et elles sont souvent jeunes, peu qualifiés et naviguent à vue dans l'instabilité ambiante.

Mais ils ne sont pas les seuls à travailler sous le sceau de l'instabilité. Les salarié(e)s à temps partiel font aussi partie du paysage de la dérégulation du marché du travail. Rarement inscrit dans le tableau de l'instabilité de l'emploi, généralement oublié des débats sur le rationnement du travail, le temps partiel est pourtant au cœur du problème. C'est là, parmi les salarié(e)s qui travaillent 12, 15, ou 25 heures par semaine que se trouve l'essentiel des personnes en sous-emploi, c'est-à-dire ceux et celles qui travaillent moins que ce qu'ils souhaiteraient.

Bien entendu le travail à temps partiel recouvre des réalités sociales extrêmement diversifiées. Pour certaines femmes, il s'agit d'une décision individuelle de réduction du temps de travail. Pour d'autres, de plus en plus nombreuses aujourd'hui, il s'agit d'une tout autre logique : dans des secteurs entiers de l'économie on a vu se multiplier des offres d'emplois à temps partiel.

En dépit de cette diversité, un constat s'impose : la forme la plus marquée du sous-emploi féminin en Europe est le travail à temps partiel. En 2002, près de 80 % des personnes travaillant à temps partiel sont des femmes. Et pas n'importe quelles femmes. Tout d'abord, contrairement aux idées reçues, il ne concerne pas prioritairement les femmes en âge d'avoir et d'élever des enfants : c'est chez les femmes de plus de 50 ans que les pourcentages de travail à temps partiel sont les plus élevés : 37,2 % pour les 50-64 ans, contre 32,3 % pour les 25-49 ans et 31,1 % pour les moins de 24 ans. Les salariées à temps partiel sont moins qualifiées que les salariées à temps plein. Les professions les plus représentées sont le personnel de vente et de services (28,5 %), les ouvrières et employées non qualifiées (17,5 %). Les dirigeantes et cadres supérieurs ainsi que les professions intellectuelles et scientifiques sont très peu concernées par le travail à temps partiel. Il s'agit donc pour l'essentiel d'emplois peu qualifiés, concentrés dans quelques activités et professions (commerce, nettoyage) et d'emplois dont les horaires et les conditions de travail sont particulièrement difficiles : bas salaires, travail le week-end, ou en soirée, instabilité des horaires et fractionnement des journées de travail sont le lot commun de la plupart des salarié(e)s à temps partiels [Meulders, Plasman et Plasman, 1994].

Derrière ces caractéristiques générales, se profilent différentes figures du travail à temps partiel. Dans certains pays, le travail à temps partiel est ce qui a permis aux femmes d'entrer sur le marché du travail, dans d'autres il est ce qui les en éloigne. Une même statistique, un même taux de travail à temps partiel peuvent cacher des réalités sociales très différentes.

Dans l'Europe des 15, on peut repérer trois configurations, qui sont autant de significations différentes du travail à temps partiel :

1/ Les pays où le travail à temps partiel n'intervient que de façon marginale, que les taux d'activité soient très élevés (au Portugal) ou relativement bas (en Espagne, en Italie, en Grèce). C'est le modèle « Europe du Sud » où l'accès des femmes à l'emploi s'est fait et continue de se faire à temps plein.

2/ Les pays où le travail à temps partiel a accompagné, voire permis, la croissance de l'activité féminine. Le travail à temps partiel y existe de longue date, il y est arrivé bien avant la crise de l'emploi. Ici, deux figures différentes se côtoient :

— le modèle « Europe du Nord » (Allemagne, Pays-Bas, Royaume-Uni) où le travail à temps partiel constitue une des modalités de l'entrée des femmes sur le marché du travail. De très forts taux de travail à temps partiel se conjuguent avec une discontinuité persistante des trajectoires professionnelles. La plupart des femmes ayant des enfants en bas âge ont ainsi des comportements d'activité qui demeurent « spécifiquement féminins », caractérisés par l'alternative travail à temps partiel/cessation provisoire d'activité. La forme archétypique de ce modèle se trouve aux Pays-Bas où l'activité féminine se caractérise à la fois par sa discontinuité et ses très forts taux de travail à temps partiel ;

— le modèle « scandinave » (Danemark, Suède, Finlande) où le travail à temps partiel est très répandu depuis longtemps. Mais, à la différence du groupe précédent, le travail à temps partiel coexiste avec des taux d'activité féminins très élevés — les plus élevés d'Europe —, très proches des taux d'activité masculins, et des trajectoires professionnelles continues. Le travail à temps partiel est donc ici ce qui permet à toutes les femmes de travailler. Il est caractérisé par une forte protection sociale et un temps de travail plus long que la moyenne européenne du travail à temps partiel — ce qui n'empêche pas la persistance d'une forte ségrégation des emplois.

3/ Les pays où le travail à temps partiel a pris son essor depuis la crise de l'emploi. C'est le cas de la France et, dans une moindre mesure, de la Belgique. Le travail à temps partiel y est apparu avec le chômage, et comme remède supposé au chômage. En France, il se conjugue avec des taux d'activité féminins très élevés et des trajectoires professionnelles continues. Le travail à temps partiel constitue donc une rupture avec le modèle d'accès à l'emploi à temps plein qui a prévalu jusqu'au début des années 1980. Ici, le travail à temps partiel est ce qui éloigne partiellement les femmes de l'emploi.

La forme que prend le travail à temps partiel, sa plus ou moins forte régulation, ce qu'il représente comme voie d'accès ou de retrait du marché du travail contribuent ainsi à spécifier la place et le poids du travail féminin dans la société. Le travail féminin n'a pas le même sens, n'a pas la même image, n'a pas la même importance sociale selon que 70 % ou 10 % des femmes y sont actives à temps partiel. Mais le travail à temps partiel lui-même n'a pas le même sens selon qu'il est assorti, ou pas, de protection sociale, selon qu'il s'inscrit dans des trajectoires professionnelles continues ou discontinues, selon qu'il accompagne l'accès des femmes à l'emploi ou qu'il le freine.

Quoi qu'il en soit, au fil des ans, le travail à temps partiel est devenu la figure emblématique de la division sexuelle du marché du travail. Il est également devenu le moteur du sous-emploi et de la pauvreté laborieuse. En ce sens, il appartient de façon évidente à la recension des dommages du chômage.

Bibliographie

ANGELOFF T. (2000), *Le travail à temps partiel : un marché de dupes ?*, La Découverte, Syros, Paris.

CÉZARD M. (1986), « Le chômage et son halo », *Économie et Statistique*, n° 193-194, novembre-décembre, p. 77-82.

CONCIALDI P., PONTHIEUX S. (1999), « L'emploi à bas salaire : les femmes d'abord », *Travail, genre et sociétés*, n° 1, p. 23-41.

FERRANDON B. (2001), « Population et emploi », *Les Cahiers français*, n° 304, septembre-octobre, p. 3-9.

FREYSSINET J. (2002), *Le chômage*, La découverte, « Repères », Paris (10e édition).

MAIER F. (1991), *L'emploi à temps partiel*, OCDE, Paris.

Maruani M. (dir.) (1998), *Les nouvelles frontières de l'inégalité. Hommes et femmes sur le marché du travail*, La Découverte-Mage, Paris.

Maruani M. (2002), *Les mécomptes du chômage*, Bayard, Paris.

Meulders D., Plasman O., Plasman R. (1994), *Atypical Employment in the European Community*, Dartmouth, Aldershot.

Meron M., Widmer I. (2002), « Le chômage des femmes retarde l'arrivée d'un premier enfant », *Population*, n° 2, p. 327-358.

Meulders D. (1998), « La flexibilité en Europe » *in* Maruani M. (dir.), *Les nouvelles frontières de l'inégalité. Hommes et femmes sur le marché du travail*, La Découverte-Mage, Paris, p. 239-250.

Rogerat C., Sénotier D. (1994), *Le chômage en héritage : paroles de femmes*, GREC, Paris.

Torns T. (1995), « Chômages », *in* Ephesia (dir.), *La place des femmes, les enjeux de l'identité et de l'égalité au regard des sciences sociales*, La Découverte, Paris, p. 529-533.

28

L'égalité professionnelle

Jacqueline Laufer

La notion d'égalité professionnelle désigne l'ensemble des normes juridiques, des actions et des politiques visant à une plus grande égalité entre hommes et femmes dans la sphère professionnelle.

L'emploi féminin a progressé de manière très significative mais de multiples inégalités caractérisent la situation des femmes tant dans la sphère du travail professionnel que dans celle du travail domestique et familial (voir les annexes chiffrées). Sur le plan juridique, le droit des femmes à l'égalité professionnelle fait désormais l'objet d'un consensus, mais celui-ci disparaît quand il s'agit d'aborder la mise en œuvre de cette même égalité. C'est de cette dynamique paradoxale qu'il faut tenter de rendre compte.

L'évolution des droits des femmes dans la sphère du travail salarié

La logique de protection et d'inégalité

Le droit du travail a d'abord appréhendé la situation des femmes à partir d'une logique protectrice fondée sur la limitation de leur durée de travail et l'interdiction de travailler la nuit (1892) puis sur la protection de la maternité, la loi de 1909 rendant possible une interruption de huit semaines consécutives de travail avant et après l'accouchement sans rupture du contrat de travail. Cette protection allait de pair avec le statut inégalitaire des femmes consacré par le Code civil, celui d'épouse et de mère [Dhavernas, 1978)]. En réglementant le travail salarié des femmes, il s'agissait de prolonger et de confirmer dans la sphère du travail leur fonction maternelle. L'utilité et la nécessité de leur travail salarié n'étant pas mises en doute, il se devait de rester subordonné à leur rôle familial, et ne pas contrevenir à la prééminence du statut juridique et du rôle économique de l'homme dans la société et dans la famille [Laufer, 1984 ; Lanquetin, 1998].

À travers l'action des féministes de toutes tendances, le début de XXe siècle verra se lever les interdits qui limitent les droits civils des femmes et leur autonomie professionnelle mais, dans la sphère du travail salarié, la logique de protection sera maintenue. Si, dans un objectif nataliste, la maternité avait été d'abord l'objet de cette protection, les droits de la femme et en particulier de la femme enceinte justifieront le maintien du dispositif juridique concernant le congé de maternité. Quant au travail de nuit, l'interdiction de principe sera maintenue jusqu'en mai 2001 en dépit de nombreuses exceptions [Travail, genre et sociétés, 2000].

Au-delà de la protection de la grossesse et du congé de maternité qui justifient un traitement spécifique, on peut se demander si un certain nombre de dispositions — interdiction du travail de nuit, avantages spécifiques contenus dans les conventions collectives [Lanquetin, Massé-Dessen, 1989] — n'ont pas pénalisé les femmes en favorisant, sous couvert de protection, leur exclusion ou leur marginalisation sur le marché du travail [Laufer, 1984].

À cette situation de protection et de traitement spécifique sur le plan juridique ont correspondu des politiques de gestion de la main-d'œuvre caractérisées par le traitement différentiel des sexes et par une séparation-ségrégation entre métiers masculins et féminins qui perdure encore aujourd'hui [Laufer, 2001].

La logique égalitaire

C'est dans la constitution de 1946 qu'est affirmé le principe selon lequel « la loi garantit à la femme dans tous les domaines des droits égaux à ceux des hommes ». En fonction de ce principe, l'égalité des droits des femmes sera affirmée progressivement dans les domaines familial, politique et économique.

Dans la sphère professionnelle, l'égalité des droits a d'abord visé l'égalité de rémunération qui a fait l'objet de la loi du 22 décembre 1972 (directive européenne 79/117 du 10 février 1975) qui pose ce principe « pour un même travail ou un travail de valeur égale ». Mais le bilan de cette loi illustre de manière exemplaire l'insuffisance d'un principe égalitaire, voué à l'inefficacité face à une réalité économique et sociale inégalitaire où le salaire n'est que l'expression d'inégalités construites à partir des modalités d'insertion des femmes sur le marché du travail et dans l'organisation [Laufer, 1984 ; Silvera, 1996].

Devant la persistance des discriminations, le principe de l'égalité des droits a conduit ensuite à définir un certain nombre de sanctions pour garantir l'égalité des femmes. Ainsi, en matière d'emploi, la loi du 11 juillet 1975 interdit à l'employeur de prendre en considération l'état de grossesse d'une femme en cas d'embauche et de mutation, et sanctionne toute prise en considération du sexe ou de la situation de famille en matière d'offre d'emploi, d'embauche ou de licenciement sauf « motif légitime ».

La loi du 13 juillet 1983 sur l'égalité professionnelle entre les femmes et les hommes a amélioré le dispositif juridique en matière d'égalité des droits. Elle définit ce qu'est un travail de valeur égale (sont considérés comme ayant une valeur égale les travaux qui exigent des salariés un ensemble comparable de connaissances professionnelles consacrées par un titre, un diplôme ou une pratique professionnelle, de capacité découlant de l'expérience acquise, de responsabilité, et de charges physiques ou nerveuses) et renverse la charge de la preuve en matière d'inégalité de rémunération [Lanquetin, 1995]. Enfin, la loi de 1983 abolit la notion de « motif légitime » hormis les cas prévus par une liste d'emplois ou d'activités professionnelles pour lesquels le sexe constitue la condition déterminante du recrutement.

Le constat des inégalités persistantes et la nécessité de dépasser le niveau des principes en matière d'égalité professionnelle ont abouti à la formulation juridique de deux notions — l'égalité de traitement et l'égalité des chances — qui prolongent l'égalité des droits mais qui s'inscrivent dans une vision différente du problème de l'égalité : il s'agit ici de passer de l'égalité formelle à l'égalité réelle [Laufer, 1984].

Égalité de traitement et égalité des chances

Le principe de l'égalité de traitement, formulé par la directive européenne du 9 février 1976 est sous-jacent à la loi du 13 juillet 1983, même si le terme n'y figure pas explicitement. L'égalité de traitement présuppose l'égalité des droits dont elle constitue une partie [Lanquetin, 1983], mais, au-delà, elle vise tous les processus concrets, formels et informels, sociologiques ou psychologiques qui déterminent l'insertion des femmes sur le marché du travail et dans l'entreprise : formation, recrutement, qualification, promotion, et qui aboutissent aux inégalités de fait qui caractérisent la situation des femmes.

Dans la mesure où le principe de l'égalité de traitement implique une analyse des pratiques d'emploi qui, sur le marché du travail ou dans les organisations, contribuent à la construction des inégalités hommes-femmes, il conduit à la nécessité d'une information beaucoup plus complète sur ces pratiques afin de mettre en évidence de manière précise les décalages entre le droit et les faits. Cette information doit conduire à se départir d'un discours invoquant la « neutralité » des pratiques qui organisent l'emploi, le travail, les carrières, alors que de fait, ainsi que l'analyse sociologique le révèle, ces pratiques apparaissent très largement sexuées [Laufer, 2001].

Si l'exigence d'égalité de traitement a conduit à la notion juridique de « discrimination indirecte » [Lanquetin, 1995] (voir l'article « Discrimination »), le constat des inégalités ne conduit pas forcément à la reconnaissance de discriminations. Les difficultés liées à la réalisation et à l'utilisation par les entreprises et les partenaires sociaux du « rapport de situation comparée des femmes et des hommes en matière d'emploi » prévu dans le cadre des lois de 1983 et de 2001 sont à ce titre révélatrices. Ce rapport doit comporter une analyse chiffrée permettant d'apprécier la situation respective des femmes et des hommes pour chacune des catégories professionnelles en matière d'embauche, de formation, promotion professionnelle, qualification, classification, conditions de travail et rémunération effective. Pourtant, en dépit des progrès de la réflexion sur la question des inégalités de genre, la tentation demeure grande chez les acteurs sociaux (entreprises, syndicats) de rejeter la responsabilité des situations observées sur le poids de l'histoire, sur la « nature », sur la « société » ou sur l'état du marché du travail, ou encore sur les femmes elles-mêmes, plutôt que de relier les situations observées à des pratiques organisationnelles susceptibles d'être corrigées [Laufer, 2003].

Avec les notions d'égalité des chances et d'« actions positives » (directive européenne 76/207 ; recommandation 84/365 relative à la promotion des actions positives en faveur des femmes destinées notamment à « l'encouragement des candidatures, du recrutement et de la promotion des femmes dans les secteurs professionnels et niveaux où elles sont sous-représentées, notamment aux postes de responsabilité » ; accord sur la politique sociale de 1992 ; traité d'Amsterdam, article 141, 1997), un pas supplémentaire est fait pour dépasser le stade des principes en matière d'égalité. Ce n'est plus ici seulement au droit mais à la sociologie et à l'histoire qu'il est demandé de représenter l'image d'une réalité sociale engendrant des inégalités spécifiques aux femmes qui doivent être corrigées au moyen d'« actions positives » de nature à rétablir l'égalité [Laufer, 2003]. Ainsi, « il n'est pas possible d'appliquer des mesures identiques à des personnes placées dans des situations inégales faute de quoi, il en résulterait une permanence des inégalités » [ministère des Droits des femmes, 1983].

Agir pour l'égalité : le débat sur les stratégies d'action

Dans la perspective de l'égalité des chances, les stratégies d'action de nature à rétablir l'égalité peuvent aller de mesures contraignantes, dont la forme la plus radicale serait la parité, à des mesures qui s'appuient sur la négociation entre acteurs.

Ainsi, la loi ou une organisation donnée peuvent-elles décider de mesures de « discrimination positive » contraignantes. Celles-ci se définissent par une obligation de résultat. On peut ici donner l'exemple de mesures prises dans des universités dans certains pays en Europe de nature à faciliter l'accès des femmes à des postes ou à des fonds de recherche dans des domaines où les femmes sont sous-représentées [Commission européenne, 2002] ou encore de mesures de quotas en vigueur dans certains syndicats. En France, dans le domaine de la vie politique, même si la mesure a été débattue, il a été possible de justifier de la contrainte associée à la parité au nom du principe de l'égalité entre les citoyens. De telles mesures sont apparues moins adaptées dans les organisations (entreprises, fonction publique) où le principe d'égalité se doit d'être articulé à la logique de la liberté du chef d'entreprise dans le développement des structures d'organisation et au principe du mérite et de la compétence nécessaires à la réalisation des objectifs de l'organisation.

En dépit des réticences auxquelles elles continuent de se heurter, les « actions positives » ont fait l'objet de plusieurs arrêts de la Cour de justice des Communautés européennes (CJCE) qui précisent leur condition de légitimité et de légalité, celles-ci devant instaurer des « correctifs efficaces aux inégalités sociales » [Berthou, 2000]. Ces arrêts permettent de mesurer la distance qui sépare ces positions de celle du législateur français. Ainsi, dans la fonction publique en France, la solution des quotas est souvent considérée comme contraire au principe selon lequel l'accès aux emplois publics doit être exclusivement fondé sur le mérite et le talent [Berthou, 2000].

Une manière d'échapper aux difficultés liées aux mesures d'actions et discriminations positives contraignantes qui tôt ou tard se heurtent à l'argument d'une discrimination à rebours à l'égard des hommes, consiste à s'en remettre au modèle de l'égalité négociée : celui-ci traduit le fait qu'il est difficile de définir formellement, *a priori*, les modalités d'application du principe d'égalité. On s'en remet donc aux acteurs dans une situation donnée, dans une organisation donnée, pour définir l'objectif précis d'égalité à poursuivre, ainsi que les moyens à mettre en œuvre. Cette évolution illustre la mutation d'un droit qui pour transformer la réalité sociale doit de plus en plus s'en remettre aux acteurs sociaux — ici l'entreprise, les syndicats — et à leur capacité et volonté de négociation pour faire progresser l'objectif qu'il poursuit, à savoir la réalisation de l'égalité professionnelle [Laufer, 2001].

Ainsi, la loi du 13 juillet 1983 a-t-elle prévu la négociation d'« actions positives » (ou plans d'égalité) définies comme des « mesures temporaires » prises au seul bénéfice des femmes pour combler les retards et obstacles rencontrés par les salariées. Une trentaine d'entreprises seulement se sont engagées dans la négociation de plans d'égalité professionnelle et on doit souligner le caractère pragmatique des démarches engagées : l'égalité tend à être considérée « juste » chaque fois qu'elle est « utile » [Laufer, 1984]. Il est vrai que lors du vote de la loi de 1983, aucun débat n'avait eu lieu sur le fondement juridique de ces « mesures compensatoires » qui ont pu alors apparaître comme contraires à la conception française du principe d'égalité, même si la validité des actions positives apparaît désormais d'avantage reconnue [Lanquetin, 2003].

La loi de 2001 prévoit désormais l'obligation pour les entreprises comprenant au moins une section syndicale d'organisations représentatives d'engager une négociation spécifique annuelle sur l'égalité professionnelle au niveau de l'entreprise. Cette négociation doit porter sur « des objectifs en matière d'égalité professionnelle et sur les mesures permettant de les atteindre ». La négociation peut porter sur l'embauche, la formation, la promotion, l'organisation et/ou les conditions de travail. L'égalité professionnelle figure aussi parmi les thèmes imposés de la négociation de branche, au même titre que les salaires, la formation, les classifications.

L'issue de ces dispositions dépendra de la mobilisation des acteurs. En ce qui concerne les syndicats, leur rôle dans la mise en œuvre de l'égalité professionnelle est tributaire de leur puissance liée elle-même au taux d'affiliation des travailleurs et au rôle assigné aux syndicats dans la régulation des relations de travail [Jobert, 1994]. En France, la puissance de la loi par rapport à la négociation collective a toujours été forte, ce qui n'a pas favorisé la capacité des syndicats de prendre en charge la question de l'égalité [Lanquetin, Laufer, Letablier, 2000]. L'évolution récente permet d'envisager une nouvelle dynamique de négociation en matière d'égalité professionnelle : la signature de l'accord interprofessionnel du 1er mars 2004 et de plusieurs accords de branches et d'entreprises en témoigne. Ceci étant, la question des champs d'application respectifs du droit et de la négociation pour produire l'égalité reste posée [Travail, genre et sociétés, 2004].

Parallèlement aux démarches d'égalité professionnelle négociées avec les partenaires sociaux, il faut considérer celles qui sont développées par les entreprises, en particulier pour dépasser le « plafond de verre » auquel se heurtent les femmes quand elles veulent accéder aux sphères dirigeantes [Laufer, Fouquet, 2001], démarches qui se réfèrent à la fois à l'égalité mais aussi à la « parité », à la « mixité » ou encore à la « diversité » [Laufer, 2004 ; Bender, 2004].

En tant que mesures préférentielles à l'égard des femmes, les discriminations et/ou « actions positives » se heurtent souvent à l'objection d'être des mesures particulières, concernant un groupe de femmes mais ne s'adressant pas aux mécanismes plus structurels qui perpétuent la ségrégation et les inégalités entre hommes et femmes. Pour répondre à ces difficultés, a été développée la stratégie du *gender mainstreaming*, qu'on peut traduire en français par « approche intégrée de l'égalité ». Celle-ci vise, comme son nom l'indique, l'intégration d'un objectif d'égalité à toutes les actions, à toutes les politiques, à toutes les négociations, que l'on soit au niveau d'un État ou au niveau d'une organisation. Ainsi, toute politique d'éducation, de temps de travail mais aussi de recrutement, de formation, de promotion... ne saurait être élaborée et évaluée sans que ses effets en matière d'égalité hommes-femmes ne soient pris en compte, explicitement. Dans cette perspective, l'accent est mis sur la nécessité d'éviter les choix discriminatoires qui favoriseraient le maintien de structures et de pratiques calquées sur des normes masculines. À l'inverse, il s'agit de favoriser des organisations, des politiques et des actions qui permettent d'atteindre un meilleur équilibre entre les sexes en tous domaines [Cornet, 2002].

Égalité professionnelle et articulation des responsabilités familiales et professionnelles

Compte tenu du développement de l'activité professionnelle des femmes, le débat sur la division du travail domestique et familial et sur la question de savoir « qui doit garder le jeune enfant » devient essentiel du point de vue de l'égalité professionnelle [Jenson, Sineau, 1998]. Qui doit payer pour la garde des enfants et des personnes dépendantes ? Est-ce la famille, l'État, l'employeur ? S'agit-il de financer des congés parentaux ou des crèches ou encore de favoriser le développement de services marchands ? Autant de configurations qui posent la question de la répartition du travail de soin à l'égard des enfants et des personnes âgées ainsi que celle de leur effet sur l'égalité des chances entre les femmes et les hommes sur le plan professionnel [Laufer, 1998 ; Junter-Loiseau, 1999].

Les droits des femmes sont maintenant affirmés dans la sphère du travail salarié. Toutefois, le principe de l'égalité professionnelle est encore loin d'être inscrit dans la réalité que ce soit dans le champ de la rémunération ou du point de vue de la nature des emplois occupés respectivement par les femmes et par les hommes, ou *a fortiori* du point de vue des incidences d'une inégale division familiale du travail sur le statut des femmes dans la sphère professionnelle.

L'observation de cette dynamique inachevée pose deux questions. La première concerne le décalage, maintes fois souligné, entre un principe d'égalité formelle, exprimé désormais par un ensemble de normes juridiques, et une égalité réelle qui semble encore bien lointaine en particulier dans le domaine professionnel. Ainsi, s'il faut reconnaître les progrès en matière de droit de l'égalité, la question demeure des raisons d'une trop faible mobilisation par les acteurs sociaux des outils juridiques, mais aussi des possibilités de négociation et d'action en matière d'égalité professionnelle hommes-femmes. Une deuxième question concerne le fait que si le droit des femmes à l'égalité professionnelle fait désormais l'objet d'un consensus, celui-ci fait problème quand il s'agit d'aborder la question des stratégies visant à mettre en œuvre cette même égalité. Ainsi, le débat aujourd'hui porte-t-il sur le rôle respectif du droit de l'égalité et de la négociation, sur la question des actions positives dont la légitimité fait question, sur le rôle respectif de l'incitation et de la contrainte, ou encore, à travers la question du *mainstreaming*, sur la dimension nécessairement transversale qui devrait caractériser les politiques de l'égalité [*Travail, genre et sociétés*, 2004].

Bibliographie

BENDER A.-F. (2004), « Égalité professionnelle ou gestion de la diversité. Quels enjeux pour l'égalité des chances ? », *Revue française de gestion*, vol. 30/151, octobre 2004, p. 205-218.

BERTHOU K. (2000), « Sur les discriminations positives, CJCE, 28 mars 2000, Badeck », *Droit social*, n° 5, septembre-octobre, p. 901-908.

COMMISSION EUROPÉENNE (2001), *Politiques scientifiques dans l'Union européenne, intégrer la dimension du genre, un facteur d'excellence*, rapport du groupe de travail « Femmes et sciences », Réseau ETAN, Direction générale de la recherche.

EUROPEAN COMMISSION (2002), *Directorate General for Research, National policies on women and science in Europe*.

CORNET A. (2002), « "Gender mainstreaming" et approches différenciées selon les sexes : quels impacts pour la gestion », *Management International, L'approche différenciée selon les sexes :*

comparaison internationale, vol. 7, n° 1, automne, HEC Montréal, p. 1-11.

Dhavernas O. (1978), *Droits des femmes et pouvoirs des hommes*, Seuil, Paris.

Jenson J., Sineau M. (1998), *Qui doit garder le jeune enfant ? Modes d'accueil et travail des mères dans l'Europe en crise*, LGDJ, Paris.

Jobert A. (1994), « L'égalité professionnelle dans la négociation collective en France », *Travail et Emploi*, n° 63, p. 77-87.

Junter-Loiseau A. (1999), « La notion de conciliation de la vie professionnelle et de la vie familiale », *Cahiers du genre*, n° 24, p. 73-98.

Lanquetin M.-T. (1998), « L'égalité professionnelle : le droit à l'épreuve des faits » *in* M. Maruani (dir.), *Les nouvelles frontières de l'inégalité*, La Découverte, Paris, p. 114-125.

Lanquetin M.-T. (1983), « De l'égalité professionnelle entre les femmes et les hommes. À propos d'un projet de loi », *Droit social*, n° 4, avril, p. 238-244.

Lanquetin M.-T. (1995), « Un tournant en matière de preuve des discriminations », *Droit social*, n° 6, juin, p. 589-593.

Lanquetin M.-T. (2003), « Un autre droit pour les femmes », *in* Laufer J., Marry M., Maruani M. (dir.), *Le travail du genre, Les sciences sociales du travail à l'épreuve de la différence des sexes*, La Découverte, Paris, p. 325-344.

Lanquetin M.-T., Massé-Dessen H. (1989), « Les droits particuliers des femmes dans les conventions collectives », *Droit social*, n° 7, juillet-août, p. 551-556.

Lanquetin M.-T., Laufer J., Letablier M.-T. (2000), « From equality to reconciliation in France ? », *in* Hantrais L. (éd.), *Gender Policies in Europe, Reconciling Employment and Family Life*, McMillan, Londres, p. 68-89.

Laufer J. (1984), « Égalité professionnelle, principes et pratiques », *Droit social*, n° 12, décembre, p. 736-746.

Laufer J. (2001), « Travail, carrières et organisations », *in* Laufer J., Marry C., Maruani M. (dir.), *Masculin-féminin, questions pour les sciences de l'homme*, PUF, Paris, p. 57-79.

Laufer J. (1998), « Equal opportunity between men and women : The case of France », *Feminist Economics*, 4 (1), p. 53-69.

Laufer J. (2003), « Entre égalité et inégalités : les droits des femmes dans la sphère professionnelle », *L'Année sociologique*, 53, n° 1, p. 143-174.

Laufer J. (2004), « Femmes et carrières : la question du plafond de verre », *Revue française de gestion*, vol. 30/151, octobre, p. 117-128.

Laufer J., Fouquet A. (2001), « Les cadres à l'épreuve de la féminisation », *in* Bouffartigue P. (dir.), *Cadres : la grande rupture*, La Découverte, Paris, p. 249-265.

MARUANI M. (2003), *Travail et emploi des femmes*, La Découverte, Paris (première édition : 2000).

Ministère des Droits des Femmes, Commentaire de la loi du 13 juillet 1983.

SILVERA R. (1996), « Le salaire des femmes, toutes choses inégales », *in Les discriminations salariales en France et à l'étranger*, La Documentation française, Paris.

Travail, genre et sociétés (2000), n° 7, « Controverses sur le travail de nuit ».

Travail, genre et sociétés (2004), n° 12, « Controverses : l'égalité professionnelle, 20 ans après ».

29

Des femmes et des métiers : encore bien loin de la parité

Monique Meron

De 1982 à 2002, la part des femmes dans l'emploi est passée de 40,3 à 45,3 %. Au cours de cette période, l'emploi féminin s'est montré nettement plus dynamique que l'emploi masculin ; la montée de l'activité féminine s'est donc prolongée et a largement accompagné les changements dans la distribution des métiers qui se sont très fortement recomposés. Mais la ségrégation entre hommes et femmes sur le marché du travail ne s'est pas, pour autant, résorbée de façon très significative.

Les femmes au cœur des changements dans l'emploi

En 1982, l'activité féminine était déjà en plein essor [Huet, 1983]. Depuis, l'emploi féminin s'est montré nettement plus dynamique que l'emploi masculin : en 2002, 10,8 millions d'emplois sont occupés par des femmes, soit 24 % de plus qu'en 1982, alors que l'emploi masculin (13,1 millions en 2002) n'a progressé que de 1 %. Les femmes ont été très présentes dans les métiers qui se sont le plus développés.

En vingt ans, le nombre d'emplois en France métropolitaine s'est globalement accru de 10 %. Cette augmentation s'est surtout produite en fin de période (8,4 % de 1997 à 2001). Malgré les rebonds conjoncturels, les tendances lourdes demeurent : moins d'emplois dans l'agriculture, l'industrie, le bâtiment et les travaux publics, et les entreprises externalisent une partie des tâches comme la maintenance, l'entretien et la logistique. L'explosion de certains métiers de services, la très forte croissance des emplois de cadres et de techniciens, et la baisse historique des emplois d'ouvriers non qualifiés, caractérisent l'évolution récente des métiers [Dares, 2004 ; Amossé, Chardon, 2002].

Les femmes se sont trouvées aux premières loges de ces changements. D'une part, les métiers très féminisés font souvent partie de ceux qui se sont le plus développés (dans les services notamment) ; d'autre part, les femmes ont progressé de façon très sensible dans d'autres métiers dont l'expansion a été des plus rapide, même si elles y sont encore le plus souvent nettement minoritaires (parmi les cadres, par exemple). Montée du salariat, tertiarisation des emplois, et même l'élévation du niveau de qualification des emplois ont bénéficié à l'emploi féminin, élément moteur des transformations de ces deux décennies.

Plus de femmes cadres

L'élévation du niveau de qualification des emplois a marqué l'ensemble de la période 1982-2002 : il y a en 2002, 36 % de cadres et professions intermédiaires, alors qu'ils n'étaient que 27 % en 1982. Ce sont ces métiers très qualifiés ou qualifiés qui ont le plus progressé. Les femmes sont partie prenante de cette évolution : les cadres, enseignants et professions intermédiaires ont contribué à eux seuls aux deux tiers de l'augmentation de l'emploi féminin. En effet, la part des femmes est passée de 34 % à plus de 40 % parmi les métiers de cadres et de 36 % à 45 % dans ceux des professions intermédiaires.

La progression des femmes est particulièrement importante dans la plupart de ces métiers en expansion. Par exemple, en 2002, un formateur ou recruteur sur deux est une femme contre un sur trois vingt ans plus tôt. La part des femmes atteint 43 % parmi les cadres administratifs des entreprises (contre 26 % en 1982) ; dans le même temps, cette proportion passe de 28 à 38 % parmi les cadres de la fonction publique, de 16 à 33 % parmi ceux de la banque et des assurances, de 9 à 25 % parmi les cadres commerciaux, et aussi de 28 à 46 % chez les professionnels du droit, de 36 à 43 % parmi les médecins ; même là où leur participation est encore modeste, le taux de féminisation des personnels d'étude et de recherche double en vingt ans, de moins de 10 à 20 %, et passe de 6 à 20 % parmi les cadres des transports, et de 4 à 10 % parmi les ingénieurs de l'industrie (voir le tableau 2-8 en annexe). La part des femmes a cependant régressé parmi les informaticiens, aux effectifs pourtant en forte progression : le taux de féminisation décroît de 35 à 20 % de 1982 à 2002 ; en fait, la structure de ces emplois a changé : cette famille professionnelle était constituée en 1982 d'environ un tiers de cadres et deux tiers de techniciens et d'employés, proportions inversées en 2002.

La féminisation a donc touché presque toutes les professions qualifiées mais à des rythmes différents. C'est dans les métiers de l'expertise ou à dominante relationnelle que la féminisation des cadres a été la plus forte. Bien que les femmes investissent de plus en plus les métiers de cadres, elles continuent cependant d'occuper assez peu certaines fonctions ou postes considérés comme les plus prestigieux. La croissance de la féminisation a pu s'accompagner d'une segmentation interne de certaines professions selon le genre. Ainsi, dans les métiers du droit, les femmes sont devenues majoritaires parmi les avocats (52 % en 2002) et la magistrature se féminise aussi très rapidement, mais elles restent minoritaires dans les professions de notaire (23 % en 2002), de conseil juridique et fiscal (40 % en 2002) où la féminisation n'a presque pas progressé. La féminisation s'est aussi poursuivie à un rythme moins élevé chez les enseignants (61 % en 1982, 64 % en 2002) mais comme ils sont très nombreux, cette famille professionnelle contribue largement à l'augmentation de l'emploi féminin.

Les femmes ont renforcé des positions déjà occupées par leurs aînées en même temps qu'elles ont investi des professions jusqu'alors considérées comme plus spécifiquement masculines. Les jeunes sont plus nombreuses que dans les générations précédentes à poursuivre des études longues. Or le diplôme constitue souvent une condition d'accès aux professions de cadres, en tout cas pour les jeunes. En effet, des jeunes de plus en plus diplômés entrent sur le marché du travail, alors que partent à la retraite des générations qui avaient suivi des études nettement plus courtes. La part des personnes sans diplôme a ainsi baissé de 46 % en 1982 à 21 % en 2002 [Chardon, 2004]. Les besoins des entreprises en expertise et en compétences ont été importants. Cependant, la féminisation des métiers de cadres techniques semble encore relativement modeste au regard des offres parfois non satisfaites sur le marché de l'emploi. Ces polarisations dans les métiers de cadres en termes de filières — plus relationnelles pour les femmes et plus techniques pour les hommes — conduit à s'interroger sur la gestion des personnels dans ces métiers [Okba, 2004].

Quant à l'encadrement du personnel, souvent dominé par les hommes, son importance a diminué : le poids des ouvriers et employés par rapport aux cadres et professions intermédiaires a fortement baissé en vingt ans (de 2,4 à 1,7). Parmi les professions qui contribuent le plus à l'accroissement de l'emploi, les cadres aux responsabilités techniques (informaticiens, personnels d'études), les enseignants et formateurs, ont souvent un rôle hiérarchique limité. De même, les techniciens sont plus souvent qu'il y a vingt ans des spécialistes et moins fréquemment chefs d'équipe ou agents de maîtrise.

Tertiarisation de l'emploi et recul des ouvriers non qualifiés

De 1982 à 2002, la tertiarisation des emplois s'est poursuivie, au détriment surtout des emplois relevant de domaines industriels. L'emploi des métiers tertiaires occupe près des trois quarts des actifs, alors qu'il n'en constituait que 60 % en 1982 et les employés sont désormais plus nombreux que les ouvriers. Cette évolution a aussi été favorable aux femmes.

C'est le domaine professionnel des services aux particuliers (coiffeurs, employés de maison, assistants maternels, concierges... mais aussi agents d'entretien et agents de sécurité) qui contribue le plus à la croissance de l'emploi. Vient ensuite le domaine de la santé puis celui de l'administration et de la gestion. Certains métiers transverses, c'est-à-dire exercés dans de nombreux secteurs d'activité, se sont fortement développés depuis vingt ans : les cadres et techniciens des services administratifs comptables et financiers, les employés administratifs d'entreprise par exemple. L'informatique et la recherche, beaucoup plus dynamiques en termes de croissance mais dont le poids est plus faible, contribuent un peu moins à la montée globale de l'emploi et restent peu féminisées.

Le déclin du monde ouvrier, traditionnellement plus masculin que celui des employés, se confirme : si les effectifs d'ouvriers qualifiés sont restés stables, ceux des ouvriers non qualifiés ont baissé de 38 % en vingt ans, même si cette chute a été atténuée, depuis 1997, à la suite des politiques de soutien de l'emploi peu qualifié par abaissement des cotisations sociales [Viney, 2004]. Le nombre d'ouvriers non qualifiés a diminué pour les hommes comme pour les femmes. Cependant, les ouvrières représentent à peine 10 % de l'emploi féminin. La moitié d'entre elles sont non qualifiées. En comparaison, 40 % des hommes sont ouvriers, dont un cinquième seulement n'ont pas de qualification reconnue. Particulièrement touchées par les restructurations industrielles, les ouvrières des professions du textile et du cuir sont moins nombreuses. Le nombre d'ouvrières non qualifiées a aussi diminué dans les industries légères où les femmes sont traditionnellement très présentes. Il a en revanche, augmenté dans certaines industries de process dans lesquelles la part des femmes est encore modeste. Des emplois féminins ont aussi été créés dans certaines professions, comme dans les métiers de l'emballage et de la manutention, dans les transports et le tourisme. Ce sont les professions des industries de process (chimie, industries agroalimentaires) et, dans une moindre mesure, de la maintenance qui ont essentiellement contribué à l'augmentation du nombre d'ouvrières qualifiées, alors que le taux de féminisation de ces professions reste modéré (23 % en moyenne).

Cependant, si la part d'emplois non qualifiés diminue parmi les ouvriers (39 à 30 % entre 1982 et 2002), cette proportion augmente de manière importante pour les employés (39 % en 1982, 44 % en 2002). L'emploi des services a beaucoup augmenté dans des professions presque exclusivement féminines : les assistantes maternelles, les employées de maison, les employés de libre-service, les coiffeurs, esthéticiens. Dans les professions peu qualifiées du tertiaire, la plupart des emplois supplémentaires sont occupés par des femmes. Les besoins d'aide à domicile, de garde d'enfant, ou encore de restauration se sont beaucoup accrus avec le vieillissement de la population et le développement de l'activité féminine. Une fiscalité avantageuse et des facilités administratives (le chèque emploi-service) ont encouragé les ménages à utiliser mais aussi à déclarer ces emplois de service réputés peu qualifiés. Un déplacement des professions non qualifiées de l'industrie vers le tertiaire a donc accompagné le développement de l'activité féminine.

Le développement de l'emploi peu qualifié dans le tertiaire n'a pas contribué à améliorer la qualité des emplois occupés par les femmes. Ces professions ont souvent des « horaires de travail bousculés » et des durées de contrats déterminées. De 1982 à 2002, la part des contrats de travail courts (intérimaires, apprentis, stagiaires ou contrats aidés et contrats à durée déterminée) dans le salariat a augmenté et le temps partiel s'est fortement accru surtout jusqu'en 1997. Ensuite, la mise en place des 35 heures a nettement freiné cette progression. Globalement, environ 16 % des emplois sont à temps partiel (contre 9 % en 1982), mais ce sont surtout les employés, et donc les femmes, qui sont concernés. En 2002, le temps partiel est de 79 % dans les services aux particuliers, 79 % chez les employées de maison, 58 % chez les assistantes maternelles et 57 % chez les caissières.

L'emploi des femmes reste concentré dans certains métiers

La question de la concentration des métiers féminins n'est pas simple : doit-on regarder les métiers où les femmes sont le plus nombreuses ou les métiers où leur proportion est la plus élevée ? Si la présence des femmes a augmenté là où elle était plus faible (chez les cadres par exemple) et s'est seulement maintenue là où leur présence était quasiment exclusive, pourquoi les indicateurs ne font-ils pas état d'une déconcentration très sensible de l'emploi féminin ?

En fait, si un nombre grandissant de femmes, notamment parmi les plus jeunes, accèdent à des postes d'encadrement ou techniques, les femmes sont toujours d'autant plus présentes que les professions sont moins qualifiées. En 2002, les femmes représentent encore 76 % des effectifs d'employés non qualifiés (73 % pour les employés qualifiés) et 31 % des ouvriers non qualifiés (11 % parmi les ouvriers qualifiés). Ces proportions ont peu évolué sur vingt ans. Bien que les femmes soient un peu plus présentes dans les professions de cadres, elles pèsent toujours très lourd dans les métiers d'employés les moins qualifiés qui se sont aussi beaucoup développés.

Ainsi en 2002, dix des 84 familles professionnelles regroupent encore plus de la moitié des emplois occupés par les femmes (tableau 1). À titre de comparaison, les dix premières familles professionnelles occupées par les hommes ne regroupent que 30 % de leurs emplois. Par ailleurs, 14 des 84 familles professionnelles voient leur taux de féminisation dépasser 70 % (tableau 2) alors que 43 familles professionnelles sur 84 sont constituées de plus de 70 % d'hommes.

Tableau 1 **Les dix familles professionnelles comptant le plus de femmes (en 2002)**

	Effectifs féminins en 2002 (milliers)	Taux de féminisation en 2002 (en %)	Taux de féminisation en 1982 (en %)
Agents d'entretien	798	74,2	77,3
Enseignants	716	63,9	61,5
Assistants maternels, aides à domicile	656	99,0	99,0
Secrétaires	651	97,0	95,1
Employés administratifs de la Fonction publique (Cat. C)	650	72,2	69,4
Vendeurs	555	68,8	71,2
Employés administratifs d'entreprise	460	76,1	74,4
Infirmiers, Sages-femmes	374	86,8	88,2
Aides-soignants	369	91,2	90,2
Professionnels de l'action sociale, culturelle et sportive	341	65,0	59,3

Source : Enquête Emploi INSEE / traitement DARES.

Tableau 2 **Les familles professionnelles les plus féminisées (en 2002)**

	Effectifs totaux en 2002 (en milliers)	Taux de féminisation en 2002 (en %)	Taux de féminisation en 1982 (en %)
Assistants maternels, aides à domicile	663	99,0	99,0
Employés de maison	263	97,9	98,3
Secrétaires	672	97,0	95,1
Secrétaires de direction	75	96,7	96,4
Aides-soignants	405	91,2	90,2
Infirmiers, sages-femmes	431	86,8	88,2
Coiffeurs esthéticiens	178	85,2	71,4
Caissiers, employés de libre-service	271	84,0	90,1
Comptables	418	80,0	75,6
Employés et techniciens des assurances	171	76,8	66,4
Employés administratifs d'entreprises	605	76,1	74,4
Agents d'entretiens	1 075	74,2	77,3
Ouvriers non qualifiés du textiles et du cuir	64	73,5	81,8
Employés administratifs de la Fonction publique (cat, C)	900	72,2	69,4

Source : INSEE/DARES.

Dans les familles professionnelles où elles sont le plus nombreuses, la part des femmes est élevée (63 % en moyenne) et les effectifs sont très importants (en moyenne 555 000 personnes). En comparaison, les familles professionnelles où la part des hommes est la plus forte regroupent des effectifs plus faibles : en moyenne, 406 000 personnes. Les familles professionnelles les plus fortement masculines appartiennent pratiquement toutes à la sphère industrielle, alors que les femmes sont fortement majoritaires dans la sphère des services. Les métiers les plus féminisés relèvent presque tous du groupe des employés alors que les bastions masculins se retrouvent dans les métiers techniques, à tous les niveaux de l'industrie, du bâtiment et travaux publics, des ingénieurs aux ouvriers non qualifiés et conducteurs d'engins. En 2002, au palmarès des métiers féminins, juste après les agents d'entretien (798 000 femmes), arrivent les enseignants (716 000), les assistantes maternelles (656 000), les secrétaires (651 000) et les employés administratifs de catégorie C de la fonction publique (650 000). Vus sous cet angle, les métiers « féminins » sont plus variés qu'on ne les pense en taux de féminisation.

Si la féminisation des métiers était restée constante, les modifications de la structure des emplois auraient entraîné mécaniquement une féminisation de l'emploi puisque ce sont les emplois les plus féminisés qui se sont le plus développés, Ces changements de structure des emplois expliquent, à eux seuls, plus de la moitié (58 %) de l'augmentation du taux moyen de féminisation entre 1992 et 2002 [Okba, 2004]. En d'autres termes, plus de la moitié des 1 262 000 emplois féminins supplémentaires de ces dix dernières années proviennent essentiellement de la modification de la structure des emplois.

Sur la dernière décennie, dans les professions industrielles du bâtiment et des travaux publics, l'effet de structure à taux de féminisation constants est négatif : la stabilité de la part des femmes dans les métiers industriels provient donc d'une progression de la féminisation moyenne qui a plus que compensé la baisse des effectifs dans ces secteurs. Dans les professions tertiaires, 58 % de l'augmentation de l'emploi est due à l'effet de structure. Si la féminisation a augmenté dans beaucoup de professions où les femmes étaient moyennement ou peu présentes, notamment chez les cadres, les augmentations les plus fortes ont encore concerné les professions déjà largement féminisées.

On peut aussi mesurer la segmentation entre les métiers féminins et masculins à l'aide d'un indice de ségrégation [Couppié, Épiphane, 2004]. Au vu de cet indicateur, la ségrégation des emplois entre les hommes et les femmes, relativement stable jusqu'en 1998, a toutefois diminué depuis. Mais cette évolution demeure relativement modérée au regard des évolutions de l'emploi. Pour parvenir à une parfaite répartition au sein des familles professionnelles entre les hommes et les femmes, il faudrait que 30 % de femmes changent d'emploi en 2002 (soit un effectif de 1 680 000 femmes). En 2002, la concentration des emplois féminins serait donc un peu inférieure à ce qu'elle était en 1982. Pour les jeunes de moins de 25 ans, la ségrégation demeure plus forte que pour les plus âgés (50 ans et plus). Mais, de 1982 à 2002, la ségrégation des emplois entre hommes et femmes diminue pour les jeunes et augmente pour les plus âgés [Viney, 2004].

Ainsi, la féminisation parfois spectaculaire de certains métiers qualifiés, comme par exemple, dans les professions du droit ou parmi les cadres administratifs ou commerciaux, n'a pas suffi à faire en sorte que l'emploi des femmes soit mieux réparti. Des enseignants aux aides à domicile, les femmes restent spécialisées dans certains types de services. Encore timide, la féminisation des métiers techniques a cependant bien progressé. Mais les changements dans la répartition des métiers, massivement accompagnés par les femmes, contribuent à les cantonner dans des professions réputées « féminines ». La mixité des emplois reste donc à construire.

Bibliographie

Cet article reprend essentiellement des résultats présentés dans les documents :

OKBA M. (2004), « L'accès des femmes aux métiers : la longue marche vers l'égalité professionnelle », *Premières Synthèses*, Dares, n° 31.2, juillet.

DARES (2004), « Familles professionnelles. Vingt ans de métiers. Portraits statistiques 1982-2002 », *Les Dossiers de la Dares*, La Documentation Française, octobre.

AMOSSÉ T. (2004), « Professions au féminin représentation statistique, construction sociale », *Travail, genre et sociétés*, n° 11, p. 31-46.

AMOSSÉ T., CHARDON O. (2002), « La carte des professions (1982-1999) : le marché du travail par le menu », *Données sociales 2002-2003, La société française*, INSEE, Paris, p. 215-224.

CHARDON O. (2004), « Renouvellement des générations, concurrence des formations : un diplôme pour quel métier ? », *Premières Synthèses*, Dares, n° 31.1, juillet.

COUPPIÉ T., ÉPIPHANE D. (2004), « Des bancs de l'école aux postes de travail... chronique d'une ségrégation annoncée », Note emploi formation, Céreq, n° 6, janvier.

HUET M. (1983), « La concentration des emplois féminins », *Économie et statistique* n° 154, avril, p. 33-46.

JAMET S, LERAIS Frédéric (2004), « La croissance de l'emploi dans les secteurs tertiaires » *Premières Synthèses*, Dares, n° 12/1.

LAUFER J. (2004), « Femmes et carrières : la question du plafond de verre », *Revue française de gestion*, vol. 30/151, octobre, p. 117-128.

MARUANI M. (2003), *Travail et emploi des femmes*, La Découverte, « Repères », Paris (première édition : 2000).

VINEY X. (2004), Présentation du dossier Dares « Familles professionnelles, vingt ans de métiers, portraits statistiques 1982-2002 », La Documentation française, octobre.

30

Écarts de salaire

Dominique Meurs et Sophie Ponthieux

L'écart des salaires moyens entre les femmes et les hommes est une mesure à la fois utile et insuffisante des inégalités sur le marché du travail. Utile, parce que c'est un indicateur synthétique de la place relative des femmes dans l'emploi. Insuffisante, parce qu'une fois constaté l'écart ses causes restent à identifier. Insuffisante aussi car la différence des salaires moyens ne rend pas compte de l'inégalité des chances d'accéder aux emplois les mieux payés, ni de l'inégalité des risques d'occuper un emploi à bas salaire.

Les écarts de salaire entre femmes et hommes : état des lieux

Où en sommes-nous en matière d'(in)égalité des salaires entre femmes et hommes ? En France, au début des années 2000, dans le secteur privé et pour les salariés à temps complet, les salaires nets annuels moyens des femmes représentent 80 % de ceux des hommes [INSEE, 2004, p. 95], soit un écart de 25 % en faveur des hommes. Les données ne permettent pas d'en chiffrer avec précision l'évolution sur longue période, mais on peut retenir comme ordre de grandeur que l'écart des salaires entre les femmes et les hommes s'est réduit d'environ une moitié par rapport à son niveau des années 1960 ; le mouvement de rattrapage est donc indéniable. Mais il a été plus rapide jusqu'au milieu des années 1980 que par la suite, et il semble presque en panne depuis le milieu des années 1990 (voir le tableau 2-16 en annexe).

L'écart des salaires peut apparaître plus ou moins fort selon la population prise en compte, et selon que l'on retient des salaires annuels, mensuels ou horaires. La mesure, comme ci-dessus, pour les salariés à temps complet du secteur privé couvre moins bien les salaires des femmes que ceux des hommes : en effet, par rapport à l'ensemble des salariés, cela revient à exclure environ un homme sur cinq, mais un peu plus d'une femme sur deux. Inclure les salariés du secteur public, où les salaires des femmes représentent 86 % de ceux des hommes, fait apparaître un écart plus faible. À l'inverse, l'écart est plus fort en intégrant les salariés à temps partiel, qui sont majoritairement des femmes, si toutefois on base la mesure sur les salaires annuels ou mensuels. Si l'on considère par contre des salaires horaires, l'écart est moins prononcé (voir le tableau 2-16 en annexe).

Pour les comparaisons internationales, l'écart ou le ratio sont presque toujours calculés à partir des salaires horaires ; le ratio des salaires horaires féminins aux salaires horaires masculins est d'ailleurs l'indicateur retenu pour le suivi de l'inégalité des salaires dans les pays membres de l'Union européenne [Commission européenne, 2003]. Dans les pays de l'OCDE à la fin des années 1990, le salaire horaire moyen des femmes rapporté à celui des hommes représentait de 76 % en Suisse à plus de 90 % en Belgique, au Portugal et en Australie, et il était de 87 % en France [OCDE, 2002, p. 106].

Les salaires horaires peuvent sembler la mesure la plus pertinente pour comparer les rémunérations. Toutefois, une large majorité des emplois ne sont pas offerts « à l'heure », et une large majorité des salaires ne sont pas négociés sur une base horaire. La question ici est de savoir ce que l'on cherche à mesurer : l'écart du prix d'une unité de temps de travail effectué par une femme ou par un homme, ou l'écart des gains que procure à une femme ou à un homme son emploi salarié. Cela ne serait pas un problème si le temps de travail attaché à un emploi était totalement indépendant du fait qu'il est occupé par un homme ou par une femme — les inégalités de temps passé au travail refléteraient alors simplement les préférences des individus ; c'en est un dès lors qu'il y a un biais de genre, c'est-à-dire des déterminants sociaux qui différencient les possibilités des femmes ou des hommes sur le marché du travail, ou qui influencent leurs choix d'activité.

Effet des choix ou des contraintes, les emplois à temps partiel sont d'une part massivement féminins. D'autre part, même à plein temps, elles effectuent des horaires inférieurs en moyenne à ceux des hommes. L'écart des gains mensuels ou annuels, entre les femmes et les hommes est donc beaucoup plus prononcé, de l'ordre du double de celui des salaires horaires [OCDE, 2002, p. 108].

Analyser les écarts de salaire

Pourquoi les femmes perçoivent-elles en moyenne des salaires inférieurs à ceux des hommes ? Les théories économiques offrent diverses explications, mettant principalement en jeu les différences de capital humain, la ségrégation par qualification et secteur, et la discrimination.

Capital humain et structure des emplois

Les différences de capital humain et la ségrégation renvoient, respectivement, aux facteurs qui déterminent les caractéristiques productives des individus (éducation et expérience), et aux caractéristiques des emplois occupés (catégories professionnelles, secteurs d'activité, privé ou public). Pour que ces divers facteurs expliquent que, de façon régulière, les salaires moyens des femmes sont plus faibles que les salaires moyens des hommes, il faut donc que les caractéristiques productives des premières et/ou les caractéristiques des emplois qu'elles occupent soient moins favorables que celles observées pour la moyenne des hommes. Qu'en est-il en France ?

En ce qui concerne les niveaux d'éducation, les femmes ont rattrapé les hommes, et la proportion des femmes qui possèdent un diplôme du supérieur est même plus élevée que celle des hommes [INSEE, 2004, p. 66-67]. Il y a cependant ici un important effet de génération, qui peut atténuer l'impact de cet « avantage » des femmes : ainsi, parmi les 25-34 ans, la part des femmes sans diplôme (11 %) est plus faible que celle des hommes (16 %), et la part des femmes ayant un diplôme supérieur à bac + 2 (23 %), est plus élevée que celle des hommes (17 %). Mais parmi les 45-54 ans, c'est l'inverse que l'on observe. L'effet des écarts d'éducation sur les salaires moyens dépend donc de la structure par âge des actifs ; cet effet devrait, en théorie, être de plus en plus en faveur des femmes à mesure que les générations les plus anciennes partent à la retraite. Toutefois, il faut tenir compte aussi du fait que les spécialités des diplômes ne sont pas les mêmes ; cela peut contribuer au maintien de différences qui s'illustrent par la sous-représentation chronique des femmes dans certains secteurs et certaines professions.

L'expérience professionnelle des femmes demeure probablement inférieure à celle des hommes. Elles risquent en effet plus que les hommes de connaître des interruptions de carrière, d'abord à cause des enfants. Ainsi, en France, la différence entre les proportions d'hommes et de femmes qui occupent un emploi est, en moyenne, de 9,6 points — en faveur des hommes — si l'on ne prend que les personnes sans enfant ; cette différence double avec un enfant, et triple avec deux enfants et plus. Cet effet s'observe, avec plus ou moins d'ampleur, dans tous les pays de l'OCDE [OCDE, 2002, p. 85].

Quant aux différences relatives aux catégories professionnelles et aux secteurs d'activité, elles demeurent substantielles (voir article « Des femmes et des métiers : encore bien loin de la parité »). Les femmes occupent par ailleurs plus souvent que les hommes un emploi dans le secteur public, dont elles représentent, en 2001, 57 % des salariés. Enfin, dans l'examen de la structure des emplois occupés par les femmes et les hommes, le temps partiel constitue un facteur de différenciation important, dont les effets sont à la fois directs, sur l'écart des salaires, et indirects lorsqu'il affecte le déroulement des carrières professionnelles.

La discrimination

Sur le marché du travail, on parlera de discrimination salariale si les hommes reçoivent, à productivité observée égale, une rémunération supérieure à celle des femmes. L'analyse économique standard de la discrimination se concentre sur l'observation du fonctionnement du marché du travail et considère comme donnés les facteurs qui peuvent déterminer cette productivité.

Cependant, il est également possible que la discrimination résulte de facteurs ne relevant pas directement du marché du travail, par exemple du fonctionnement du système éducatif, ou de l'organisation sociale. Ce type de discrimination peut affecter *in fine* les caractéristiques productives des individus : un bon exemple est celui de l'orientation, à réussite scolaire comparable, des filles et des garçons à l'issue de la troisième ou après le baccalauréat. On peut donc avoir une approche plus large de la discrimination, en tenant compte des facteurs qui font que la productivité est inégale.

La discrimination est devenue un thème majeur en économie avec les travaux de Becker [1957]. Il l'explique par les préjugés individuels, considérés comme donnés et hors du champ de l'économique, que peuvent avoir les employeurs à l'encontre de certaines catégories de main-d'œuvre (initialement, les travaux américains ont surtout porté sur la discrimination raciale). Dans ce schéma, l'employeur est prêt à payer plus cher pour attirer et retenir certaines catégories de main-d'œuvre, et va donc faire moins de profit que les entreprises qui ne discriminent pas. La politique antidiscriminatoire la plus efficace est donc la concurrence, qui provoquerait la faillite des entreprises handicapées par leurs préjugés.

Une autre approche, dite de la « discrimination statistique » [Phelps, 1972 ; Arrow, 1973], présente la discrimination, au contraire de ce que l'on vient de voir, comme l'effet d'un comportement économique rationnel. Dans ce cadre, la discrimination résulte du fait que, pour un employeur, il peut être trop coûteux d'observer la productivité d'un candidat à un emploi et plus facile de supposer que son comportement sera celui de la moyenne de son groupe démographique. Par exemple, si l'employeur pense, à tort ou à raison, que les femmes quittent leur emploi après la naissance d'un enfant, il attribuera cette caractéristique à toute candidate, quelles que soient ses intentions effectives ; le même processus peut fonctionner dans le cas des promotions. Cette prédiction peut être autoréalisatrice : en effet, les femmes occupant alors des emplois avec de moindres perspectives de carrière ont moins d'intérêt économique à y rester et peuvent trouver moins de motifs à se former, à s'investir dans leur travail, ou à rester dans l'emploi.

Mesurer les composantes de l'écart de salaire

Capital humain, inégale répartition dans les emplois, discrimination, comment faire la part des choses ? L'exercice est utile : en termes de politiques publiques qui visent la réduction des inégalités entre les femmes et les hommes, il est important de pouvoir évaluer comment ces divers facteurs contribuent à l'écart des salaires.

Pour procéder à cette évaluation, il y a plusieurs méthodes. La plus simple consiste à estimer une équation de salaire incluant une variable indicatrice du sexe des salariés ; le coefficient de cette variable mesure alors la décote associée au fait d'être une femme, « toutes choses égales par ailleurs ». Toutefois, on fait ici l'hypothèse que les autres caractéristiques ont un impact identique sur les salaires des femmes et ceux des hommes, par exemple qu'il n'y pas de différences dans les rendements masculins et féminins d'un même diplôme.

La seconde méthode, initiée par les travaux d'Oaxaca [1973] et de Blinder [1973] consiste à estimer séparément une équation de salaires pour les hommes et une pour les femmes ; on peut alors tenir compte de possibles différences de rendement des caractéristiques entre ces deux groupes. L'écart des salaires moyens estimés est alors décomposé en deux parties, l'une qui correspond aux différences des caractéristiques des femmes et des hommes, ce qui constituera la « part expliquée » ou « structurelle » de l'écart, et l'autre qui mesure l'écart dû aux différences de valorisation des mêmes caractéristiques, ce qui constituera la « part non expliquée » de l'écart ; cette dernière composante refléterait alors une discrimination salariale à l'encontre des femmes [Meurs, Ponthieux, 2000].

Cette approche, très usuelle (elle est utilisée notamment aux États-Unis dans les expertises lors de procès intentés aux entreprises pour pratiques discriminatoires [Oaxaca, Ransom, 2003]), requiert un certain nombre de précautions méthodologiques. D'abord, sur les caractéristiques productives ou structurelles retenues : doit-on se limiter à celles de la personne, suivant en cela strictement la théorie du capital humain ? Mais, à caractéristiques productives individuelles données, des écarts de salaire peuvent résulter de la ségrégation professionnelle et/ou sectorielle de l'emploi ; faut-il alors intégrer les caractéristiques des postes occupés ? C'est ce qui est fait dans la plupart des travaux empiriques. Cela accroît la proportion « expliquée » de l'écart salarial par rapport à une approche strictement en termes de capital humain, même si ces effets « structurels » peuvent résulter d'autres formes de discrimination.

Par ailleurs, on ne peut tenir compte que des caractéristiques que l'on observe. C'est un problème si l'on se rappelle que le cadre théorique dans lequel on se situe fait intervenir de façon centrale les choix des agents, en matière de formation et d'offre de travail. Or le statut des individus observé à un moment donné sur le marché du travail peut ne pas refléter leurs préférences. Enfin, il se peut que certains facteurs agissent comme des filtres sur la probabilité d'observer les salaires des individus ; or si l'accès des femmes à l'emploi est plus « filtré » que celui des hommes, cet effet de sélection peut fausser l'évaluation des rendements des caractéristiques productives (diverses techniques sont destinées à la correction de cet effet de sélection).

La façon de traiter ces difficultés n'est pas neutre sur la mesure des composantes : la part expliquée de l'écart des salaires moyens sera d'autant plus grande qu'un grand nombre de caractéristiques pourront être prises en compte et correctement mesurées. Mais cela nous renvoie à la conception de la discrimination que l'on cherche à mesurer. À caractéristiques vraiment égales et bien mesurées, il est probable qu'il n'y ait que des effets de structure, et pas de discrimination salariale au sens strict ; c'est alors l'examen des composantes de la part « expliquée » qui permettra de repérer les autres mécanismes de la discrimination [Ponthieux, Meurs, 2004].

Les salaires, reflet de la place des femmes dans l'emploi

L'analyse des écarts de salaires moyens, pour informative qu'elle soit, ne rend pas directement compte d'une particularité de la place des femmes dans la distribution des salaires : leur sous-représentation dans le haut de cette distribution (en 2002, il n'y a que 35 % de femmes parmi les 20 % de salariés les mieux rémunérés), et leur surreprésentation dans le bas de cette distribution (71 % de femmes parmi les 20 % des salariés les moins bien rémunérés). Notons également que l'écart des salaires est plus prononcé dans le haut de la distribution que dans le bas : le seuil du premier décile de la distribution des salaires des femmes est de près de 92 % de celui des hommes, tandis que le rapport des seuils des derniers déciles est de l'ordre de 75 % [INSEE, 2004]. Et si, au fil du temps, la proportion de femmes dans le haut de la distribution s'élève — lentement : elle n'a gagné qu'à peine 5 points entre 1990 et 2002 —, celle des femmes dans le bas de la distribution ne baisse pas. Faiblement qualifiées, les femmes font face à un risque plus élevé que les hommes d'occuper un emploi à faible salaire, et, lorsqu'elles disposent d'un niveau élevé de qualification, elles accèdent moins souvent aux emplois les mieux rémunérés : en 2002, parmi les salariés sans diplôme, 18 % des hommes, mais 53 % des femmes se trouvaient parmi les 20 % de salariés aux salaires les plus faibles. Et à l'autre bout de la distribution des diplômes, parmi les salariés ayant un diplôme supérieur à bac + 2, 67 % des hommes, et seulement 42 % des femmes, se trouvaient parmi les 20 % les mieux payés.

Le plafond de verre

L'image du plafond de verre désigne les barrières « invisibles » qui bloquent l'accès des femmes aux postes les plus élevés de la hiérarchie. Cette situation, souvent étudiée pour les cadres, peut se décliner dans toute autre catégorie d'emploi dès qu'un déroulement de carrière y est possible.

D'où provient le plafond de verre ? Quand on analyse les carrières salariales des femmes et des hommes, il apparaît que si les débuts de carrière sont similaires, quelques années (et quelques enfants...) plus tard, l'écart se creuse [Le Minez, Roux, 2002]. Ainsi, à caractéristiques productives connues semblables, les hommes occupent des postes hiérarchiquement plus élevés, et les femmes apparaissent bloquées dans leur carrière. Difficile de ne pas suspecter l'effet des responsabilités familiales ; tout se passe comme si la question « travailler ou pas » s'était déplacée, avec la montée de l'emploi féminin, pour devenir « travailler plus ou moins », c'est-à-dire pouvoir accepter un engagement intensif, en responsabilité et en temps, alors que les tâches familiales reposent toujours largement sur les femmes. Ajoutons quelques préjugés tenaces, et tout est en place pour que le stéréotype accordant aux femmes un « goût » pour les responsabilités professionnelles moindre que celui des hommes continue de se vérifier.

Les bas salaires

De l'autre côté, en bas de la distribution des salaires, les femmes sont largement surreprésentées ; il y a ici un large effet du temps partiel, mais le constat reste valable si l'on examine la distribution des salaires horaires, reflétant alors aussi la surreprésentation des femmes dans les emplois les moins qualifiés. En outre, plus souvent à bas salaire que les hommes, les femmes y restent aussi plus longtemps.

Pourtant, la forte proportion de femmes dans la « trappe à bas salaire », pour reprendre une terminologie connue, passe relativement inaperçue, notamment lorsqu'on analyse le lien entre travail et pauvreté. En effet, alors que les femmes constituent l'écrasante majorité des salariés dont les revenus du travail sont les plus faibles, la majorité des travailleurs pauvres sont des hommes. Le paradoxe n'est qu'apparent [Ponthieux, 2004] et vient du fait que les femmes à bas salaire ont souvent un conjoint actif, tandis que les hommes pauvres et actifs ont souvent une conjointe inactive. Dilués dans les revenus des ménages, les bas salaires féminins deviennent ainsi moins visibles, et n'appellent pas de réflexions et de politiques publiques spécifiques.

La question du plafond de verre et celle des bas salaires se rejoignent dans une thématique commune, celle de la place que la société laisse aux femmes sur le marché du travail. Elle peut être illustrée, de façon synthétique, par l'écart des salaires moyens. Mais c'est dans les facteurs qui continuent de limiter les carrières des femmes, ou qui débouchent sur une proportion anormalement élevée des femmes dans les bas salaires, qu'il faut chercher pourquoi l'écart résiste.

Bibliographie

ARROW K.J. (1973), « The theory of discrimination », *in* ASHENFELTER O., REES A. (éds), *Discrimination in labor markets*, Princeton University Press, p. 3-33.

BECKER G.S. (1957), *The economics of discrimination*, University of Chicago Press.

BEBLO M. *et al.* (2003), « Methodological issues related to the analysis of gender gaps in employment, earnings and career progression », rapport pour la Commission européenne, DG Emploi et affaires sociales.

BLINDER A.S. (1973), « Wage discrimination : reduced form and structural estimates », *The Journal of Human Resources*, 8 (4), p. 436-455.

COMMISSION EUROPÉENNE (2003), « Gender pay gaps in european labor markets — measurement, analysis and policy implications », *Commission Staff Working Paper*, n° SEC, 2003, p. 937.

INSEE (2000), *Séries longues sur les salaires*, édition 2000.

INSEE (2004), *Regards sur la parité*, édition 2004.

LE MINEZ S., ROUX S. (2002), « Les différences de carrières salariales à partir du premier emploi », *Économie et statistique*, n° 351, p. 31-63.

MEURS D., PONTHIEUX S. (2000), « Une mesure de la discrimination dans l'écart de salaires entre hommes et femmes », *Économie et statistique*, n° 337-338, p. 135-158.

OAXACA R.L. (1973), « Male-female wage differentials in urban labor markets », *International Economic Review*, 14 (3), p. 693-709.

OAXACA R.L., RANSOM M. (2003), « Using econometric models for intrafirm equity salary adjustments », *The Journal of Economic Inequality*, 12 1 (3), p. 241-249.

OCDE (2002), *Perspectives de l'emploi*, Chapitre 2, Paris.

PHELPS E.S. (1972), « The statistical theory of racism and sexism », *American Economic Review*, 62 (4), p. 659-661.

PONTHIEUX S., MEURS D. (2004), « Les écarts de salaire entre les femmes et les hommes en Europe — Effets de structure ou discrimination ?, *Revue de l'OFCE*, n° 90, p. 153-192.

PONTHIEUX S. (2004), « Les travailleurs pauvres : identification d'une catégorie », *Travail, genre et société*, n° 11, p. 93-107.

31

Temps de travail et genre : une relation paradoxale

Rachel Silvera

Les femmes sont en première ligne dans la course à la gestion des temps de vie (temps professionnel, familial, domestique, social et personnel). Le temps constitue l'un des points clefs de l'égalité entre hommes et femmes, un facteur explicatif central de la différence des sexes. C'est sur le temps que reposent en effet les principales formes de la discrimination. Mais c'est aussi par le temps que désormais s'ouvrent de nouvelles perspectives, de nouveaux enjeux de l'égalité. L'objet de cette contribution est de tracer un panorama de l'évolution du temps de travail du point de vue du genre en soulignant la dimension paradoxale que revêt désormais le temps.

Le temps, source de discrimination

Les lois françaises en matière de temps de travail sont restées longtemps aveugles sur le genre. Le temps partiel, qui a eu une forte incidence en termes de genre, en est le meilleur exemple. La levée de l'interdiction du travail de nuit des femmes dans l'industrie a également joué un rôle important dans les débats sur l'égalité. Enfin, l'intégration récente de la question de l'égalité dans la seconde loi Aubry sur les 35 heures apparaît en réalité très formelle et n'a pas modifié fondamentalement les nouveaux accords.

Le double piège du temps partiel

La forme d'emploi la plus féminisée, et qui a connu le développement le plus rapide en France, reste le temps partiel. Il a plus que doublé depuis les années 1980 (et surtout depuis le début 1990). En 2003, selon l'INSEE, il représentait 30 % de l'emploi féminin (contre 5,5 % de l'emploi masculin). Près de 82 % des travailleurs à temps partiel sont des femmes (soit 3,3 millions de femmes). Depuis les années 2000 et l'arrêt des exonérations des charges patronales, on assiste cependant à un tassement de la croissance du temps partiel autour de 4 millions (soit 16,6 % de l'emploi total).

Les salariés à temps partiel ne constituent pas une catégorie homogène. Le temps partiel d'embauche, à la demande des entreprises, est celui qui s'est le plus développé sur ces dernières années. De nombreuses études ont souligné à quel point cette forme de temps partiel était un miroir grossissant de toutes les inégalités que subissent une part importante de femmes sur le marché du travail : il est massivement peu qualifié, concentré dans un nombre restreint de professions (nettoyage, distribution, aides à la personne), souvent associé à des conditions de travail et d'emploi précaires (horaires atypiques, décalés, morcelés...) et faiblement rémunéré, au point de constituer 80 % des bas et très bas salaires féminins (voir l'article « Écarts de salaires »).

À côté de ce temps partiel dit contraint, il convient d'observer de plus près le sort réservé aux personnes ayant fait une demande de passage à temps partiel. Si l'on estime que 41 % des salariés sont en situation de sous-emploi (c'est-à-dire les personnes qui travaillent moins que la durée souhaitée), peut-on alors considérer que 59 % des personnes à temps partiel sont satisfaites de leur emploi et de sa durée ? Ce refus de « travailler plus longtemps » n'est-il pas conditionné par d'autres contraintes (comme le manque de structures d'accueil des enfants, leur coût ou qualité ; des problèmes de transport, un conjoint ayant des horaires très longs...). Ne s'agit-il pas, en réalité de « choix sous contrainte » et non d'un véritable libre choix qui serait le privilège réservé aux seules femmes ?

En outre, demander à passer à temps partiel n'est pas sans risque : dans certains cas, cette demande s'est avérée irréversible [Silvera, 1998]. Une étude de la Dares montre que, selon la nature des contrats à temps partiel et les rapports de forces en présence lors des négociations, certains accords de réduction du temps de travail offrent un traitement plus ou moins favorable aux salariés à temps partiel [Bué *et al.*, 2004]. Autrement dit, l'opposition traditionnelle entre temps choisi et temps contraint s'avère inadaptée.

Le temps de la nuit : au nom de l'égalité

Dans le cadre de la loi sur l'égalité de 2001, la France a levé l'interdiction du travail de nuit des femmes dans l'industrie, se conformant ainsi au principe d'égalité de traitement prôné par la Commission européenne. L'enjeu était de taille, car, au sein même du gouvernement, et parmi les acteurs sociaux, une controverse est apparue autour de la question : « Fallait-il avant tout combattre la discrimination en se prononçant pour l'autorisation du travail de nuit des femmes ? Fallait-il, au contraire, prendre les nuisances liées au travail de nuit pour cœur de cible et maintenir l'interdiction au nom du progrès social ? » [Laufer *et al.*, 2001]. La seconde voie, désormais écartée, supposait d'étendre l'interdiction du travail de nuit à tous, hommes et femmes, et finalement d'envisager l'égalité comme un élargissement des droits des femmes aux hommes. Mais cette position, théoriquement juste, ne pouvait se défendre qu'avec l'introduction de dérogations selon les secteurs d'activité, en réalité de plus en plus nombreuses, comme en Belgique où l'interdiction formelle du travail de nuit s'accompagne de trente pages de dérogations. Le choix pour la première solution s'est justifié selon le gouvernement au nom du « réalisme » : 730 000 femmes salariées travaillaient déjà de nuit en 2000. De plus, il est fait remarquer qu'au nom de la protection des femmes pourraient être exclues de certains postes, souvent plus qualifiés ou mieux rémunérés.

Cette révision du Code du travail aurait pu être l'occasion de véritablement encadrer et limiter le travail de nuit (y compris pour les hommes) et d'introduire d'importantes contreparties pour tous les salariés. Certes, le texte de loi reconnaît l'existence du travail de nuit, à condition qu'il reste exceptionnel. Mais il ne s'agit pas seulement d'impératifs techniques ou sociaux, puisque « la nécessité d'assurer la continuité de l'activité économique » peut être invoquée. De plus, ce texte prévoit la conclusion d'un accord collectif qui doit justifier l'utilisation du travail de nuit et prévoir des contreparties pour les salariés. Mais renvoyer de telles questions à la seule négociation, c'est prendre le risque d'un renforcement des inégalités entre salarié(e)s, selon les entreprises, en fonction de l'état des relations sociales. Le résultat concret, issu de cette levée de l'interdiction, est que 15 000 femmes supplémentaires travaillent désormais de nuit dans l'industrie, sans que des accords innovants en limitent véritablement l'usage [Lallement, 2003]. Au nom de l'égalité de traitement et pour sortir de la logique protectrice à l'égard des femmes, les risques du travail de nuit sont désormais partagés par tous.

Réduction du temps de travail, diversification des horaires et intensification du travail

La réduction du temps de travail s'est parfois accompagnée d'effets négatifs pour les salariés, comme une plus grande flexibilité et une modulation des horaires. Le développement des horaires atypiques concerne désormais près d'un salarié sur deux (horaires décalés, horaires de nuit...). Ces nouvelles contraintes temporelles contaminent de plus en plus l'ensemble des temps de vie, y compris pour des salarié(e)s ayant des horaires réduits ou bénéficiant d'une réduction du temps de travail.

Selon l'enquête de la Dares [Estrade *et al.*, 2001], 28 % des salariés interrogés considèrent que leurs conditions de travail se sont dégradées depuis la réduction du temps de travail. Si ce constat se révèle uniforme chez les hommes, toutes catégories professionnelles confondues, 35,4 % des femmes non qualifiées estiment qu'il y a dégradation, contre seulement 18,4 % des femmes cadres. Certains accords se sont traduits par une remise en cause des temps de pause, une réduction du temps de passage des consignes entre équipes, tous signes d'intensification du travail qu'exprime l'expression récurrente : « On nous demande de faire le même travail, en moins de temps. » Par ailleurs, les délais de prévenance sont l'objet de nouvelles tensions : bon nombre d'entreprises respectent peu les délais prévus dans l'accord, et sous couvert d'exigences de flexibilité, pressent, de façon plus ou moins informelle, les salariés d'accepter des changements inopinés, parfois du jour au lendemain. Évidemment, les contraintes d'organisation familiale, qui pèsent majoritairement sur les femmes, se heurtent fortement à de telles pratiques.

Mais, au-delà de la seule mesure du temps de travail, il convient de prendre en compte les rythmes, la variabilité et l'ensemble des contraintes qui pèsent sur le temps de travail. On suppose que les femmes seraient relativement épargnées par ces contraintes, en travaillant plus souvent à la journée, moins la nuit, etc. On a même considéré que « la palme en matière de régularité revient souvent à la femme » [Fermanian, Lagarde, 1999].

Fançois-Xavier Devetter [2004] remet en cause une telle vision. Il construit un indice de disponibilité temporelle afin de prendre en compte la qualité des temps et non uniquement leur durée, c'est-à-dire la prévisibilité des horaires, les rythmes, etc. Si effectivement l'indice de disponibilité temporelle est plus élevé chez les hommes (cet indicateur de « dépassement de la norme temporelle » est en moyenne de 11,1 pour les femmes et de 16 pour les hommes), ceci correspond à certaines formes reconnues de contraintes temporelles. Dans ce domaine également, la disponibilité temporelle relève de modèles sociaux et sexués, elle est socialement moins reconnue pour les femmes : « La disponibilité temporelle n'envoie pas le même "signal" selon qu'elle est offerte par un homme ou par une femme [...]. Si les longues journées comme les longues coupures au sein de la journée de travail accroissent les tensions entre les temps sociaux de manière comparable, seules les premières sont perçues positivement par l'employeur » [Devetter, 2004].

Concrètement, qu'en est-il de la répartition par sexe des horaires atypiques ? Dans la première partie du tableau suivant, les formes visibles des horaires atypiques concernent davantage les hommes, tandis que la seconde partie, relative à des critères moins reconnus (horaires imposés, absence de deux jours de repos consécutifs...), inverse ce constat. Les femmes sont par exemple moins nombreuses à travailler en fin de semaine de façon régulière ou occasionnelle (critère le plus souvent utilisé dans les statistiques), mais plus nombreuses à effectuer ces horaires de façon régulière (plus d'un samedi ou dimanche sur trois).

Proportion de salariés en horaires atypiques selon le genre

	Hommes	Femmes
Les formes « visibles » des horaires atypiques		
Travail de nuit	20,4	6,4
Travail le samedi	49,1	45,1
Travail le dimanche	27,0	22,5
Horaire habituel supérieur à 40 heures	28,6	14,7
Horaires de fin de travail après 19 h 30	14,3	11,8
Les formes invisibles des horaires atypiques		
Proportion de salariés qui ne peuvent modifier leurs horaires en cas d'imprévu	39,6	43,2
Absence de repos de 48 heures consécutifs	19,1	22,8
Travail plus d'un samedi sur trois	26,2	32,2
Travail plus d'un dimanche sur trois	12,2	12,7
Impossibilité d'interrompre le travail	25,4	32,2
Coupure supérieure à 3 heures	2,6	5,0

Source : Enquête conditions de travail 1998, issu de Devetter [2004].

Ces données reflètent la concentration des emplois féminins dans des secteurs d'activité où justement cette disponibilité temporelle serait « naturelle » et non négociée, comme dans le commerce ou pour les professions d'aide à domicile et de santé [Angeloff, 2000].

Le temps, vecteur de réduction des inégalités de genre et d'amélioration de la vie hors travail

La réduction du temps de travail : des effets positifs ?

Les études sur les effets des lois Aubry permettent de dégager certains points positifs pour les salariés. Le bilan de cette mesure est donc mitigé, notamment dans une perspective de genre. Premier effet des « 35 heures » : la modification des rythmes de vie des salariés. Sans chercher à développer de nouvelles activités de loisir, culturelles ou associatives, ils — et surtout elles — manifestent pour la plupart le besoin de

« souffler ». Cette réaction est d'autant plus forte que ces salariés subissent des conditions de travail pénibles, lorsque justement la réduction du temps de travail s'est accompagnée, selon eux, d'une intensification des rythmes de travail. Ceci est encore plus vrai pour les femmes salariées ayant une charge de famille et dont le travail domestique est resté le domaine « réservé ».

Par ailleurs, si les femmes sont globalement moins syndiquées, elles ont été plus présentes dans les négociations sur le temps de travail et, surtout plus nombreuses parmi les mandatées. Rappelons que le mandatement permet à une personne non syndiquée de négocier et signer un accord dans une entreprise, au nom d'un syndicat représentatif. Ceci confirme que les enjeux de la réduction du temps de travail mobilisent les femmes, plus que d'autres thèmes de négociation, très certainement parce que cette question porte sur l'organisation de la vie au travail, mais aussi hors travail [Defalgard *et al.*, 2004]. Dans certains accords, nombre de femmes ont ainsi fait entendre leur différence en refusant que le passage à 35 heures se fasse sur 4 jours (avec un allongement de la journée de travail à 9 heures), ce qui était incompatible avec les horaires scolaires ; dans d'autres cas (par exemple les hypermarchés), la réduction du temps de travail a permis d'allonger la durée du travail des salarié(e)s à temps partiel.

Les enquêtes sur les perceptions que se font les salariés de la réduction du temps de travail soulignent d'ailleurs une satisfaction plus marquée des femmes, pour qui le gain en temps libéré est plus souvent mis en avant. Dans notre étude sur le temps de travail et les modes de vie des salariés [Anxo *et al.*, 1998], la position de certains hommes salariés, à qui l'on a proposé une réduction — collective — de leur temps de travail, a été plutôt réticente au départ — y voyant parfois un signe de désinvestissement au travail. Pour eux, réduire le temps de travail, c'était passer à temps partiel et remettre en cause le principe inflexible selon lequel « compétence rime avec présence et disponibilité dans l'entreprise ». Les femmes sont effectivement plus nombreuses que les hommes à déclarer « manquer de temps » avant la réduction du temps de travail, y compris à catégorie professionnelle et situation familiale identiques aux hommes [Estrade *et al.*, 2001]. Ce qui a changé surtout depuis la réduction du temps de travail, c'est la réorganisation des tâches domestiques (voire leur développement). Ceci contribue à un desserrement des contraintes temporelles, apprécié tout particulièrement par les femmes qui continuent à assumer la majeure partie de ce travail (voir l'article « Le non-partage du travail domestique »).

Les femmes changent le temps

Les expériences italiennes en matière des temps de la ville vont plus loin dans cette démarche. Les femmes élues italiennes ont suggéré de mettre en œuvre des mesures concrètes pour réfléchir à l'organisation des temps au niveau d'une ville, voire d'un quartier. À travers des bureaux de temps, il s'agit de mieux coordonner les horaires des services (administration, écoles, crèches...), des transports, des commerces mais aussi des entreprises, pour que l'ensemble de ces services soit mieux adapté aux besoins des familles. Les entreprises doivent repenser l'organisation de leurs horaires, mieux prendre en compte leur environnement et le fait que leurs salarié(e)s ne sont justement pas que des salariés, mais aussi parfois des parents. L'égalité en Italie était l'entrée principale de cette démarche : « les femmes changent le temps », disaient-elles et les choses ont concrètement évolué dans ce sens. Cette démarche est instituée dans plus de cent cinquante villes italiennes et commence aussi à se développer en France et dans d'autres pays d'Europe [Boulin, Mückenberger, 2002].

L'expérience de la ville de Rennes est également intéressante [Junter-Loiseau, 1996]. En partant du constat d'un retard de carrière important par rapport à leurs collègues hommes, ces femmes cadres ont réfléchi à l'organisation des horaires de travail : elles ont constaté que la plupart des cadres hommes restaient plus tard le soir, au moment où les élus étaient présents, tandis que les femmes cadres avaient tendance à concentrer davantage leur travail sur la journée, pour se libérer plus tôt, tout en ayant les mêmes missions, mais sans être autant en contact avec ces élus. Résultat : les promotions étaient accordées aux hommes en majorité. L'idée est ainsi venue de changer cette référence permanente à la « culture masculine de l'horloge ». Depuis, d'autres expériences ont été menées pour les agents d'entretien de la ville. Le principe d'horaires à temps partiel court et fractionné a été progressivement remis en cause pour une meilleure organisation de leur emploi du temps. Ce personnel, majoritairement féminin, a pu ainsi allonger sa durée de travail, voire obtenir des temps complets, en évitant les horaires décalés (matin et soir), par la remise en cause du fonctionnement antérieur des services où le nettoyage s'effectuait en dehors des heures habituelles de bureau. L'expérience a été positive non seulement pour les salariées mais aussi pour la collectivité locale qui a noté une baisse de l'absentéisme importante et des gains de productivité.

Le temps est bien au cœur de l'égalité. Si la réduction du temps de travail a globalement été un rendez-vous manqué, si certaines modalités de temps de travail sont sous le sceau de la discrimination, il n'empêche que certaines démarches, à l'œuvre désormais, pourraient se concrétiser par une meilleure prise en compte des temps sociaux dans l'entreprise et dans la cité. La loi du 9 mai 2001 qui oblige à négocier l'égalité dans tous les thèmes de négociation, dont le temps de travail, pourrait peut-être infléchir la culture dominante du temps de travail. Ceci suppose que les partenaires sociaux veuillent véritablement prendre l'égalité à bras le corps et ne pas se contenter de proposer des mesures en vue de la « conciliation » des temps pour les mères uniquement.

Bibliographie

ANGELOFF T. (2000), *Le temps partiel : un marché de dupes ?*, Syros, Paris.

ANXO D., BOULIN J.-Y., LALLEMENT M., LEFEVRE G., SILVERA R. (1998), « Recomposition du temps de travail, rythmes sociaux et modes de vie », *Travail et emploi*, n° 74, avril, p. 5-20.

BOULIN J.-Y., MÜCKENBERGER U. (2002), *La ville à mille temps*, Éditions de l'Aube, La Tour d'Aigues.

BUÉ J., METZGER J.-B. L., ROUX-ROSSI D. (2004), « Le temps partiel à l'épreuve des 35 heures », *Cahiers Travail et Emploi*, ministère des Affaires sociales, du Travail et de la Solidarité, La Documentation française, Paris.

DEFALGARD H., LUROL M., POLZHUBER E. (2004), « Accords 35 heures : Genre et Statut », *Rapport Dares*, Paris.

DEVETTER F.-X. (2004), « Disponibilité temporelle : quelle différence entre hommes et femmes ? », *Communication au Séminaire International sur le temps de travail*, février, Paris.

ESTRADE M.- A., MÉDA D., ORAIN R., (2001), « Les effets de la réduction du temps de travail sur les modes de vie : qu'en pensent les salariés un an après ? », *Premières Synthèses*, Dares, n° 21-1, mai.

FERMANIAN J.-D., LAGARDE S., (1999), « Les horaires de travail dans le couple », *Économie et Statistique*, n° 321-322, p. 89-110.

JUNTER-LOISEAU A. (1996), « Le temps des unes, le temps des autres : l'exemple de la ville de Rennes », *Les Cahiers du Mage*, n° 2, p. 89-99.

LALLEMENT M. (2003), *Temps, travail et modes de vie*, PUF, Paris.

LAUFER J., MARUANI M., SILVERA R. (2001), « Controverses : Le travail de nuit des femmes », *Travail, genre et sociétés*, n° 5, p. 135-162.

SILVERA R. (1998), « Les femmes et la diversification du temps de travail, nouveaux enjeux, nouveaux risques », *Revue française des affaires sociales*, n° 2, octobre, p. 71-88.

32

Employé(e)s, ouvrier(ère)s : une nouvelle carte du salariat d'exécution

Philippe Alonzo

Deux chiffres : sept millions, 80 % [1]. Deux figures symétriquement opposées du salariat. Deux peuples séparés — cols bleus d'un côté, blanc de l'autre — que les évolutions récentes tendent à rapprocher.

Depuis trente ans, la population ouvrière au travail connaît un double mouvement : elle diminue et se redéploie. Près de huit millions d'ouvriers étaient comptabilisés en 1975 par l'INSEE, un million de moins en 2002. Aujourd'hui les ouvriers industriels (deux millions en 2002) ne constituent que 35,6 % des ouvriers ayant un emploi et ont été supplantés par ceux du tertiaire qui représentent 46,1 % des ouvriers occupés. Le monde ouvrier reste en revanche masculin : les ouvrières ne représentent que 20 % des effectifs.

Le second peuple est féminin. 6,9 millions d'employés ont été recensés en mars 2001. Entre 1954 à 1996, leur part dans la population active est passée de 11 à 29,5 %. Au dernier recensement, ils représentent 29 % de la population active, soit la première profession en termes d'effectifs, devant les ouvriers (27 %). Le solde largement positif est dû au rôle prépondérant des services aux particuliers et des emplois publics alors que le nombre de postes de travail a diminué de 20 000 dans l'administration des entreprises privées [Amossé, 2001]. Un attribut implicite fédère les différentes composantes de cette nébuleuse qui va de la femme de ménage à la dactylo en passant par la caissière, la vendeuse ou l'agent de La Poste : le sexe féminin. Les employés constituent la seule catégorie socioprofessionnelle construite autour de ce genre ; il s'agit pour l'essentiel des femmes qui effectuent un travail désigné comme peu ou pas qualifié : les femmes représentaient 52,8 % des employés en 1954, 80 % depuis la refonte de la nomenclature.

1 L'ensemble des données statistiques de ce chapitre provient des enquêtes Emploi de l'INSEE.

Des évolutions différentes donc, marquées par un point commun : l'appartenance aux catégories du salariat d'exécution. Malgré des lieux et des conditions de travail variés — des bureaux aux ateliers, des petits aux grands commerces, des PME aux multinationales, en passant par le service aux personnes — les ouvrier(ère)s et les employé(e)s exécutent le travail (« effectuation » technique), sous les ordres de leurs supérieurs hiérarchiques (subordination sociale). Quatorze millions d'hommes et de femmes — soit un peu plus de la moitié de la population active — se retrouvent donc dans des catégories bigarrées, occupant de multiples fonctions et partageant peu ou prou un même type de conditions de vie : pénibilité du travail, insécurité de l'emploi, niveau bas et souvent stagnant des salaires. Alors même que les codes masculins de la représentation du monde ouvrier et les codes très féminins de la représentation de l'« archipel des employées » continuent de séparer ces deux peuples, les évolutions du monde du travail et de l'emploi brouillent les frontières et posent de manière problématique la question de la définition d'une nouvelle carte du salariat d'exécution.

Des univers longtemps construits en opposition

Historiquement, les employés sont considérés comme un groupe occupant une position intermédiaire dans l'espace social. Entre la bourgeoisie et la classe ouvrière, ils font figure de nouvelle « classe moyenne » salariée. Les premiers critères retenus dessinent une catégorie en creux : les employés ne sont pas des ouvriers. Plusieurs arguments appuient cette distinction : le caractère non manuel de leur travail, l'environnement de travail protégé des nuisances que connaissent les ouvriers, le rapport de confiance qui les unit à l'employeur, le salaire mensuel et « le préavis d'un mois en cas de licenciement qui leur permettent une plus grande sécurité de l'existence » [Beau, 2002]. Ce rattachement s'appuie également sur la manière dont ils se projettent dans la hiérarchie sociale. Ainsi, les employés refuseraient toute identification à la classe ouvrière, plus préoccupés d'accéder aux classes dominantes. Moins enracinés dans leur condition que d'autres groupes sociaux, ils semblent préfigurer, « mieux que d'autres catégories sociales, une société moins marquée par la différence de classe » [Crozier, 1965]. Du côté des femmes employées, un tableau similaire se dégage. Alain Chenu [1994] note qu'elles sont souvent situées, « avec les infirmières et les institutrices, dans le monde de la "demoiselle" — monde plus huppé, ou du moins plus intellectuel que ceux de la cultivatrice, de la couturière, de l'ouvrière, de la domestique ou de la marchande ».

Durant un siècle, deux images opposées du salariat se forment. Un salariat employé moderne, urbain, non manuel, de statut social relativement élevé, encore majoritairement masculin, en pleine croissance, marqué par la prédominance de la figure de l'employé de bureau. Une représentation proche de celle des cadres qui gomme les différences internes et renvoie à d'autres mondes, les jeunes paysannes et autres ouvrières qui viennent, dans les villes, s'employer comme vendeuses et domestiques. Une image en tout point opposée à celle de l'ouvrier qui se forme sur un siècle et demi (1793-1950), prolongeant l'histoire ouvrière des corporations et se forgeant — du sans-culottisme aux révolutions de 1830 et 1848 — une conscience de classe, articulée autour de la figure centrale de l'ouvrier masculin d'industrie. Cette classe, « tout aussi mythiquement unie dans son engagement révolutionnaire » [Beau, 2002], n'est pas moins traversée par des divisions de tous ordres : ouvrier du bâtiment, ouvrier de l'artisanat, ouvrier agricole auxquels sont associés des noms et des espaces de travail distincts, des professions et des qualifications hiérarchisées — ouvrier professionnel, qualifié, OS (ouvriers spécialisés), prolétaire —, des statuts d'emploi variables — ouvrier stable, précaire, etc. Ces différentes figures du salariat d'exécution de la production et des services perdurent aujourd'hui. Cependant, les noyaux durs sur lesquels elles se sont édifiées tendent à être progressivement désagrégés par les nouvelles formes d'organisation du travail. Finalement, des changements profonds invitent à regarder d'un œil neuf des groupes et des catégories qui ne sont plus ce qu'ils n'ont jamais été.

Des centres de gravité en déplacement

Le mouvement de fond qui provoque l'augmentation du nombre des employés doit être pensé comme un triptyque inextricable marqué par l'essor du salariat, le développement des services et la féminisation de la population active. Entre les années 1950 et 2000, la part des emplois tertiaires est passée de 40 à 70 %. Les femmes ont trouvé dans ce secteur un moyen de rentabiliser leurs investissements scolaires : si un homme sur deux travaille aujourd'hui dans le tertiaire, c'est le cas de quatre femmes sur cinq [Maruani, 2003]. Depuis quarante ans, les contours de la catégorie des employés s'élargissent. Jusqu'au début des années 1980, les employés de bureau sont prédominants : ils forment 80 % des employés en 1982. Avec la réforme de la nomenclature, la catégorie absorbe les « policiers et militaires subalternes » ainsi que les « personnels qui rendent des services directs aux particuliers ». Cette nouvelle définition statistique contribue à l'augmentation du nombre des employés dans la population active (4,7 millions d'employés en 1982 selon le code de 1954 et 6,3 millions selon le nouveau) et accroît le degré d'hétérogénéité du groupe. Dans ce nouvel ensemble, les employés de bureau *stricto sensu* ne sont plus majoritaires et l'image des premiers employés que ne départageait aucun niveau hiérarchique, ou bien encore celle du rond-de-cuir rivé à des tâches administratives appartiennent au passé. Par ailleurs, les employés perdent des effectifs par le « haut ». Avec l'essor des nouvelles technologies informatiques, les entreprises développent de plus en plus d'emplois « intermédiaires » (+ 93 000 personnes en moyenne par an entre 1982 et 1999). Dans la fonction publique, la catégorie « D », la plus basse, disparaît et les agents de catégorie « C », les employés, tendent à gagner la catégorie intermédiaire « D » plus qualifiée. Les transformations de l'emploi créent ainsi une sorte de *continuum* de la filière administrative qui accroît le flou entre les positions d'employés et celles des professions intermédiaires et qui consomme la coupure des employés de bureau avec les autres professions d'employés.

Les ouvriers sont également touchés par les restructurations des conditions de travail et d'emploi. Les transformations les plus marquantes se soldent par une baisse de l'emploi ouvrier déqualifié, due notamment à l'externalisation de certaines activités comme le nettoyage et l'entretien qui sont désormais confiées à des entreprises de service. Toutefois, le développement de l'automatisation a précipité dans le chômage des ouvriers qualifiés qui se trouvent de plus en plus en concurrence avec une masse de travailleurs intérimaires, généralement moins qualifiés. L'introduction de nouveaux modes d'organisation de la production (flux tendus) et de management (démarche qualité), ainsi que la diffusion de contraintes marchandes [Gollac, Volkoff, 2002] ont largement contribué à intensifier le travail ouvrier. Enfin, le recours à la flexibilité interne a créé une instabilité de l'emploi tant dans l'aménagement de la durée du travail (recours plus fréquents au chômage et au temps partiel), que dans les formes de rétribution des salariés (prime sur les résultats, individualisation des salaires). La dynamique des gains de productivité et ses conséquences (délocalisations de sites industriels, fermetures d'usines, plans sociaux, reconversions d'emplois) fragilisent les identités professionnelles tandis que l'indice de productivité horaire du travail ne cesse de progresser : de 3,4 à 6,2 depuis quinze ans. Le centre de gravité de la classe ouvrière se déplace. Les ouvriers industriels n'ont jamais autant produit de valeur en étant si peu nombreux, au profit d'une classe ouvrière des services qui n'a jamais été aussi nombreuse. Ce bouleversement interroge la définition même de l'ouvrier comme producteur immédiat de biens matériels.

La nébuleuse des salariés d'exécution des services

Réparation, entretien, livraison, transmission, transport : telles sont les tâches dont sont chargés les « nouveaux » ouvriers du tertiaire. Dans les entreprises de services marchands (+ 1 million de salariés depuis 1996) et dans l'industrie légère, les ouvriers et les ouvrières forment un nouvel archipel de salariés, groupés en îlots minoritaires, à l'intérieur desquels il semble bien difficile d'édifier une représentation ouvrière de soi [Molinari, 2004]. Dans ces lieux de travail, les fonctions des ouvriers tendent à se rapprocher de celles des employés. Ils y sont en effet, moins producteurs de valeur que réalisateurs de la valeur contenue dans les marchandises. À côté d'un noyau de plus en plus restreint d'ouvriers stabilisés recrutés à temps plein, bénéficiant d'une reconnaissance de qualification liée au poste occupé et d'un niveau de salaire comparativement favorable, gravite une périphérie de salariés à temps partiel, intérimaires ou en contrat à durée limitée, travailleurs de l'univers de la vente au sens large du terme : activités immobilières, services aux entreprises, restauration rapide, du nettoyage, du gardiennage, ou encore des activités de courrier privé. Ces nouveaux ouvriers font l'objet de pratiques de segmentation qui réduisent leur légitimité professionnelle et contribuent à émietter les collectifs de travail. Si les activités de dépense physique qui caractérisent traditionnellement le travail ouvrier n'ont pas disparu, elles se surimposent désormais à des contraintes inédites liées à la relation de service à des clients ou à des usagers, comme en témoigne la requalification des conducteurs de bus en « agents d'ambiance ». Incitées à développer des compétences d'ordre relationnel, les ouvrier(ère)s apprennent ce que les serveuses de la restauration (des cantines au MacDo) et les dépanneurs à domicile accomplissent et connaissent depuis longtemps : entrer en contact avec une clientèle. Mais ils découvrent également, comme les caissières des hypermarchés, les agents administratifs des services de l'état civil, ou les assistantes maternelles, des nouvelles formes de contrôle et d'évaluation de leur travail qui émanent directement de la clientèle et qui redoublent celles qui sont formalisées et imposées par les employeurs.

Du côté des employés, ce sont également les emplois de service non qualifiés qui ont le plus progressé depuis dix ans. Entre 1990 et 2000, le nombre des personnels des services directs aux particuliers a augmenté de près de 45 %. Dopées par la participation croissante des femmes au marché du travail et par des mesures d'incitation fiscale, les professions d'assistante maternelle, d'aide à domicile et de femme de ménage constituent le groupe le plus dynamique des employés (+ 360 000 nouveaux emplois). La multiplication des repas pris à l'extérieur a bénéficié aux emplois de serveurs et de la restauration rapide. Dans le commerce, des emplois peu qualifiés ont accompagné l'essor de la grande distribution : les caissiers, les vendeurs en alimentation et les employés libre-service sont 273 000 de plus qu'il y a vingt ans alors que les emplois de vendeurs traditionnels stagnent. Dans la fonction publique, le développement des écoles, des hôpitaux et des maisons de retraite a entraîné la création de nombreux emplois d'agents de service (+ 175 000 personnes) recrutés sans concours ni exigence sur un niveau de formation minimal requis [Pauron, Quarré, 2002].

Il y a vingt ans, l'emploi non qualifié se répartissait de manière égale entre les activités industrielles et les activités de service. Aujourd'hui, il se concentre essentiellement dans le secteur tertiaire (75 % des personnes en emploi non qualifié y travaillent). Depuis le milieu des années 1990, la part des employés non qualifiés ne cesse d'augmenter jusqu'à représenter 41 % de la catégorie en 2001. Les entreprises tendent à reporter leur demande de travail non qualifié sur les emplois à temps partiel et les femmes employées paient le prix lourd. Ces évolutions tracent aujourd'hui les contours d'un monde féminin particulièrement exposé au sous-emploi (en 2000, 55 % des personnels de service occupent un emploi à temps partiel et 45 % des employées à temps partiel souhaitent travailler davantage), aux bas salaires et au chômage de longue durée.

Les points de passage et de proximité entre les ouvrier(ère)s et les employé(e)s

La catégorie des employés est l'une de celles où la mobilité est maximum [Chapoulie, 2000]. Si cette mobilité se limite aux catégories les plus proches, rares en effet sont les employés qui deviennent cadres, les flux ascendants l'emportent sur les flux descendants. Dans ce vivier, les changements de position s'organisent selon les emplois exercés, le niveau de diplôme et l'âge des personnes. Ainsi, les employés administratifs d'entreprise connaissent de fréquentes promotions vers des professions intermédiaires administratives et commerciales, ce qui est beaucoup plus rare pour les autres groupes d'employés. Cependant hommes et femmes n'ont pas les mêmes chances de promotion. Les premiers sont deux fois plus nombreux à accéder à des emplois de cadres ou de professions intermédiaires. Cette différenciation sexuée de la mobilité professionnelle caractérise aussi la situation des ouvriers. Les ouvriers qualifiés de l'industrie ou de l'artisanat ont beaucoup plus de chances d'accéder à des postes de techniciens et d'agents de maîtrise ou des statuts d'indépendants que les ouvrières.

La mobilité n'est pas moins forte à l'autre extrémité de l'échelle. Depuis dix ans, les échanges se sont davantage intensifiés entre la catégorie des ouvriers et celles des employés non qualifiés, qu'entre ces derniers et les professions d'employés qualifiés. La faible qualification du travail et le fait de posséder un statut d'emploi précaire semblent se renforcer pour créer une barrière infranchissable à l'intérieur même du salariat d'exécution non qualifié. Pour ces dernier(e)s, les chances d'accéder un jour à l'emploi qualifié demeurent faibles, le risque de connaître le chômage dans un proche avenir est, en revanche, élevé [Chardon, 2001]. L'emploi non qualifié est donc loin de représenter un marchepied vers l'emploi qualifié. Le fort pourcentage d'employés à temps partiel contraint dans cet ensemble constitue un handicap supplémentaire. Ainsi, les principaux échanges ont lieu, d'une part, entre des employées des services directs aux particuliers et des ouvrier(ère)s non qualifié(e)s de type artisanal, et d'autre part, entre des ouvriers non qualifiés et les agents de service de la fonction publique.

Les circulations sont soutenues entre ces deux ensembles parce qu'il s'agit d'emplois socialement voisins : un magasinier sera classé comme ouvrier s'il travaille dans un atelier ou comme employé s'il exerce son activité dans un hypermarché ; une femme de ménage appartiendra à la catégorie ouvrière lorsqu'elle travaille dans une entreprise, et à celle des employés si ses patrons sont des particuliers. Par ailleurs, les similitudes ne concernent pas seulement les statuts. Les enquêtes récentes montrent que l'évolution des modes de production dans l'industrie n'a pas fondamentalement modifié les conditions de travail dans les ateliers [Gollac, Volkoff, 2002]. Ce qui change en revanche, c'est que de plus en plus d'employé(e)s et d'ouvrier(ère)s non qualifié(e)s connaissent des conditions de travail semblables : les postures pénibles (travailler debout), le port des charges lourdes, l'exposition aux risques, aux nuisances (davantage pour les ouvrier(ère)s) et aux agents infectieux (davantage pour les employé(e)s). Les contraintes marchandes gagnent le travail de production et, si les méthodes d'organisation du travail d'inspiration taylorienne déclinent, le développement récent des centres d'appel dans lesquels travaillent des employés peu qualifiés, selon des normes de productivité qui ressemblent à celles de l'industrie, fait resurgir la figure de l'« OS du tertiaire » au cœur même des emplois de service.

Les évolutions du salariat d'exécution interrogent les frontières qui séparent encore les ouvrier(ère)s des employé(e)s. Pour la majorité des femmes employées et ouvrières les probabilités de rester des salariées d'exécution à vie augmentent ; les passages entre les deux secteurs d'activité — production et service — sont nombreux au cours de la vie active. La qualification et surtout le sexe constituent des indicateurs heuristiques pour comprendre le rôle pivot de ces catégories dans la hiérarchie sociale, les hommes ouvriers et surtout employés formant à l'intérieur de cette nébuleuse, une catégorie à part, montrant encore une fois, que le genre n'est pas neutre.

Bibliographie

ALONZO P. (2004), « Les employés : un archipel à la dérive », *in* BOUFFARTIGUE P. (dir.), *Le retour des classes sociales*, La Dispute, Paris, p. 93-109.

AMOSSÉ T. (2001), « L'espace des métiers de 1990 à 1999 », *INSEE Première*, n° 790.

BEAU A.-S. (2002), « Les salarié(e)s du grand commerce : des employé(e)s ? », *Travail, genre et sociétés*, n° 8, p. 55-72.

CHAPOULIE S. (2000), « Une nouvelle carte de la mobilité professionnelle », *Économie et Statistique*, n° 331, p. 25-45.

CHARDON O. (2001), « Les transformations de l'emploi non qualifié depuis vingt ans », *INSEE Première*, n° 796.

CHENU A. (1994), *Les employés*, La Découverte, Paris.

CROZIER M. (1965), *Le monde des employés de bureau*, Seuil, Paris.

GOLLAC M., VOLKOFF S. (2002), « La mise au travail des stéréotypes de genre », *Travail, genre et sociétés*, n° 8, p. 25-53.

MARUANI M. (2003), *Travail et emploi des femmes*, La Découverte, Paris (première édition : 2000).

MOLINARI J.-P. (2004), « Ouvriers, classe ouvrière : entre déclin et redéploiement », *in* BOUFFARTIGUE P. (dir.), *Le retour des classes sociales*, La Dispute, Paris, p. 75-92.

PAURON A., QUARRÉ D. (2002), « Les Agents de l'État », *INSEE Première*, n° 865.

33

Emplois de service

Tania Angeloff

Les « emplois de service » désignent les emplois du secteur de l'aide à domicile, expression que l'on emploiera dans ce texte parallèlement à la première, plus générique et ambiguë. Les mots ne sont pas seulement porteurs de sens, ils portent la trace de leur histoire au même titre qu'ils façonnent cette histoire. Remise au goût du jour au début des années 1990, dans un contexte de lutte contre le chômage, l'expression « emplois de service » a une double connotation, à l'image de son histoire. À l'heure où le droit à l'emploi semble remis en cause, le terme d'« emploi » est valorisé et valorisant pour la personne qui en occupe un. Tandis que le mot « service », qu'on le veuille ou non, fait écho, dans l'imaginaire collectif, soit au service religieux et au bénévolat, soit à la servilité. De quel type de service s'agit-il ? Au service de qui ? Telles sont les questions que l'on a spontanément envie de poser. Que s'est-il passé exactement autour de ces emplois ces dernières années ? À quels types de métiers et de personnels renvoient-ils ? Le dispositif législatif récent a-t-il contribué à créer des emplois dignes de ce nom ou, au contraire, n'a-t-il fait que rebaptiser — et par là officialiser et « blanchir » — de vieux métiers dévalorisés et largement développés dans l'économie informelle ? Au cœur de la question des emplois de service à domicile, c'est leur caractère fortement sexué, précaire, inégalitaire et dévalorisé qui ressort. Dans un premier temps, il s'agira de retracer l'historique des emplois de service et de voir qui les occupe. Ensuite, l'on montrera quelle a été l'incidence sur ces emplois des dispositifs récents et des principaux débats qu'ils ont suscités, notamment autour de la question du temps partiel. Enfin, on soulignera le renforcement des stigmates et des inégalités sociales et sexuées, car il pose de manière cruciale la question d'une professionnalisation des employées à domicile.

Histoire et structure des emplois de service

Il s'agit d'une histoire longue comportant une double origine, domestique et sociale. Les emplois de service renvoient à toute une nébuleuse de métiers domestiques — c'est-à-dire qui servent et sont effectués à domicile d'une part, et qui ont un contenu « domestique » et sont, à ce titre, en majorité féminins d'autre part : femme de ménage, femme de chambre, cuisinière, dame de compagnie, garde d'enfants, aide à domicile pour personnes dépendantes, qu'elles soient âgées ou pas. Leur double origine distribue ces emplois dans des catégories légales et des secteurs différents notamment du point de vue des conventions collectives. Mais, au-delà de ces différences statutaires et légales, ce sont les similitudes qui l'emportent. Une majorité de femmes exercent ces emplois (99 % des employés des services d'aide à domicile sont des femmes) [Bressé, 2004] qui sont, pour cette raison et le plus souvent, référés au féminin pluriel, contrairement à l'usage grammatical. Il s'agit en majorité de femmes d'âge moyen — la moyenne d'âge est de 42 ans, contre 40 ans pour l'ensemble des actives en France [*ibid.*]. En outre, bien que les enquêtes statistiques ne fassent pas apparaître cette caractéristique, notamment pour des questions légales de construction des questionnaires, les enquêtes empiriques [Causse, Fournier, La Bruyère, 1997 ; Angeloff, 2000] révèlent que, dans certaines régions, on trouve parmi les employées de l'aide à domicile, notamment parmi celles travaillant auprès des personnes âgées [Avril, 2003], une majorité de femmes d'origine nord-africaine ou d'outre-mer.

D'après le *Répertoire opérationnel des métiers et des emplois* (Rome), les appellations sont nombreuses : aide à domicile, aide familiale, aide ménagère, aide aux personnes âgées, assistant-e familial-e, auxiliaire social-e, auxiliaire de vie, garde-malade, travailleuse familiale. La définition du métier est très large. Les intervenant(e)s à domicile aident ou remplacent toute personne rencontrant des difficultés passagères ou permanentes. Elles ont un rôle dans l'accomplissement des actes essentiels de la vie courante (toilette, préparation des repas, ménage, courses, démarches administratives). Les interventions effectuées à domicile sont plus ou moins importantes en termes de temps de travail et sont fonction du degré de dépendance et de la solvabilité de la personne aidée. L'emploi, exercé au domicile de la personne aidée, est le plus souvent à temps partiel avec des horaires décalés (début ou fin de journée, nuit et fin de semaine). La nature du métier implique une flexibilité dans le temps de travail et le contenu des tâches.

Enfin, peut-on retracer l'histoire de ces emplois sans évoquer le débat qu'ils suscitent depuis plus de trente ans ? Dans quelle mesure ces emplois de service, réputés serviles à bien des égards, peuvent-ils être compatibles avec les idéaux démocratiques d'égalité et d'équité sociales et professionnelles quand on connaît leur contenu et les relations qu'ils impliquent ? Qu'on la pose en termes sociologiques, philosophiques ou de structure et de relations professionnelles, cette question reste entière [Cahiers du Mage, 1996].

Aussi bien l'histoire que la structure des emplois produisent un marché du travail fortement sexué et segmenté et, de ce fait, producteur d'inégalités. Ces inégalités sont notamment lisibles dans le temps et l'organisation du travail et dans le faible niveau de qualification.

Un temps de travail socialement dévalorisant

Au début des années 1990, dans un contexte d'enracinement de la crise de l'emploi, Martine Aubry, alors ministre du Travail, déclare qu'il y a, dans les emplois de service, un véritable « gisement d'emplois ». Il s'agit de faire entrer dans l'économie formelle une grande partie d'emplois de service non déclarés, d'ouvrir de nouvelles voies en matière de politique du troisième âge et de politique familiale, pour faire face au vieillissement de la population, pour développer le maintien à domicile et, enfin, pour diversifier les modes de garde au regard de la croissance du travail des mères, de la monoparentalité et de la biactivité des couples. Dans cette perspective, la loi du 31 décembre 1991 encourage la création d'associations dites « associations mandataires ». En mettant en relation un employeur (particulier ou famille) avec une aide à domicile, ces associations ont pour vocation de développer le caractère légal de ces emplois et de répondre à la demande des familles. En plus de dix ans, ces associations ont connu une croissance spectaculaire, preuve que le secteur de l'aide à domicile s'est véritablement développé.

Cependant, le blanchiment économique de ces activités, en liaison avec le dispositif de réduction d'impôts depuis 1996, n'a eu pour corollaire ni une augmentation du temps de travail ni une véritable valorisation — financière et symbolique — de ces emplois [Angeloff, 2003]. En effet, c'est à temps partiel que le secteur de l'aide à domicile a pris son essor dans l'économie formelle depuis le début des années 1990. Le plus souvent, c'est seulement quelques heures par jour ou par semaine que les particuliers ont besoin d'une employée, ou ont les moyens de la rémunérer, et ce, en dépit des mesures de déductions fiscales et d'exonération des charges sociales. Selon une enquête récente, la moyenne du temps de travail est de 70 heures par mois et seules 5 % des aides à domicile travaillent à temps plein, soit plus de 165 heures par mois [Bressé, 2004].

La flexibilité du temps de travail conditionne une flexibilité et une incertitude salariales. Aucune des employées ne semble s'insurger contre une telle situation, comme si le rapport salarial était d'emblée intériorisé comme un rapport atypique. Cela est dû, en partie, au régime juridique particulier du contrat de travail dont bénéficient les emplois de l'aide à domicile. Par exemple, aucune durée minimale de travail n'est garantie ; la stipulation de la durée du travail sur les jours de la semaine ou les semaines du mois n'est pas obligatoire. Autrement dit, la notion de disponibilité totale trouve une justification légale grâce à une série de régimes dérogatoires.

Dans la pratique, les aides à domicile peuvent échapper aux règles de la mensualisation rendue obligatoire, sauf pour quelques emplois, par la loi du 19 janvier 1978. Même si les conventions collectives du secteur de l'aide à domicile y font référence, dans la pratique, la mensualisation est rarement appliquée. Car, dans ce secteur, les employeurs ignorent la loi et la rémunération est faite à l'heure et rarement lissée sur le mois : « Pour 15 heures hebdomadaires, le salarié devrait être rémunéré sur la base de 15 multiplié par 52 [semaines] divisé par 12 [mois], soit 65 heures par mois. Le paiement "à l'heure" permet aux employeurs d'échapper au paiement des jours fériés, à l'octroi des congés payés pour événements personnels, à l'indemnité différentielle de maladie aux salariés comptant une ancienneté suffisante » [Kerbouc'h, 1997, p. 239-240]. Cette remarque souligne la marginalité des emplois de l'aide à domicile au regard de l'emploi « classique » (à horaire régulier et à temps plein) pour lequel la mensualisation, fruit d'une construction juridique et sociale, semble revêtir davantage de sens. On comprend la difficulté, sinon le paradoxe, à vouloir faire entrer des emplois totalement atypiques du fait d'un régime salarial particulier dans une norme dominante.

Au moins autant que le temps de travail, la faible qualification de ces emplois conditionne leur faible rémunération. Mais cette dernière se voit renforcée par une structure du métier particulière que les conventions collectives entérinent ou renforcent. Ainsi, l'ancienneté prise en compte correspond à une ancienneté chez le même particulier. Dès qu'elle quitte son employeur (par exemple après le décès de ce dernier), une aide à domicile peut avoir vingt ans d'ancienneté dans le métier, elle repart légalement à zéro avec son nouvel employeur. Même quand elles tentent d'aller à l'encontre des conventions collectives, les associations mandataires se heurtent à la question de la solvabilité des familles employeuses. Laissons parler les chiffres de l'Union nationale des associations de soins à domicile [Unassad, 2004] : en 2002, une débutante touche un salaire brut horaire de 6,67 euros, une aide à domicile de niveau cinq sans ancienneté, c'est-à-dire au sommet dans l'échelle des compétences, touchera un salaire brut horaire de 7,40 euros, et la même aide à domicile après dix ans d'ancienneté percevra 8,14 euros. Le montant indiqué est exprimé avant déduction des charges sociales salariales. Derrière la question du salaire, c'est toute la reconnaissance du métier qui est en cause. Comment valoriser socialement une activité sensible, touchant à l'intimité et à la dignité de la personne, et souvent des personnes qui sont les plus proches des employeurs — parents dépendants ou enfants à charge — quand le salaire reste très faible ?

Que ce soit en matière de temps de travail, de certification, de rémunération, la même volonté de rationaliser l'organisation du travail se heurte au caractère fortement incertain et irrationnel de ces emplois. Sur ce point, une sociologie des émotions, inspirée des études anglo-saxonnes, serait utile pour comprendre la difficulté à rationaliser, par exemple en termes de diplôme et de rémunération, l'investissement affectif caractéristique de ces emplois [Tronto, 1993]. Quoi qu'il en soit, les recherches sur les emplois de service soulignent souvent les stigmates sociaux auxquels ils renvoient. Ils posent aussi la question d'une réelle professionnalisation des aides à domicile.

Un répertoire professionnel de stigmates féminins : l'impossible professionnalisation des emplois de service ?

La structure et l'histoire de ces emplois soulignent leur caractère fortement sexué. Ils renvoient à ces « métiers de femmes » qui traversent l'histoire [Perrot, 1987]. Pourquoi ? Parce qu'ils correspondent à des tâches effectuées dans l'univers domestique, habituellement accomplies par les femmes et pour lesquelles les femmes démontrent « traditionnellement » une aptitude. Ils font dès lors appel à des compétences prétendument féminines.

Le secteur de l'aide à domicile pose la question de la féminisation d'une profession au double sens où la sociologie du genre et des professions l'entend [Cacouault, 2001]. Ce trait est lisible, non seulement dans la composition de la main-d'œuvre, presque exclusivement féminine, dans le contenu des tâches domestiques qu'ils impliquent, même dans le cadre d'une simple prise en charge « psychologique ». Ces emplois participent de la « naturalisation » professionnelle des principaux stigmates qu'on retrouve dans une plus ou moins grande mesure dans les secteurs les plus féminisés de l'économie. Même quand ils sont supposés requérir des compétences particulières, comme le reflètent les débats et arrêtés [Rome, 1999] sur la professionnalisation du secteur, ces compétences demeurent fortement sexuées. Qu'elles soient revendiquées par les associations qui recrutent, directement ou indirectement, les employées et par les centres de formation ou par les employées elles-mêmes.

Comme cela a été souligné dans le cadre de la professionnalisation des aides soignantes [Arborio, 2001], « le sale boulot fait le métier » ; autrement dit, savoirs profanes et savoirs pratiques s'articulent et sont revendiqués au titre de compétences spécifiques. Or ces compétences relationnelles qu'employées et employeurs valorisent dans le discours ne s'accompagnent pas d'une reconnaissance effective, c'est-à-dire lisible dans le salaire. En outre, en cas de conflit, c'est bien souvent autour de ces compétences féminines que se jouent la violence symbolique et la dévalorisation.

Quand l'employeur n'est pas satisfait, la caractérisation domestique peut prendre le pas sur le soutien psychologique convenu au départ. Alice, assistante de vie, témoigne : « Chez l'alcoolique, y'a pas de ménage à faire, y'a pas grand-chose à faire. Il faut juste être là. Le jour où elle va être hyper agressive, comment dirais-je, elle va nous agresser avec son ménage. Oui, mais qu'est-ce que vous faites à me regarder ? Vous avez le ménage à faire… On retourne la situation. On est là pour les aider psychologiquement, mais le jour où ça ne va pas, on retombe dans les tâches uniquement domestiques. On est leur bonne à tout faire… »

Le fait que, dans la grille de rémunération, le salaire augmente en fonction de la disparition des tâches proprement domestiques au profit d'activités d'ordre moins matériel, davantage « psychosocial », sous-tendues par une qualification « sur papier », étaye cette hypothèse. En tout état de cause, les inégalités sociales, sexuées et ethniques rencontrées dans ces emplois trouvent également leur origine dans les représentations qu'ils suscitent depuis toujours.

Dans ce contexte, le débat sur la formation prend toute sa place. L'argument avancé est à la fois légal et symbolique : il s'agit de donner des garanties au particulier employeur, tout en reconnaissant les compétences de l'employée. Le précédent diplôme, le CAFAD (certificat d'aide à la fonction d'aide à domicile), instauré en 1998, avait fait couler beaucoup d'encre ; il s'est vu remplacé en mars 2002 par le DEAVS (diplôme d'État d'auxiliaire de vie sociale). Ce dernier permet d'augmenter le volume d'heures de formation, d'être ouvert à la formation initiale et enfin il autorise la « validation d'acquis professionnels ». Mais dans quel cadre faire entrer la candidate qui a élevé ses enfants, puis s'est occupée pendant plusieurs années d'un parent dépendant : formation initiale ? Acquis personnel ? Acquis professionnel en dehors de toute professionnalisation reconnue ? De telles situations sont courantes et renvoient à tout le débat sur la définition d'une profession. Selon l'approche interactionniste de la sociologie des professions, un travail langagier est nécessaire pour imposer une occupation comme profession. Selon l'approche stratégique, est considérée comme profession toute occupation ayant réussi à opérer sa clôture sur le marché du travail [Paradeise, 1988]. Cela revient à admettre que seuls les professionnels peuvent effectuer les tâches prescrites. Une telle forme de professionnalisation requiert certes une reconnaissance légale, mais cette dernière ne suffit pas. Une autonomisation des professionnels s'avère nécessaire. Or plusieurs facteurs rendent impossible toute cohérence professionnelle parmi les employées de l'aide à domicile : structure de l'emploi, organisation du travail, hétérogénéité des parcours, anomie professionnelle, etc. En dépit des textes de loi, dans la pratique, le marché du travail de l'aide à domicile, reste donc un marché du travail ouvert où, par exemple, s'il peut être attesté par une expérience personnelle et familiale, le bouche à oreille fonctionne toujours comme mode de recrutement. À cet égard, le texte de loi révèle une volonté de rendre socialement plus légitime, et donc plus valorisée, une activité où le contenu des tâches et le matériau humain sont difficilement objectivés et objectivables. Le statut paradoxal de ces emplois reste prééminent. Car comment valoriser par un diplôme une activité au contenu psychologique patent, sans avoir la marge de manœuvre économique pour pouvoir augmenter la rémunération, véritable garante d'une certaine forme de reconnaissance dans nos sociétés ? C'est sur l'articulation entre le temps de travail, le contenu domestique implicite ou explicite des tâches, et la rémunération que la question de la reconnaissance achoppe. Cette dernière se manifeste également lors des négociations de branche sur le temps de travail.

Notons que les incidences de la loi sur la réduction collective du travail sur le secteur ont été quasi nulles, dans la mesure où le travail à temps complet est très peu développé dans l'aide à domicile. Cependant, les négociations de branche affichent une volonté d'assurer une certaine souplesse, tout en prémunissant les employées du secteur contre une trop grande flexibilité. À ce titre, elles reflètent toutes les ambivalences du secteur.

En conclusion, plusieurs facteurs hypothèquent donc la valorisation et la reconnaissance des emplois de service. Le lieu de travail — à domicile — et, plus largement, l'organisation du travail constituent une contrainte forte : large proportion de temps partiel, flexibilité, multiplicité des contrats de travail auprès d'employeurs différents, contenu du travail (combinaison entre tâches domestiques et contenu plus proprement psychologique ou social), la structure de l'emploi enfin, souvent indirecte, les contraintes économiques et le faible salaire qu'elles impliquent, la polarisation de la main-d'œuvre (femmes peu qualifiées, venant plus souvent du chômage ou de l'inactivité que de l'emploi).

Bibliographie

ANGELOFF T. (2000), *Le temps partiel : un marché de dupes ?*, Syros, Paris.

ANGELOFF T. (2003), « Employées de maison, aides à domicile : un secteur paradoxal », *in* WEBER F., GOJARD S., GRAMAIN A. (dir.), *Charges de famille. Dépendance et parenté dans la France contemporaine*, La Découverte, Paris, p. 165-186.

ARBORIO A.-M. (2001), *Un personnel invisible. Les aides-soignantes à l'hôpital*, Economica, Paris.

AVRIL C. (2003), « Quel lien entre travail et classe sociale pour les travailleuses du bas de l'échelle ? L'exemple des aides à domicile auprès des personnes âgées dépendantes », *Lien social et Politiques*, 49/89, RIAC/IRCD, printemps, p. 147-154.

AVRIL C. (2003), « les compétences féminines des aides à domicile ? », *in* WEBER F., GOJARD S., GRAMAIN A. (dir.), *Charges de famille. Dépendance et parenté dans la France contemporaine*, La Découverte, Paris, p. 165-186.

BRESSÉ S. (2004), « Le personnel des services d'aide à domicile en 1999 », *Études et résultats*, n° 297, mars.

CACOUAULT M. (2001), « La féminisation d'une profession signifie-t-elle une baisse de prestige ? », *Travail, genre et sociétés*, n° 5, p. 93-115.

Cahiers du Mage (1996), « Emplois de service et démocratie », n° 4.

CAUSSE L., FOURNIER C., LABRUYÈRE C. (1997), « Le développement des emplois familiaux. Effets sur les métiers de l'aide à domicile », *Document Céreq*, n° 121, Marseille.

CROFF B. (1995), *Seules, genèse des emplois familiaux*, Métailié, Paris.

FRAISSE G. (1979), *Femmes toutes mains. Essai sur le service domestique*, Seuil, Paris.

KERBOUC'H J.-Y. (1997), « Le groupement d'aide aux personnes. Approche juridique », *in* CAUSSE L., FOURNIER C., LABRUYÈRE C., *op. cit.*, p. 211-243.

PARADEISE C. (1988), « Les professions comme marchés du travail fermés », *Sociologie et Sociétés*, XX-2, p. 9-21.

PERROT M. (1987), « Qu'est-ce qu'un métier de femme ? », *Le Mouvement social*, n° 140, p. 3-8.

ROME (1999), *Répertoire opérationnel des métiers et des emplois*, ANPE, La Documentation française, Paris.

TRONTO J.-C. (1993), *Moral boundaries. À Political Argument for an ethic of Care*, Routledge, NY, London.

www.unassad.net

34

La santé et les conditions de travail des femmes

Annie Thébaud-Mony et Serge Volkoff

En 1986, un état des connaissances sur la santé des femmes au travail en révéla la pauvreté, témoignant d'une attention quasi exclusive à la santé reproductive [Thébaud-Mony, Lert, 1982]. Depuis, un ensemble de recherches prenant en compte la place des femmes et des hommes dans la division sociale du travail, a fait apparaître des inégalités de conditions de santé en référence aux transformations de l'organisation du travail et aux processus de précarisation. Plus fondamentalement, un courant de recherches associant chercheur(e)s et syndicalistes met en question les stéréotypes de la spécificité féminine pour interroger les modèles d'élaboration des connaissances et des réglementations concernant la relation entre conditions de travail et santé des femmes.

Division sociale du travail et santé des femmes dans le travail : questions théoriques

D'importantes inégalités entre les hommes et les femmes suggèrent que la santé des femmes est mise à mal dans le travail. Pourtant, une inégalité joue en leur faveur : leur espérance de vie est plus longue que celle des hommes (voir l'article « États de santé »). Les données concernant les rapports entre conditions de travail et santé des femmes permettent-elles de poser l'hypothèse que la santé au travail des femmes serait « meilleure » que celle des hommes ?

Au début des années 1980, il n'était pas possible d'apporter une réponse à cette question compte tenu de l'état des connaissances très rares à ce moment-là [Thébaud-Mony, Lert, 1982]. Un seul thème de recherche semble alors en plein essor, celui ayant trait aux effets globaux (négatifs) du travail des femmes enceintes sur la prématurité. L'article met ainsi l'accent sur l'emprise forte des stéréotypes concernant le rôle des femmes dans la société.

Vingt ans plus tard, la question du genre est introduite dans la stratégie communautaire pour la santé et la sécurité au travail en référence à la promotion de l'égalité professionnelle. En écho à cette priorité officielle de l'Union européenne dans le champ de la santé au travail, l'Agence européenne pour la santé et la sécurité de Bilbao réalise un bilan des études sur les conditions de travail et les atteintes à la santé introduisant une comparaison entre les hommes et les femmes [European Agency for Safety and Health at Work, 2003]. Les auteurs de ce rapport soulignent le déficit d'études portant sur les atteintes à la santé des femmes dans le travail. Ils mettent en avant les troubles musculo-squelettiques et le stress particulièrement importants chez les femmes. Le rapport démontre également que « l'absentéisme pour raisons de santé » est plus fréquent chez les femmes que chez les hommes mais moins souvent rapporté à des atteintes liées au travail. Les auteurs soulèvent la question de l'invisibilité des atteintes liées au travail pour les femmes et mettent en question l'approche sexuellement « neutre » de la réglementation et de l'information en santé au travail.

Cette préoccupation, nouvelle dans l'évolution de la santé au travail en Europe, s'inscrit dans une conception de l'inégalité selon le sexe en référence à la question de l'équité. Elle conduit à l'adoption de mesures de discrimination positive en faveur des femmes, mesures fragiles, voire contre-productives du fait même de leur caractère discriminatoire. Il en a été ainsi en France pour l'interdiction du travail de nuit pour les femmes, après la mise en cause devant la Cour de justice européenne de cette disposition jugée contraire à l'égalité professionnelle. Les effets graves et durables du travail de nuit ont été occultés pour ne considérer que l'aspect discriminatoire d'une interdiction ne concernant que les femmes. Avec la loi sur l'égalité professionnelle de juillet 2000, la France a aboli l'interdiction du travail de nuit des femmes, légalisant ainsi une extension du droit des employeurs à disposer du temps des salariés, hommes et femmes, sans prise en compte des répercussions induites sur la santé de ces dernier(ère)s.

Une approche différente de la santé au travail des femmes s'est développée depuis vingt ans, en plaçant au centre de l'analyse non plus seulement l'inégalité entre les hommes et les femmes, mais aussi la division sociale et sexuelle du travail et les rapports sociaux de domination. Dans une perspective féministe, Danièle Kergoat, Helena Hirata et leur équipe de recherche ont inscrit l'étude du travail et des conditions de travail des femmes en référence au modèle dominant de division sociale et sexuelle du travail : les hommes exclusivement du côté de la production et les femmes prioritairement du côté du travail domestique [Kergoat, 1982 ; Hirata *et al.*, 2000].

Cette approche fait écho à la conception des rapports santé-société selon laquelle la société se structure et se modifie en référence à l'évolution des rapports de pouvoir et de domination mais aussi aux luttes, ruptures et contradictions qui en marquent l'histoire. Dans cette perspective, la santé est elle-même une construction sociale, à l'articulation de l'individuel et du collectif. Comprendre la santé au travail des femmes, c'est alors saisir l'influence de la dynamique des rapports sociaux de sexe et des modèles qui en assurent la légitimité dans la construction/déconstruction de la santé. C'est aussi développer une approche critique des choix d'organisation sociale du travail et de division sociale de l'emploi, du travail et des risques dont les conséquences peuvent se lire dans les altérations de la santé au fil du temps.

Ainsi, la visibilité des inégalités structurelles selon le genre, concernant les conditions de santé au travail n'est-elle qu'une étape dans la compréhension des mécanismes générateurs de ces inégalités et des transformations nécessaires.

La persistance d'un « différentiel de visibilité » entre hommes et femmes

Selon les bilans statistiques comparant les conditions de travail des hommes et des femmes, tel celui réalisé récemment en France pour les ouvriers et ouvrières [Gollac, Volkoff, 2002], deux caractéristiques fondamentales se dégagent et justifient à notre sens, le terme d'« inégalités structurelles ».

La première de ces caractéristiques est le maintien des disparités entre sexes malgré les bouleversements récents des conditions et de l'organisation du travail. Prenons deux exemples portant sur des écarts de sens opposés [Cristofari, 1999] ; le premier, au détriment des hommes : en 1984, l'exposition à la « saleté » concernait 44 % des hommes ouvriers qualifiés et 21 % des femmes de cette catégorie ; en 1998, ces pourcentages sont passés respectivement à 52 et 35 % ; le second, au détriment des femmes : pour les « gestes répétitifs », et toujours en s'intéressant aux ouvriers qualifiés, les pourcentages sont passés respectivement de 22 à 38 % pour les hommes, et de 50 à 63 % pour les femmes.

Deuxième caractéristique : les disparités constatées ont des effets différenciés en termes de visibilité des contraintes de travail. Les conditions de travail qui ont fait l'objet d'une construction sociale permettant de les objectiver, voire de les compenser financièrement, sont plutôt masculines. C'est chez les hommes que l'on trouve les ratios les plus élevés d'accidents du travail, or ceux-ci constituent l'indicateur à peu près unique (quoique fragile) en santé et sécurité au travail dans la plupart des entreprises. Les horaires décalés ou nocturnes, réglementés, rémunérés comme tels, sont également plus fréquents chez les hommes (même si l'écart se resserre). Il en va de même pour les charges lourdes, une contrainte en général non compensée par le salaire, mais à laquelle l'existence de normes protectrices, nationales et internationales, confère une forme d'objectivation partielle. Les contraintes plus spécialement assignées aux ouvrières n'ont pas le même caractère d'évidence et ne donnent pas lieu au même effort de formalisation. Il s'agit de multiples formes d'assujettissement (interdiction de parler, exécution stricte des consignes, répétition des gestes...), d'isolement, et de contraintes posturales.

Certes, la catégorie prédominante chez les femmes salariées est celle des employées, mais l'idée selon laquelle les principales contraintes du travail des ouvrières épargneraient les professionnelles du tertiaire paraît inexacte. Par exemple, en 1998, 80 % des employées non qualifiées devaient « rester longtemps debout », 48 % avaient des postures pénibles, 50 % portaient des charges lourdes, etc. Pour ce qui est des contraintes de rythme, les déterminants du travail des employées et des ouvrières tendent également à se rapprocher. En témoignent les différentes recherches menées dans la restauration rapide [Burnod, Cartron, Pinto, 2000], la grande distribution [Alonzo, 1998 ; Prunier-Poulmaire, 2000] ou les hôpitaux marqués par la rationalisation de la gestion [Perraut-Soliveres, 2001]. Les enjeux de santé de cette pression temporelle ont été établis de façon précise dans le milieu des employées administratives [Buisset *et al.*, 2001] : le fait de « devoir souvent se dépêcher dans le travail » est associé à un fort surcroît de troubles du sommeil et de consommation de tranquillisants, principalement chez les employées en seconde moitié de carrière.

Au total, les disparités sexuées persistantes dépassent les frontières entre catégories sociales — et aussi les frontières entre pays, européens par exemple [Daubas-Letourneux, Thébaud-Mony, 2003]. Dans une période où les réorganisations du travail, et l'intensification qui les accompagne [Askenazy, 2004] tendent à brouiller et à individualiser les enjeux de santé au travail, la mise en visibilité des contraintes « plutôt féminines » est une tâche délicate mais nécessaire. Antoine Laville *et al.* [2000] en donnent un exemple et tirent, avec le recul du temps, les enseignements d'une recherche menée en lien avec les syndicalistes de la construction électronique dans les années 1970 : quand les responsables syndicaux de l'entreprise (tous des hommes) « reçurent de ces ouvrières des plaintes concernant leurs conditions de travail, ils s'en étonnèrent. De quoi se plaignaient-elles ? Elles travaillaient assises et manipulaient des objets légers, dans des usines récentes, éclairées et chauffées ». La recherche ergonomique qui s'ensuivit a démontré une combinaison de répétitivité et de mobilisation de l'attention et en a établi les conséquences en termes de douleurs articulaires et de fatigue nerveuse. Cet « étonnement » des hommes syndicalistes aura ainsi débouché sur une des recherches fondatrices de l'ergonomie francophone. C'est sur cette construction sociale de la visibilité des conditions de travail des femmes qu'il nous faut donc insister.

Parcours-travail des femmes et santé : entre soumission et résistance

Dans un numéro spécial de la revue *Le Mouvement social* sur l'« usure au travail », Alain Cottereau [1983] met en question une interprétation positiviste de deux modèles — l'un masculin, l'autre féminin — d'usure au travail. Avec l'essor de la méthode statistique, les taux de mortalité par professions permettent de montrer l'inégalité sociale devant la mort mais aussi « une différenciation de plus en plus accentuée entre longévité des hommes et des femmes à partir des années 1860 ». Cependant, la surmortalité des ouvriers par rapport aux ouvrières n'est établie qu'à partir de la tranche d'âge des 30-35 ans. Or toutes les données sur la mortalité aux âges jeunes (12-25 ans) au début du XXe siècle laissent supposer une surmortalité des jeunes ouvrières par rapport aux jeunes ouvriers provoquée par une « conjonction de l'intensité physique du travail et de l'asservissement » [Cottereau, 1983, p. 89]. Selon l'auteur, les deux modèles statistiques d'usure au travail renvoient à des rapports sociaux hétérogènes et à des stratégies différentes des ouvriers et ouvrières du XIXe siècle et du début du XXe pour lutter contre la « démesure du travail ». Il met en évidence l'usure cumulative pour les hommes tout au long de parcours professionnels ininterrompus conduisant à une mortalité précoce en fin de vie professionnelle, tandis que les parcours intermittents des femmes leur permettent d'échapper parfois à l'intensité du travail ouvrier et aux nuisances auxquelles il expose. Les stratégies développées pour résister à l'usure au travail au XIXe siècle sont essentiellement individuelles.

Dans une histoire comparée de l'industrie de la confection à Paris et New York entre 1880 et 1980, Nancy Green [1998] montre la permanence de l'emploi féminin dans une activité industrielle constamment marquée par la flexibilité, la sous-traitance et le travail saisonnier. L'histoire de la confection est jalonnée de conflits surgis de l'action collective de femmes pour une amélioration des conditions de travail, en atelier ou à domicile, dont les acquis ne se sont guère consolidés. Cette organisation du travail préfigure la précarisation structurelle du travail et sa généralisation à tous les secteurs d'activité dans les années 1980-1990.

La visibilité sociale des atteintes à la santé des femmes dans le travail est en elle-même un enjeu de luttes sociales et de mises en question critiques des processus de production des connaissances. Deux luttes de femmes le montrent : la lutte des ouvrières exposées au radium dans l'industrie d'instruments équipés d'aiguilles luminescentes aux États-Unis durant la Première Guerre mondiale [Clark, 1997], et celle des ouvrières d'Amisol exposées à l'amiante dans une usine textile de Clermont-Ferrand dans les années 1970 [Collectif Jussieu, 1977]. Toutes ces femmes ont travaillé très jeunes dans une usine où elles étaient au contact permanent d'un toxique majeur mais à effet différé. Dans les deux cas, c'est la survenue de problèmes de santé graves — doublée d'une menace sur l'emploi dans le cas d'Amisol — qui a motivé le développement d'une action collective pour faire reconnaître les maladies professionnelles. Une seconde similitude est que ces deux luttes ont été le fruit d'une coopération entre les victimes et des professionnels médicaux et/ou scientifiques, permettant dans un premier temps aux ouvrières de comprendre ce qui se passait puis dans un second temps, d'engager une controverse sur les effets du radium ou de l'amiante avec ceux qui, dans les institutions, niaient ce risque.

Des travaux récents tendent à élargir la perspective précédente. Karen Messing et le groupe Cinbiose [1999] ont ainsi été amenés à développer au Québec dans le cadre d'une coopération entre l'université et les centrales syndicales un programme d'études sur la santé des femmes au travail visant à identifier les risques non reconnus. Ces travaux ont permis de mettre en débat les limites des connaissances épidémiologiques et biomédicales dans l'appréhension des conditions de santé au travail des femmes et de mettre en évidence la projection de stéréotypes de genre dans les mécanismes d'administration de la preuve dans le cadre des procédures de reconnaissance en maladie professionnelle.

Laurent Vogel [2003] a pour sa part cherché à identifier, les obstacles et les « biais » conduisant à l'occultation des problèmes de santé au travail des femmes. Il souligne le fait que « l'évolution du travail a défini de nouvelles frontières de l'inégalité plus qu'elle n'a produit une déségrégation du travail tant rémunéré que non rémunéré. Les modalités de la division du travail varient mais l'impact différencié de celle-ci sur la santé des hommes et des femmes demeure. [...] En d'autres termes, la construction de la division sexuelle du travail intègre comme un de ses déterminants une banalisation des risques liée à des stéréotypes masculins et féminins ». Cette analyse amène Laurent Vogel à interroger les fondements mêmes des stratégies de prévention qui devraient « s'intégrer dans des pratiques de transformations politiques et sociales qui se déploient dans un champ bien plus vaste que la seule élimination des risques du travail » [Vogel, 2003, p. 228].

Le développement des connaissances sur la santé au travail des hommes et des femmes contribue à une plus grande visibilité des inégalités selon le sexe mais permet de montrer que l'égalité professionnelle n'est pas en soi porteuse d'amélioration de la santé des femmes au travail.

Une approche critique des différences de sexe en référence aux rapports de domination ouvre sur d'autres interrogations concernant les stratégies de prévention à mettre en œuvre pour une amélioration de la santé des femmes au travail. Celles-ci supposent la remise en question du modèle qui fonde la légitimité de la division sociale et sexuelle du travail productif et domestique : « Des femmes sans travail, des hommes sans famille. »

Bibliographie

ALONZO P. (1998), « Les rapports au travail et à l'emploi des caissières de la grande distribution : des petites stratégies pour une grande vertu », *Travail et Emploi*, n° 76, p. 37-51.

ASKENAZY (2004), *Les désordres du travail*, Seuil, Paris.

BUISSET C. *et al.* (2001), « Santé perçue des employées administratives », *in Travail, santé, vieillissement : relations et évolutions*, Octares, Toulouse, p. 153-165.

BURNOD G., CARTRON D., PINTO V. (2000), « Étudiants en fast-food. Les usages sociaux d'un petit boulot », *Travail et emploi*, n° 83, p. 137-156.

CLARK C. (1997), *Radium Girls. Women and Industrial Health Reform, 1910-1935*, The University of North Carolina Press, Chapel Hill.

COLLECTIF INTERSYNDICAL DES UNIVERSITÉS-JUSSIEU, CFDT, CGT, FEN (1977), *Danger ! amiante*, Cahiers libres/François Maspero, Paris.

COTTEREAU A. (1983), « Usure au travail, destins masculins et destins féminins dans les cultures ouvrières, en France, au XIXe siècle », *Le Mouvement Social*, juillet-septembre, n° 124, p. 71-112.

CRISTOFARI M.-F. (1999), « Conditions de travail des hommes et des femmes : des différences qui perdurent sur les conditions de travail en enquête », *Documents d'Études de la Dares*, n° 29, ministère de l'Emploi.

DAUBAS-LETOURNEUX V., THÉBAUD-MONY A (2003), « Organisation du travail et santé dans l'Union européenne », *Travail et emploi*, n° 96, octobre, p. 9-36.

EUROPEAN AGENCY FOR SAFETY AND HEALTH AT WORK (2003), *Gender Issues in Safety and Health : a Review, Office for Official Publications of the European Community*, Luxembourg [site web : http://agency.osha.eu.int].

GOLLAC M., VOLKOFF S. (2002), « La mise au travail des stéréotypes de genre. Les conditions de travail des ouvrières », *Travail, genre et sociétés*, n° 8, p. 25-53.

GREEN N. (1998), *Du sentier à la 7e avenue. La confection et les immigrés*, Paris — New York 1880-1980, Seuil, Paris.

HIRATA H., LABORIE F., LE DOARÉ H., SENOTIER D. (dir.) (2000), *Dictionnaire critique du féminisme*, PUF, Paris.

KERGOAT D. (1982), *Les ouvrières*, Le Sycomore, Paris.

LAVILLE A., TEIGER C. *et al.* (2000), « Naissance de l'ergonomie moderne : une histoire de femmes », *Santé et Travail*, n° 31, p. 36-37.

MESSING K. (dir.) (1999), *Comprendre le travail des femmes pour le transformer*, BTS, Bruxelles.

PERRAUT-SOLIVERES A. (2000), *Infirmières : le savoir de la nuit*, PUF, Paris.

PRUNIER POULMAIRE S. (2001), « Flexibilité assistée par ordinateur », *Actes de la Recherche en Sciences Sociales*, n° 134, p. 29-36.

THÉBAUD-MONY A., LERT F. (1982), « Emploi, travail et santé des femmes : la législation et les recherches face aux mouvements sociaux », *Droit social*, n° 12, p. 781-792.

VOGEL L. (2003), *La santé des femmes en Europe. Des inégalités non reconnues*, BTS, Bruxelles.

V

Pouvoir, politique, mobilisations

35

Vote et participation politique

Mariette Sineau

Fait d'importance, longtemps occulté par les historiens et les théoriciens politiques, les femmes ont été, dès l'aube de la tradition démocratique, exclues de la citoyenneté. Issue de la philosophie politique du XVIIIe siècle, la démocratie moderne repose sur la représentation, principe en vertu duquel les représentants élus par le peuple sont l'expression de la volonté générale. D'abord réservé aux citoyens fortunés, qui payent le cens, le droit d'élire ses députés et d'être élu devient, au cours des XIXe et XXe siècles, un droit fondamental et « universel ». À ce détail près qu'il a partout été apanage masculin, les femmes étant privées de tous droits politiques [Marques-Pereira, 2003].

La démocratie française a été plus lente que d'autres à intégrer l'idée d'égalité politique entre les sexes. Avant-garde de l'Europe pour accorder le suffrage « universel » masculin (1848), elle a été bonne dernière (avec, notamment, la Belgique et l'Italie) à reconnaître le suffrage féminin. Encore le fit-elle non par un vote du Parlement mais par ordonnance : celle du 21 avril 1944.

Les Françaises sont citoyennes à part entière depuis soixante ans. Ce recul historique invite à réfléchir, à la lumière des travaux existants, sur le mode d'exercice de leurs droits politiques : droit de s'abstenir ou de voter, orientation de leur choix, façon de se situer dans le clivage gauche/droite, devenu tripartite depuis l'émergence électorale de la droite extrême, et enfin droit d'éligibilité, récemment modifié par la « révolution » paritaire.

Les trois âges du *gender gap*

Dans la plupart des démocraties occidentales, les comportements féminins ont évolué de manière à peu près identique. Il est courant de distinguer trois phases dans la mutation du *gender gap*, appellation anglo-saxonne commode pour désigner les divergences politiques selon le genre.

Le premier âge est celui du *gender gap* « traditionnel », qui débute dans l'après-guerre. Décrites comme peu intéressées par la politique, les femmes s'abstiennent plus souvent du jeu électoral. Quand elles participent au scrutin, elles sont les supporters privilégiées des partis conservateurs et démocrates-chrétiens, révélant simultanément leur réticence à choisir les partis de gauche, socialistes et surtout communistes. Plus faible participation électorale, préférence pour les partis conservateurs : telles sont les deux conclusions majeures qui se dégagent de l'enquête sur la participation des femmes à la vie politique, commanditée par l'Unesco [Duverger, 1955]. À partir des années 1980, on voit se réaliser dans toute l'Europe un alignement des comportements des deux sexes, à partir d'un basculement progressif des électrices vers la gauche. Tandís que l'abstention féminine tend à se rapprocher du niveau de l'abstention masculine. C'est le deuxième âge de l'évolution. La décennie 1990 sonne l'heure du *gender gap* « moderne » [Inglehart, Norris, 2003]. Il s'analyse comme un « réalignement » du vote des femmes. Désormais, celles-ci font preuve d'une préférence marquée pour les partis de gauche sociaux-démocrates et les Verts, les hommes optant pour les partis de droite. *Last but not least*, dans les pays européens où l'extrême droite réussit à percer, les électrices sont plus réticentes à voter pour elle. Tel est le cas en France, mais aussi en Allemagne, Autriche, Italie, Suisse, Danemark et Norvège [Betz, 2004].

Si l'on fait retour à la France de la IVe République, force est de constater que les divergences politiques selon le genre sont prononcées. Ainsi, les femmes rallient en grand nombre le camp des abstentionnistes, les écarts oscillant souvent entre 7 et 12 points aux plans national et local, quelles que soient les méthodes de mesure (sondages, urnes séparées, pointage des listes d'émargement). Quand elles ne sont pas désignées comme apathiques, elles sont qualifiées de « conservatrices » dans l'orientation de leurs choix. De fait, s'est mise en place une sorte de partage d'influence entre le Mouvement républicain populaire (MRP), d'obédience chrétienne, qui a la faveur des femmes, et le Parti communiste (PCF), qui a celle des hommes. Aux législatives de 1946, un sondage IFOP révèle un survote féminin de 9 points pour le parti chrétien, et un survote masculin de 10 points en faveur du parti marxiste. Les législatives de 1951 reproduisent à peu près les mêmes écarts. Le MRP reste le « parti des femmes », concurrencé par le Rassemblement pour le peuple français (RPF), parti gaulliste qui réalise une percée spectaculaire.

Au changement de République, en 1958, ne correspond aucune mutation des comportements. Il faut attendre les années 1970, marquées par l'émergence des mouvements de femmes, pour que les Françaises commencent à montrer un intérêt croissant pour la politique et les élections. Une analyse des listes d'émargement permet de vérifier, lors des municipales de 1977 à Paris, que le taux de participation électorale est aussi élevé pour l'un et l'autre sexes [Mossuz-Lavau, Sineau, 1978]. Dans le même temps, les femmes sont de plus en plus nombreuses à miser sur la gauche socialiste pour défendre leurs droits (droit de disposer de leur corps, droit au travail, droit à des places de crèche, etc.). Malgré cette évolution, le surconservatisme féminin perdure sous la Ve République jusqu'à la présidentielle de 1981 incluse (voir les tableaux 3-1 et 3-2 en annexe).

Les Françaises apportent d'abord un soutien indéfectible au général de Gaulle, avant de se rallier à Georges Pompidou, puis à Valéry Giscard d'Estaing. En 1965, au deuxième tour de la présidentielle (qui a lieu pour la première fois au suffrage universel), plus de 60 % d'entre elles accordent leur voix à l'homme de Colombey, contre une minorité d'hommes (49 %). Leur réticence vis-à-vis des candidats de gauche, socialistes et communistes, reste longtemps flagrante. Ainsi, en 1969, Jacques Duclos, le candidat du PCF, ne recueille au premier tour que 15 % de leurs votes, contre 26 % des votes masculins. Quant au leader socialiste, François Mitterrand, il a souvent répété qu'il aurait gagné dès 1965 sa marche vers l'Élysée, n'eût été le suffrage des femmes ! Il dit vrai : lors de ses trois premières candidatures, il a été majoritaire dans l'électorat masculin mais minoritaire chez les électrices. Au second tour de la présidentielle de 1981, son déficit auprès d'elles s'établit encore à – 7 points.

La deuxième période en France, celle de l'alignement, se situe au milieu des années 1980. Aux législatives de 1986, 44 % des hommes et des femmes ont voté pour un candidat de gauche, qu'il soit socialiste et communiste. Cette ressemblance des votes aboutit très vite à l'inversion des divergences selon le genre. À la présidentielle de 1988, François Mitterrand est réélu avec une légère surcote de l'électorat féminin, tandis que le communiste André Lajoinie n'effraie plus les Françaises. Il est vrai que le PCF lui aussi a changé, son programme étant moins radical que par le passé. Divisés et faibles, les Verts en France n'ont jamais entamé sérieusement la clientèle féminine, à la différence de ce qui s'est passé en Allemagne. C'est un paradoxe, car les Françaises sont plus soucieuses d'écologie que les hommes. En revanche, dès les européennes de 1984, les femmes témoignent une plus grande méfiance vis-à-vis du Front national (FN) et de son leader, Jean Marie Le Pen (voir le tableau 3-3 en annexe).

À partir de la présidentielle de 1995, troisième âge de l'évolution, le bilan des études électorales est double. D'une part, le genre cesse d'être un déterminant majeur de l'abstention. La preuve en est qu'il n'est plus pris en compte comme variable pertinente dans les enquêtes de

« participation électorale » de l'INSEE [Héran, 2004]. Un constat qui ne doit pas occulter que les femmes restent moins nombreuses à faire preuve de connaissances et de compétences politiques [Chiche, Haegel, 2002]. D'autre part, les divergences hommes-femmes en direction des partis traditionnels de gauche et de droite disparaissent, pour ne laisser subsister que celles sur l'extrême droite. Ce phénomène est observable à un moment où le clivage gauche-droite, qui structurait jadis les choix, connaît une crise profonde, due à l'insuffisante différenciation des projets politiques.

Depuis vingt ans, la réticence des Françaises à céder au FN est un des fondamentaux de la sociologie électorale. Lors des trois candidatures de Jean-Marie Le Pen à l'Élysée, l'écart sur son nom n'a jamais été inférieur à six points. Au premier tour de la présidentielle 2002, le *gender gap* fait figure de scoop, puisque le leader du FN n'aurait pas été qualifié pour le second si seules les électrices avaient voté, alors qu'il serait arrivé en tête si seuls les hommes s'étaient prononcés. Aux régionales de 2004, le déficit du FN chez les femmes a encore augmenté, passant à – 9 points (sondage SOFRES). Au total, la variable genre a une influence déterminante sur le choix de voter ou de ne pas voter pour l'extrême droite : en font foi les analyses de régression statistique qui permettent de hiérarchiser les facteurs du vote [Mayer, 2002].

Les modèles explicatifs

Plusieurs modèles rendent compte de l'évolution du *gender gap*. Pour de nombreux auteurs, celle-ci s'expliquerait d'abord par des facteurs structurels. Les grands changements qui ont métamorphosé le statut social des électrices durant les Trente Glorieuses (entrée dans la vie active, salarisation et tertiarisation des emplois, hausse du niveau d'éducation) auraient déterminé leur « virage » à gauche. Au rapprochement des conditions socio-économiques entre hommes et femmes correspondrait la ressemblance de plus en plus grande de leurs choix électoraux

D'autres recherches invoquent des différences culturelles et idéologiques dans les sociétés développées de l'après-guerre. Ces sociétés, qui connaissent paix et prospérité économique, sont marquées à la fois par le déclin des valeurs religieuses et par l'émergence de valeurs dites « post-matérialistes » : droits des femmes, libération sexuelle, défense de l'environnement... [Inglehart, 1977]. Ces valeurs, qui ont conduit à l'explosion, dans les années 1970, des nouveaux mouvements sociaux (dont les mouvements féministes) auraient eu une influence notable sur les choix féminins, allant souvent de pair, par ailleurs, avec des clivages générationnels.

Au Royaume-Uni et aux États-Unis, les femmes jeunes touchées par les valeurs « postmatérialistes », sont plus radicales que les hommes du même âge, alors que chez les seniors, elles sont plus conservatrices qu'eux. Il serait ainsi plus adéquat de parler d'un *gender-generation gap* pour comprendre la préférence des femmes en faveur des Travaillistes anglais et des Démocrates américains [Norris, 1999 ; Lovenduski, 2001].

En France, le bilan des recherches donne à voir que, loin d'être exclusives, ces diverses explications se combinent. Les facteurs structurels ne sont pas pour rien dans la mutation du vote des femmes, celui-ci reflétant l'évolution de leur situation économique et sociale. La forte augmentation du nombre d'actives et de diplômées parmi les électrices potentielles a eu des incidences fortes. En effet, l'insertion dans la vie active et le niveau d'éducation sont des déterminants majeurs des comportements politiques. Une enquête réalisée après les législatives de 1978 le montre [Mossuz-Lavau, Sineau, 1983]. L'exercice d'une activité professionnelle incite les femmes à affirmer leur compétence politique et à soutenir les forces de gauche. Il les conduit aussi à refuser la division sexuelle des tâches, alors que la garde du foyer va de pair avec un vote de droite et des attitudes conservatrices. Si les socialistes ont, durant les années 1970, attiré une part croissante des voix féminines, c'est parce qu'ils ont su répondre, par leur projet, aux aspirations des actives des couches moyennes salariées [Jenson, Sineau, 1995].

Mais l'évolution du vote des Françaises reflète aussi des mutations idéologiques de première ampleur. La chute de la pratique religieuse chez les générations nées après 1945 compte pour beaucoup dans le « réalignement » des électrices, sachant que vote de droite et fort degré d'intégration religieuse ont toujours eu partie liée. L'adhésion aux valeurs féministes est l'autre facteur idéologique majeur qui contribue à éclairer la compréhension du *gender gap* en France. Elle a socialisé toute une génération de femmes au refus d'un certain ordre patriarcal et d'une division inégalitaire des rôles.

Retour sur le vote de 2002

Revenons sur le phénomène du *gender gap* à la présidentielle 2002 [Sineau, 2004]. La réticence des Françaises à voter Le Pen est en un sens paradoxale, dans la mesure où, si elles lui accordent moins souvent leur voix que les hommes, elles rallient plus souvent qu'eux tous les thèmes de prédilection qui font sa fortune électorale : ethnocentrisme, nationalisme, euroscepticisme et rejet de la classe politique.

En quoi consiste alors l'antilepenisme des femmes ? Il comprend trois dimensions. Tout d'abord, elles ont une image exécrable du Front national et de son leader, jugé peu honnête. Ensuite, elles sont plus nombreuses à considérer que le FN et son chef sont un danger pour la démocratie. Enfin, pour endiguer le péril Le Pen, elles sont plus disposées à ne pas lui accorder les mêmes droits qu'aux autres candidats et à lui barrer la route par tous les moyens politiques.

Sociologiquement, Le Pen fait ses plus mauvais scores chez deux groupes de femmes que tout oppose : d'un côté chez les jeunes, haut situées dans l'échelle des diplômes et des professions, de l'autre chez les femmes âgées, retraitées, veuves. Derrière cette sociologie contrastée de l'antilepenisme féminin sont à l'œuvre des logiques idéologiques fortes. Logiques spécifiques aux diverses générations, mais aussi propres à chaque sexe : le féminisme, d'un côté, le catholicisme de l'autre « travaillent » différemment l'identité des hommes et des femmes.

C'est l'adhésion aux valeurs féministes qui interdit aux électrices (notamment les jeunes et les actives des milieux favorisés) de voter pour un parti et un leader qui proposent un programme régressif sur le plan du droit des femmes (suppression de l'avortement légal, statut de la mère de famille, accès plus difficile au divorce, etc.) et qui exhibent en outre une sorte de « macho-racisme » empreint d'une violence qui leur répugne.

Au contraire, c'est l'antiféminisme même du FN, son attachement aux idéaux d'une morale sexuelle traditionnelle, qui attirent les électeurs. On note en effet que ceux-ci sont d'autant plus portés à voter Le Pen qu'ils rejettent la loi sur la parité ou qu'ils considèrent comme négatifs les effets du PaCS, ou encore qu'ils pensent que l'homosexualité n'est pas une façon acceptable de vivre sa sexualité. Tout se passe comme si la doctrine « réactionnaire » du Front, fondée sur la domination patriarcale, répondait aux attentes de certains hommes. En particulier ceux des milieux populaires et ouvriers, les plus atteints par une certaine crise de la masculinité. Déstabilisés par la chute de la culture communiste, qui portait haut les valeurs viriles, comme par l'avènement d'une société brouillant les rôles sexuels, ils auraient ainsi, en votant FN, le sentiment de retrouver leur fierté d'homme. Jean-Marie Le Pen n'a-t-il pas tout fait au demeurant (des opérations « coup de poing » aux discours truffés d'allusions sexuelles) pour donner à voir qu'il était homme à revaloriser la force physique et la virilité la plus agressive ?

Le catholicisme est l'autre fondement idéologique qui explique les divergences sur le vote d'extrême droite, en particulier chez les seniors. On constate que plus les femmes se rangent parmi les catholiques « fidèles », assistant régulièrement à la messe, moins elles tendent à voter Le Pen. Chez les hommes, au contraire, le score de celui-ci est à peine moins élevé chez les pratiquants réguliers que chez les non pratiquants. L'antilepenisme des électrices âgées s'expliquerait donc par la force de leurs convictions religieuses. Les valeurs humanistes dispensées par le catholicisme sont intériorisées par elles et les dissuadent de voter pour un parti qui fonde sa doctrine sur le rejet des immigrés. Alors que chez les hommes, la « culture catholique » s'est en partie effondrée. Même parmi les pratiquants, l'Église semble avoir perdu auprès d'eux sa capacité d'« imposition normative ».

Quel droit d'éligibilité ?

Si les Françaises ont appris à user de leur droit de vote de façon « stratège », en fonction notamment de l'offre électorale, l'exercice de leur droit d'éligibilité s'est avéré plus difficile. Filtré par les partis politiques, qui, dans les démocraties modernes, sélectionnent les candidats aux assemblées, ce droit a longtemps gardé un caractère formel. Alors que les pays scandinaves sont aujourd'hui emblématiques d'un partage égalitaire du pouvoir politique, la France symbolise la résistance des hommes à lâcher leur monopole. La représentation des femmes à la chambre basse situe ce pays en novembre 2004 au 69e rang mondial, au 14e rang de l'Europe des quinze, et au 19e rang de l'Europe des vingt-cinq (voir le tableau 3-10 en annexe). Malgré le vote de la loi du 6 juin 2000, dite de parité, les Françaises restent à la traîne.

Si elles sont assez bien représentées (voir le tableau 3-12 en annexe) dans les assemblées élues au scrutin proportionnel de liste (conseils municipaux, conseils régionaux, Parlement européen), leur part est infime dans les autres, élues au scrutin uninominal majoritaire : conseils généraux, Assemblée nationale et Sénat, élu pour moitié selon ce système. Les raisons tiennent à la fois aux effets propres de la loi sur la parité et aux effets discriminants du scrutin uninominal. Celui-ci est, en lui-même, défavorable aux *outsiders* que sont les femmes, puisqu'il donne la prime aux notables bien implantés localement, des hommes pour la plupart. Par-là même, il encourage le cumul des mandats, et, au-delà, perpétue la reproduction sociale des élites comme la domination masculine [Sineau, 2001 ; 2002].

Bibliographie

BETZ H.-G. (2004), *La droite populiste en Europe. Extrême et démocrate ?*, Cevipof, Autrement, Paris.

CHICHE J., HAEGEL F. (2002), « Les connaissances politiques », *in* GRUNBERG G. *et al.*, *La démocratie à l'épreuve*, Presses de Sciences Po, Paris, p. 273-292.

DUVERGER M. (1955), *La participation des femmes à la vie politique*, Unesco, Paris.

HÉRAN F. (2004) « Voter toujours, parfois… ou jamais », *in* CAUTRÈS B., MAYER N. (dir.), *Le nouveau désordre électoral. Les leçons du 21 avril 2002*, Presses de Sciences Po, Paris, p. 351-367.

INGLEHART R. (1977), *The Silent Revolution : Changing Values and Political Styles Among Western Publics*, Princeton University Press, Princeton.

INGLEHART R., NORRIS P. (2003), *Rising Tide : Gender Equality and Cultural Change around the World*, Cambridge University Press, New York.

JENSON J., SINEAU M. (1995), *Mitterrand et les Françaises. Un rendez-vous manqué*, Presses de Sciences Po, Paris.

LOVENDUSKI J. (2001), « Women and Politics : Minority Representation or Critical Mass ? », *Parliamentary Affairs*, vol. 54, n° 4, Oxford University Press, London, p. 743-758.

MARQUES-PEREIRA B. (2003), *La citoyenneté politique des femmes*, Colin, Paris.

MAYER N. (2002), *Ces Français qui votent Le Pen*, Flammarion, Paris.

MOSSUZ-LAVAU J., SINEAU M. (1983), *Enquête sur les femmes et la politique en France*, PUF, Paris.

MOSSUZ-LAVAU J., SINEAU M. (1978), « Sociologie de l'abstention dans huit bureaux de vote parisiens », *Revue française de science politique*, vol. 28, n° 1, p. 73-101.

NORRIS P. (1999), « The gender generation gap », *in* EVANS G., NORRIS P. (dir.), *Critical Elections : British Parties and Voters in Long-term Perspective*, Sage, London.

SINEAU M. (2001), *Profession : femme politique. Sexe et pouvoir sous la Ve République*, Presses de Sciences Po, Paris.

SINEAU M. (2002), « La parité en peau de chagrin (ou la résistible entrée des femmes à l'Assemblée nationale) », *Revue politique et parlementaire*, n° 1020-1021, Colin, Paris, p. 211-218.

SINEAU M. (2004), « Les paradoxes du *gender gap* à la française », *in* CAUTRÈS B., MAYER N. (dir.), *Le nouveau désordre électoral. Les leçons du 21 avril 2002*, Presses de Sciences Po, Paris, p. 207-228.

36

Parité : la nouvelle « exception française »

Janine Mossuz-Lavau

Au sein des démocraties occidentales, la France s'est longtemps singularisée par sa réticence à voir les femmes entrer en politique. C'est en 1944 seulement qu'elle leur a accordé les droits de vote et d'éligibilité, longtemps après la Finlande (1906), l'Allemagne (1918), la Suède (1921), l'Angleterre (1928) pour ne citer que quelques précurseurs. Le suffrage universel a donc été proclamé à cette date dans notre pays, et non pas en 1848 comme on l'a trop souvent écrit dans les manuels scolaires.

Mais en 1944, si les femmes deviennent éligibles au même titre que les hommes, elles n'entrent pas pour autant dans la carrière. Pendant le demi-siècle qui suit, la France occupe, pour ce qui concerne la place des femmes dans les assemblées élues, le poste peu enviable de l'avant-dernier de la classe au sein de l'Union européenne : 5,6 % de députées dans l'Assemblée constituante élue le 21 octobre 1945, 6,1 % après les élections législatives de 1993. Une première — plutôt légère — augmentation de ce pourcentage est observée en 1997 (10,9 %) en raison d'une action volontariste de Lionel Jospin qui avait imposé au Parti socialiste de réserver 30 % des circonscriptions à des candidates (finalement il y en aura 28 %). La situation à l'époque est un peu plus favorable au niveau local, régional et dans la délégation au Parlement européen, mais les exécutifs locaux restent très masculins et les conseillères générales et les sénatrices une espèce particulièrement rare.

Pendant longtemps, on a parlé de l'« exception française » pour désigner ce déni de démocratie que constituait l'absence de femmes dans les assemblées élues. Puis ont été promulguées en 2000 les lois dites sur la parité après la modification de la Constitution intervenue en juin 1999. Et la France, premier pays à avoir adopté un tel système, a à nouveau fait figure d'exception, qu'on la compare aux autres contrées européennes ou au reste du monde. Mais l'« exception » désignait cette fois une attitude novatrice, audacieuse, dont les Français et les Françaises (très nombreux à soutenir l'idée de parité) attendaient beaucoup. Comment en est-on arrivé à établir ces procédures et quel bilan peut-on en dresser aujourd'hui ?

La progression de l'idée de parité

À la fin des années 1970 et au cours des années 1980, on avait surtout raisonné en termes de quotas. En 1982, un amendement à une loi avait même été voté selon lequel, lors des élections municipales, les listes ne devraient pas comporter plus de 75 % de candidats du même sexe. Mais le Conseil constitutionnel avait annulé ce dispositif, au motif que l'on ne pouvait pas diviser les citoyens « en catégories ». Certaines femmes d'ailleurs ne se montraient pas prêtes à se battre sur ce point, estimant humiliant que 53 % du corps électoral ne se voient finalement concéder qu'un quart des candidatures.

En 1992, les exigences changent. L'idée de parité est en effet « lancée » par la publication du livre de Françoise Gaspard, Claude Servan-Schreiber et Anne Le Gall, *Au pouvoir citoyennes : liberté, égalité, parité*, qui demandent que la parité soit inscrite concrètement dans la loi sous la forme suivante : « Les assemblées élues, au niveau territorial comme au niveau national, sont composées d'autant de femmes que d'hommes. »

Les paritaires reçoivent le soutien des instances européennes qui sont plus en avance que la France dans ce domaine. Déjà, en novembre 1989, un séminaire portant sur la « démocratie paritaire » avait été tenu à Strasbourg à l'initiative du Conseil de l'Europe. En novembre 1992, à la demande de la Commission des Communautés européennes, a lieu à Athènes le premier sommet européen « Femmes au pouvoir », qui réunit des femmes ministres ou anciennes ministres et adopte une charte énonçant que « la démocratie impose la parité dans la représentation et l'administration des nations ».

En France, des associations de femmes se créent pour défendre l'idée de parité. D'autres, existant depuis longtemps, font également leur ce combat. À leur initiative, paraît dans *Le Monde* du 19 novembre 1993, le « Manifeste des 577 pour une démocratie paritaire » (signé par 289 femmes et 288 hommes). Le nombre 577 avait été retenu pour évoquer celui des députés siégeant à l'Assemblée nationale. En 1996, un autre manifeste relance le débat. Il s'agit du « Manifeste des dix pour la parité », publié dans *L'Express* et signé par dix femmes, anciennes ministres ou responsables, de droite et de gauche, parmi lesquelles figurent aussi bien Simone Veil qu'Édith Cresson.

Mais, entre-temps, une partie de la classe politique de gauche avait réagi face aux interpellations des paritaires, et plusieurs propositions de loi avaient été déposées au Parlement, dès 1994, pour demander, notamment, l'inscription de la parité dans la Constitution. D'ailleurs, en 1994, lors des élections européennes, six listes étaient paritaires ou quasiment paritaires : celles du Parti socialiste (qui le premier avait annoncé son intention en la matière), du Parti communiste, du Mouvement des citoyens, des Verts, de Lutte ouvrière (conduite par Arlette Laguiller), ainsi que la « petite » liste formée par Christian Cotten. En 1995, à l'occasion de l'élection présidentielle, la place des femmes dans les instances politiques devient pour la première fois un thème de campagne électorale. Les principaux candidats, interpellés par les paritaires, sont amenés à se prononcer sur la question et à prendre des engagements. Jacques Chirac, élu le 7 mai, en tiendra un et créera l'Observatoire de la parité (par un décret du 18 octobre 1995). « Institué » auprès du Premier ministre, composé de personnalités choisies en raison de leurs compétences, placé sous la responsabilité d'une rapporteure générale, Roselyne Bachelot-Narquin, députée de Maine-et-Loire, il doit notamment produire des analyses et faire des propositions concernant la situation des femmes. La commission « parité politique », dirigée conjointement par Roselyne Bachelot-Narquin et Gisèle Halimi, rendra seule un rapport qui sera remis au Premier ministre le 11 décembre 1996. Un débat sans vote aura lieu le 11 mars 1997 à l'Assemblée nationale, au cours duquel Alain Juppé, Premier ministre de l'époque, fera une déclaration très en retrait par rapport aux attentes des paritaires : « Je suis partisan de modifier notre Constitution pour permettre à la loi d'instaurer à titre temporaire, par exemple pour dix ans, des incitations aux candidatures féminines dans les élections à scrutin de liste qui, seules, peuvent se prêter aisément à une telle logique. » (*Journal officiel, Débats parlementaires*, 12 mars 1997)

On ne verra pas la concrétisation de cette intention puisque le 21 avril 1997, Jacques Chirac annonce la dissolution de l'Assemblée nationale. À l'issue des élections législatives anticipées, la gauche l'emporte et, dans les déclarations tout au moins, il n'est plus question d'« incitations aux candidatures féminines » mais de parité. Le nouveau Premier ministre, Lionel Jospin, fidèle en cela à ses engagements de campagne, annonce en effet une modification en ce sens de la Constitution, le 19 juin 1997, lors de sa déclaration de politique générale à l'Assemblée nationale : « Il faut d'abord permettre aux Françaises de s'engager sans entraves dans la vie publique [...]. Une révision de la Constitution, afin d'y inscrire l'objectif de la parité entre les femmes et les hommes, sera proposée. » (*Le Monde*, 21 juin 1997).

Le propos ne reste pas lettre morte. Un an plus tard (le 17 juin 1998), le président de la République, Jacques Chirac, signe un projet de loi constitutionnel « relatif à l'égalité entre les hommes et les femmes ».

Cette marche vers la parité suscite d'âpres débats, au sein de la classe politique, au sein de la gauche et, tout particulièrement parmi les féministes. Bien que ces débats soient aujourd'hui dépassés, on peut signaler qu'ils portaient sur la mise en cause de l'universalisme, sur le risque de communautarisme, sur le danger représenté par la composante soi-disant différencialiste de la parité, sur une éventuelle atteinte à la liberté de l'électeur, etc. Mais le projet est tout de même arrivé devant les parlementaires.

Après une longue navette entre l'Assemblée et le Sénat, un accord est finalement trouvé. Le Parlement, réuni en Congrès à Versailles le 28 juin 1999, modifie deux articles de la Constitution. Il ajoute à l'article 3 : « La loi favorise l'égal accès des femmes et des hommes aux mandats électoraux et fonctions électives », et à l'article 4 concernant les partis politiques : « Ils contribuent à la mise en œuvre du principe énoncé au dernier alinéa de l'article 3 dans les conditions déterminées par la loi. »

Il convenait alors de voter de nouveaux textes pour organiser une partie des élections selon le principe paritaire. Ce qui est fait un an après la modification de la Constitution. La loi n° 2000-493 est promulguée le 6 juin 2000 (*Journal officiel* du 7 juin). Elle prévoit la parité alternée pour les élections à un tour comme les européennes et les sénatoriales à la proportionnelle, la parité par tranches de six pour les élections à deux tours comme les municipales (dans les communes de 3 500 habitants et plus) et les régionales (concernant ce dernier scrutin, une modification interviendra après le retour de la droite au pouvoir et les régionales de 2004 respecteront elles aussi la parité alternée). Il s'agit de contraintes effectives dans la mesure où les listes qui ne sont pas paritaires ne sont, tout simplement, pas enregistrées. En revanche, pour les élections législatives, le système n'est qu'incitatif. Les partis qui ne présentent pas 50 % de candidates obtiennent un moindre financement public. Ils sont donc parfaitement libres de préférer désigner des hommes et recevoir moins d'argent.

Les élections non concernées par la loi sont les cantonales, les sénatoriales au scrutin majoritaire et les municipales dans les communes de moins de 3 500 habitants. Toutefois la loi ne s'en désintéresse pas complètement puisqu'il est précisé, dans son article 16, qu'« un rapport d'évaluation de la présente loi est présenté par le gouvernement au Parlement en 2002, puis tous les trois ans. Il comprend également une étude détaillée de l'évolution de la féminisation des élections cantonales, des élections sénatoriales et municipales non concernées par la loi, des organes délibérants des structures intercommunales et des exécutifs locaux ». L'Observatoire de la parité est chargé de cette évaluation, l'un des objectifs étant de savoir si la loi a eu un effet de contagion sur les procédures qui ne lui étaient pas soumises ou si au contraire elle n'a reçu qu'une très stricte application. Qu'en est-il donc pour les élections ayant eu lieu depuis sa promulgation ?

Un bilan mitigé

Depuis l'adoption de la loi dite sur la parité, même si le terme ne figure pas dans le texte, plusieurs élections ont eu lieu en France dont cinq étaient soumises à la règle paritaire : les municipales de 2001, les sénatoriales de 2001, les législatives de 2002, les régionales de 2004 et les européennes de 2004.

Au soir du second tour des élections municipales de 2001, le ministère de l'Intérieur a compté, dans les communes de 3 500 habitants et plus, seules concernées, 47,5 % de conseillères. Elles ne sont que 30,05 % dans les communes de moins de 3 500 habitants, ce qui donne un total de 33 % de femmes dans l'ensemble des conseils municipaux du pays. On peut considérer qu'il y a eu un effet d'entraînement dans les petites communes non concernées par la loi puisqu'en 1995 elles ne comprenaient que 21 % de conseillères municipales.

Des élections sénatoriales se sont déroulées le 23 septembre 2001, le renouvellement portant sur un tiers des sénateurs. Deux changements marquaient ces élections. Tout d'abord, la loi du 10 juillet 2000 imposait le mode de scrutin proportionnel aux circonscriptions élisant trois ou quatre sénateurs (contre cinq jusqu'ici). Par ailleurs, la loi du 6 juin 2000 imposait la parité alternée pour ces scrutins de liste, les départements à scrutin majoritaire n'étant pas concernés par la loi. La proportion de candidates a varié à l'évidence selon le mode de scrutin. Dans les départements à scrutin proportionnel, on a compté 45,5 % de candidates, dans les autres 20,9 %. Par ailleurs, nombre de sénateurs sortants qui voulaient être sûrs d'être réélus ont d'une certaine manière « détourné » l'esprit de la loi en présentant des listes dissidentes. Ils savaient qu'en étant en troisième position derrière un homme tête de liste puis une femme occupant nécessairement la deuxième place, ils risquaient de ne pas être élus. Ils ont donc composé leur propre liste en se mettant en tête.

En termes de résultats, les chiffres sont donc sans surprise. Dans les départements où l'élection se faisait à la proportionnelle, sur 74 sièges, le nombre de sénatrices s'élève de 5 à 20. Dans les autres, sur les 28 sièges, elles passent de 2 à... 2 : aucun progrès. Au total, le Sénat s'est cependant un peu plus féminisé grâce à la loi « tendant à favoriser l'égal accès des femmes et des hommes aux mandats électoraux et fonctions électives ». Il comptait, avant le 23 septembre 2001, 19 femmes (pour 321 sièges) soit 5,9 %. Il en a aujourd'hui 34 soit 10,6 %.

Les élections régionales de 2004 ont été conformes à ce que l'on attendait, puisqu'on a compté, au soir du 28 mars, 47,6 % de femmes conseillères. Quant à la délégation française élue au Parlement européen le 13 juin 2004, elle comprend 43,6 % de députées.

Le gros problème a été celui des élections législatives de 2002 qui n'ont envoyé à l'Assemblée que 12,3 % de femmes. Si les petits partis (qui n'ont pas eu d'élus) ont joué le jeu de la parité, les grandes formations comme l'UMP et le Parti socialiste ont choisi les pénalités financières plutôt que la féminisation de leur représentation. Ainsi l'UMP, qui a présenté moins de 20 % de femmes, enregistre un manque à gagner annuel, pendant toute la législature, d'un peu plus de quatre millions d'euros, le PS subissant pur sa part, avec ses 36,13 % de candidates, une amputation financière publique de plus d'un million d'euros pas an.

Au sein de l'Union européenne (d'avant le 1er mai 2004), la France demeure au fond de la classe pour ce qui concerne la place accordée aux femmes dans son Parlement. Elle devance tout juste l'Italie, et se retrouve bien loin derrière la Suède qui compte 45 % de femmes parlementaires, le Danemark (38 %) ou encore l'Espagne (36 %), l'Allemagne (32 %) ou le Royaume-Uni (18 %).

En même temps que les régionales avaient lieu les élections cantonales, non concernées par la loi : on n'a élu que 10,9 % de conseillères générales. Les exécutifs locaux sont également demeurés très masculins : 10,8 % de femmes maires, 5,4 % de femmes présidentes d'EPCI (Établissements publics de coopération intercommunale), une seule femme présidente de région (mais 36,3 % dans les exécutifs régionaux).

On se trouve donc dans une situation paradoxale. La France est le premier pays au monde à avoir adopté une loi établissant un système paritaire et se retrouve parmi les derniers de l'Union européenne pour ce qui est de la possibilité effective des citoyennes de voter la loi.

Les perspectives

Malgré sa loi de l'an 2000, et les indéniables succès enregistrés aux élections municipales, régionales et européennes, la France n'a pas encore, comparée à nombre de ses voisins étrangers, féminisé son Parlement. On peut penser que la montée en puissance des femmes dans les assemblées précitées permettra la constitution d'un vivier de candidates potentielles qui, détentrices de mandats, parviendront à s'imposer un jour au niveau « supérieur ». Mais on sait aussi que, lorsqu'on chasse le naturel il revient au galop, et que députés et sénateurs batailleront fermement pour que l'on ne remercie pas, au profit des femmes, tous ces hommes parlementaires qui, selon la formule consacrée, « n'ont pas démérité ». Mais, dans le même temps, la France se doit aussi d'évoluer au rythme de l'Europe qui, pour une large part, on l'a vu, accorde aux femmes une place politique plus importante que celle acceptée en France. L'information circule et notre pays n'est pas au mieux de sa forme quand on le compare à la plupart des autres contrées européennes pour ce qui concerne cette promotion politique des citoyennes. Il persiste bien une discrimination qui frappe les Françaises même si des progrès ont été enregistrés dans la récente période.

Il ne s'agit pas ici de dire que celles-ci apporteront quelque chose de nouveau dans le monde politique parce qu'elles sont des femmes et que, en tant que femmes, elles auraient des qualités différentes de celles des hommes. Il faut plutôt se replacer dans une perspective de genre, c'est-à-dire de « sexe social », et considérer que les Françaises aujourd'hui, du fait de leur situation historique et sociologique, ont une expertise différente, liée au fait qu'elles sont en charge à la fois du public et du privé alors que les hommes sont nettement moins insérés dans le privé. Elles peuvent donc dispenser un point de vue qui restitue le fait qu'elles sont parfois plus en prise qu'eux sur nombre de problèmes qui se posent dans la société aujourd'hui. Le problème de la « politique autrement » n'a rien à voir avec un quelconque essentialisme mais avec la prise en compte d'une réalité qui a son histoire, ses structures sociales, ses représentations et dont on ne peut faire abstraction sous couvert d'exigences universalisantes.

Les « ratés » observés dans l'application de la loi et le champ visiblement trop restreint de son application conduisent à penser qu'il faut tenter d'améliorer le dispositif en vigueur. L'Observatoire de la parité a fait des propositions, concernant notamment les exécutifs locaux, l'abaissement du seuil d'application de la loi aux communes de 2 500 habitants et plus, les délégués dans les structures intercommunales, le renforcement des pénalités financières pour les législatives (suivant en cela les suggestions du constitutionnaliste Guy Carcassonne), et un nouveau mode d'élection pour les cantonales (scrutin proportionnel avec parité ou un suppléant de sexe opposé pour chaque candidat).

Il serait en effet assez curieux d'avoir été le premier pays à adopter un système paritaire, la Belgique nous ayant suivi — mais de manière moins contraignante — après sa révision constitutionnelle de 2001, d'autres contrées comme l'Inde, le Népal, plusieurs nations d'Amérique latine n'ayant instauré que des quotas, et de demeurer l'une des lanternes rouges du monde pour la féminisation de notre Parlement. Mais les changements de législation ne doivent pas être attendus à brève échéance. La majorité au pouvoir en France aujourd'hui et tout particulièrement l'UMP, auditionnée comme tous les autres partis par l'Observatoire de la parité, s'est prononcée contre toute modification du système en vigueur pour les législatives et il serait vain d'espérer qu'en 2007 par exemple, date des prochaines élections, les partis choisiront « d'eux-mêmes » de présenter beaucoup plus de candidates.

Bibliographie

BARD C., BAUDELOT C., MOSSUZ-LAVAU J. (dir.) (2004), *Quand les femmes s'en mêlent. Genre et pouvoir*, La Martinière, Paris.

BATAILLE P., GASPARD F. (1999), *Comment les femmes changent la politique et pourquoi les hommes résistent*, La Découverte, Paris.

GASPARD F., SERVAN-SCHREIBER C., LE GALL A. (1992), *Au pouvoir citoyennes : liberté, égalité, parité*, Seuil, Paris.

MARQUES-PEREIRA B. (2003), *La citoyenneté politique des femmes*, Armand Colin, Paris.

MARTIN J. (dir.) (1998), *La parité. Enjeux et mise en œuvre*, Presses Universitaires du Mirail, Toulouse.

MOSSUZ-LAVAU J. (1998), *Femmes/Hommes. Pour la parité*, Presses de Sciences Po, Paris.

SINEAU M. (2001), *Profession femme politique. Sexe et pouvoir sous la Ve République*, Presses de Sciences Po, Paris.

37

Femmes et partis politiques

Marion Paoletti

Les partis politiques, au-delà des différences partisanes, ont été identifiés comme la force principale de résistance à la féminisation de la vie politique sous la Ve République. Univers masculins, structurés par la compétition et la concurrence pour les postes internes et les investitures pour les élections, notamment au scrutin uninominal, les partis politiques ont largement contribué à rejeter les femmes à la périphérie de la politique active, autant par l'affirmation de l'hégémonie masculine que par l'autocensure féminine [Sineau, 1988]. Ainsi, la lente progression de la proportion d'adhérentes dans les partis politiques sous la Ve République, notamment dans les années 1980, ne s'est pas traduite mécaniquement par une plus forte proportion d'élues, en particulier à l'Assemblée nationale, ni par une féminisation proportionnelle des instances dirigeantes partisanes [Achin, 2003]. Le rapport entre le nombre d'électrices, d'adhérentes, d'élues et de leaders féminines au sein des partis politiques ne présentait aucun caractère d'évidence. C'est l'adoption tardive, par certains partis, de mesures volontaristes en faveur de la féminisation des désignations internes et externes qui apparaît décisive.

Si ce constat vaut pour le niveau européen [Conseil de l'Europe, 1996], il revêt une acuité particulière en France pour la période la plus récente et dans le contexte paritaire. Associée à des valeurs de modernité et de renouvellement dans un contexte de « crise » de la démocratie représentative et partisane, la réforme institutionnelle de la parité, initiée en partie par une politique préalable des quotas féminins au Parti socialiste, produit des effets-retours non négligeables au sein des partis politiques. La féminisation des instances dirigeantes est devenue une question visible, commentée, incontournable pour des partis qui prétendent représenter. C'est ainsi que lors du Congrès de Dijon, en mai 2003, le Parti socialiste a adopté le principe de la parité pour la composition de ses instances nationales et fédérales. Dans le même temps, la formation gaulliste, pourtant peu favorable historiquement aux revendications féministes, a appliqué le principe paritaire pour la composition de la partie du bureau politique élue par le conseil national.

Cette féminisation des instances partisanes qui a connu une accélération non négligeable au cours des dernières années doit-elle nous amener à souscrire à l'idée d'une progression historique des partis politiques à l'égard des femmes ? En passe d'atteindre enfin la fameuse « masse critique » à partir de laquelle une minorité est susceptible, peut-être, d'agir avec sa culture et ses conceptions propres, les femmes sont-elles en position de transformer le fonctionnement des partis politiques ? Rien n'est moins sûr. La juste appréciation de la relative progression quantitative doit être relativisée par au moins trois éléments constitutifs du fonctionnement des partis politiques. Au-delà des instances formelles, les partis politiques sous la Ve République fonctionnent largement sur la base de courants et de réseaux constitués autour de leaders présidentiables et d'un « entre-soi » masculin peu favorable à l'affirmation d'un leadership féminin. Les femmes à l'intérieur des partis politiques disposent d'une faible autonomie à l'égard des hommes en position de pouvoir, notamment pour la distribution des investitures, la faible auto-organisation des femmes dans les partis politiques français permettant des usages stratégiques de la parité indépendants des femmes. Enfin, constitués sur la base de valeurs virilistes, les partis politiques agissent comme des instances de socialisation non seulement à une identité politique mais aussi à une identité sexuée qui prolonge en partie pour les femmes militantes une position de spectatrice dispensatrice d'encouragements et d'attentions.

La relative féminisation des partis politiques

Les comportements politiques des femmes se caractérisent par une adhésion associative bien plus que partisane, et par un rejet de la politique perçue davantage comme politicienne. Le taux d'adhésion à au moins une association est en France de 49 % chez les hommes et 37 % chez les femmes [INSEE, 2001]. Si les femmes ont un moindre engagement associatif que les hommes, cette différence s'accentue pour l'adhésion aux partis politiques, structures vieillissantes qui recrutent avec beaucoup de difficultés [Agrikolianski, 2000]. Ce moindre engagement partisan féminin s'éclaire par la prise en compte des attitudes assez contrastées entre hommes et femmes à l'égard du système politique. Les femmes se déclarent moins intéressées par la politique que les hommes et nettement plus défiantes à l'égard des acteurs et des partis politiques [Sineau, 2000]. Ce scepticisme politique féminin plus marqué traverse toutes les catégories.

Si les traits des comportements politiques féminins peuvent en partie expliquer la faiblesse du nombre d'encartées parmi les élues municipales en 2001, lors de la première application de la réforme paritaire, force est de constater que la constitution des listes par les partis politiques et/ou les têtes de liste municipales a accentué l'association femmes-société civile. À l'issue des élections, 75 % des conseillères municipales et 56 % des conseillers municipaux n'appartiennent pas à un parti politique, toutes tailles de communes confondues. Cette prédominance des non-encartées sur les encartées parmi les élues s'explique en partie par la valeur conférée par les têtes de liste aux candidatures féminines extérieures aux partis politiques. Le capital propre des militantes partisanes s'en est trouvé dévalué, surtout en milieu urbain et concernant les partis majoritaires [Achin, Paoletti, 2002].

Il n'en demeure pas moins que les femmes sont encore nettement minoritaires au sein des partis politiques. Sylvie Pionchon [2001], qui s'est efforcée de synthétiser les données disponibles depuis la fin de la Seconde Guerre mondiale, nous invite à la plus grande prudence dans le maniement des chiffres fournis par les partis politiques. L'information sur les effectifs militants est une donnée peu fiable, la proportion déclarée de femmes parmi les militants est particulièrement suspecte de manipulation. Elle estime néanmoins qu'elles comptent pour à peu près un tiers de l'effectif total des adhérents à la fin des années 1990. Une évolution sensible a marqué les deux dernières décennies, caractérisées par une montée du pourcentage de femmes à tous les niveaux du parti et par un relatif nivellement entre les différentes organisations partisanes. Ainsi, au Parti communiste, la part des femmes est passée de 11 % en 1946 à 40 % en 1999. De même, alors que la section française de l'Internationale ouvrière ne comptait que 6 % d'adhérentes juste avant le congrès d'Épinay, le Parti socialiste en revendique 32 % en 2002. À droite, les femmes sont 37 % en 2003 à l'Union pour la majorité présidentielle contre 10 % en 1972 au sein de l'Union pour la défense de la République [Génisson, 2002 ; Derville, Pionchon, 2004].

La représentation féminine est, dans la majeure partie des cas, de plus en plus faible à mesure que l'on s'approche du sommet de la hiérarchie partisane, c'est-à-dire de l'exécutif national de l'appareil partisan. Les mesures volontaristes prises les dernières années ont favorisé une progression des femmes au sein des instances dirigeantes. Ainsi, en novembre 2003, au PS, les femmes représentent 43 % des membres du conseil national (le « parlement du Parti ») et 36 % des membres du secrétariat national (le « gouvernement du parti ») contre 12,5 % en 1988. À l'UMP, le bureau national (membres élus et membres de droit compris) est constitué à 25 % de femmes, la commission exécutive de 13 % de femmes. Au FN, on passe de 26 % au comité central à 22 % au bureau exécutif. À l'UDF, les femmes ne sont que 14 % au comité exécutif. Chez les Verts, la part des femmes est de 43 % au conseil national et 53 % au collège exécutif. Au Parti communiste français, les femmes sont 50,5 % au sein du conseil national, et même 52 % au sein du comité exécutif. Dans les trois formations de droite, la féminisation du principal organe exécutif est sensiblement inférieure au tiers évoqué à propos des militantes (22 % au FN, 14 % à l'UDF, 13 % à l'UMP). Les femmes restent minoritaires dans les instances décisionnaires des principaux partis, même si c'est beaucoup moins net qu'il y a quelques décennies pour l'ensemble des partis politiques [Génisson, 2002 ; Pionchon et Derville, 2004]. La part des femmes au sein des organes dirigeants du PCF et des Verts est aujourd'hui de 40 à 50 %, et au PS les femmes sont désormais proportionnellement plus nombreuses au sommet de la hiérarchie qu'à sa base. Trois fois, une femme a pris la tête d'un parti politique : Michèle Alliot-Marie au RPR en 1999, Dominique Voynet chez les Verts en 2001, et Marie-Georges Buffet au PCF en 2002.

Cette féminisation progressive et relative des partis politiques aurait sans doute eu peu d'influence sur les investitures et le pourcentage d'élues sans l'intervention de mesures coercitives dans le contexte paritaire. Dans une étude classique sur les femmes et la politique sous la IVe République, Mattei Dogan et Jacques Narbonne, constatant la faiblesse numérique des femmes dans les partis politiques (moins de 20 %), tablaient sur un « rattrapage » des femmes dans leur apprentissage de la citoyenneté au fur et à mesure qu'elles investiraient dans les partis politiques. Or Catherine Achin montre que le militantisme féminin fonctionne comme une « variable écran », qui masque les réelles conditions de sélection du personnel politique féminin. La « masse » militante féminine absolue comme la composition sexuée du sommet de la hiérarchie intra-organisationnelle ne constituent que des facteurs secondaires des processus d'entrée au Parlement. Le volontarisme (ou son absence) des partis politiques est le facteur décisif. Or la non-application de la parité aux élections législatives de 2002 montre la fragilité de cette volonté.

Univers masculin et féminisation pragmatique

Nouvelles élues, nouvelles entrantes, les femmes admises récemment dans les instances des partis politiques revêtent majoritairement ce caractère de profane qui incite à l'observation dans un premier temps. Surtout, cette présence quantitative plus nette des femmes dans les instances partisanes ne nous dit rien de la manière dont le pouvoir est effectivement exercé dans les partis et les décisions, notamment d'investitures, prises. Les appareils partisans ne sont plus uniquement les bureaucraties que décrivaient Ostrogorski ou Michels au début du XXe siècle. Ils sont devenus des appareils-réseaux structurés d'une part autour de courants et d'autre part autour de leaders qui croient avoir un destin présidentiel et autour desquels se constituent des équipes de direction, véritables embryons de cabinets ministériels [Berger, 1995]. Or il est frappant de voir combien les femmes sont absentes de ces sphères décisionnelles centrales, plus ou moins informelles, là où se concentre la réalité du pouvoir (nominations, investitures, choix idéologiques...). Il n'est d'ailleurs pas interdit de penser que la féminisation des instances a renforcé ce fonctionnement fratriarcal et réticulaire. La cooptation des élites partisanes se fait à travers une logique de réseau or, même si ce n'est pas entièrement volontaire mais plutôt implicite, le modèle culturel dominant est masculin. À la différence de l'univers domestique, les femmes sont rarement invitées en cuisine dans les univers partisans, elles restent plutôt sur le devant de la scène, autant par autocensure que par exclusion implicite, au risque de faire de la figuration [Latté, 2002].

C'est que les univers partisans, construits sur des valeurs virilistes de compétition restent des instances de socialisation à une identité sexuée et en particulier pour les femmes de confrontation à des valeurs socialement construites comme masculines. Les recherches en France ont d'ailleurs amorcé un déplacement du regard porté sur cet objet de recherche : au questionnement sur le retard des femmes en matière de participation aux activités politiques s'est substituée une double interrogation sur le rapport des femmes à la politique et sur la spécificité du genre en politique. L'observation du militantisme dans des organisations de jeunesse montre combien l'apprentissage des pratiques politiques est imbriqué dans l'apprentissage des identités de genre. Les tâches militantes quotidiennes comme écrire et distribuer des tracts restent marquées par une division sexuelle non négligeable. C'est en particulier dans les prises de parole dans les réunions internes que s'expriment le mieux les différences sexuées : les prises de parole des jeunes femmes sont plus tardives, plus courtes, plus rares et visent à témoigner de l'attention là où les prises de parole masculines, immédiates, nombreuses, longues cherchent à obtenir de l'attention [Bargel, 2003]. Au sein d'un parti positionné à l'extrême dans le champ politique comme le Front national, l'engagement politique est associé, dans le militantisme, à une exaltation de la virilité chez les jeunes militants [Boumaza, 2002].

Si on apprend aussi à devenir homme et femme dans cette « maison des hommes » qu'étaient traditionnellement les partis politiques, la conscience féministe ou simplement la solidarité féminine sont encore faiblement développées dans les partis politiques français [Sineau, 2001]. L'engagement au féminin, dans le cadre des multiples déterminismes à l'œuvre chez une même femme, est rarement motivé par une conscience féministe. Et si la fréquentation d'un parti politique peut favoriser une prise de conscience en ce sens, force est de constater que seul un petit noyau dur et vieillissant porte les valeurs féministes dans les partis de gauche. Dans les partis de droite, le féminisme des années 1970 est considéré comme responsable de tous les maux, y compris de la part des femmes, mais même dans un parti comme le parti socialiste dont la doctrine est irriguée par le féminisme, se dire féministe peut revenir à s'aliéner la confiance d'une partie des camarades et des chefs de courant [Sineau, 1988]. L'alignement sur la norme masculine semble primer sur la conscience d'une identité collective, l'appartenance à un courant l'emporte souvent sur la solidarité féminine. Si les femmes ont su se regrouper pour la défense de textes à certains congrès et notamment la revendication de places, l'auto-organisation des femmes dans les partis français apparaît faible. De la même manière qu'ils ont des commissions thématiques, les partis de gauche ont une commission femmes, essentiellement chargée par la direction de mobiliser l'électorat féminin lors des campagnes électorales. Toutefois, à la différence des organisations de jeunesse, ces commissions définies sur une base identitaire n'ont pas d'autonomie. Or l'exemple allemand montre l'importance d'une organisation autonome des femmes au sein des organisations partisanes dans une visée d'égalité politique [Achin, 2003].

La structuration du pouvoir dans les partis politiques et la faible indépendance des femmes à l'égard des hommes façonnent bien sûr l'application de cette nouvelle règle politique : la féminisation des postes internes et externes. Les désignations aux élections législatives du printemps 2002 ont montré que le fonctionnement partisan reste hostile à promouvoir des femmes au Parlement. Les dirigeants des partis à vocation gouvernementale, nationaux et départementaux, ont investi peu de femmes et souvent dans des circonscriptions plus difficiles que celles des hommes. Ils ont préféré faire subir à leur parti la pénalité financière proportionnelle au différentiel entre femmes et hommes parmi les candidats. En 2002, les femmes ont représenté 19,9 % des candidat(e)s UMP et seulement 10,1 % des député(e)s. Au PS, elles ont représenté 36,1 % des candidat(e)s avant les accords avec les partenaires de la gauche plurielle, 28 % après et *in fine*, seulement 17, 8 % des député(e)s [Zimmerman, 2003]. Les petits partis, davantage tributaires pour leur financement de la fraction relative aux candidatures, ont approché ou même dépassé la parité dans les désignations (LO et LCR ont investi plus de 50 % de femmes, les Verts plus de 49 %, le FN près de 49 %, CPNT près de 46 %). Il est toutefois permis de penser, au vu des sommes perdues par les partis de gouvernement (près de quatre millions d'euros pour l'UMP, près d'un million cinq pour le PS), que la règle paritaire sera plus contraignante pour les désignations en 2007.

Obligation automatique, contournée ou simplement règle pragmatique qu'il faut suivre pour être efficace, moderne, la parité transforme les rapports des femmes à la politique. Longtemps pénalisées en tant que femmes, elles occupent désormais des places en tant que femmes. Cette ressource inédite n'est d'ailleurs pas toujours vécue sur un mode enthousiaste par les hommes qui, s'ils disent adhérer à la norme paritaire, déplorent d'être « sacrifiés » sur l'autel paritaire. En l'état actuel des rapports de sexes dans les partis politiques, ce sont globalement des hommes qui choisissent des femmes, tant pour la constitution des listes aux diverses instances et assemblées que pour les désignations aux scrutins uninominaux. Cette sélection opérée par des hommes est sans doute renforcée par la plus grande réticence féminine à se porter volontairement candidate. En situation d'entretien, elles aiment encore dire majoritairement qu'elles ont été sollicitées pour être candidates. Les femmes constituent bien souvent une variable d'ajustement entre partenaires, entre courants, entre sous-courants, le fait d'être une femme ne constituant qu'un critère parmi l'ensemble des critères faisant une éligibilité, mais un critère important. Et si des femmes mettent volontiers en avant une manière féminine de faire de la politique, les critères masculins de l'*Homo politicus* opérant une sélection des femmes ne sont pas sans aller non plus vers une activation des images traditionnelles de la féminité.

Ainsi, si la relative féminisation des partis politiques liée au contexte paritaire est en passe de faire advenir une masse féminine critique réelle dans les instances partisanes, cette percée des femmes dans un univers masculin s'inscrit dans l'état actuel des rapports sociaux de sexe dans les partis politiques. Il est donc encore un peu tôt pour voir et dire si l'activité des femmes dans les partis politiques est susceptible de les transformer.

Bibliographie

ACHIN C. (2003), *Le mystère de la Chambre basse. Comparaison des processus d'entrée des femmes au Parlement, France — Allemagne, 1945-2000*, thèse de science politique, IEP de Grenoble.

ACHIN C., PAOLETTI M. (2002), « Le "salto" du stigmate. Genre et construction des listes aux municipales de 2001. », *Politix*, 60, p. 19-33.

AGRIKOLIANSKI E. (2000), *Les partis politiques en France*, Armand Colin, Paris.

Bargel L. (2003), *La socialisation politique dans les syndicats étudiants. Apprentissages des pratiques politiques et des identités de genre*, mémoire de DEA, EHESS-ENS, Paris.
Boumaza M. (2002), « Entrer en politique et devenir un homme : pour une lecture genrée du militantisme des jeunes frontistes », communication au 7e Congrès de l'AFSP, atelier « les constructions identitaires chez les jeunes ».
Berger D. (1995), « De la misère des partis politiques », *Futur Antérieur*, 28, p. 35-42.
Conseil de l'Europe (1996), *Incidences variables des systèmes électoraux sur la représentation politique des femmes*, Direction générale des études, document de travail, série droits des femmes, W 10.
Derville G., Pionchon S. (2004), *Les femmes et la politique*, Presses Universitaires de Grenoble.
Dogan M., Narbonne J. (1955), *Les Françaises face à la politique, comportement politique et condition sociale*, Armand Colin, Paris.
INSEE (2001), *Femmes et hommes. Regards sur la parité*, Paris.
Génisson C. (2002), *La parité entre femmes et hommes : une avancée décisive pour la démocratie*, rapport au Premier ministre, Paris.
Latté S. (2002), « Cuisine et dépendance. Les logiques pratiques du recrutement politique », *Politix*, 60, p. 34-55.
Pionchon S. (2001), *Les femmes et la politique. Éléments d'explication d'une sous-représentation*, thèse de science politique, IEP de Grenoble.
Sineau M. (1988), *Des femmes en politique*, Economica, Paris.
Sineau M. (2000), « L'électrice paradoxale », *in* Bréchon P., Laurent A., Perrineau P. (dir.), *Les cultures politiques des français*, Presses de science po, Paris, p. 111-126.
Sineau M. (2001), *Profession Femme politique*, Presses de science po, Paris.
Zimmerman M. J. (2003), *Pourquoi la parité en politique reste-t-elle un enjeu pour la démocratie française*, rapport au Premier ministre, Paris.

38

Mouvements sociaux et syndicalisme

Chantal Rogerat

Ces cinquante dernières années ont vu se constituer un mouvement des femmes multiforme, mondialisé, et les différents féminismes qui en sont éclos ont nourri la fin du XXe siècle, ses conflits, ses révoltes, ses interrogations. Entre les mobilisations sociales traditionnelles du syndicalisme et ce qu'on a appelé dans les années 1970 les « mouvements sociaux », un champ du savoir s'est alors dessiné, laissant entrevoir un monde où, au sein des transformations sociales, les différences des sexes se sont révélées être un point nodal à décrypter. Même si les femmes restent les « top modèles des inégalités », pour reprendre l'expression narquoise du rapport de l'OFCE de l'été 2004, elles sont désormais visibles. Même si la complexité et la multiplicité des changements de ce monde du XXIe siècle exigent un éclairage renouvelé de ce qu'on a entendu toutes ces dernières années par rapports sociaux de sexe, par genre, par mouvement social — ce à quoi se sont notamment consacrées bon nombre d'historiennes et de sociologues et pas seulement elles.

La conquête d'un espace social et scientifique

Parler de « mouvement social des femmes » a fait débat dès les années 1970. Pour la raison évidente que la visibilité des femmes dans le mouvement général des sociétés n'était pas reconnue. Nous y reviendrons. Mais aussi parce qu'il convenait de définir ce qu'on entendait par mouvement social. Ce terme accepté dans le langage courant comme une expression commode pour désigner des mobilisations collectives, syndicales ou non, est devenu objet d'études. Le mouvement social est présenté parfois comme le remplaçant du mouvement ouvrier : dans les années 1990, on a pu dire par exemple que le mouvement ouvrier avait été en quelque sorte le modèle du mouvement social, du XIXe siècle jusqu'aux années 1970. Mais cette notion de remplaçant qui suggère le retrait définitif du mouvement ouvrier n'a pas été adoptée par tous. Le mouvement social serait alors le prolongement du mouvement de la classe ouvrière, sa diversification. Erik Neveu propose une définition insistant sur les formes d'action concertée en faveur d'une cause : les mouvements sociaux, écrit-il, constituent tendanciellement une arme des groupes qui, dans un espace social et un temps donnés, sont du mauvais côté des rapports de forces [Neveu, 1996].

En fait, ce qui a posé le plus problème pour reconnaître ce mouvement social des femmes, c'est d'en faire percevoir le caractère collectif. L'action collective des femmes est-elle un agrégat de comportements individuels ou une construction sociale collective ? C'est sans aucun doute l'un et l'autre, tous deux à étudier dans leur interaction. Un deuxième obstacle s'est présenté, pour les femmes elles-mêmes comme pour tout mouvement social : ce fut la reconnaissance de leur autonomie, notion centrale pour la classe ouvrière comme pour les mouvements sociaux. Pour l'histoire de la classe ouvrière, le débat se poursuit ; parallèlement et de façon plus modeste, l'histoire de la « condition féminine » est devenue progressivement l'histoire du mouvement autonome des femmes. Et là, nous nous trouvons devant une difficulté tant au niveau de la pratique sociale qu'à celui de la recherche : il continue d'exister une minimisation des réalités sociales qui aboutit en fait à une sous-estimation des pratiques d'autonomie et des capacités de résistance aussi bien des individu(e)s que des collectifs syndicaux ou autres mouvements sociaux. Les manières de catégoriser le monde social, de mesurer les forces sociales en présence restent contestables comme le démontrent les dernières réflexions de Gérard Noiriel dans *Penser avec, penser contre* [2003]. Mais il faut reconnaître cependant que le mouvement des femmes depuis les années 1970 a fait se créer en France un champ particulier de recherche. Il s'est appuyé notamment sur les travaux sociologiques de Madeleine Guilbert [1966] qui avait eu l'envie et la possibilité d'accéder aux archives des mouvements syndicaux et qui suivait de près, aussi bien par son travail de recherche que par son activité militante, les évolutions en cours dans le monde du travail des années 1960. En histoire, Michelle Perrot, depuis *Jeunesse de la grève* en 1984 n'a cessé de mettre en cause « cette représentation structurelle d'un monde immobile, avec les partages entre les sexes, inéluctables parce que fondés sur la nature des choses », pour reprendre ses propres termes dans un article récent.

La dynamique des recherches sur l'apport des femmes à l'histoire des sociétés — et il semble sur ce point qu'il y ait consensus — permet désormais de constater une tendance générale à ne plus « oublier les femmes ». D'autre part, depuis les années 1970, les recherches menées par les sociologues et les historiennes ont suivi de près le mouvement même des femmes. Il s'agit en effet d'une recherche engagée, comme le dit l'historienne Françoise Thébaud. La mise en lumière de l'hétérogénéité du groupe des femmes a déconstruit la catégorie « femmes » dans son acception universelle et ceci, depuis les années 1980. La connaissance affinée et élargie de la vie, des traditions, des aspirations des femmes à travers le monde a surligné l'existence d'inégalités multiples. En dépit des controverses entre les différents courants féministes, la nécessité de rattacher la notion de femme à la connaissance du contexte social, des thèmes revendicatifs, des luttes, mixtes ou non, syndicales ou non, nous mène désormais à la reconnaissance de la « part des femmes » dans les transformations « du social » et « du politique ».

Les mobilisations sociales à la lumière du genre

L'émergence, ces dernières décennies, de multiples mouvements sociaux — celui des sans-papiers, des chômeurs, des gays et lesbiennes, etc. — a renforcé une exigence : celle de mieux percevoir la spécificité de chacun de ces mouvements. Pour situer à la fois le mouvement des femmes, caractériser ses luttes et étudier leur rapport avec le monde du travail, le syndicalisme, j'emploierai la notion de « mobilisation sociale », terme équivalent à ces mouvements sociaux au sens quotidien du terme, qui approchent au plus près l'action menée par des femmes, des hommes, de façon durable et conflictuelle. Ces actions revendicatives, leurs objectifs et leur mode d'emploi sont soumis dans le syndicalisme — comme ailleurs — au retour incessant d'un sens commun puissamment masculin de l'universel. Nous entrons alors dans le domaine du genre, de cette épreuve du genre *gender proofing*, nous dit Cynthia Cockburn [2003], qui contrôle en quoi et comment l'évolution dans le temps des rapports entre les sexes intervient dans le processus de toute mobilisation sociale, de son action et de sa réflexion.

Depuis 1968 et dans les années qui ont immédiatement suivi, on a parlé de rupture ; en 1970, certaines féministes ont annoncé l'année zéro de la libération de la femme. Mais, pour mieux saisir les enjeux de la décennie 1970, il serait pertinent de reconnaître le rôle non négligeable des luttes des années 1960 menées par des femmes. Elles ont été sous-estimées pour la bonne raison qu'elles étaient pour la plupart ignorées et/ou marquées par leur appartenance syndicale. Les luttes du salariat féminin menées dans des usines où les ouvrières étaient nombreuses se caractérisaient déjà par deux tendances qui prendront tout leur poids la décennie suivante, le besoin de faire reconnaître une qualification à ces femmes auxquelles on déniait toute professionnalisation, l'aspiration à une réduction du temps de travail qui s'est particulièrement manifestée dans les entreprises d'électronique et dans les PTT. Ces luttes étaient locales, liées aux entreprises, le seul moment où elles prenaient un sens national était le 8 mars, jour qui sera reconnu plus tard sous l'influence d'Yvette Roudy alors ministre de la Condition féminine sous le gouvernement Mauroy. On déposait alors les « cahiers de revendications » signés par les femmes dans les ateliers et les services, auprès des pouvoirs publics et les directions d'entreprises. C'est à cette époque que fut inventé par la CGT le mot d'ordre « le temps et les moyens de vivre » porté et supporté par des ouvrières de la métallurgie, du textile, de l'habillement, des femmes du secteur public, des téléphonistes et des postières notamment. Ce fut aussi la décennie où le mouvement ouvrier reconnut plus largement la nécessité de la lutte pour l'égalité des salaires sans cependant pouvoir la mener avec la force et la conviction nécessaires. Avant d'arriver en France à la première loi sur l'égalité des salaires en 1972, il y eut de nombreux débats au sein du Comité du travail féminin (organisme où se retrouvaient patronat, syndicats, pouvoirs publics et personnalités qualifiées), à la Communauté européenne également, sur la notion du « à travail égal, salaire égal ». C'est sur ce mot d'ordre que les femmes, les travailleuses disait-on, se sont manifestées en 1966 à l'occasion d'une lutte restée célèbre, celle de la fabrique d'Herstal en Belgique qui a provoqué des manifestations de solidarité dans les syndicats européens et où encore aujourd'hui, l'activité des femmes pour appliquer les principes de l'égalité salariale reste importante.

Quand les années 1970 ont vu s'épanouir un féminisme, pluriel, diversifié, voire contradictoire, mais qui a pris place dans la société civile et politique, la « revendication de survie » pour reprendre l'expression de Gisèle Halimi était la lutte pour la liberté de la contraception et de l'avortement. Ces années ont bousculé les pratiques syndicales à la fois sous l'influence de la montée du salariat féminin et sous le choc des pressions féministes. En 1978, au cœur même de la période où, tous syndicats concernés et au premier chef la CGT et la CFDT, il y a recherche syndicale sur la place que les femmes peuvent et doivent occuper sur la scène syndicale, Marie-Hélène Zylberberg-Hocquard montre que le féminisme peut servir d'aiguillon pour débloquer l'activité syndicale [Zylberberg-Hocquard, 1978]. Le nombre relativement important de militantes syndicales dans les années 1970, l'autorité acquise dans leurs organisations respectives par Jeannette Laot à la CFDT et Madeleine Colin à la CGT puis l'accord CGT-CFDT en 1974 sur une plate-forme revendicative commune concernant la main-d'œuvre féminine ont permis d'élargir le champ de l'action revendicative. Dans le quotidien de la vie syndicale, la résistance au modèle dominant et parfois caricatural du travailleur militant, habitué du langage guerrier s'est construite. Mais, pour autant, la légitimité sociale de la place des femmes dans l'organisation syndicale n'était pas acquise et les antagonismes entre militants et militantes se sont durcis à la fin de la décennie 1970, dans un contexte politique rendu difficile par la rupture de l'Union de la gauche. En 1982 à la CGT, ce qu'on a appelé le procès de la revue *Antoinette* (mensuel qui diffusait jusqu'à 100 000 exemplaires) par le bureau confédéral de la CGT aboutit au licenciement de ses animatrices ; son ancienne directrice Madeleine Colin écrira alors ces lignes à l'adresse de la CGT : « *Antoinette* avait réussi à faire circuler dans l'atmosphère confinée des instances de la CGT un vent frais de liberté, de contestation et de féminisme... » Plus généralement, les années 1980 verront l'affaiblissement de l'activité syndicale en direction des femmes, en dépit des efforts des nouveaux syndicats comme SUD (Syndicat unitaire démocratique). Cette décennie fut donc un moment fort où confrontations et déchirures entre les mouvements sociaux et les syndicats laissent entrevoir qu'une approche systématique de la crise du syndicalisme ne devrait pas se priver pour une meilleure intelligibilité de l'usage de la problématique du genre.

Les travaux sociologiques des années 1980 montreront que les travailleuses quand elles sont en lutte mettent en cause certaines tactiques, modifient l'ordre d'importance des revendications et élargissent leur champ d'action, bouleversent la conception des rapports de pouvoir dans le syndicalisme lui-même. Dès la fin des années 1970, « l'émergence d'une prise de conscience et d'une identité féminine qui se greffent sur les solidarités de classe sans les supplanter » avait été relevée [Maruani, 1979]. En 1982, Danièle Kergoat montrait la « béance » entre les déclarations des centrales syndicales et ce qui se dit et se fait dans les entreprises, c'est-à-dire selon ses propres termes, la théorie d'un côté, l'empirisme le plus total de l'autre.

L'avant et l'après 1995

Pourquoi adopter une telle périodisation ? Parce que les femmes sont alors passées clairement du hors-jeu à un enjeu mieux défini de l'égalité. Ce qui caractérise l'avant 1995 et ceci dans le cadre d'un long mouvement qui s'est déclenché depuis les années 1960 en relation avec la progression du salariat féminin, nous l'avons vu, c'est la conquête d'un espace autonome par les femmes. La légitimité de la mobilisation sociale féminine que ce soit pour l'emploi ou pour donner « la vie quand je veux et si je veux » s'est imposée en dépit de la montée parallèle des inégalités qui accompagnent le parcours professionnel des femmes, en dépit aussi des résistances idéologiques et politiques que sécrète toute modification dans l'évolution d'une société. Avant 1995, les femmes sont arrivées à se faire entendre. Le « particulier » des femmes est alors entré dans la sphère de son « universalité ».

Les événements de 1995 ont accéléré cette évolution et modifié les stratégies des mouvements de femmes. Dans le « tous ensemble, défendons le droit des femmes » qui a scandé la manifestation du 25 novembre 1995 pour défendre les acquis des femmes en matière de contraception et d'interruption volontaire de grossesse, deux phénomènes nouveaux ont surgi. Le premier est d'avoir osé intégrer dans une lutte générale une lutte très « ciblée ». Ce qui a conduit à un deuxième résultat : le contrôle politique et social des femmes en mouvement, qui était habituel dans le monde syndical et s'était poursuivi dans le monde associatif lors des années 1980, a symboliquement explosé.

On peut regretter que les événements de 1995, même si ce mouvement est reconnu par la plupart des observateurs comme un mouvement hors du commun, n'aient pas été analysés à la lumière de la problématique du genre sauf dans les *Cahiers du GEDISST-CNRS* en 1997-1998. Cela aurait pourtant permis de battre en brèche des formules un peu rapides qui ont été employées pour caractériser ce mouvement en termes de « mosaïques d'intérêts disparates et/ou catégoriels ». Il s'agissait plutôt d'intérêts multiples et pourquoi pas contradictoires à l'image même du monde du travail qui comme la société tout entière, bouge, se transforme dans sa composition même.

Dans le renouveau de l'analyse des mouvements sociaux que l'évolution du monde sollicite et que les nouvelles générations animent, l'enchevêtrement de la recherche savante et des connaissances militantes est patent dans le domaine du genre. On admet désormais que la grève ne résulte pas seulement des déterminismes de l'économique mais peut être un refus — ou une pression sur — des dominantes du changement social. La découverte progressive (et dont le relevé est loin d'être terminé) des luttes de femmes dans le syndicalisme ou dans les formes nouvelles que les coordinations — en dehors ou avec l'accord des syndicats — ont suscitées, en sont une preuve. Danièle Kergoat, à la fin des années 1980, l'avait observé : le mouvement des infirmières a montré des femmes dirigeant un mouvement mixte, innovant dans la gestion des pratiques unitaires et démocratiques en sachant protéger son autonomie, syndicale et politique.

Des femmes comme des hommes s'inscrivent aujourd'hui dans le jeu difficile de la résistance sociale des plus défavorisés. Il est toujours plus facile pour une entreprise de proposer par exemple à une femme contrôleuse de qualité dans l'électronique, un reclassement comme femme de ménage, ce qu'on ne fera pas pour un homme qu'on enverra plutôt vers le bâtiment. Seul point commun : dans les deux cas, la qualification ancienne — s'il y en avait une — risque de ne pas être reconnue.

Des solidarités se nouent alors entre ceux et celles qui luttent et cette fois, en meilleure connaissance des utilisations entrepreneuriales des différences de sexe. Quand Isabelle Puech [2004] analyse le mouvement de grève de femmes de chambre (à temps partiel) dans une multinationale de l'hôtellerie, il est clair qu'il s'agit pour elles de se maintenir dans l'emploi et d'obtenir un statut professionnel. Les femmes comme les hommes veulent du travail.

L'un des résultats positifs — car il y en a — de la médiatisation des luttes actuelles est de montrer des femmes présentes, cherchant des formes nouvelles d'efficacité pour faire reconnaître leurs droits. « Le dos au mur, elles tiennent. » Les grèves, longues et difficiles, pour l'emploi des Moulinex, des Levi's, des Mark et Spencer, des Danone, des Lu... révèlent, y compris par l'intermédiaire des reportages journalistiques, une image sociétale nouvelle : les femmes ont pris la parole elles aussi, dans ces usines, ces magasins où la main-d'œuvre féminine est importante, pour dénoncer un mode de vie dominé pour un très grand nombre par le « tout précaire ». En dépit des délocalisations, des plans sociaux qui n'aboutissent qu'à des résultats contestables, l'évolution des mobilisations sociales de ces dernières années montre donc des pratiques revendicatives qui se veulent spectaculaires (pour accéder à la médiatisation), des formes de lutte « coups de poing », où les femmes sont vues et reconnues même si l'égalité sexuée des pratiques de pouvoir entre les hommes et les femmes dans la gestion des luttes n'est pas atteinte. Il s'agit de reconfigurer le rôle de chacun. On peut faire l'hypothèse que l'analyse des grèves, ces deux dernières années, des enseignants et des intermittents du spectacle, montrera un déplacement dans les relations entre les grévistes hommes et femmes et une modification dans la prise en compte des revendications que soulève la construction traditionnelle des statuts sociaux des femmes dans ces professions.

Cependant, la chronique des combats ne signale pas la disparition de la domination masculine ! Les pouvoirs de décision et de représentativité dans les grèves sont encore loin d'être partagés... Que ce soit dans le cadre des luttes menées par les mouvements altermondialistes, dans de nouvelles structures comme Attac, faire reconnaître la question des femmes comme une question politique majeure pose toujours problème. Une difficulté reste centrale : ne pas réduire le genre dans une organisation mixte à une question catégorielle.

Mais de nouvelles structures se créent. Le Collectif des droits des femmes qui réunit des syndicalistes, des féministes et des « politiques » travaille en France au rassemblement des forces féministes, voire féminines pour des actions offensives comme la Marche mondiale des femmes (ceci depuis 1995). Les associations de femmes immigrées ou issues de l'immigration mènent des actions qui ne les enferment pas forcément dans un système communautariste, suscitent de nouvelles aspirations et tout particulièrement celle de conjuguer les forces.

L'organisation sociale des différences de sexe comme sa logique de fonctionnement sont désormais objet et champ de recherche, plus et mieux qu'hier, à l'intérieur du mouvement plus vaste de l'histoire sociale. Encore faudrait-il lui reconnaître son impact dans l'aventure contemporaine. En Lorraine, dans l'année 2003, trois usines Daewoo dont l'une sera incendiée ont fermé : 1 200 personnes, surtout des femmes, sont « jetées ». François Bon, dans un « roman », *Daewoo*, qu'il a écrit en allant les voir pendant plusieurs mois, cite l'une d'entre elles : « on a mené un combat, on a tiré intérieurement des avantages (je dis intérieurement parce que, prime et tout ça, qu'est-ce que ça compense au fond ?). Mises au rebut sans un au revoir. Si, cela valait la peine de se battre, il fallait bien gagner notre dignité... » La violence sociale sur les individu(e)s, la violence des luttes ne s'effacent pas mais sait-on la comprendre ?

Bibliographie

BON F. (2004), *Daewoo*, Fayard, Paris.

BORZEIX A., MARUANI M. (1982), *Le temps des chemises, la grève qu'elles gardent au cœur*, Syros, Paris.

COLIN M. (1975), *Ce n'est pas d'aujourd'hui*, Éditions sociales, Paris.

Futur Antérieur (1994), *Les coordinations de travailleurs dans la confrontation sociale*, L'Harmattan, Paris.

GUILBERT M. (1966), *Les femmes et l'organisation sociale avant 1914*, CNRS, Paris.

KERGOAT D. (1982), *Les ouvrières*, Le Sycomore, Paris.

IMBERT F., LE DOARÉ H., SENOTIER D. (1992), *Les infirmières et leur coordination 1988-1989*, Lamarre, Paris.

LAOT J. (1977), *Stratégie pour les femmes*, Stock, Paris.

MARUANI M. (1979), *Les syndicats à l'épreuve du féminisme*, Syros, Paris.

MARUANI M., ROGERAT C. (2003), « Parcours de Cynthia Cookburn : une universitaire hors du commun », *Travail, genre et sociétés*, n° 9, p. 5-33.

NEVEU E. (1996), *Sociologie des mouvements sociaux*, La Découverte, Paris.

NOIRIEL (2003), *Penser avec, penser contre*, Belin, Paris.

PERROT M. (1974), *Les ouvriers en grève 1871-1890*, 2 vol. Mouton, Paris.

Puech I. (2004), « Le temps du remue-ménage, conditions d'emploi et de travail des femmes de chambre », *Sociologie du travail*, avril-juin, 46, n° 2, p. 150-167.

Rogerat C. (dir.) (1978), « Les questions qui font bouger », *Antoinette-CGT*, Paris.

— (2004), « Les mobilisations sociales à l'épreuve du genre », *in* Bard C., Baudelot C., Mossuz-Lavau J. (dir.), *Quand les femmes s'en mêlent. Genre et pouvoir*, La Martinière, Paris, p. 230-246.

Zylberberg-Hocquard M.-H. (1978), *Féminisme et syndicalisme en France au xixe siècle*, Anthropos, Paris.

39

Les politiques d'emploi envers les femmes

Annie Fouquet

Les politiques de l'emploi envers les femmes sont prises dans une double tension, celle qui oppose le familialisme à l'individualisme d'une part, l'universalisme à l'action positive d'autre part. La première tension renvoie au vieux débat qui n'est pas clos sur la place des femmes dans la société, et leur accès aux droits sociaux : est-ce d'abord par la famille ou par l'emploi ? L'accès à l'emploi permet l'autonomie par un revenu personnel et un accès direct aux droits sociaux et à la protection sociale, qui ne passe plus par la structure familiale. C'est ainsi que le développement du salariat et les revendications d'autonomie dans les années 1960 et 1970 ont fait évoluer le droit à l'emploi et à la protection sociale, et remis en cause les politiques concernant le travail des femmes qui s'inscrivaient jusqu'alors dans une logique de protection (protection de la mère et de l'enfant). La seconde tension a fait osciller les politiques d'emploi à l'égard des femmes entre des mesures incitatives ciblées mais marginales, et leur suppression, les femmes devant être traitées comme n'importe quel autre public cible ; ce faisant cette « neutralité » les écarte des dispositifs et accroît les inégalités d'accès à l'emploi. L'impulsion européenne attaque de front cette tension par le *mainstreaming*, ou « action positive universelle », dont la mise en œuvre dans les cinq dernières années apparaît relativement efficace au prix d'un effort de vigilance constant.

Les politiques d'emploi apparaissent à la fin des années 1970 quand la norme d'emploi cesse d'être un objectif de politique économique (le « plein-emploi ») pour devenir un aspect des politiques sociales (« les mesures d'aide à l'emploi »). Les femmes y sont peu présentes car l'objectif de « plein-emploi » dont la norme s'est imposée progressivement après la Seconde Guerre mondiale, est fondé sur un modèle masculin. Or les femmes, même quand elles travaillent, et même quand elles sont salariées, sont moins souvent que les hommes dans ces postes du cœur de la norme d'emploi. Plus souvent non qualifiées, dans les services, à temps partiel, à durée déterminée, ou « inactives », elles tirent leurs garanties sociales de leur double rôle d'épouses (droits dérivés) et de travailleuses salariées.

L'accès aux droits sociaux : la famille, l'emploi ou la citoyenneté ?

L'entrée tardive de la France dans le salariat a longtemps laissé une grande place à l'entreprise familiale dans l'agriculture, le commerce ou la production artisanale. Activités professionnelles et activités domestiques s'imbriquent sur un même lieu dans des temps mêlés. L'homme, chef de famille, détient l'autorité sur l'organisation domestique qui génère un revenu familial global issu de la contribution non identifiée des membres de la famille. Homologue du monarque, il règne sur sa famille dont les membres sont ses « sujets », mineurs quant aux droits civiques.

Alors que la Révolution française, en abolissant l'ordre féodal, fonde le lien social sur l'individu et le contrat, cette liberté individuelle ne concerne pas les femmes dont la place dans la société reste dépendante des liens familiaux. Jusqu'en 1965, le mari peut s'opposer à ce que son épouse exerce une profession au nom de l'intérêt de la famille (entendu comme l'intérêt de l'enfant, futur hériter d'un patrimoine géré par le mari). Il faudra attendre 1970 pour que la loi sur l'autorité parentale supprime la notion de chef de famille, et 1985 pour que soit instituée l'égalité des époux dans la gestion du patrimoine familial.

La Constitution reconnaît le droit à l'emploi et au revenu. Conçu et pensé de façon universelle, asexué, le droit à la sécurité du revenu par l'emploi s'appuie, de fait, sur le travailleur (qui a des droits directs liés à l'emploi) et sur sa famille (qui en a des droits dérivés). Il ne se fonde donc pas sur les droits individuels du citoyen, comme c'est le cas dans d'autres pays européens [Fouquet, Letablier, Gauvin, 1999]. L'universalité à la française est d'abord masculine et ne promeut pas les individus au contraire des systèmes de protection sociale universalistes, comme en Suède où les droits sont individuels.

En France, à partir des années 1950, le droit au revenu s'est investi dans le droit à l'emploi, assorti d'une politique du plein-emploi et de généralisation de la protection sociale. Cette double orientation (plein-emploi et protection sociale) fonde le concept d'emploi. L'emploi, c'est l'échange d'un travail individuel contre un salaire qui s'intègre dans des règles collectives, parmi lesquelles la protection contre la perte de revenu en cas d'accident, maladie, incapacité ou vieillesse. Ces éléments ajoutent des éléments de « statut » au contrat de travail initial. Ces éléments de statut, les femmes ne l'obtiennent pas d'abord par l'emploi, mais par leur statut d'épouse de travailleur. La norme sociale sur laquelle se fonde le système français de protection sociale à la fin de la Seconde Guerre mondiale est celle de la famille nucléaire salariale à un seul apporteur de revenu : l'homme salarié (monsieur « Gagne-pain ») nourrit sa famille avec au minimum le Smig ; son épouse perçoit l'allocation dite de « salaire unique » (!) et les allocations familiales pour ses enfants.

Avec l'accès des femmes au travail salarié qui sépare l'espace du travail rémunéré de l'espace domestique, l'accès aux garanties sociales fondées sur l'emploi devient un accès individuel et non plus familial, plus conforme à l'esprit universaliste qui anime le droit français et qui fonde le droit civil sur l'individu [Daune-Richard, 2004].

C'est au moment précis où la norme d'emploi se généralise dans le droit du travail et de la Sécurité sociale qu'elle est remise en cause par la « crise » des années 1970. Les formes d'échange de travail se diversifient (contrats à durée déterminée, intérim, etc.), les femmes étant particulièrement touchées par le temps partiel et le chômage récurrent.

Les politiques d'emploi : de l'objectif du plein-emploi à des dispositifs ciblés

Pendant la période dite des Trente Glorieuses (1950-1975), la politique de l'emploi visait le plein-emploi, grâce aux outils budgétaires et monétaires garantissant la croissance dans le cadre des grands équilibres macroéconomiques (politique keynésienne). Avec la crise du milieu des années 1970, la politique de l'emploi change de nature car c'est la fin de la reconstruction et des grands investissements publics en même temps qu'apparaissent de nouvelles technologies : technologies de l'information et de la communication, biotechnologies, matériaux composites... Elle joue sur plusieurs leviers. Certains visent à ralentir la croissance de la population active accélérée par l'arrivée du « baby-boom » : prolongation de la scolarité des jeunes, invention de la préretraite pour faciliter le départ des plus âgés, incitations pour les femmes à rester au foyer. D'autres visent à aider les chômeurs à retrouver un emploi : ce sont les dispositifs spécifiques de politique d'emploi en faveur des publics les plus éloignés du marché du travail.

Les femmes qui ont commencé à entrer massivement dans le salariat à partir des années 1960 revendiquent leur place dans l'emploi « normal » tel qu'il s'est construit au cours des années précédentes : un contrat à durée indéterminé à vie dans la même entreprise assorti de droits sociaux conséquents. C'est au moment où ce modèle s'inscrit dans les textes et dans les esprits comme la norme que l'économie bascule et le remet en question progressivement. La croissance persistante du chômage au milieu des années 1970 n'interrompt cependant pas l'irrésistible croissance de l'activité féminine [Huet, 1982].

Les politiques spécifiques d'emploi qui se développent à partir des années 1990 construisent et enrichissent le droit du travail d'un droit de l'emploi. Cependant ce nouveau droit de l'emploi reste marqué par la représentation de l'emploi salarié qui était au cœur de la norme du plein-emploi : il ne pense pas la place des femmes ; leur accès à l'emploi est calqué sur une norme qui ne cesse de s'effriter et qui n'a jamais été la leur. Ces politiques ont globalement reproduit les inégalités des hommes et des femmes sur le marché du travail.

Pendant longtemps, en France, au nom de l'universalisme, promouvoir l'égalité des femmes et des hommes n'est pas reconnu comme un principe fondamental du droit ni du système politique. L'individualisme s'oppose à la tradition familialiste, et l'universalisme refuse l'action positive envers les femmes. Cette double opposition sous-tend l'histoire de la politique de l'emploi française à l'égard des femmes que l'on peut schématiser en quatre temps successifs qui combinent ces quatre pôles.

L'héritage du XIXe siècle : universalisme au masculin et protection de la femme

La tradition de protection de la mère au foyer, héritée de la fin du XIXe siècle, ainsi que la prégnance de la question démographique (encourager la fécondité), s'est heurtée aux revendications des femmes des années 1960 et 1970. Cette tension politique entre familialisme et individualisme a construit le compromis politique des trente dernières années du « libre choix » pour les femmes d'avoir une activité professionnelle ou de s'occuper de leur famille. Mais selon les périodes, l'accent est mis plutôt sur la famille ou sur l'individu, sur des actions spécifiques ou des mesures universelles.

Jusqu'au milieu des années 1960, la norme prégnante est celle de la famille de « monsieur Gagne-pain », et si les femmes travaillent, il faut les protéger. La visée normative du droit du travail, au nom de la protection des faibles, avait conduit à traiter les femmes comme une catégorie sociale distincte, assimilée aux enfants auxquels certaines tâches ou fonctions sont interdites. C'est cette logique de protection qui s'est imposée, héritée d'une logique antérieure et de mesures adoptées pour l'essentiel à la fin du XIXe siècle et au début du XXe : limitation horaire, salaire d'appoint, protection de la grossesse et de la maternité, interdiction du travail de nuit, réglementation de nombreux métiers. Les premiers dispositifs d'aide en faveur des femmes visent les femmes isolées : en 1979 est créée l'allocation forfaitaire, transformée en 1984 en allocation d'insertion pour les mères isolées demandeuses d'emploi.

Années 1980 : promouvoir l'égalité par des actions positives

La loi Roudy de 1983 est la première loi française à promouvoir l'égalité professionnelle. Elle s'inscrit dans la lignée de la résolution du Conseil des ministres européens pour la promotion de l'égalité des chances (juillet 1982). L'« action positive » en faveur des femmes est une « inégalité temporaire pour assurer l'égalité ». Les premiers dispositifs spécifiques d'aide à l'emploi en faveur des femmes visaient les femmes isolées. En 1985, date à laquelle le ministère des Droits de la femme devient un ministère à part entière, naissent les « programmes locaux d'insertion en faveur des femmes isolées » (PLIF) et les stages de formation du Fonds national de l'emploi en faveur des femmes isolées (FNE-FI).

En 1985, les bureaux d'accompagnement individualisés vers l'emploi (BAIE) sont créés au sein des centres d'information sur les droits des femmes (CIDF). Au nombre de 54 en 1999, ils proposent aux femmes un accompagnement individualisé vers l'emploi, prenant en compte l'ensemble des difficultés que rencontrent des femmes (formation, garde d'enfants, logement, ruptures familiales...). La démarche est de même nature que celle des missions locales destinées aux jeunes.

En 1988, les mères de famille peuvent percevoir des majorations de rémunérations à l'occasion d'actions de formation. En 1989, est instauré le fonds de garantie pour la création, la reprise ou le développement d'entreprises à l'initiative des femmes, pour réduire leurs difficultés d'accès au crédit bancaire.

Ces dispositifs restent toutefois très marginaux ; peu de femmes en ont bénéficié et les montants n'ont jamais atteint 600 millions de francs par an, soit moins de 1 % des sommes consacrées à la politique active de l'emploi [Fouquet, Rack, 1999]. En effet, il s'agit essentiellement de mesures au coup par coup, destinées à compenser des situations particulières, ou de mesures symboliques à un coût budgétaire modique.

Les années 1990 suppriment les dispositifs spécifiques au nom de l'universalisme

Ces mesures spécifiques ont été progressivement supprimées. N'ont subsisté, dans un premier temps, que le Fonds de garantie à l'initiative des femmes (FGIF), les bureaux d'accompagnement individualisé vers l'emploi (BAIE) des centres d'information sur les droits des femmes et des familles, ainsi que les crédits déconcentrés en région du service des droits de femmes dont les montants ont très fortement baissé après 1993.

Un certain nombre d'arguments plaident pour intégrer les mesures spécifiques destinées aux femmes dans les mesures de « droit commun ». L'objectif est d'éviter de cloisonner les mesures et de renforcer un effet de « ghetto ». Quand des actions pour les femmes sont séparées des programmes généraux et prises en charge par des structures spécifiques, elles entraînent *ipso facto* une démobilisation des acteurs en charge des programmes généraux.

La conception universaliste gagne la politique de l'emploi. Selon cette conception, l'égalité de droits est censée assurer, en quelque sorte, « naturellement », l'égalité des chances. Or l'égalité de droit ne conduit pas directement à l'égalité de fait, notamment quand la norme sociale établit une différence (la différenciation des rôles dans la famille de « monsieur Gagne-Pain », par exemple). Au nom de l'universalisme, la question de l'égalité entre les hommes et les femmes est absente de la mise en œuvre des politiques.

Dans cette conception universaliste qui est celle de la loi quinquennale de 1993, la sélectivité du marché du travail est appréhendée comme pénalisant des catégories cibles, limitées, publics désormais prioritaires des politiques d'emploi : les chômeurs de longue durée, les chômeurs de plus de 50 ans, les travailleurs handicapés, les allocataires du RMI. Il faudra attendre la loi de lutte contre les exclusions de 1998 pour que les titulaires de l'allocation parent isolé (très majoritairement des femmes) soient intégrés dans les publics prioritaires.

Au début des années 1990, la part des femmes recule dans tous les dispositifs ciblés. Hors abattement temps partiel, la part des femmes dans les entrées en contrats aidés du secteur marchand passe de 38 % en 1990 à 33 % en 1994 avant de remonter pour se stabiliser autour de 38 % à partir de 1996. La substitution du CIE au contrat de retour à l'emploi (CRE) entraîne en particulier une baisse da la part des femmes : 47 % en CRE en 1992, 39 % en CIE en 1998.

Les jeunes femmes minoritaires dans les contrats d'apprentissage, voient également leur part baisser très fortement entre 1992 et 1994 de 39 à 29 %. La relance de l'apprentissage bénéficie d'abord aux jeunes hommes, sur des métiers traditionnellement masculins. La part des femmes dans les entrées en alternance, elle est stable aux alentours de 46 %.

La part des femmes recule également dans les emplois non marchands où elles sont traditionnellement majoritaires : dans les contrats emploi solidarité, leur part diminue, passant de 69 % en 1990 à 62 % en 1994.

Enfin la création des SIFE (stage d'insertion et de formation à l'emploi) en 1993 se traduit par un recul des femmes dans les entrées en formation financées par l'État : 57 % des femmes entrées en SIFE contre précédemment 62 % dans les actions d'insertion et de formation (AIF), 70 % en stages de reclassement professionnel et 100 % en FNE-FI, trois dispositifs auxquels la mesure se substitue.

Plus généralement, le redéploiement des aides à l'emploi vers le secteur marchand au cours des années 1990 pénalise les femmes. La « globalisation des aides à l'emploi » mise en place à partir de 1997, n'est pas de ce point de vue favorable aux femmes. Elle conduit les intermédiaires sur le marché du travail, parmi lesquels ceux du service public de l'emploi, à adopter une position de « neutralité » (et non de discrimination positive), qui tend à entériner les choix de l'employeur.

Le tournant du millénaire : universalisme avec obligation de résultat

Une politique de « neutralité » contribue à renforcer les inégalités entre hommes et femmes, si elle n'est pas compensée par un effort particulier transversal à l'ensemble des politiques : c'est ce que va relancer la stratégie européenne de l'emploi (SEE), instaurée en 1998.

Cette stratégie, dite processus de Luxembourg (1998), suite au traité d'Amsterdam (1997), retient comme un des ses quatre « piliers » l'égalité professionnelle des hommes et des femmes. Cet objectif devient ensuite transversal à toutes les actions mises en œuvre, ce que l'on appelle le *mainstreaming*. Les pays se comparent entre eux, par une batterie d'indicateurs décidés en commun, ce *benchmarking* est un puissant levier d'action. La présidence française de l'Union européenne de 2000 fait de la promotion de l'égalité professionnelle un objectif de sa présidence. Le Conseil européen de Lisbonne de 2001 assigne à l'Europe l'objectif de taux d'emploi élevé, qui passe notamment par l'élévation du taux d'emploi des femmes, et ce, par tous les moyens disponibles : aides ciblées à l'emploi, mais aussi levée des freins liés aux charges familiales (partage des temps sociaux, de conciliation vie familiale-vie professionnelle). Par ailleurs, il prévoit une publication régulière d'indicateurs sexués dans tous les domaines, un moteur d'action pour rendre plus visibles les disparités.

L'objectif d'égalité prend une visibilité nouvelle en France et relance la politique en faveur de l'emploi des femmes. Les circulaires du ministère et les consignes de l'Agence pour l'emploi insistent sur cet objectif : la part des femmes fait l'objet d'un suivi précis mensuel, décliné par territoire (région, département, zone d'emplois). La part des femmes dans les dispositifs aidés et les stages, augmente entre 1998 et 2002 : de 40 à 43 % en CIE, de 62 à 64 % en CES, de 28 à 60 % en SIFE collectifs. Quant au chômage des femmes, il marque le pas [Coquet, 2004]. Les femmes restent cependant moins nombreuses dans les dispositifs d'aide à l'emploi marchand qui restent le meilleur tremplin pour l'emploi « normal ».

Cette politique est renforcée par des actions visant à mobiliser l'ensemble des acteurs vers l'objectif d'égalité : la loi Génisson (2001) fait obligation aux branches professionnelles de négocier sur le thème de l'égalité professionnelle ; en signant la Charte de l'égalité professionnelle en mars 2004, de nombreux acteurs, entreprises, collectivités territoriales, administrations, branches professionnelles, syndicats s'engagent à progresser dans diverses directions consignées par des objectifs et des indicateurs retenus en commun chacun dans son domaine.

Si l'impulsion européenne a relancé la dynamique d'égalité par l'action positive sous surveillance, elle encourage également des mesures générales, comme la baisse du coût du travail, qui n'ont pas d'objectif féminin particulier, mais qui de fait concernent davantage les femmes. Initiés en 1992 pour encourager le développement du temps partiel, les allègements généraux du coût du travail s'étendent à partir de 1993 aux emplois à bas salaire, dans le but de favoriser la création d'emploi, notamment dans les services. Depuis 2002, le coût des allégements de cotisations sociales dépasse le coût des dispositifs ciblés de politique d'emploi.

Ces dispositifs généraux touchent davantage les femmes, car elles sont plus fréquemment à temps partiel ou dans les emplois à bas salaires : les femmes représentent les deux tiers des emplois à temps partiel bénéficiant de l'abattement temps partiel ; par ailleurs, en mars 2002, deux tiers des femmes travaillant à temps complet touchent un salaire inférieur à 1,5 fois le Smic, pour seulement 41 % des hommes, selon l'enquête Emploi.

Si ces mesures touchent en priorité des femmes, c'est le signe qu'elles sont, plus fréquemment que les hommes, sur des emplois peu payés, à la qualification non ou mal reconnue, notamment dans les emplois de service à la personne [Méda, Vennat, 2005].

D'autres politiques ont des résultats contrastés sur l'insertion professionnelle des femmes. La réduction du temps de travail devait améliorer la vie des salariés, C'est bien ce que déclarent 82 % des salariés, notamment les parents de jeunes enfants. Mais les salariés les plus mal lotis, souvent des femmes, considèrent que leurs salaires et leurs horaires, mal situés et imprévisibles, se sont souvent dégradés.

Des mesures non sexuées *a priori* mais familialisées (car sous contrainte de revenu du couple) ont des effets contrastés sur l'emploi des femmes mariées, notamment en cas de fortes inégalités de salaires entre les conjoints. Ces mesures oscillent entre un objectif d'encouragement à l'activité, comme la prime pour l'emploi, ou de conciliation entre vie familiale et vie professionnelle. Ainsi, la loi du 21 août 2003 concernant la prime pour l'emploi a supprimé la bonification d'un an par enfant aux femmes fonctionnaires, bonification qui les incitait au retrait d'activité. En revanche, l'allocation parentale d'éducation incite plutôt les mères de jeunes enfants à se retirer de l'activité, quand leur gain potentiel est faible.

Mais quelle qu'elles soient, même quand elles visent à concilier vie familiale et vie professionnelle, les politiques ne ciblent plus les femmes comme une population relevant de dispositifs spécifiques. L'égalité devient une obligation de résultat, suivie par des indicateurs qui sanctionnent l'action. Pour être efficace, cette posture politique suppose une vigilance constante des acteurs.

Bibliographie

BARBIER J-C, GAUTIÉ J (1998), *Les politiques d'emploi en Europe et aux États-Unis*, PUF, coll. « Cahiers du centre d'études de l'emploi », n° 37, Paris.

COQUET B. (2004), « Les femmes françaises face au chômage : une inégalité en déclin ? », *Revue de l'OFCE*, n° 90, p. 117-151.

DAUNE-RICHARD A.-M. (2004), « Les femmes et la société salariale : France, Royaume-Uni, Suède », *Travail et Emploi*, n° 100, p. 69-84.

ESPING-ANDERSEN G. (1990), *The Three Worlds of Welfare Capitalism*, Policy Press, Cambridge.

FOUQUET A., GAUVIN A., LETABLIER M.-T. (1999), « Des contrats sociaux entre les sexes différents selon les pays en Europe ? », *in* Conseil d'analyse économique, *Égalité entre femmes et hommes : aspects économiques*, n° 15, La Documentation française, Paris, p. 105-146.

FOUQUET A., RACK C. (1999), « Les femmes et les politiques d'emploi », *Travail, genre et sociétés*, n° 2, p. 47-70.

HANTRAIS L., LETABLIER M.-T. (1996), *Familles, travail et politiques familiales en Europe*, PUF, coll. « Cahiers du Centre d'études de l'emploi », n° 34, Paris.

HUET M., 1982, « La progression de l'activité féminine est-elle irréversible ? », *Économie et Statistique*, n° 145, p. 3-17.

LANQUETIN M.-T., LETABLIER M.-T., PÉRIVIER H. (2004) « Acquisition de droits sociaux et égalité entre les femmes et les hommes », *Revue de l'OFCE*, n° 90, p. 461-488.

LETABLIER M.-T. (2001), « L'égalité entre les sexes, un enjeu européen », *Quatre pages*, n° 46, Centre d'études de l'emploi.

MÉDA D., VENNAT F. (dir.) (2005), *Le travail non qualifié*, La Découverte « Recherches », Paris.

SUPIOT A. (1994), *Critique du droit du travail*, PUF, Paris.

Tableau 1 **Les politiques pour l'emploi des femmes oscillent entre quatre pôles**

Les quatre pôles	Familialisme	Individualisme
Universalisme	**1er temps** universalisme au masculin protection de la mère et de l'enfant : actions en faveur des femmes isolées	**3e temps** 1993 Loi quinquennale Suppression des dispositifs femmes « Neutralité dans la mise en œuvre des politiques » : baisse de la part des femmes dans les dispositifs pour publics en difficulté **4e temps** • Les mesures générales non sexuées l'emportent : — baisse de cotisations sociales sur les bas salaires : les deux tiers des femmes < 1,5 Smic (2002) — rendre le travail rémunérateur : Prime pour l'emploi (PPE) créée en 2001 — généralisation de l'accompagnement individualisé (PARE-PAP)
Actions positives	**2e temps** 1983 Loi Roudy sur l'égalité professionnelle (1982 résolution européenne pour l'égalité des chances) 1985 Centres d'Information sur les Droits des femmes (CIDF) 1985 Bureaux d'accompagnement individualisé vers l'emploi 1988 Majorations de rémunération actions de formation 1989 Fonds de garantie pour la création d'entreprise à l'initiative des femmes (Fongecif)	**4e temps suite** • **Obligation de résultat concernant l'emploi des femmes :** **Stratégie européenne pour l'emploi (1998) :** *gender mainstreaming* (transversalité du genre), et *benchmarking* : vigilance à la part des femmes dans l'application de dispositifs non sexués ; d'où remontée de la part des femmes dans les dispositifs • Obligation de négocier sur l'égalité professionnelle (loi Genisson 2001) • Charte de l'égalité (2004)

L'article insiste sur les lignes de force principales de chaque époque ; mais à tout moment, des mesures relevant des différentes logiques cohabitent. Les mesures en faveur des femmes isolées d'inspiration familialiste de la première période se transforment dans la seconde en actions positives ; aujourd'hui, des mesures très générales, comme la baisse des charges, cohabitent avec des actions positives comme la Charte de l'égalité.

Tableau 2 **La part des femmes dans les aides à l'emploi (en %)**

	1989	1992	1998	2002
Aides à l'emploi marchand	32	39	50	45
Dont :				
Baisse des coûts salariaux				
— abattement temps partiel	/	75	67	66
— contrat initiative emploi (CRE, puis CIE)	44	47	39	43
Formation en alternance	41	44	34	37
— dont apprentissage	37	39	28	31
Aides à la création d'entreprise	26	27	29	33
Insertion par l'économique	/	/	/	45
Aides à l'emploi non marchand (TUC, contrat emploi solidarité [CES], contrat emploi consolidé [CEC], emplois-jeunes)	67	65	62	62
Stages de formation et d'insertion	56	48	47	52
Ensemble des aides à l'emploi	49	51*	50	52
Pour mémoire :				
part des femmes parmi les chômeurs	*57*	*55*	*53*	*49,5*

*** La création de « l'abattement temps partiel » fait remonter le chiffre d'ensemble.**

VI

Débats contemporains

40

Du féminisme des années 1970 aux débats contemporains

Florence Rochefort et Michelle Zancarini-Fournel

Lire les débats contemporains — sur la parité, la mixité, la prostitution, le foulard islamique à l'école, la libération sexuelle ou les violences faites aux femmes —, à l'aune de l'histoire de la seconde vague du féminisme des années 1970, permet de confronter réflexions et combats, avancées et reculs, mutations et ruptures autour des questions centrales du privé et du politique, des pouvoirs et du corps des femmes. Les féministes des années 1970 ont largement contribué à mettre au jour ces nouveaux questionnements. En quels termes ont-ils émergé ? Comment les féminismes se positionnent-ils trente ans plus tard dans les nouveaux équilibres entre privé et public ? À travers l'évolution des féminismes français — le mouvement des femmes des années 1970, le féminisme institutionnel des années 1980 et l'ébauche d'une troisième vague des années 1990 — on tentera de cerner leur rapport au privé et au politique.

« Le privé est politique »

« Le privé est politique » : le slogan des années 1970, né d'une réflexion sur l'invisibilité du travail domestique des femmes, résume la volonté de porter un autre regard sur des questions alors laissées dans le secret des familles et les silences de l'intimité. Avec de nouveaux outils d'analyse, inspirés de la critique du marxisme et de la psychanalyse, c'est en termes de domination, d'aliénation et de libération que sont abordées les relations hommes-femmes, y compris dans le domaine du couple et de la sexualité.

Issues souvent des groupes d'extrême gauche, les féministes des « années 68 » se méfient des pouvoirs, du pouvoir mâle, du pouvoir politique, mais aussi du pouvoir des leaders dans les groupements spontanés qui composent la nébuleuse militante. Avec une même radicalité, elles refusent le pouvoir social et masculin sur leur corps. Si la « révolution sexuelle » a été à l'origine de la contestation étudiante de 1968, les féministes du Mouvement de libération des femmes (MLF) qui s'imposent sur la scène publique, à partir de 1970, par une série d'actions provocatrices, affirment avec force le droit des femmes à disposer de leur corps et à s'approprier leur sexualité. Alors que se généralise la mixité scolaire, elles revendiquent de discuter entre elles, entre femmes, dans un mouvement non mixte.

La mutation des sexualités est d'abord passée par la contestation des tabous. Un des premiers tabous brisés par les féministes est celui des règles : déjà dans le vocabulaire. Les expressions comme « devenir jeune fille » ou « être indisposée » sont remplacées par une affirmation plus franche et déculpabilisante : *Le Torchon brûle*, périodique féministe des années 1970, s'affiche même comme un journal « menstruel ». Au même moment, les usages sociaux du corps féminin se transforment. L'utilisation des tampons hygiéniques (et leur publicité à la télévision) représente notamment un véritable bouleversement, car elle annihile de fait la question de la virginité et de sa preuve. Le monokini et la vogue des seins nus gagnent les plages. Les féministes à la fois anticipent et débordent ces nouvelles habitudes. Par leur théorisation et leur politisation de la libération des femmes, elles dévoilent les non-dits de la « femme-objet libérée », celle qui s'affiche sur les couvertures de magazine. Déjà dans les années 1970, se révèlent ainsi à la fois des adéquations et des décalages entre des évolutions sociales d'émancipation féminine et une politisation radicale de cette émancipation par les féministes.

Le combat pour la liberté d'aimer, y compris celui pour la liberté de l'orientation sexuelle, a aussi marqué la génération féministe. En 1971, s'est développé un mouvement pour revendiquer le droit à l'homosexualité pour les deux sexes. Alors que, « acte contre nature », l'homosexualité est considéré encore par l'OMS en 1968 comme une maladie mentale, sa légitimité est proclamée publiquement par le Front homosexuel d'action révolutionnaire, association mixte au départ. Des militantes lesbiennes se sont aussi organisées en groupes spécifiques au sein du MLF, certaines prônant même le séparatisme.

Revendiquer la disposition de son corps a signifié également pour les féministes pouvoir décider ne pas être mère ou choisir le moment de l'être. Avancer la revendication la plus radicale — le droit à l'avortement libre et gratuit — devrait permettre à terme d'obtenir aussi un véritable accès à la contraception réclamé depuis le début des années 1960. Ces luttes ont ainsi contribué à déclencher un débat national et à peser sur la législation (lois Veil de 1974 sur la contraception qui élargit les dispositions de loi Neuwirth et de 1975 sur l'IVG) [Zancarini-Fournel, 2003].

S'attaquer aux violences faites aux femmes, en particulier par la dénonciation du viol et la défense des femmes battues, s'inscrit dans la même démarche de défense de l'autonomie et de l'intégrité de son corps. En mai 1972 ont été organisées, dans la salle de la Mutualité à Paris, les premières journées de dénonciation des crimes contre les femmes, dont le viol. Mais ce n'est qu'à partir de 1975 que les féministes, dans un premier temps unies, se sont battues pour la criminalisation effective du viol. Le viol apparaissait comme un cas limite, une violence extrême à l'égard des femmes. Pour la première fois a été avancée la notion de « viol conjugal ». La dénonciation des violences quotidiennes, exercées dans le cadre de la famille, rendue publique à partir de 1975 brisait le silence en donnant la parole aux victimes, et faisait émerger du secret des comportements relevant du privé. Sur le modèle des initiatives britanniques, un refuge pour femmes battues a été ouvert en France tandis que le livre de la créatrice du premier refuge londonien, Erin Pizzey, *Crie moins fort les voisins vont t'entendre*, était diffusé par les Éditions des Femmes [Picq, 1993].

À la faveur de la dénonciation des violences contre les femmes, la liberté de déplacement dans la ville était revendiquée à toute heure du jour et de la nuit. La prostitution apparaissait alors, dans ce contexte, comme le cas le plus caractéristique de l'appropriation du corps des femmes par les hommes. Les féministes se voulaient néanmoins solidaires du mouvement des prostituées lyonnaises qui, en 1975, revendiquaient le droit d'exercer leur « travail ». Le débat sur la prostitution comme oppression ou comme travail ordinaire est apparu alors.

Cependant, la « révolution sexuelle » prit des formes qui dégradaient fortement l'image des femmes. La publicité sexiste fut combattue par les féministes tout comme les images avilissantes des femmes qui accompagnaient la sortie de films qui firent scandale comme *Histoire d'O* (1975) et avant lui *Emmanuelle*, *Portier de nuit* ou *Le Dernier Tango à Paris* (1972).

Cette politisation du privé s'est alors accompagnée, pour la majorité des féministes des années 1970, d'une réelle désaffection du champ politique et électoral traditionnel. Si l'inscription des droits des femmes dans la loi passait pour une étape essentielle, c'était la politique elle-même qu'il fallait changer par les marges et la subversion, et non par l'entrée des femmes en politique qui faisait craindre une récupération fatale de l'élan créateur du féminisme [Gubin *et al.*, 2004].

Nouvelles approches politiques

L'élection de François Mitterrand à la présidence de la République en mai 1981 a changé la donne. Une grande partie des militantes s'est ralliée à l'expérience de féminisme d'État et a collaboré avec le ministère des Droits de la femme, dirigé par Yvette Roudy. De la théorie du privé politique, il fallait passer désormais à l'élaboration de politiques publiques égalitaires. La lutte contre le sexisme et les violences faites aux femmes, contre les discriminations au travail, l'aide au développement de recherches féministes ont marqué ces années d'un féminisme institutionnel actif mais vite privé de moyens financiers suffisants et de réels soutiens politiques [Thébaud, 2001]. Dans un contexte de reflux militant, le mouvement des femmes a laissé place à un tissu associatif, dépendant des subventions de l'État mais encore peu préoccupé par la sphère parlementaire. Le refus du Conseil constitutionnel d'avaliser la tentative du gouvernement socialiste d'instaurer des quotas de femmes sur les listes n'a ainsi pas provoqué de mobilisations spécifiques.

C'est l'émergence, dans les années 1990, de la revendication de parité entre hommes et femmes dans les assemblées élues, qui a ouvert une nouvelle phase du féminisme politique en France [Gaspard *et al.*, 1992]. Cette revendication, lancée par les élues européennes, a en effet vite reçu une adhésion spontanée de l'opinion publique. La parité devait, selon la plupart de ses promotrices, remettre en cause la stricte séparation entre privé et public au sein du monde politique qui aboutissait à la marginalisation des femmes. Depuis les combats des années 1970 pour la contraception et le droit à l'avortement, une telle synergie entre mobilisations militantes, attente de l'opinion et soutiens politiques ne s'était pas reproduite.

Autour de la sphère parlementaire s'est aussi manifestée une nouvelle forme de mobilisation antisexiste dans les années 1990. La lutte contre les préjugés misogynes et les images dégradantes avait été un point fort dans les années 1970. Les chroniques du sexisme ordinaire dans *Les Temps modernes*, lancées par Simone de Beauvoir, et nombre de publications, avaient dénoncé ces mécanismes de discrimination. L'originalité des Chiennes de garde en 1999 a été de prendre concrètement la défense des femmes politiques injuriées en demandant des excuses publiques. Le groupe *La Meute* a étendu ensuite son action, *via* Internet notamment, à la publicité sexiste, inaugurant des actions de *lobbying* auprès des annonceurs — actions souvent efficaces, en tout cas à court terme.

L'intérêt des médias pour ces opérations antisexistes comme pour l'apparition de groupes mixtes de jeunes étudiant/e/s (*MixCité*, notamment s'étant mobilisé contre les mannequins vivants dans les vitrines des grands magasins) a rompu le long silence qui entourait la question féministe. Cette focale médiatique sur la parité et les actions spectaculaires a accentué l'impression d'un féminisme délaissant le terrain du social.

Le bilan est à nuancer. Que ce soit pour la défense des droits des femmes, pour la lutte contre les violences faites aux femmes, pour l'aide aux victimes, pour l'information en matière de droits, de contraception, de soutien aux immigrées, l'action féministe a, en fait, perduré, même si elle a subi le vieillissement de ses leaders et une certaine désaffection générale pour le bénévolat, tout en devant faire face à un fréquent dénigrement.

La politisation des sexualités a par ailleurs été largement relayée et rénovée par les mouvements gays et lesbiens et les questionnements autour du genre, du transgenre et des théories *queer* — théories qui avancent la fluidité des identités chez un/e même individu/e — qui ont influencé fortement les féminismes dans leur remise en cause des normes hétérosexuées, notamment à travers leurs composantes lesbiennes [Bard, 2004].

Les nouvelles polémiques

La nouvelle génération de jeunes filles des banlieues qui, contre toute attente, a pris la parole, a ainsi renoué avec un autre de mode de dénonciation politique des violences privées. Le groupe Ni putes ni soumises a recueilli dans un livre blanc plusieurs témoignages dramatiques sur les violences et pressions sexuelles dont sont victimes les filles des cités aux prises avec un machisme plus violent et un regain de puritanisme islamique. « Ni putes ni soumises ! » : leur dénomination en forme de slogan dénonce l'alternative dans laquelle elles refusent de se laisser enfermer. La critique de leurs aînées en féminisme — qu'elles jugent absentes des cités et préoccupées essentiellement par la parité — a provoqué l'autocritique de certaines. Ainsi, ces trois intellectuelles qui ont déclaré dans *Le Monde* : « On a rien vu venir. On s'est quelque peu endormies sur nos lauriers, nous les femmes qui par la méritocratie scolaire et le mouvement des années 1970 avons conquis pas mal de droits, de la liberté sexuelle à l'autonomie par le travail [...]. On pensait que le vent de l'histoire soufflait dans un sens favorable, on se disait que les nouvelles générations porteraient plus loin le flambeau [...] que l'amélioration de la situation des femmes s'étendrait naturellement aux autres couches de la société. On s'est trompées » [Benhamou, Dagnaud, Mossuz-Lavau, 2003].

L'émergence de Ni putes ni soumises met en effet en lumière les frontières sociales de la « révolution sexuelle », désormais évidentes et étroitement liées au contexte de violences urbaines et de politisation islamique. En opposition au port du foulard islamique à l'école, leur action s'inscrit dans cette vive polémique, qui a resurgi avec force dans le contexte de durcissement international des conflits avec les islamistes après l'attentat du 11 septembre 2001. Divisées sur cette question, les féministes ne se retrouvent pas unanimement dans les slogans de celles et ceux qui renouent avec une laïcité de combat, mais penchent néanmoins plus volontiers pour l'élaboration d'une loi d'interdiction des signes religieux à l'école. Tandis que certain(e)s, comme Christine Delphy, la refusent, dénoncent l'exclusion de l'école des jeunes musulmanes et tentent de replacer la polémique dans la problématique de l'immigration et de l'intégration. Le débat s'est complexifié avec l'émergence de paroles identitaires politisées de la part de jeunes filles se revendiquant d'un féminisme islamique et défendant « leur droit à disposer de leur corps » et « leur droit au voile » et, plus encore, par la manipulation agressive et antisémite de groupuscules islamistes sur cette question.

Ni putes ni soumises, aussi minoritaires soient-elles, reprennent, quelques caractéristiques essentielles des féminismes des années 1970 dans leur façon de parler au nom des femmes victimes, de dévoiler ainsi l'ampleur des inégalités de genre à partir du vécu et des traumatismes sexuels des filles et dans leur volonté de créer un élan collectif féminin. Ces traits provoquent une sympathie spontanée de bien des acteurs sociaux et médiatiques mais attirent aussi quelques critiques acerbes. La dénonciation crue de la « misère » sexuelle a provoqué la réaction d'un groupe, Ni proxo ni macho, qui leur reproche notamment de stigmatiser une fois de plus les cités et l'islam. Plus paradoxales, des critiques provenant de milieux féministes, réfutent le bien-fondé d'une démarche de femmes au nom des avancées de la pensée critique en termes de genre. Toute prétention à une solidarité de femmes aiguillerait, selon eux, le féminisme vers les écueils de l'essentialisme [Guénif Souilamas, 2003].

Les effets contradictoires d'un sexe « libéré » font désormais débat, à l'orée du XXIe siècle, parmi l'opinion publique et au sein des milieux féministes eux-mêmes. La « révolution sexuelle » aurait consacré le droit au plaisir, l'affirmation des minorités sexuelles et l'égalité sexuelle des hommes et des femmes dans le cadre de la maîtrise de la fécondité par l'accès à la contraception. La sexualité joue désormais, selon les sociologues, un rôle capital pour la constitution puis l'entretien de la relation conjugale. Les changements les plus profonds viennent des attitudes des femmes, qui, dans un cadre général de l'accès à l'autonomie et des acquis du féminisme, construisent leurs propres trajectoires sexuelles et affectives.

Les discussions autour de la prostitution, de la pornographie, de la violence sexuelle n'ont cependant plus la même portée. Le sexe est devenu, contrairement aux années 1970, un langage sinon banal, du moins usuel, notamment dans l'univers publicitaire qui sature l'espace public de sa mise en scène des pulsions. Une sexologie vulgarisée est entrée dans le quotidien des programmes télévisuels et un marché du sexe s'invite sur l'écran de chaque utilisateur d'Internet. Si les problèmes sexuels ne sont plus tabous, les représentations et les approches de la sexualité empruntent de plus en plus à l'exhibitionnisme et aux archétypes sexistes de la pornographie. Jamais l'intimité des individus n'a autant été l'objet des logiques de consommation, contribuant à brouiller les frontières du privé et du public.

Y a-t-il lieu de parler encore de « libération » ? L'exposition du privé renvoie-t-elle à cette politisation réclamée par les féministes des années 1970 ? Face aux pesants silences puritains des années 1960, une parole, y compris féminine, s'est en effet libérée et continue d'explorer les interdits sexuels mais le plus souvent sous des formes très stéréotypées et dont l'effet subversif ou simplement réflexif reste très discutable. Pour quelques intellectuelles comme Marcela Iacub, on ne peut point parler de libération sexuelle tant les femmes sont encore flouées dans leur rapport à la sexualité et piégées par les représentations de la maternité, confortées, selon elle, par les féministes paritaires. Un même type de logique conduit à réclamer, au nom de la revendication de libre disposition de son corps, une appropriation de la pornographie par les femmes et une reconnaissance légale des « travailleuses du sexe » ; la prostitution libre devenant un paradigme de liberté individuelle, dans un contexte où l'opinion voit de plus en plus l'amour vénal comme un mal nécessaire. L'association Femmes publiques se fait le porte-parole des prostituées et de leurs droits, y associant de façon paradoxale les *desiderata* des filles voilées. La plupart des féministes restent en revanche, attachées à la tradition abolitionniste en ce qui concerne la prostitution et dénoncent avec véhémence l'esclavage sexuel des milliers de jeunes filles « importées » des pays les plus pauvres et l'intrusion toujours plus quotidienne de la pornographie.

Quelles que soient les polémiques, il s'avère que les difficultés rencontrées par les femmes perdurent, dans le rapport conflictuel à leur corps et à l'image d'elles-mêmes, et, plus grave encore, dans les agressions subies. Les analyses sociologiques tentent de cerner et de quantifier la violence — certains travaux incluent désormais la violence sexuelle subie par des hommes — et de s'interroger sur les hommes violents. L'enquête nationale sur les violences faites aux femmes commanditée par le Service des droits des femmes a permis de cerner l'ampleur et la diversité d'un phénomène de société, encore peu pris en compte [Jaspard *et al.*, 2003 ; *Cahiers du genre*, 2003]. Élisabeth Badinter en a vivement contesté la méthodologie qu'elle considère comme pernicieuse, enfermant les femmes dans leur condition de victimes et stigmatisant de façon trop caricaturale la sexualité masculine [Badinter, 2003]. Au-delà de cette querelle à l'argumentation peu rigoureuse — et qui souvent confond la démarche d'enquête avec son utilisation médiatique — s'ébauche un grave débat sur les modes de régulation et d'arbitrage des rapports hommes/femmes. Le recours à des lois répressives sur le harcèlement sexuel et le sexisme ne fait pas l'unanimité. Dans un contexte de fragilisation des frontières de l'intime, il met à l'épreuve les logiques de politisation du privé dans leur forme instituante, tandis que les actions préventives et l'application des droits déjà acquis, en matière de contraception, d'éducation sexuelle, d'accès à l'IVG ne sont, par ailleurs, toujours pas satisfaisantes. Les mutations entre privé et public rendent ainsi les désaccords plus aigus sur les moyens d'agir. Il revient cependant toujours aux féministes la tâche de rendre visibles les « nouvelles frontières de l'inégalité » [Maruani, 1998], de répertorier les modes d'oppression, de scruter les représentations sexistes, de dénoncer les souffrances subies et de proposer les concepts et outils d'analyse adéquats, en lien avec la recherche.

Bibliographie

BADINTER É. (2003), *Fausse route*, Odile Jacob, Paris.

BARD C. (2004), « Le lesbianisme comme construction politique », *in* GUBIN E. *et al.* (dir.), *Le siècle des féminismes*, L'Atelier, Paris, p. 111-126.

BENHAMOU F., DAGNAUD M., MOSSUZ LAVAU J., « Femmes : la fracture sociale », *Le Monde*, 16 janvier 2003.

Cahiers du genre (2003), « La violence, les mots, le corps », n° 35.

Collectif (1999), *Le piège de la parité. Arguments pour un débat*, Hachette Pluriel, Paris.

GASPARD F., SERVAN-SCHREIBER C., LE GALL A. (1992), *Au pouvoir citoyennes ! Liberté, Égalité, Parité*, Seuil, Paris.

GUBIN E., JACQUES C., ROCHEFORT F., STUDER B., THÉBAUD F., ZANCARINI-FOURNEL M. (dir.) (2004), *Le siècle des féminismes* L'Atelier, Paris.

GUÉNIF SOUILAMAS N. (2003), « Ni pute, ni soumise ou très pute, très voilée ? », *in* COSMOPOLITIQUES (dir.), *Ce sexe qui nous dépasse*, Éd. de l'Aube, Paris, p. 53-65.

JASPARD M. *et al.* (2003), *Les violences envers les femmes en France*, La Documentation française, Paris.

MARUANI M. (dir.) (1998), *Les nouvelles frontières de l'inégalité*, La Découverte, Paris.

PICQ F. (1993), *Libération des femmes. Les années Mouvement*, Seuil, Paris.

Thébaud F. (2001), « Promouvoir les droits des femmes : ambitions, difficultés et résultats », *in* Berstein S., Milza P., Bianco J.-L. (dir.), *François Mitterrand, Les années du changement, 1981-1984*, Perrin, Paris.

Zancarini-Fournel M. (2003), « Histoire(s) du MLAC (1973-1975) », *Clio, Histoire Femmes et Sociétés*, n° 18, p. 241-252.

41

Les gender studies *américaines*

Laura Lee Downs

Les *gender studies* américaines sont nées d'une rencontre pluridisciplinaire autour d'un projet à la fois politique et intellectuel qui s'inspire du féminisme dit « de la deuxième vague ». Après les événements de 1968, toute une génération de chercheuses féministes en sciences humaines prennent conscience de l'oppression spécifique des femmes, véhiculée par une idéologie de genre qui masque l'aspect politique de la domination masculine en la renvoyant au domaine des faits « naturels ». Beaucoup de ces chercheuses sont alors poussées dans cette réflexion par leurs propres expériences du sexisme dans les mouvements gauchistes de l'époque, d'où leur engouement pour l'histoire des femmes, pour la sociologie des divisions de sexe, pour l'analyse ethnographique du découpage du monde social et symbolique en deux moitiés — masculine et féminine — prétendument complémentaires. Toutes ces recherches visaient le même but : démontrer que la masculinité et la féminité sont socialement construites, ce qui implique que les rapports sociaux de sexe soient modifiables : il n'y a rien de naturel, ni d'inévitable là-dedans.

« We are one, we are women »

Tout au long des années 1960 et 1970, le lien entre le mouvement féministe et les recherches sur les femmes orienta les *women's studies*. Les questions que se posait le mouvement féministe de l'époque guidaient alors fortement les recherches féministes : l'égalité des sexes dans l'éducation, l'abolition de toute discrimination au travail, le droit de contrôler son propre corps, de ne plus subir des violences sexuelles... D'où le nombre considérable d'études effectuées à l'époque sur l'éducation des filles, le travail et les salaires féminins... Dès lors, de nombreux domaines de la recherche orientèrent leurs travaux dans une perspective de genre.

Les recherches sur les femmes portèrent alors sur des questions politiques (différences de race, de classe, d'orientation sexuelle, de religion ou d'ethnie), ce qui constitua très tôt une menace pour l'identité féministe unitaire et univoque prônée par des militantes qui trouvaient la force politique des femmes dans l'idée : « *We are one, we are woman* » [Échols, 1989, p. 208]. Cette identité unitaire fut remise en cause par des femmes de couleur, des lesbiennes et des femmes pauvres, pour lesquelles la domination masculine n'était pas forcément la forme de domination la plus forte ou la plus cruelle qu'elles subissaient.

Si la force des différences de classe, de race, d'ethnie ou de religion semble une évidence au début du XXIe siècle, il ne faut pas oublier combien fut puissant, et en fin de compte, aveuglant, le désir des féministes blanches de définir toute femme uniquement par son identité féminine et féministe, de faire primer la partie « femme » de l'identité sur tout autre aspect de son être social.

Dans les années 1980 cependant, l'arrivée dans les universités américaines de chercheuses de couleur substitua progressivement au modèle de la bourgeoise blanche un modèle plus complexe reconnaissant la force des différences entre femmes dans la constitution des identités féminines et féministes.

Patriarcat capitaliste ou sphères séparées ? À la recherche d'une explication universelle de l'oppression féminine

Pendant les années 1970 et 1980, deux grilles d'analyse encadraient les recherches féministes en Europe de l'Ouest et en Amérique du Nord : celle du féminisme-marxiste, qui mettait l'accent sur les interactions entre le capitalisme et le patriarcat, compris comme deux formes distinctes de domination ; et celle des sphères séparées, qui mettait l'accent sur les cultures autonomes créées par des femmes. Chaque approche était liée à une tendance politique et féministe de l'époque, la première étant issue du marxisme, la deuxième du mouvement féministe dit « radical », qui prônait une séparation des sexes au nom de l'épanouissement des femmes dans un espace féminin et protégé, construit sur les rapports d'égalité entre femmes et non pas sur les rapports de forces qui constituent la domination masculine.

Or, si pendant les années 1970, c'est le féminisme-marxiste qui domina le paysage féministe en Europe, les chercheuses américaines choisirent à partir des années 1975-1980 de suivre majoritairement la deuxième piste, celle de la culture féminine et des sphères séparées.

Le concept des sphères séparées a été élaboré par des anthropologues féministes qui cherchaient à démontrer que toute société humaine est fondée sur la base sexuée d'une division de l'espace entre une sphère publique réservée aux hommes et une sphère domestique qui est toujours représentée comme féminine. En faisant de la différence entre public et privé une distinction universelle qui divise toute société humaine en moitiés complémentaires et inégales, les anthropologues féministes pensaient la division sexuée du public et privé comme un principe universel et structurant de toute société humaine. C'est l'interaction constante des deux sphères qui constitue la vie sociale, économique et politique d'une société donnée, et qui permet ainsi de comprendre les fonctions et significations des divisions de sexe comme structures fondamentales qui organisent toute une société.

En soulignant le fait que l'identification des femmes avec le domaine privé et domestique est culturellement construite — c'est-à-dire qu'elle est le fruit d'une série d'oppositions binaires (nature/culture ; privé/public ; femme/homme) qui sous-tendent toute organisation sociale —, les anthropologues féministes ont montré plus largement que la division sexuelle du travail et de l'espace social est un artefact de la culture humaine.

Quitter le ghetto des recherches sur les femmes

La réflexion collective autour de la notion des sphères séparées a amené les chercheuses féministes à une étude plus globale des distinctions sociales des sexes : les *gender studies*. Plutôt que de se consacrer seulement aux femmes, les études du genre s'attachent au processus de définition du masculin et du féminin dans une société particulière, afin de comprendre comment les représentations du genre ont participé à la création des réalités économiques et sociales. Bien que les *gender studies* aient été critiquées par certaines chercheuses qui entendaient garder une approche plus globale du système d'oppression des femmes, l'écrasante majorité de chercheuses américaines se sont emparées de ce nouvel outil analytique qui leur a permis de quitter le ghetto des études sur les femmes, pour effectuer des analyses plus globales de l'impact des représentations de genre sur la vie économique, politique et sociale. Une des conséquences importantes de cette nouvelle perspective de genre a été la création, dans de nombreuses universités, de programmes *men's studies*, une sous-discipline qui connut un essor important pendant les années 1990.

Le genre a subi de profondes transformations dans sa conception même, avec la diffusion de la pensée poststructuraliste basée sur l'analyse des discours, des représentations et de la construction des catégories sociales. Cette pensée poststructuraliste fut diffusée par plusieurs chercheuses, notamment par l'historienne Joan Scott et par la philosophe Judith Butler.

En 1986, Joan Scott a publié un article très influent, « Gender : a useful category of historical analysis », qui présente le poststructuralisme comme un nouvel outil capable de transformer l'analyse sociale en analyse « genrée » de tout phénomène politique, social ou culturel. À la place d'un concept de genre qui se cantonnait dans l'analyse sociale (rapports sociaux entre les sexes, division sexuelle du travail), le poststructuralisme met l'accent sur la construction discursive des catégories sociales, y compris les identités sexuées et la catégorie de « femmes » au pluriel. En outre, l'accent est mis sur la question du pouvoir, car « le genre est une façon première de signifier des rapports de pouvoir ».

Dans le sillage de Michel Foucault, Joan Scott définit le genre comme « le savoir sur la différence sexuelle ». Selon elle, l'emploi de cette notion présuppose que « les rapports entre les sexes constituent un des piliers de l'organisation sociale » (et non seulement de la formation des classes sociales), et « que la culture conditionne pour une large part l'identité masculine et féminine ». Ainsi, « les différences entre les sexes sont à la fois le fruit et la source des structures hiérarchiques de la société » [Scott, 1988, p. 42, 25]. La tâche la plus importante des *gender studies* ne consiste donc plus à découvrir ou reconstruire les expériences féminines mais à retracer le processus de la production du discours et de la diffusion des idées sur les hommes et les femmes. Elle prône une histoire « politique » (au sens de relations de pouvoir) du genre, mettant l'accent sur les luttes et les conflits engendrés par l'établissement des définitions du concept. Puisque la différence sexuelle constitue l'une des formes d'expression les plus courantes des rapports de pouvoir, l'analyse sociale et historique de genre révélerait alors un aspect fondamental de l'organisation de la société et de la politique. L'objet de la recherche est donc forcément constitué par les discours qui organisent les expériences, et non plus par les expériences elles-mêmes. Dès lors, l'attention s'est portée sur les « caractères discursifs de l'expérience », et la tâche de l'historien ou du sociologue est de comprendre les étapes de ce processus discursif dans lequel les identités sont inscrites [Scott, 1991].

Sexe, genre et *queer*

Au moment même où Joan Scott a prôné cette redéfinition du genre radicalement constructiviste, Judith Butler s'emparait de ce même principe — à savoir que c'est dans le discours que le sujet se construit — pour élaborer son propre concept de genre comme « performance » (représentation). On ne pas naît pas homme ou femme, *queer* ou *straight*, on le devient en *jouant* son sexe. Or on ne joue pas librement dans cette représentation car sexe et genre sont des effets des structures discursives préexistantes. La représentation est donc « scriptée », elle pré-existe à l'individu. Néanmoins, il existe un espace de liberté dans cette performance des scénarios car, par l'acte de représentation lui-même, l'individu s'approprie librement les signes qui jusque-là le définissaient passivement ou le discriminaient.

Pour Judith Butler, « le genre comme le sexe sont fictifs en ce sens qu'ils sont construits à travers des pratiques, discursives et non discursives. Si le sexe, aussi bien que le genre, est une construction, il s'ensuit que le corps n'a pas par essence un sexe donné au préalable, mais que les corps sont rendus intelligibles par le biais du genre. Les corps acquièrent un genre à travers la représentation (*performance*) continuelle du genre » [Jami, 2003, p. 141-2].

Le constructivisme radical de cette pensée poststructuraliste a mis fin à la distinction stable entre sexe et genre qui jusque-là sous-tendait toute conceptualisation de genre déployée dans les sciences humaines. Or, comme Butler et ses collègues qui pratiquent la *queer theory* le montrent, cette distinction est moins stable qu'on ne l'imaginait, car toute expérience, y compris les expériences « biologiques », passe par la culture ; l'expérience n'est jamais accessible immédiatement. Ainsi, si les chercheuses féministes sont parties en 1972 d'une distinction hiérarchique, où le « genre » socio-culturel fut élaboré sur une base immuable de « faits » biologiques, les féministes des années 1990 ont abouti à la proposition inverse avec l'affirmation que le sexe est une donnée également construite. Ce n'est pas alors le sexe qui fonde la construction sociale du genre, mais le genre qui crée le sexe, et qui donne un sens particulier à nos expériences corporelles et biologiques indicibles.

Judith Butler est considérée, après Michel Foucault, comme l'une des fondatrices des théories *queer* qui ont émergé à la fin des années 1980. Sa pensée (qui nous amène du « système sexe-genre » à l'émancipation du genre à l'égard du sexe) et ses réflexions sur les rapports entre genre et sexe mettent en cause la norme hétérosexuelle, clef d'un système de domination masculine. Dans le contexte d'une politique *queer* qui cherche à libérer les sexes et les sexualités d'une normativité hétérosexuelle opprimante, la pensée de Judith Butler ouvre un espace à l'expression et à la reconnaissance des homosexualités, aux *gay and lesbian studies*, puis aux *queer studies* tout en montrant la continuité entre la libération des femmes et celle des sexes et des sexualités opprimés par l'hétéro-normativité. En anglais américain le mot *queer* ne signifie pas « gay et lesbienne » mais regroupe divers combats contre l'ordre social des sexes et des sexualités — homo, hétéro, travesties, transsexuels, etc. Une sexualité *queer* est changeante, multiple, et elle s'oppose à la distinction binaire « hétéro-homo ». Évidemment, la *queer theory* est très influencée par l'œuvre de Michel Foucault, notamment du premier tome de son *Histoire de la sexualité.*

Des *women's studies* au *gender studies*, en passant par les *queer studies*, les recherches féministes en sciences humaines sont mobiles et multiples ; elles s'étoffent à travers des rencontres pluridisciplinaires. Dans un premier temps, ces échanges se sont faits au sein des sciences humaines, mais, à partir des années 1985-1990, ces dernières se sont tournées vers les études philosophiques et littéraires, au sein d'une réflexion plus large sur les bases épistémologiques de la recherche dans les sciences humaines.

Issues d'une série de rencontres pluridiciplinaires, les *gender studies* reflètent toujours leurs origines plurielles dans des clivages qui ont débuté au début des années 1990 mais qui ont donné lieu, *in fine*, à des pratiques de recherches éclectiques. Mais, malgré cet éclectisme, les tensions traversent toujours les *gender studies*. Pour ne citer qu'un seul exemple, il faut revenir sur les débats autour des différences entre femmes. Ainsi, la politique identitaire du féminisme de la deuxième vague était sous-tendue par une vision des différences enracinées dans les expériences diverses de telle ou telle catégorie de femmes : mes expériences en tant que femme blanche issue des classes moyennes américaines ont produit un « moi » qui a peu en commun avec le « moi » produit par les expériences d'une femme qui vient de la bourgeoisie postcoloniale en Inde. Or le constructivisme radical qui sous-tend la recherche poststructuraliste en *gender studies* (y compris les *queer studies*) est fondé sur un concept de différence qui n'a rien à voir avec la vision identitaire de la différence prônée par les féministes des années 1960, 1970 et 1980. Si la vision identitaire présume une continuité entre les expériences des individus et les identités collectives, la vision poststructuraliste de la différence, en revanche, est le produit d'un processus de déconstruction de la catégorie femme/femmes, fondé sur l'idée que toute identité est une simple construction instable, imposée par l'univers discursif qui nous entoure. Dans cette vision, la différence des sexes n'a plus de réalité matérielle ; elle est un jeu entre plusieurs identités possibles.

Le concept de différence qui se trouve au cœur de la pensée poststructuraliste remet en cause alors la stabilité et la cohérence des identités individuelles. Cela est incompatible avec une politique identitaire fondée sur l'idée que les expériences constituent les individus et les collectivités. Néanmoins, les chercheurs en *gender studies* ont tendance à mélanger ces deux registres quand il s'agit de discussions sur la différence, qui demeurent au cœur de la pratique pédagogique et de la recherche en *women's and gender studies* aux États-Unis. Il se peut que la confusion des deux registres provienne du fait que les chercheuses féministes avaient déjà pris l'habitude de déstabiliser les définitions reçues de masculin et féminin à travers la notion de la construction sociale. Mais le constructivisme poststructuraliste est plus radical ; il célèbre la « mort du sujet » comme une libération de l'individu des structures sexuées du monde social. Pour les chercheuses militantes qui prônent une politique plutôt identitaire, fondée sur les expériences concrètes des individus, c'est une réponse peu satisfaisante devant l'inégalité sociale, politique et économique des sexes.

Ainsi, même si les chercheuses ont laissé derrières elles les conflits sanglants des *theory wars* des années 1988-1994 au nom des approches plurielles et éclectiques, les tensions politiques perdurent entre les démarches des poststructuralistes et celles des antipoststructuralistes. Il ne peut pas en aller autrement car les deux notions de différence, et les deux visions de la subjectivité individuelle et des stratégies politiques qui en découlent, sont radicalement opposées. Au sein d'un programme de *gender studies*, alors, leur cohabitation reste fragile.

Bibliographie

Barrett M. (1999), *Imagination in Theory. Essays on Writing and Culture*, Polity Press, Cambridge.

Butler J. (1990), *Gender Trouble : Feminism and the Subversion of Identity*, Routledge, New York (trad. fr. La Découverte, Paris, 2005).

Butler J. (1997), *Bodies that Matter : On the Discursive Limits of Sex*, Routledge, New York.

Échols A. (1989), *Daring to be Bad : Radical Feminism in America, 1967-1975*, University of Minnesota Press, Minneapolis, Minnesota.

Foucault M. (1976), *Histoire de la sexualité*, Gallimard, Paris.

Hewitt N. (1985), « Beyond the Search for Sisterhood : American Women's History in the 1980s », *Social History*, 10 : 3, p. 299-321.

Jami I. (2003), « Sexe et genre : Les débats des féministes dans les pays anglo-saxons (1970-1990) », *Cahiers du genre*, p. 127-147.

Kelly J. (1984), « Did Women have a Renaissance ? », *in* Stimpson C. (ed.), *Women, History and Theory. The Essays of Joan Kelly*, Chicago, p. 19-50.

Lorde A. (1981), « The Master's Tools Will Never Dismantle the Master's House », *in* Moraga C., Anzaldua G. (ed.), *This Bridge*

Called My Back : Writings by Radical Women of Color, Kitchen Table, New York.

Rosaldo M., Lamphere L. (ed.) (1974), *Women, Culture and Society*, Stanford, California, University of California Press.

Reiter R. (ed.) (1975), *Toward an Anthropology of Women*, Monthly Review Press, New York.

Riley D. (1988), *Am I that Name ? Feminism and the Category of Women in History*, University of Minnesota Press, Minnesota, Minneapolis.

Scott J. W. (1988), *Gender and the Politics of History*, Columbia University Press, New York.

— (1991), « The Evidence of Experience », *Critical Inquiry 17/4*, Summer, p. 773-797.

Steedman C. (1992), « La théorie qui n'en est pas une, or, why Clio doesn't care », *History and Theory*, p. 33-50.

42

Le débat français sur la prostitution

Lilian Mathieu

La prostitution est depuis peu redevenue objet de débat en France. Le développement de réseaux internationaux de traite des femmes, les plaintes de riverains exaspérés par l'activité des prostitué(e)s qui racolent sous leurs fenêtres, les exigences de la lutte contre le sida, les polémiques entre féministes exigeant l'abolition de la « prostitution-esclavage » ou la reconnaissance de la « prostitution-métier », les politiques opposées adoptées en la matière par la Hollande et la Suède, mais aussi la répression du racolage inaugurée à l'été 2002 par le ministre de l'Intérieur Nicolas Sarkozy ont remis la prostitution au centre des attentions médiatiques, politiques et intellectuelles. Ce chapitre tentera de rendre compte de ces débats en indiquant ce qu'ils doivent tant à l'encadrement juridique de la prostitution qu'aux différences de conception de la sexualité vénale et aux transformations internes au monde prostitutionnel.

Le dispositif abolitionniste

La France a, en 1960, ratifié la Convention de l'ONU pour la répression de la traite des êtres humains et pour l'abolition de l'exploitation de la prostitution d'autrui. Ce faisant, elle s'est rangée au nombre des États dits abolitionnistes, c'est-à-dire ayant aboli toute réglementation de la prostitution. Depuis 1960, en effet, la prostitution ne peut plus s'exercer dans des établissements spécialisés (c'était déjà le cas depuis la loi « Marthe Richard » de 1946 interdisant les maisons closes), et les femmes et hommes prostitués ne sont plus tenus de se faire inscrire sur des registres sanitaires, ni de se soumettre à des contrôles gynécologiques réguliers.

Mais si la prostitution est officiellement depuis cette date une activité privée, affaire de responsabilité individuelle et de choix privé sur laquelle l'État n'a en principe pas à intervenir, d'importantes restrictions doivent être signalées. La première concerne le domaine judiciaire : la prostitution est certes en tant que telle absente du Code pénal, mais est interdit le fait « par tout moyen, y compris par sa tenue vestimentaire ou son attitude », de procéder publiquement au racolage d'autrui « en vue de l'inciter à des relations sexuelles en échange d'une rémunération ou d'une promesse de rémunération ». Sont également poursuivies l'exploitation et l'organisation de la prostitution d'autrui, c'est-à-dire que le proxénétisme, dont la forme aggravée (en bande organisée ou avec torture et actes de barbarie) est passible de la cour d'assises. La répression du racolage et du proxénétisme est menée dans les grandes villes par des brigades spécialisées (que les prostituées continuent à appeler « les mœurs »), dont l'action est suppléée en matière de lutte contre le proxénétisme international par l'Office central pour la répression de la traite des êtres humains (OCRTEH).

La seconde restriction porte sur la conception que l'État se fait de la prostitution. Si celle-ci n'est pas interdite, elle n'en est pas moins considérée, conformément au préambule de la convention de l'ONU, comme « incompatible avec la dignité et la valeur de la personne humaine » et comme mettant en danger « le bien-être de l'individu, de la famille et de la communauté ». En conséquence, tout doit être mis en œuvre pour prévenir l'entrée de femmes et d'hommes dans la prostitution et pour favoriser la réinsertion de celles et ceux qui se prostituent. À cette fin, l'État subventionne des organismes de travail social spécialisés, dont la mission est de fournir assistance aux personnes en danger de prostitution, d'exercer une action médico-sociale en faveur de celles qui se livrent à la prostitution, et d'apporter un concours à la réadaptation sociale et professionnelle de celles qui souhaitent cesser cette activité. Certains de ces services sont publics, comme les services de prévention et de réadaptation sociale (SPRS), mais sont dans leur majorité des associations privées financées par l'État (comme l'Amicale du Nid, qui gère plusieurs services d'accueil, foyers et ateliers de réinsertion).

Les travailleurs sociaux sont pris dans la contradiction, constitutive de l'abolitionnisme, entre condamnation morale de la prostitution et liberté de s'y adonner. Ils s'en échappent en s'appuyant sur une conception des prostitué(e)s comme inadapté(e)s sociales ou victimes de traumatismes infantiles, et à ce titre dépourvu(e)s d'autonomie de pensée et d'action : la liberté de se prostituer reconnue en principe est dans les faits annulée par la disqualification psychologique de quiconque prétendrait l'exercer.

Le retour de la question sanitaire

Ce dispositif abolitionniste, en particulier son volet « social », est entré en crise à la fin des années 1980, lorsque l'apparition du sida a brutalement posé la question de la contribution des femmes et hommes prostitués à la propagation de cette nouvelle maladie mortelle sexuellement transmissible, et suscité un débat quant à l'opportunité d'un retour à leur contrôle sanitaire obligatoire [Mathieu, 2000a]. Si c'est une politique préventive plutôt que coercitive qui a finalement été adoptée, celle-ci n'a pu s'appuyer sur les organismes de travail social, dont l'action et la légitimité s'étaient précisément construites contre une appréhension sanitaire de la prostitution.

La nécessité de mieux connaître, avant de mettre en place de nouveaux dispositifs spécialement consacrés à la prévention du sida, les conditions de vulnérabilité des prostitué(e)s devant l'épidémie a incité les pouvoirs publics à impulser plusieurs recherches. Conduits par des sociologues et des épidémiologistes [Coppel *et al.*, 1989 ; Ingold, 1993 ; Welzer-Lang *et al.*, 1994 ; Serre *et al.*, 1996 ; Pryen, 1999 ; Mathieu, 2000b, 2002], ces différents travaux ont mis au jour les importantes transformations du milieu prostitutionnel au cours des années 1980. À la prostitution « classique » des femmes qui s'autodésignent comme « traditionnelles » est venue s'ajouter celle des travestis (dont les effectifs ont connu une forte et rapide croissance) ainsi que celle de jeunes femmes en situation très précaire, fréquemment toxicomanes, qui exercent une prostitution plus informelle et à ce titre généralement désignées comme « occasionnelles ». Alors que les « traditionnelles », assez bien intégrées socialement et bénéficiant de conditions d'existence relativement favorables, constituaient la « clientèle » privilégiée des travailleurs sociaux, travestis et « occasionnelles » étaient à la fin des années 1980 mal connus de ces derniers, et présentaient des besoins devant lesquels leurs approches psychothérapeutiques se trouvaient inadaptées. Ce sont ces femmes et hommes prostitués qui sont apparus comme les plus fragilisés devant le sida, à la fois du fait des risques de contamination inhérents à la consommation de drogue, mais également parce que leur précarité et leur état altéré de conscience les rendent plus vulnérables devant les demandes de passes non protégées que les clients sont nombreux à formuler.

En outre, pour ces personnes en situation très dégradée, et pour qui l'enjeu est avant tout de réunir le plus rapidement possible l'argent indispensable à l'achat du produit dont elles dépendent ou au paiement d'une chambre d'hôtel, la perspective à moyen ou long terme de la réinsertion est dépourvue de signification et ne suscite aucune adhésion.

C'est en priorité vers elles qu'est dirigée l'action des nouvelles associations de prévention (le Bus des femmes et l'association PASTT — Prévention, Action, Santé, Travail pour les Transgenres — à Paris, Cabiria à Lyon, Autres regards à Marseille...) mises en place à partir du début des années 1990. Équipées de camping-cars, elles vont directement à la rencontre des prostitué(e)s sur leur lieu d'exercice pour leur proposer préservatifs et matériels d'injection, mais aussi répondre à leurs demandes d'informations ou de conseils et, le cas échéant, les orienter vers des services médiaux ou sociaux. Ces associations, qui se réclament de la « santé communautaire », se signalent par la composition originale de leur personnel, puisque celui-ci comprend, outre des professionnel(le)s de santé, des (ex) prostitué(e)s que leur expérience du monde du trottoir est supposée doter de compétences irremplaçables pour conduire la prévention auprès de leurs pairs [Mathieu, 2000a, 2001].

Parce qu'elles reconnaissent ainsi une valeur à l'expérience de la prostitution et ne font pas de la réinsertion l'objectif ultime de leur action, les associations de santé communautaire ont été la cible de vigoureuses critiques de la part des organisations abolitionnistes — et notamment de la principale d'entre elles, le Mouvement du Nid — qui les ont accusées de viser à organiser et légitimer la prostitution. Et, de fait, les associations de santé communautaire se sont fait l'écho des revendications des prostitué(e)s qui exigent la reconnaissance officielle de leur activité comme un « métier ». Dans cette perspective, ce n'est plus la prostitution en tant que telle qui pose problème, mais davantage sa stigmatisation, qui s'exprime au quotidien par de multiples formes de discriminations responsables de l'exclusion sociale des prostitué(e)s. Mettre un terme à leurs difficultés et souffrances ne suppose plus, comme le veut l'abolitionnisme, qu'elles cessent leur activité, mais plutôt la pleine reconnaissance de cette dernière afin de leur donner accès aux mêmes droits sociaux que le reste de la population.

Cette idée qu'il est possible de mettre un terme à la condition malheureuse des femmes et hommes prostitués en normalisant leur activité et en rejetant la responsabilité de leurs difficultés sur une société empreinte de puritanisme n'est pas réservée aux associations de santé communautaire françaises. Elle a été précédée dans les années 1970 et 1980 par la mobilisation de mouvements revendicatifs, inspirés et soutenus par certains courants féministes, qui entendaient défendre des « droits » des « travailleuses du sexe » [Mathieu, 2001]. Elle a surtout connu une forme de concrétisation par l'adoption de la nouvelle législation hollandaise. Depuis 2000, en effet, la Hollande offre un cadre légal à des activités qui, telles la gestion d'établissements de prostitution, relevaient antérieurement du proxénétisme, et permet aux personnes qui en sont les employées d'accéder à la plupart des droits et protections garantis aux salariés. Les prostitué(e)s ne peuvent toutefois bénéficier de ces dispositions qu'à la condition d'exercer librement leur activité et d'être majeur(e)s ; en revanche, relève toujours du proxénétisme, et continue à être réprimé le fait de contraindre une personne à se prostituer (*a fortiori* si elle est mineure).

Nouvelle actualité de la traite et tentations répressives

Les abolitionnistes ne sont pas seuls à combattre les positions des associations de santé communautaire. Ils ont pu bénéficier à compter du début des années 1990 du soutien de courants féministes qui appréhendent pour leur part la prostitution comme une violence contre les femmes. Car la prostitution est un des points de clivage majeurs du féminisme, spécialement en France : si certaines auteures militent pour sa « décriminalisation » et sa reconnaissance [Pheterson, 2000], d'autres y voient une expression paradigmatique de la violence patriarcale, organisant la mise à disposition de certains êtres pour le pouvoir masculin sous le contrôle, la responsabilité et pour le bénéfice des États et des proxénètes [Louis, 2000]. Ainsi, fait exceptionnel, le *Dictionnaire critique du féminisme* contient-il deux articles différents sur la prostitution. Le premier, rédigé par l'abolitionniste Claudine Legardinier, affirme que « placées en situation d'objets et donc assujetties à la violence, les femmes [ici : prostituées] sont réifiées au service de la sexualité déresponsabilisée des hommes » [Legardinier, 2000, p. 162], alors que le second avance, sous la plume de Gail Pheterson, que « la prohibition de ces phénomènes [prostitution et proxénétisme] ne signifie pas pour les femmes un arrêt de la violence mais bien un accroissement du contrôle social et policier, du harcèlement physique et des privations économiques » [Pheterson, 2000, p. 169].

C'est avec le soutien des féministes les plus hostiles à la prostitution que s'est progressivement opérée la remobilisation abolitionniste — un terme qui tend aujourd'hui à davantage désigner l'abolition de la prostitution elle-même que celle de sa réglementation. Cette remobilisation n'est pas seulement défensive : elle innove en exigeant l'application d'une politique davantage répressive à l'égard des coupables de ce crime à l'encontre des femmes que serait la prostitution, et cela en s'inspirant de la nouvelle législation suédoise en la matière. C'est en effet en se fondant sur le principe que traiter une personne comme une marchandise, fût-ce avec son consentement, est un crime, que la Suède a adopté en 1999 une législation qui criminalise les clients des prostitué(e)s.

Offrir de l'argent en échange d'un rapport sexuel est désormais passible d'une peine allant jusqu'à six mois de prison, tout en s'accompagnant d'une réadaptation psychologique visant à faire renoncer les coupables à tout recours à la prostitution. La loi suédoise se base sur le double postulat que, dissuadés par les sanctions auxquelles ils s'exposent, les clients renonceront à fréquenter les prostituées et que celles-ci, privées de leurs clients, cesseront de proposer leurs services.

Pour les abolitionnistes et leurs alliées féministes, la distinction entre prostitutions « libre » et « forcée » est inacceptable : constituant par essence une forme d'esclavage, la prostitution ne saurait être l'objet d'une libre décision. Cette position a trouvé une forme d'illustration exemplaire, à la fin des années 1990, dans le développement spectaculaire (quoique difficilement quantifiable) d'une prostitution exercée par de très jeunes femmes, souvent originaires des pays de l'Est (et dans une moindre mesure d'Afrique) et manifestement sous la coupe de proxénètes mafieux. Leur irruption a immédiatement suscité un très vif émoi public, et le thème de la « traite » des femmes prostituées, oublié depuis plus d'un demi-siècle, a été remis au goût du jour par les médias. Le personnage de la naïve jeune fille abusée, séduite ou enlevée par un proxénète, puis vendue à un réseau international dont les membres, après l'avoir fait transiter clandestinement par plusieurs pays, la contraignent par la violence à se prostituer et à leur verser l'argent des passes, trouve à nouveau à s'incarner dans les dizaines de jeunes Albanaises, Moldaves ou Bulgares qui arpentent désormais les trottoirs des villes françaises.

La réaction de l'opinion devant l'arrivée des nouvelles prostituées ne s'est cependant pas limitée à la compassion à l'égard des victimes de la traite. D'autres attitudes, plus ambivalentes voire franchement hostiles, se sont également fait jour, qui sont directement liées aux effets concrets de la présence des nouvelles prostituées dans le paysage urbain. Les riverains des zones de racolage ont eu à subir les désagréments du développement de cette nouvelle prostitution de rue. Excédés par l'écho des conflits entre prostitué(e)s, par le ballet incessant des voitures des clients, par la découverte de préservatifs ou de seringues usagés devant leur porte, par l'exhibition des rapports sexuels entre prostitué(e)s et clients directement sous leurs fenêtres et, globalement, par l'atmosphère d'insécurité qui accompagne la prostitution, certains se sont constitués en associations pour exiger que les pouvoirs publics fassent disparaître la prostitution et ses nuisances de leur environnement quotidien.

C'est en s'appuyant sur la contribution de la prostitution au sentiment d'insécurité que Nicolas Sarkozy a légitimé le renforcement de la répression du racolage dans la loi sur la sécurité intérieure qu'il a présentée dès son arrivée au ministère de l'Intérieur. Ces dispositions répressives (anticipées au printemps et à l'été 2002 par les maires de plusieurs villes qui ont adopté des arrêtés municipaux d'interdiction de la prostitution) ont suscité de nombreuses et vives réactions, spécialement de la part des principales intéressées qui, appuyées par les associations de santé communautaire, ont organisé des manifestations et se sont regroupées dans une association, France-prostitution, pour faire entendre leur opposition. Pour autant, une condamnation unanime de la loi Sarkozy n'a pas permis d'unir l'ensemble du secteur associatif et des spécialistes de la prostitution dans un même front commun. Au contraire, le débat public qui s'est ensuivi a vu s'exacerber (par voie de tribunes de presse principalement) les clivages préexistants entre intellectuelles ou organisations féministes [Mathieu, 2003].

Les femmes et hommes prostitués ont fait les frais de cette désunion des opposant(e)s à la loi Sarkozy. Celle-ci accorde désormais à la police des moyens accrus de répression des prostitué(e)s, dont la seule présence visible dans l'espace public est devenue, par élargissement de la définition du racolage, un délit. Les conséquences, prévisibles, de ce tournant répressif ne se sont pas fait attendre, comme l'a montré une récente étude sociologique commanditée par la mairie de Paris [Handman et Mossuz-Lavau, 2004]. Loin de permettre de lutter plus efficacement contre les réseaux de proxénétisme, la nouvelle loi contraint les prostitué(e)s à racoler dans des endroits isolés, où elles sont davantage vulnérables devant les agressions, les viols et les tentatives de racket, tout en étant moins accessibles aux travailleurs sociaux. Cette clandestinité accrue a eu pour conséquence un renforcement de la précarisation de leurs conditions d'existence et une inquiétante fragilisation sanitaire : sachant les prostitué(e)s en position de faiblesse, les clients se sentent aujourd'hui beaucoup plus en mesure d'imposer des tarifs plus bas, et sont plus nombreux à exiger des passes sans préservatif. Plus que jamais, les femmes et hommes prostitués constituent aujourd'hui une des populations les plus gravement touchées par l'exclusion [Mathieu, 2002].

Bibliographie

COPPEL A. *et al.* (1990), *Recherche-action prostitution et santé publique*, Centre collaborateur OMS sur le sida — Institut de médecine et d'épidémiologie africaine et tropicale.

HANDMAN M.-E., MOSSUZ-LAVAU J. (dir.) (2004), *La prostitution à Paris*, rapport final à la Mairie de Paris.

INGOLD R. (1993), *Le travail sexuel, la consommation des drogues et le VIH : Investigation ethnographique de la prostitution à Paris, 1989-1993*, IREP, Paris.

LEGARDINIER C. (2000), « Prostitution I », *in* HIRATA H., LABORIE F., SENOTIER D., LE DOARE H. (dir.), *Dictionnaire critique du féminisme*, PUF, Paris, p. 161-166.

LOUIS M.-V. (2000), « Pour construire l'abolitionnisme du XXIe siècle », *Cahiers marxistes*, n° 216, p. 123-151.

MATHIEU L. (2000a), *Prostitution et sida. Sociologie d'une épidémie et de sa prévention*, L'Harmattan, Paris.

— (2000b), « L'espace de la prostitution », *Sociétés contemporaines*, n° 38, p. 99-116.

— (2001), *Mobilisations de prostituées*, Belin, Paris.

— (2002) « La prostitution, zone de vulnérabilité sociale », *Nouvelles questions féministes*, vol. 21, n° 2, p. 55-75.

— (2003), « Prostituées et féministes en 1975 et 2002 : l'impossible reconduction d'une alliance », *Travail, genre et sociétés*, n° 10, p. 31-48.

PHETERSON G. (2000), « Prostitution II », *in* HIRATA H., LABORIE F., SENOTIER D., LE DOARE H. (dir.), *Dictionnaire critique du féminisme*, PUF, Paris, p. 166-171.

— (2001), *Le prisme de la prostitution*, L'Harmattan, Paris.

PRYEN S. (1999), *Stigmate et métier. Une approche sociologique de la prostitution de rue*, Presses Universitaires de Rennes, Rennes.

SERRE A. *et al.* (1996), « Conditions de vie des personnes prostituées : conséquences sur la prévention de l'infection à VIH », *Revue d'épidémiologie et de santé publique*, 44, p. 407-416.

WELZER-LANG D., BARBOSA O., MATHIEU L. (1994), *Prostitution : les uns, les unes et les autres*, Métailié, Paris.

43

Travail, famille et genre : une relation à double sens

Philippe Alonzo, Tania Angeloff et Margaret Maruani

Comprendre la production des inégalités entre hommes et femmes dans le monde du travail, analyser la division sexuelle du marché du travail obligent, inévitablement, à sortir du cadre professionnel : regarder du côté de la famille pour comprendre le travail a été et reste une nécessité. Mais quel poids faut-il accorder à la division sexuelle du travail dans la famille pour « expliquer » celle qui se construit sur le marché du travail ? Tel est le débat qui court depuis plusieurs décennies, traversant les disciplines et les courants théoriques.

Des années durant, il a fallu se battre pour imposer la « famille », et plus largement, l'univers domestique aux sciences sociales : de la dénonciation féministe du travail domestique comme pilier de l'oppression des femmes [Delphy, 1977] à son comptage statistique [Chadeau, Fouquet, 1981], puis à l'intégration sociologique de l'articulation des sphères productives et reproductives [Collectif, 1984]. Le chemin fut long. Mais il semble bien que l'on assiste aujourd'hui à une remise en cause de cette approche : appréhender la place des femmes dans le monde du travail à partir des rapports sociaux de sexe au sein de la famille demeure un prisme indispensable, mais au bout du compte peut-être envahissant. N'est-il pas temps désormais de déplacer le regard : se recentrer sur le marché du travail pour voir comment il produit lui aussi de l'inégalité, comment il construit la différence et la hiérarchie des sexes ? En d'autres termes : regarder du côté du marché pour comprendre le statut des femmes dans la famille et la société.

Genèse d'une problématique

Que ce soit en économie, en histoire ou en sociologie, avec les études sur le travail domestique au tournant des années 1960, dans une perspective féministe et antiféministe ou encore aveugle aux inégalités sexuées, la recherche en sciences sociales a, presque malgré elle, imposé un cadre d'analyse, certes fécond mais univoque. Pour résumer, cette grille de lecture explique les inégalités rencontrées dans le travail comme le produit, la transcription économique, ou encore la reproduction des inégalités entre hommes et femmes au sein de la famille. Indéniablement, ce type d'analyse a permis de mettre au jour un certain nombre d'inégalités entre les hommes et les femmes au travail. Madeleine Guilbert [1966], s'intéressant aux travailleuses de l'industrie, montre dans les années 1960 que les qualités prétendument féminines des ouvrières, acquises dans la famille (minutie, souci du détail, capacité de faire plusieurs gestes synchronisés, concentration, etc.) sont utilisées par les employeurs à bon escient, mais sont socialement dévalorisées (en termes de salaires notamment). En revanche, les qualités prétendues masculines (comme la force physique et l'endurance) sont valorisées et reconnues socialement. Dans les deux décennies suivantes, de nombreuses enquêtes et recherches sociologiques ont traité de l'activité féminine à partir de « l'articulation des sphères productives et reproductives », en expliquant la première par la seconde. Ainsi, en sociologie, on a analysé et expliqué les différentes formes d'inégalités professionnelles à partir de la division sexuelle du travail dans la famille : c'est parce que les femmes se trouvent en situation dominée dans la famille, parce qu'elles cumulent travail domestique et professionnel qu'elles ont des salaires plus bas, des carrières plus étales, des statuts d'emploi plus précaires, des qualifications moins reconnues, etc.

Avec le recul, il apparaît qu'une telle démarche à sens unique — reproduction des inégalités de la famille vers le travail — limite l'analyse et court-circuite le raisonnement. Danièle Meulders et Robert Plasman [2003] font, à propos des thèses développées dans leur discipline, le même constat. Sans entrer dans le détail des théories, quand on interroge la différence des sexes en économie, on part d'un certain nombre de présupposés non démontrés et considérés comme universels : les femmes sont ou seront des mères et des épouses, *a priori* dépendantes financièrement d'un conjoint ou d'un parent de sexe masculin, peu productives — dans l'absolu ou comparé aux hommes, sous-entendu pour la raison qu'elles sont actives dans la famille et qu'elles sont des agents irrationnels : « Les pères fondateurs de l'économie ont généralement considéré les femmes comme des êtres particuliers, cantonnés aux tâches ménagères, à la production et à l'élevage des enfants, sans comportement rationnel » [Meulders, Plasman, 2003, p. 228]. Une telle perspective biaise d'entrée de jeu l'analyse. Pourquoi ce qui se passe sur le marché du travail ne serait-il pas à l'origine ou producteur à son tour d'inégalités dans la sphère domestique, et dans la société en général ?

Opérer un retournement théorique

La principale limite de l'analyse « classique » en sociologie est qu'elle ne rend pas compte de la réalité de l'emploi et du marché du travail. Le débat qui, certes, a su voir et dégager les liens reproductifs d'inégalités entre la sphère privée ou familiale et la sphère du travail, mais d'une manière univoque, présente en outre l'inconvénient d'évacuer les questions d'emploi. En effet, largement démontré, il s'est imposé comme un schéma dominant — et dès lors réducteur — dans un champ qui, en sciences sociales, a peiné à obtenir la légitimité institutionnelle qu'il connaît désormais. Les fondements d'une certaine sociologie constructiviste et dynamique, visant à montrer que tout fait social est à la fois produit par et producteur des normes et valeurs, ont été écartés. On a pensé le travail en partant de la famille, rarement la famille et la division des rôles en son sein, en fonction de la segmentation sur le marché du travail. D'une manière assez paradoxale, cela a conduit à naturaliser l'analyse, alors même qu'on s'attaquait à dénoncer cette naturalisation.

C'est, avec le recul du temps, la critique majeure que l'on pourrait adresser au *Sexe du travail* et à bien d'autres recherches menées dans les années 1980 : cette affirmation sans cesse répétée que la division du travail et les rapports sociaux de sexe dans la famille contribuent fortement à la reproduction des inégalités professionnelles. Mais la famille et, plus largement, l'univers domestique n'expliquent pas tout. Autrement dit, l'articulation entre travail et famille évacue malencontreusement l'emploi de l'analyse. Elle ne permet pas de rendre compte que, depuis quarante ans, les femmes ont pris une place décisive dans l'emploi salarié, que leurs comportements d'activité tendent à devenir similaires à ceux des hommes, et, que les maternités remettent de moins en moins en cause leurs parcours professionnels. Ces derniers sont d'autant plus féconds qu'ils s'appuient sur des scolarités de plus en plus longues. Certes, la famille freine les femmes, mais comment rendre compte du fait que les femmes investissent aujourd'hui des emplois auxquels elles n'avaient pas accès, sans voir ces derniers se dévaloriser ? Évacuer cette question en pointant le fait que les femmes qui réussissent le mieux professionnellement sont celles qui ne sont pas insérées dans une famille recouvre en partie la réalité, mais semble bien réducteur. Il y a eu, dans l'ordre du rapport à l'emploi, de vraies ruptures [Maruani, 2000] : la féminisation massive du salariat et la continuité des trajectoires professionnelles des femmes ont sonné le glas des thèses de « l'assignation prioritaire des femmes au travail domestique ».

Pour éviter cet écueil, chaussons d'autres lunettes. Partant de la thèse selon laquelle le marché du travail produit des inégalités, il s'agit désormais de se demander comment il renforce celles qui existent déjà dans le champ de la famille. L'intérêt d'un tel renversement de paradigme est de battre en brèche les arguments positivistes et fonctionnalistes, tel celui de la complémentarité des rôles [Laufer, Marry, Maruani, 2003], et d'invalider les prénotions de l'économie orthodoxe qui part des rôles des mères ou des femmes mariées pour comprendre le travail. D'un point de vue méthodologique, ce renversement problématique constitue une étape et non une fin en soi. Dans de nombreuses recherches, s'affirme désormais l'idée que le marché du travail, l'entreprise et l'organisation sont en eux-mêmes producteurs d'inégalités. Ils ne se contentent pas de reproduire une division du travail venue d'ailleurs. C'est dans l'univers professionnel que le travail se constitue comme différent selon qu'il est effectué par des hommes ou par des femmes. C'est l'organisation des carrières qui détermine les conditions de la mobilité professionnelle. C'est le marché du travail qui construit des ségrégations et des discriminations à l'embauche tout au long de la vie professionnelle. Bien entendu, les inégalités ne partent pas seulement du monde du travail pour se déployer dans la famille. Mais qu'observe-t-on si l'on renverse l'analyse en s'intéressant aux segmentations produites sur le marché du travail pour comprendre leurs effets dans la famille : dans les rapports sociaux des hommes et des femmes entre eux, avec les générations qui les précèdent (les parents, un jour dépendants) et celles qui les suivent (les enfants « à charge »), mais également, dans l'évolution que prend la famille (augmentation des divorces, précarité économique d'un des deux conjoints, prolongation de l'âge des études, entrée tardive dans la vie active pour des enfants qui quittent la cellule familiale et parentale à un âge de plus en plus avancé, etc.).

Deux exemples d'application : le temps de travail et le chômage des jeunes

Tentons à présent d'étayer la proposition faite à l'aide de deux exemples qui prendront en compte la dimension sexuée dans l'analyse et par lesquels on peut s'interroger sur l'exportation — ou le renforcement — des inégalités du marché du travail dans la famille et non l'inverse.

La durée du travail et l'organisation du temps de travail constituent des indicateurs particulièrement pertinents puisqu'ils ne concernent pas les hommes et les femmes de la même façon. Le travail à temps partiel est intéressant dans la mesure où, touchant principalement les femmes, il s'est développé ces vingt-cinq dernières années en France de manière concomitante à la montée de l'activité féminine à temps plein. Or il a été démontré qu'il constituait une invention politique dans un contexte d'aggravation du chômage et de la crise économique au tournant des années 1980. Plus subtilement, l'étude des débats parlementaires, au Sénat et à l'Assemblée nationale, lors de la première loi en décembre 1981 [Angeloff, 2000], fait ressortir l'argument de conciliation des rôles pour emporter la conviction non qu'une telle loi s'impose, mais qu'elle a de fortes chances de toucher les femmes, mères de famille, dont le conjoint travaille... à temps plein ! Autrement dit, une majorité de parlementaires fondent leurs espoirs sur la reproduction inégalitaire des rôles familiaux dans la sphère du travail alors même qu'ils sont en train de fabriquer cette inégalité. En permettant aux employeurs de recruter des femmes à temps partiel, ils inventent des candidates idéales qui n'ont rien à voir avec la réalité (la demande de travail de ces mêmes femmes). Cette fabrication se fait au nom d'une adéquation et d'une relation — naturalisée *ex post* — entre le travail et la famille. Cependant, les statistiques continuent de démentir cet argument : les femmes, mères de famille, avec ou sans conjoint continuent de travailler à temps plein durant la période où elles seraient supposées élever leurs enfants. En effet, c'est aux deux extrémités de la pyramide des âges que le temps partiel est le plus répandu chez les femmes, comme chez les hommes (voir les annexes). En outre, contrairement à l'argument communément avancé par une majorité d'employeurs et d'hommes et de femmes politiques, les femmes ne « choisissent » pas le temps partiel avant tout pour pouvoir être plus disponibles pour leurs enfants : selon la Dares, 49 % le choisissent pour travailler, autrement dit faute de choix ! Et 34 % « pour les enfants ». Encore faut-il rappeler que ces enquêtes statistiques, donc représentatives, ne font pas apparaître la part d'intériorisation des normes par les personnes interrogées.

Le chômage des jeunes fournit un second exemple criant démentant les liens de cause à effet statiques et univoques entre famille et travail. En France, en 2002, le taux de chômage des moins de 25 ans est de 20 % pour l'ensemble, de 18 % pour les jeunes hommes et de 23 % pour les jeunes femmes. C'est dans cette classe d'âge que l'écart entre le chômage masculin et féminin est le plus important alors même que l'effet « famille » ne joue aucun rôle. En effet, l'âge moyen de la première maternité est de 29 ans. Ici, il s'agit bel et bien du libre jeu de la sélectivité du marché du travail. Dans des générations où les jeunes femmes ont un niveau d'instruction supérieur à celui des jeunes hommes, rien d'autre ne saurait expliquer ce surchômage féminin.

Le travail et l'emploi : une libération inachevée ?

Développons maintenant la thèse qui précède et tentons d'en mesurer les effets sur le statut des femmes dans la famille. De quelle manière, la gestion sexuée du travail et de l'emploi — la division du travail professionnel et la représentation des rôles féminins dans l'entreprise — produit, et non pas seulement reproduit, la division du travail et des rôles dans la famille ? Comment la situation professionnelle fige-t-elle l'évolution de la sphère domestique et contribue-t-elle à renforcer les inégalités de statut entre hommes et femmes dans la famille voire à les produire ? [Gollac, Volkoff, 2002].

Partons d'un exemple : la façon dont les entreprises organisent le temps de travail de la main-d'œuvre ouvrière masculine et féminine. Qu'observe-t-on ? Les enquêtes montrent que les ouvrières ont tendanciellement des horaires plus stables et plus prévisibles que les ouvriers. Elles travaillent moins le week-end, la nuit et sont sous-représentées dans le travail posté qui inclut une période nocturne. Elles sont, par conséquent, moins concernées que les hommes par les rémunérations qui rétribuent ces types d'horaires et, bien que travaillant à temps complet, perçoivent des salaires moins élevés que leurs homologues masculins. Cet état de fait résulte-t-il d'un choix délibéré des femmes ? Probablement pour certaines. En revanche, il témoigne assez bien de la gestion sexuée des emplois du temps que les employeurs mettent en place pour leurs besoins propres. L'organisation du travail dans les entreprises anticipe la division traditionnelle du travail domestique et tend à la renforcer. L'« avantage » des ouvrières en matière d'horaires de travail ne finit-il pas par se retourner contre elles ? La stabilité dont elles bénéficient dans l'entreprise les contraint à continuer de prendre en charge les tâches domestiques, tandis que les hommes peuvent s'appuyer sur le caractère irrégulier de leurs horaires de travail pour minorer leur participation à ces mêmes tâches.

Un dernier cas, pris cette fois, dans le tertiaire administratif, montre que la gestion inégale des carrières masculines et féminines — absence de promotion et/ou de formation, non-reconnaissance de la valeur sociale du travail des femmes — conduit les employées à adopter des attitudes de retrait vis-à-vis d'un mode d'organisation du travail qui les désavantage et qui les empêche d'évoluer dans le poste et dans l'entreprise. Ces retraits, consécutifs aux différentes formes de minoration de la place et du statut des femmes dans les entreprises, conduisent les salariées à développer un rapport négatif au travail professionnel alors même que leur rapport à l'emploi reste positif. Cette contradiction, maintes fois observée, révèle la limite de l'effet libérateur du salariat.

Si l'accès à ce dernier constitue bien, pour les femmes, un changement de statut social et un moyen de s'autonomiser de la sphère familiale : la « conquête » d'un emploi stable et/ou d'un travail à temps complet permet souvent aux femmes de renégocier les prérogatives de chacun des deux membres du couple, cette séparation entre la sphère du travail et la sphère familiale demeure imparfaite, inachevée.

Les formes d'organisation du travail et de l'emploi stipulent d'emblée que les femmes ont un statut de rechange dans la famille. Ce faisant, elles ne contribuent pas, contrairement aux hommes, à mener cette rupture à son terme et ne permettent pas de poser la question de la redéfinition des statuts, des rôles et des fonctions de chacun dans le couple. Les hommes continuent d'organiser leurs parcours professionnels indépendamment des effets produits sur la sphère familiale et sur la trajectoire professionnelle de leur conjointe : des enquêtes montrent que les carrières professionnelles masculines ne font pas systématiquement l'objet de négociations explicites au sein du couple [Testenoire, 2001]. À l'inverse, les espaces-temps féminins sont interpénétrés et la capacité d'individualisation des femmes croît avec leur qualification.

En l'absence de réelles possibilités d'évolution professionnelle, les formes de retrait sont multiples. Ainsi, les femmes peuvent décider de reporter leurs investissements sur la sphère familiale (par exemple le choix d'une nouvelle maternité ou un plus grand investissement dans l'éducation des enfants, ou encore le choix de favoriser le projet professionnel de leur conjoint). Cela risque de précipiter leur départ partiel et/ou définitif des entreprises (par exemple lorsque le conjoint accepte une mutation pour favoriser sa promotion). Le retrait peut également prendre la forme d'un moindre investissement dans leur travail. Cela fait ainsi naître des attitudes instrumentales vis-à-vis de l'emploi duquel on n'attend plus qu'un salaire.

Dans tous les cas, cette relativisation a pour origine l'entreprise et non la famille et, surtout, elle a presque toujours pour effet de renforcer les inégalités à l'intérieur de la famille, et cela à plusieurs niveaux. Elle conforte le non-partage des tâches domestiques et d'éducation des enfants qui reviennent presque exclusivement aux femmes. On peut ainsi observer une régression dans la redistribution des tâches, où les femmes se retrouvent défavorisées. Elle accrédite le modèle du *male breadwinner* — « monsieur Gagne-pain » en français — et donne à l'homme le rôle de principal pourvoyeur des ressources financières de la famille — c'est la thèse du travail et du salaire d'appoint féminin qui resurgit. Elle légitime, enfin, le primat de l'homme dans les prises de décision, grandes ou petites, et dans le « gouvernement du foyer ».

Ainsi, lors d'une enquête sur le temps partiel, [Maruani, Nicole, 1989], une femme raconte : « Depuis que je suis à mi-temps, mon mari n'arrête pas de me dire "ça ne te gêne pas de manger, toi qui ne travailles pas... Tu ne gagnes rien, mais tu bouffes". » La violence symbolique contenue dans ce propos indique évidemment qu'il s'agit d'un cas extrême, mais elle nous met sur la voie d'une série de questions plus fondamentales : que sait-on des conséquences, sur les rapports sociaux dans la famille, des inégalités de salaire entre hommes et femmes ? Que connaît-on des effets de la précarisation de l'emploi féminin sur la domination masculine dans l'ordre domestique ? Peut-on évaluer les répercussions du chômage sur les situations familiales ? Peut-on toujours expliquer le travail par la famille ?

Sans doute faut-il aujourd'hui reconsidérer les problématiques pour « passer de l'autre côté du miroir ».

Bibliographie

ALONZO P. (2000), *Femmes et salariat. L'inégalité dans l'indifférence*, L'Harmattan, coll. « Logiques sociales », Paris.

ANGELOFF T. (2000), *Le temps partiel : un marché de dupes ?* Syros, Paris.

CATTANÉO N. (1996), *Le travail à temps partiel : un rêve ou un cauchemar ? Du volontariat à la contrainte ou les variations de la disponibilité permanente professionnelle selon les logiques du temps partiel*, thèse de doctorat, université de Paris-VII.

CHABAUD-RYCHTER D., FOUGEYROLLAS-SCHWEBEL D., SONTHONNAX F. (1985), *Espace et temps du travail domestique*, Librairie des Méridiens, Paris.

CHADEAU A., FOUQUET A. (1981) « Peut-on mesurer le travail domestique ? », *Économie et Statistique* n° 136, p. 29-42.

COLLECTIF (1984), *Le sexe du travail*, PUG, Grenoble.

BUÉ J., COUTROT T., PUECH I. (coord.) (2004), *Les conditions de travail en enquêtes : 20 ans d'enseignements*, Octares, Toulouse.

DELPHY C. (1998), « Travail ménager ou travail domestique », *in* DELPHY C., *L'ennemi principal*, tome 1, Syllepse, Paris, p. 57-73 (première édition de l'article : 1977).

GOLLAC M., VOLKOFF S. (2002), « La mise au travail des stéréotypes de genre. Conditions de travail des ouvrières », *Travail, genre et sociétés*, n° 8, p. 25-53.

GUILBERT M. (1966), *Les fonctions des femmes dans l'industrie*, Mouton, La Haye.

INSEE, laboratoire des Sciences sociales de l'ENS et Dares (1997), « Enquête Travail et mode de vie ».

KERGOAT D. (1984), *Les femmes et le travail à temps partiel*, document Travail et Emploi, ministère du Travail, de l'Emploi et de la Formation professionnelle, Paris.

LAUFER J., MARRY C., MARUANI M. (dir.) (2003), *Le travail du genre. Les sciences sociales à l'épreuve des différences de sexe*, La Découverte, Paris.

MARUANI M. (2003), *Travail et emploi des femmes*, La Découverte, coll. « Repères », Paris (première édition : 2000).

MARUANI M., NICOLE C. (1989), *Au labeur des dames. Métiers masculins, emplois féminins*. Syros-Alternatives, Paris.

MEULDERS D., PLASMAN R. (2003), « Approches féministes de l'économie », *in* LAUFER J., MARRY C., MARUANI M. (dir.) (2003), *op. cit.*, p. 227-237.

TESTENOIRE A. (2001), « Les carrières féminines : contingence ou projet ? », *Travail, genre et sociétés*, n° 5, p. 117-133.

44

La mixité : de l'école à la sphère publique et au monde du travail

Marlaine Cacouault-Bitaud

La mixité, soit la présence de filles et de garçons, d'hommes et de femmes dans les écoles et dans les lieux publics, est un enjeu dans l'histoire des sociétés. Composées d'êtres humains dotés d'organes reproducteurs différents, toutes les sociétés « manipulent les faits biologiques » [Héritier, 1996] non seulement pour prendre acte de l'existence de deux sexes qui collaborent dans la reproduction, mais pour constituer les deux sexes comme des groupes sociaux dont les aptitudes, les capacités, les rôles diffèrent systématiquement et par nature. Il n'y a qu'un pas à franchir pour justifier des modes d'éducation distincts dans des espaces séparés, préludes à des activités « complémentaires ». Les femmes, dans cette acception dichotomique, seraient inférieures aux hommes et plus naturelles, d'où l'habitude de les appeler au XVIIe siècle, « le sexe » ou « les personnes du sexe ». L'idée d'une tentation dangereuse pour les hommes et la virilité s'attache à l'expression, sous couvert de courtoisie et d'admiration (« le beau sexe » !).

Or l'adjectif « mixte », issu du latin *mixtus* et du verbe *miscere*, mélanger, signifie « qui est formé de deux éléments de nature différente ». Si on ose les réunir, souhaite-t-on vraiment qu'ils deviennent égaux ? La question se pose aux détracteurs de la mixité scolaire comme à ses partisans. En effet, s'agit-il de rendre accessibles aux filles des savoirs auxquels les garçons sont initiés, dont elles feraient, en tant que femmes, un usage privé (éducation des enfants, collaboration avec le mari, entretien des relations) ? S'agit-il de neutraliser les différences de genre pour que chacun des deux sexes fasse des choix indépendants des caractères biologiques, d'une part, des hiérarchies, d'autre part, qui structurent la relation entre le « féminin » et le « masculin » ?

Le terme de « coéducation » est utilisé en France au début du XXe siècle et dans l'entre-deux-guerres avant celui de mixité, pour désigner la présence de filles et de garçons dans les mêmes classes [Thébault, Zancarini-Fournel, 2003]. L'exemple des États-Unis, où l'on n'hésite pas à réunir adolescents et adolescentes, explique l'emploi de ce terme

[Rogers, 2004]. C'est aussi un moyen de fixer des limites : éduquer dans un lieu scolaire unique n'implique pas la présence, voire l'interchangeabilité des hommes et des femmes dans tous les domaines. Pourtant, la mixité, si elle est effective, concerne toutes les sphères de l'existence où des personnes dissemblables par la couleur de la peau, le sexe, l'origine géographique ou sociale se trouvent « mêlées ». Ainsi parle-t-on de « mariages mixtes ». Ce mélange, qui inspire la peur et le désir, est susceptible d'altérer chacune des composantes — ici la féminité ou la masculinité de l'être sexué —, dévoilant par là même l'arbitraire de ces constructions.

En France où l'école est perçue comme un vecteur de changement social, l'introduction de la mixité à partir des années 1950 et sa généralisation à tous les établissements, ou presque, en 1975 (les ENS restent non mixtes jusqu'en 1986), n'ont pas provoqué de débats [Mosconi, 1989]. La mixité signifie alors, en Europe de l'Ouest, l'égalité d'instruction entre les citoyens et les citoyennes. Il va de soi que des effets (positifs) se feront sentir, au-delà des établissements scolaires.

En conséquence, c'est « après coup » que des historiennes et des historiens, des sociologues et des spécialistes des sciences de l'éducation, constituent la mixité comme objet de recherche et comme problème. Bien qu'elles soient très récentes (à l'exception du travail de Françoise Mayeur), j'évoquerai d'abord les recherches historiques. Une deuxième partie sera consacrée aux travaux menés dans une perspective critique sur les effets de la mixité dans l'institution scolaire. On se tournera ensuite vers le monde du travail dans le contexte des trente dernières années, où l'entrée de femmes dans les « métiers d'hommes » est encouragée par les pouvoirs publics.

Histoire de l'éducation, histoire des femmes

Pourquoi la présence de filles et de garçons dans une classe est-elle susceptible de modifier les relations entre les sexes et d'abolir la domination des hommes sur les femmes ? La coéducation s'oppose au « séparatisme » inspiré par la doctrine du péché originel [Mole, 2003]. Pour les institutrices et les instituteurs réunis en congrès à Lille en 1905, les enfants, instruits et éduqués ensemble, cessent de voir l'autre comme un objet de curiosité malsaine ou un être inférieur.

Ces instituteurs militants en appellent aux parents pour qu'ils n'encouragent pas chez leurs filles la dépendance à l'égard des frères. Mais tous ne sont pas d'accord sur les objectifs de cette action commune de l'école et de la famille. La peur d'un effacement de la différence, la petite différence subsistant sans ses grandes conséquences, est manifeste, même (surtout ?) chez les syndicalistes. En effet, l'un des corollaires de la non-mixité, c'est la séparation des corps enseignants qui garantit aux hommes de meilleures carrières et un profit symbolique.

À l'étranger, les expériences de coéducation sont un préalable, selon leurs promoteurs, à une prise en compte des deux sexes dans l'enseignement [Raymond, 2003]. La culture occidentale est trop masculine. Cette attitude paraît la plus radicale car elle suppose une refonte des programmes scolaires et conteste l'imposition de valeurs dominantes. Elle reste ambiguë, ou franchement conservatrice, s'il est question d'« adapter (un dispositif d'éducation) aux besoins des femmes ». L'argument a été utilisé par les fondateurs de l'enseignement secondaire des jeunes filles, sous la IIIe République.

Françoise Mayeur [1977] se situe dans le champ de l'histoire politique lorsqu'elle analyse les discours qui président à la création des lycées de filles en 1880. L'évolution porte sur la laïcisation de l'éducation, ce qui n'est pas sans importance, mais la spécificité féminine est toujours mise en valeur. Le refus de la mixité, s'il correspond aux idées traditionnelles (protection de la jeune fille destinée au mariage, enseignement adapté, corps professoral féminin), fait partie intégrante, pour l'auteure, d'un projet de formation intellectuelle qui, dans un proche avenir, permettra aux femmes d'obtenir les mêmes diplômes que les hommes et d'embrasser les carrières libérales. Toutefois, aucune hypothèse n'est avancée par rapport à cet avenir radieux. Les femmes et les hommes choisiront-ils les mêmes spécialités ? Assumeront-ils les mêmes responsabilités dans la sphère domestique ? Auquel cas, le sexe d'une personne et le genre de ses activités pourraient être complètement dissociés ; sinon, la division sexuelle du travail est maintenue, sous une forme retouchée, dirons-nous, et modernisée.

Dans les années 1960 et 1970, celles et ceux qui évaluent les progrès de l'humanité à l'aune des transformations des rapports entre les sexes pensent que la mixité du secondaire va accélérer le processus d'égalisation des chances entre garçons et filles. Cette pratique, instaurée tout d'abord en raison du manque de locaux, inspire d'autant plus confiance qu'elle accompagne l'ouverture du second degré à tous les enfants. Parallèlement, l'évolution des mœurs et des relations dans la famille va dans le sens d'une plus grande liberté pour les jeunes de se retrouver dans des groupes mixtes en dehors des établissements [Sohn, 2001].

Des lendemains qui déchantent ?

Une vingtaine d'années plus tard, les sociologues de l'éducation soulignent la persistance des inégalités entre les élèves selon le milieu d'origine et le sexe. L'école mixte est accusée de véhiculer des stéréotypes sur les aptitudes féminines et masculines [Duru-Bellat, 1990]. Elle contribue à fabriquer les inégalités de réussite et à orienter les filles vers les disciplines littéraires, les garçons dans les filières scientifiques. L'action de la famille renforce celle de l'école dans le sens de la conformité sociale. En dernière instance, les femmes font des choix rationnels basés sur la possibilité de mener de front vie professionnelle et vie familiale. Un autre point de vue consiste à mettre l'accent sur les avancées des filles dans le système scolaire et universitaire depuis une vingtaine d'années [Baudelot, Establet, 1992]. Pour exercer au mieux le « métier d'élève », elles bénéficient de l'éducation plus stricte qui leur est donnée par les parents, comparativement aux garçons. La mixité permet aux filles d'entrer dans la compétition scolaire et de se mesurer à l'autre sexe. Cette mixité est imparfaite, en particulier dans l'enseignement professionnel, mais les brèches ouvertes préfigurent des évolutions qui dépendent aussi de l'offre sur le marché du travail et des critères d'embauche. En effet, les diplômées subissent les pressions de la famille et des employeurs, ce qui explique la persistance d'une forte ségrégation sexuelle dans l'emploi. Baudelot et Establet restent confiants dans la valeur du diplôme puisque des femmes parviennent aux postes les plus élevés dans le secteur tertiaire.

D'autres sociologues ont recours aux enquêtes de terrain pour interroger la mixité scolaire. L'observation des jeux dans la cour de récréation montre que la séparation entre garçons et filles est plus spontanée que le mélange [Zaïdman, 1996]. Les jeux contribuent à imposer la domination des garçons sur les filles et sur des garçons qui n'adoptent pas des comportements masculins. D'autres démarches relèvent de la psychanalyse, de la psychologie ou de la sociologie, ces approches étant parfois articulées. Selon Nicole Mosconi [1989], la différence de sexe est gommée au sein de la classe, afin de neutraliser des phénomènes de division et de transgression (la question du désir est ici centrale), qui menacent l'autorité du professeur. Ce dernier, même s'il est une femme, se réfugie derrière le « masculin neutre » pour gérer la relation pédagogique. Ce genre est utilisé pour traiter des savoirs, des exercices et des difficultés scolaires. Mais la différence revient en force quand le professeur fait allusion aux réactions des élèves. Il y a des qualités attribuées aux filles, ou aux garçons. Les stéréotypes de sexe seraient même exacerbés dans un milieu mixte, d'où l'idée de rétablir la non-mixité. Encore faudrait-il s'assurer que la meilleure réussite des filles dans un contexte non mixte n'est pas due à un effet de la classe sociale et de la vigilance des parents [Baudoux, 1998]. Enfin, les difficultés rencontrées par les garçons ont attiré l'attention ces dernières années. Ils sont majoritaires dans les classes de relégation et parmi les jeunes sans diplôme.

L'entre-soi est-il la bonne solution ? Non, car la conformité aux stéréotypes masculins limite les chances de réussite des jeunes gens dans la société postindustrielle.

Qualifications, professions, emplois : la mixité impossible ?

Les historiennes et les historiens ont montré que le travail des femmes ne date pas d'aujourd'hui. Elles œuvrent aux côtés des hommes dans la famille comme unité de production, dans la petite entreprise artisanale ou dans la fabrique à partir du XVIIe siècle. Au Moyen Âge, il existe des corporations mixtes. Les femmes bénéficient-elles d'un statut équivalent à celui de leurs pairs ? Elles n'exercent pas, le plus souvent, la fonction de juré [Battagliola, 2004] ; le pouvoir de direction de la corporation appartient aux hommes. La non-mixité dans l'activité professionnelle se définit et se manifeste, là encore, par un processus de hiérarchisation (à qualification comparable) et par des différences d'interprétation à propos des compétences mises en jeu : les hommes ont un métier, les femmes utilisent des qualités naturelles ; la difficulté et la longueur des apprentissages sont passées sous silence. Certes, la force physique détermine la place des hommes dans l'emploi industriel, mais ils subissent moins systématiquement la dévalorisation. Des ouvrières se plaignent au début du siècle de recevoir un « salaire stupide », « sous prétexte que ce salaire est un salaire d'appoint » [Zylberberg-Hocquart, 1978]. Le préjugé favorable envers l'homme pourvoyeur de ressources, est ici clairement dénoncé. Il semble en résumé que la présence d'hommes et de femmes au travail suscite des réactions de défense contre l'indifférenciation et la confusion des sexes, contre une participation au pouvoir du sexe « faible » qui par essence n'y a pas droit, contre la remise en cause de la distribution et du classement des activités sur un mode binaire.

Pourtant, le caractère social de cette relation structurelle entre les genres est crûment dévoilé en temps de guerre : les femmes effectuent des travaux « d'homme », qu'il s'agisse de fabriquer des munitions ou de faire des terrassements. Mais la substitution n'est pas le mélange et le retour à la paix s'accompagne d'un retour à l'ordre des sexes. Le foyer, les tâches ménagères et les métiers féminins requièrent de nouveau les « démobilisées » [Thébaud, 1992]. Dans l'entre-deux-guerres, cependant, les femmes continuent de travailler même lorsqu'elles sont mariées. Ce phénomène s'amplifie à partir des années 1960 et connaît une progression régulière tout au long du XXe siècle. En 2002, 80 % des femmes en France ont une activité rémunérée, cette croissance est parallèle à celle de l'emploi salarié [Maruani, 2003]. Qu'est-ce qui s'oppose alors à la mixité des tâches, des spécialités et des emplois ?

Les tâches auraient plus que par le passé un caractère unisexe, la force physique étant de moins en moins nécessaire dans les lieux de production. La division sexuée des formations s'atténue avec l'entrée des femmes dans les filières technologiques et les écoles d'ingénieurs. L'égalité d'accès aux diplômes des filles et des garçons est acquise, les itinéraires professionnels féminins ne sont plus discontinus, ce qui autorise les promotions. Enfin, la législation s'oppose à toute discrimination fondée sur le sexe dans l'accès aux métiers. En conséquence, les inégalités d'ordre économique et social ainsi que le niveau de diplôme seraient les facteurs discriminants dans le groupe des hommes aussi bien que dans celui des femmes ; le fait d'être homme ou femme passerait au second plan dans le collectif professionnel « mixte ».

Cette hypothèse a été testée sur des professions supérieures dans lesquelles les individus, étant donné les atouts dont ils disposent, seraient moins dépendants de leur identité sexuée. La présence des femmes a augmenté dans les professions juridiques et la médecine, elles représentent au seuil du XXIe siècle la moitié des avocats, 30 % des médecins spécialistes [Lefeuvre *et al.*, 2003]. Toutefois, une analyse approfondie montre que les spécialités ont un genre, les femmes étant très minoritaires là où, par une chaîne d'associations, la qualification, le niveau de rémunération, les caractéristiques des patients ou des clients sont classés du côté du masculin. La cardiologie, par exemple, s'oppose à la pédiatrie. En outre, le fait que certaines fonctions soient assumées principalement par des hommes ou par des femmes (les policiers et les infirmières sont exemplaires à cet égard), contribue à les marquer au sceau du genre [Daune-Richard, 2003]. Les personnes minoritaires (hommes ou femmes) dans ces métiers, sont perçues comme des exceptions ou des anomalies. Elles sont tolérées, ou survalorisées car elles apporteraient en raison de leur sexe quelque chose que la majorité ne possède pas. De surcroît, une profession mixte peut conserver une image masculine pour des raisons idéologiques, malgré la féminisation ; c'est le cas de « l'instituteur » dans l'entre-deux-guerres. Le genre d'une profession est donc réversible, mais une perception plus objective de la participation féminine, va de pair, généralement, avec l'idée d'une dévalorisation de l'activité [Cacouault, 2001]. La mixité comme mélange sexué et néanmoins libéré de l'emprise de catégories hiérarchisées est-elle un horizon inaccessible ?

L'utilisation de la « différence » représente une stratégie de carrière pour des femmes cadres. Elles jouent sur les affinités symboliques entre les produits élaborés dans l'entreprise et la féminité [Huppert-Laufer, 1982]. Elles peuvent atteindre des postes élevés sans remettre en cause le partage des territoires. Quand les jeunes femmes revendiquent une égalité avec les hommes, fondée sur des titres prestigieux, le problème de l'exercice du pouvoir défini comme un attribut masculin resurgit. Cette égalité dans la mixité entraîne des transformations sur le plan de l'identité, de l'organisation du travail, de l'articulation entre la sphère professionnelle et la sphère privée. Les inégalités (ou les similitudes) entre les carrières des femmes et des hommes dépendent de relations qui se construisent dans les organisations et dans les familles [Fortino, 2002 ; Gadéa, Marry, 2000]. Les femmes sont aussi actrices de leur carrière, leurs comportements et leurs aspirations entrent en ligne de compte [Laufer, Fouquet, 2001]. Une mixité qui se traduit non par la simple coexistence des sexes, mais par une interchangeabilité des fonctions et des rôles, équivaut à une transgression.

En résumé, la mixité apparaît, à travers les études qui lui sont consacrées, comme un mélange instable aux effets contradictoires et porteurs de conflits. Néanmoins, cette « expérience propre à l'espace démocratique » [Fraisse, 2004] est, de l'avis général, la condition nécessaire du changement. La notion de parité a été mise en avant pour pallier les insuffisances de la mixité : en France, le pouvoir politique, à l'instar du pouvoir économique, ne se partage pas, les femmes représentent 10 % des sénateurs et 12 % des députés. Les élections récentes montrent une certaine avancée, mais aussi la tendance à cantonner les élues dans les responsabilités communales [Mossuz-Lavau, 2002]. Délicat à utiliser, le genre est difficile à neutraliser.

Bibliographie

BATTAGLIOLA F. (2004), *Histoire du travail des femmes*, La Découverte, Paris (première édition : 2000).

BAUDELOT C., ESTABLET R. (1992), *Allez les filles !* Seuil, Paris.

BAUDOUX C. (1998), « Les enjeux politiques de la mixité éducative », *in* MOSCONI C. (dir.), *Égalité des sexes en éducation et formation*, PUF, Paris, p. 147-157.

CACOUAULT M. (2001), « La féminisation d'une profession signifie-t-elle une baisse de prestige ? », *Travail, genre et sociétés*, n° 5, p. 93-115.

DAUNE-RICHARD A.-M. (2003), « La qualification dans la sociologie française : en quête des femmes », *in* LAUFER J., MARRY C., MARUANI M. (dir.), *Le travail du genre. Les sciences sociales du travail à l'épreuve des différences de sexe*, La Découverte, Paris, p. 138-150.

DURU-BELLAT M. (1990), *L'école des filles*, L'Harmattan, Paris.

FORTINO S. (2002), *La mixité au travail*, La Dispute, Paris.

FRAISSE G. (2004), « Que penser d'une évidence ? », *Travail, genre et sociétés*, n° 11, p. 195-197.

GADÉA C., MARRY C. (2000), « Les pères qui gagnent : descendance et réussite professionnelle chez les ingénieurs », *Travail, genre et sociétés*, n° 3, p. 109-135.

HÉRITIER F. (1996), *Masculin/Féminin. La pensée de la différence*, Odile Jacob, Paris.

HUPPERT-LAUFER J. (1982), *La féminité neutralisée ? Les femmes cadres dans l'entreprise*, Flammarion, Paris.

LAUFER J., FOUQUET A. (2001), « À l'épreuve de la féminisation », *in* BOUFFARTIGUE P. (dir.), *Cadres, la grande rupture*, La Découverte, Paris, p. 247-269.

LEFEUVRE N. *et al.* (2003), « La féminisation des professions libérales : l'exemple des professions médicales et juridiques, ministère de l'Emploi et de la Solidarité », *Étude* n° 75 — Programme d'études 2001.

MARUANI M. (2003), *Travail et emploi des femmes*, La Découverte, « Repères », Paris (première édition : 2000).

MAYEUR F. (1977), *L'enseignement secondaire des jeunes filles sous la IIIe République*, Presses Sciences Po, Paris.

MOLE F. (2003), « 1905 : la "coéducation des sexes en débat" », *Clio*, n° 18, p. 43-63.

MOSCONI N. (1989), *La mixité dans l'enseignement secondaire : un faux-semblant ?* PUF, Paris.

MOSSUZ-LAVAU (2002), « La parité en politique, histoire et premier bilan », *Travail, genre et sociétés*, n° 7, p. 41-57.

RAYMOND A. (2003), « La coéducation dans l'éducation nouvelle », *Clio*, n° 18, p. 65-76.

ROGERS R. (2004), « Impensable mixité », *Travail, genre et sociétés*, n° 11, p. 183-188.

SOHN A.-M. (2001), *Âge tendre et tête de bois. Histoire des jeunes des années 1960*, Hachette, Paris.

THÉBAUD F. (1992), « La Grande Guerre. Le triomphe de la division sexuelle », *in* DUBY G., PERROT M. (dir.), *Histoire des femmes en Occident, XXe siècle*, Plon, Paris, p. 31-74.

THÉBAUD F., ZANCARINI-FOURNEL M. (2003), dossier « Coéducation et Mixité », *Clio*, n° 18, p. 11-19.

ZAÏDMAN C. (1996), *La mixité à l'école primaire*, L'Harmattan, Paris.

ZYLBERBERG-HOCQUART M.-H. (1978), « Les ouvrières d'État dans les dernières années du XIXe siècle », *Le Mouvement social*, octobre-novembre, n° 105, p. 87-107.

45

Femmes, immigration, ségrégation

Nacira Guénif-Souilamas

Parler et plus encore écrire sur les femmes migrantes est une gageure à plus d'un titre, tant il est vrai que notre imaginaire s'accommode d'idées reçues et retient comme emblématique la dernière figure de l'« immigrée » rencontrée. Femme de ménage croisée sur le lieu de travail, mères en tenue traditionnelle parcourant les rues de leur quartier d'adoption, « nounous » se regroupant par affinité dans les squares des grandes villes, femmes sans-papiers auxquelles les médias donnent un visage, nouvelles précaires de la prostitution et de l'économie domestique, importées par des filières internationales d'économie esclavagiste, toutes conservent une part d'étrangeté pour la majorité sédentaire. L'idée que nous nous en faisons dépend de l'actualité et de ses urgences, elle aura aussi tendance à unifier ce qui ne l'est pas et à différencier là où rien ne l'exige.

Si, pendant de nombreuses décennies, les femmes migrantes furent invisibles, pas toujours ici (migration d'hommes seuls), pas encore arrivées (futures conjointes) ou bien présentes et se tenant à distance respectable du mari immigrant et de la société « d'accueil », elles n'en étaient pas moins engagées dans des histoires migratoires qui infléchirent durablement le cours de leur vie personnelle et familiale. Les immigrantes sont devenues visibles à l'ensemble de la société depuis qu'elles ont signé par leur présence massive l'entrée dans l'ère des migrations de peuplement. Puis, lorsque dans le sillage de cette révolution tardivement comprise et aux implications encore sous-estimées, elles ont investi le monde du travail où elles se heurtent à d'immenses difficultés dans leurs tentatives pour dissocier la sphère de la production de celle de la reproduction, comme la doctrine de l'égalité des droits entre hommes et femmes le professe depuis trois décennies. L'entreprise migratoire s'accorde plus durement au féminin, en ce qu'elle enchevêtre des éléments disparates venant à se renforcer mutuellement : statut personnel et matrimonial conditionnant le statut juridique, appartenance de classe, lieu de résidence, ancienneté de la présence, niveau d'éducation, expérience subjective et souvent solitaire de l'exil et de l'arrachement.

Quoi qu'il en soit, le siècle passé a vu se transformer le paysage de la migration au féminin, tout comme a changé, aussi bien en termes géopolitiques, économiques, sociaux que culturels, le monde plus vaste où il s'inscrit. Les raisons de migrer au XXIe siècle épousent d'autres contraintes et d'autres stratégies que celles qu'imposait la société industrielle capitaliste française de l'ère coloniale et postcoloniale. Dans une mondialité incertaine, les migrations revêtent des contours et des détours différents entre hommes et femmes tout en traduisant des objectifs communs : amélioration des conditions de vie, refuge face à des persécutions [Tarrius, Missaoui, 2000]. Une constante demeure : d'un siècle à l'autre les migrations n'ont pas décru, en France elles se stabilisent et atteignent aujourd'hui le même pourcentage que dans l'entre-deux-guerres, il est vraisemblable qu'elles continueront à l'avenir selon le même rythme. Une distinction s'impose : si le siècle passé fut marqué par des migrations majoritairement masculines grossies par des conjointes avec ou sans enfants, le siècle qui débute a vu croître la proportion des femmes qui migrent seules ou qui se joignent d'emblée à leur compagnon ; elles sont la moitié des immigrants en France aujourd'hui. Ainsi se dessine une histoire intergénérationnelle des femmes en immigration, mères puis filles mais aussi fils, histoire d'une intériorité individuelle et familiale dont on tente de mesurer les changements et les continuités en attribuant à la présence féminine un potentiel intégrateur dénié aux immigrants. Sortir de l'invisibilité les immigrantes pour faire peser sur elles des objectifs exorbitants sinon dépassés — l'intégration normative de leurs descendants, la conformation à des usages dominants — n'est sans doute pas la meilleure manière de leur accorder la place qu'elles attendent ou occupent déjà. Aussi s'attachera-t-on à comprendre ce genre dominé fondateur d'une nature sexuée. Outre un apport relatif à ces questions, le propos se centrera aussi sur ce qui fait débat dans la place des immigrantes et leurs descendants en France aujourd'hui.

Un objet ségrégé : de l'invisible à l'indéchiffrable

Si la migration au féminin est demeurée un objet ségrégé, c'est à plus d'un titre : en tant que phénomène mineur indexé sur des paramètres masculins, en tant que réalité circonscrite dans le temps et soumise à une ségrégation dans l'espace, en tant que réalité qui ne fut pas, contre toute attente, soluble dans les avancées féministes et législatives. Ce sont ces formes de ségrégation des femmes migrantes, occultées par l'illusion d'une marche vers l'égalité, qu'il convient de saisir pour faire la démonstration de l'exemplarité des femmes migrantes en France au regard des hommes migrants et des autres femmes [Sayad, 1999, p. 101]. Tout en s'efforçant d'en rendre visibles les aspects saillants pour ensuite en analyser les développements récents, cette contribution s'affronte à une gageure : proposer des connaissances étayées sans doubler la ségrégation sociale dont les migrantes sont l'objet d'une ségrégation disciplinaire ou thématique. Éviter d'imposer à l'expérience sociale de la migration au féminin une spécificité justifiée par un objet scientifique en ne séparant pas cette singularité de tendances plus larges dont elle procède. L'exercice consistant à condenser plusieurs des thématiques déployées et segmentées dans l'ensemble de l'ouvrage doit s'accomplir avec prudence ; le lecteur pourra établir le parallèle avec les autres chapitres qui traitent tous à des degrés divers de la réalité des migrantes. Elles sont présentes dans tous les thèmes abordés, même si certains éclairent leur situation plus directement : corps, droit, famille et marché du travail.

Après avoir été longtemps invisibles et rarement choisies comme objet d'analyse et ce en dépit de l'existence de données chiffrées sexuées des étrangers depuis plus d'un siècle [Noiriel, 2002, p. 36], les migrantes n'ont fait l'objet d'analyses statistiques précises que depuis deux décennies. Le propos doit donc d'abord cerner ce dont il est question : s'agit-il de femmes définies par leur nationalité, étrangère, par leur statut, épouse de migrant ou par leur identité sociale, immigrante ? Les trois termes s'agrègent dans une nouvelle catégorie apparue depuis le recensement de 1999 : « immigrés ». Au féminin, les « immigrées » additionnent les étrangères nées à l'étranger, celles nées en France et les Françaises par acquisition, toutes résidentes en France. L'apparition de cette catégorie a des effets paradoxaux : d'une part, elle contribue à considérer ensemble des femmes dont les destins et les parcours sont proches, d'autre part, dès lors que ces parcours divergent ou se diversifient, notamment au passage de génération, cette catégorie confond des phénomènes qui devraient être distingués. À la faveur de ces nouvelles méthodes de comptage, les femmes migrantes sont devenues à la fois mieux et moins bien déchiffrables. Ainsi s'il y a 1 530 898 étrangères en France en 1999, le chiffre passe à 2 159 809 lorsque s'y additionnent toutes les Françaises par acquisition nées hors de France. Ce propos se centre sur les immigrantes venues hors de l'Union européenne et sur leurs filles et fils, pour celles qui en ont, car elles présentent des similitudes : migration en situation de vulnérabilité économique, aléas d'installation, faible niveau de qualification et résidence en logement social. Cependant, l'arsenal statistique ne permet pas de compter les filles de migrantes nées françaises en tant que telles car elles font partie des Françaises, elles sont statistiquement invisibles, alors que des dimensions familiales les lient aux « immigrées » et des traits ethniques contribuent à exposer certaines d'entre elles à des discriminations dans l'accès l'emploi ou au logement, pour ne rien dire de carrières scolaires de plus en plus ethnicisées [Boubeker, 2002, p. 122-128 ; Roulleau-Berger, 2004 ; Lorcerie, 2003].

Les mères et les filles, les migrantes et les nées en France, les Françaises et les étrangères, composent un paysage mouvant, aux découpages internes fluctuants, aux contours imprécis, que les récentes statistiques ne contribuent pas à préciser. Ainsi, en dépit de cette nouvelle catégorie, des analyses portant sur les femmes immigrantes continuent de comporter le mot « étrangères » dans le titre, signe d'une transition sémantique hésitante, à l'image des représentations qui y ont conduit. La complémentarité entre les chiffres et les mots est plus que jamais nécessaire afin de comprendre pourquoi les femmes migrantes et leurs descendantes s'inscrivent dans une continuité intergénérationnelle, mais surtout dans une discontinuité normative : que la catégorie « immigrées » prétende traduire cette complexité ne fait que pérenniser un statut censé être transitoire entre l'étranger et le « naturel ». Il y a bien des différences entre une employée de maison entrée clandestinement dans les bagages de ses patrons et une femme rejoignant son conjoint qui deviendra à terme française. En même temps, force est de constater qu'elles partagent les mêmes difficultés à se défaire de tutelles légales et d'une dépendance financière qui pèsent sur leurs choix et les contiennent dans l'espace domestique. Ni l'une ni l'autre ne sont rémunérées, et l'une et l'autre subissent la complexité d'application du droit civil au regard du statut personnel.

Enfin, les différences selon la nationalité et l'aire culturelle d'origine sont gommées par cette catégorie unifiée, sous-tendue par l'idée qu'immigrée rime avec femme soumise au patriarcat et plus précisément avec musulmane originaire d'Afrique du Nord ou Occidentale. Pourtant, le détail des chiffres montre que les Africaines et les Asiatiques partagent les mêmes statuts économiques, ces dernières sont plus souvent seules et fondent plus d'entreprises que les autres [Chaïb, 2001], et que, contre les opinions toutes faites, mais en toute logique si l'on considère les structures durablement communautaires de certaines migrations, le statut matrimonial, choix d'union et âge au premier enfant rapprochent les Portugaises des... Turques.

Une fois posées ces réserves, quelques données chiffrées offrent néanmoins une photographie utile des im/migrantes et leurs filles. Sur les presque six millions d'étrangers et de Français par acquisition, près de la moitié sont des femmes. Comme pour les Françaises, elles sont plus au chômage que leurs congénères masculins même si elles réussissent légèrement mieux qu'eux à l'école et que les filles d'origine française de même classe sociale [Richard, 2004, p. 225-254]. Leurs nuptialité et fécondité se rapprochent de la norme française même si des disparités séparent les Françaises d'origine européenne des Africaines ou Asiatiques, exception notable, les Algériennes connaissant une baisse drastique du nombre d'enfant là où les Marocaines et les Turques continuent d'en avoir jusqu'à quatre. Enfin 6,6 % des « immigré(e)s ?) » sont chefs de foyers monoparentaux, ce chiffre atteignant jusqu'à 12 % pour les Africaines et 11 % pour les Algériennes. Pour en saisir la portée, on reviendra sur les impensés oscillant entre familialisme et assimilationnisme de la mesure de ces convergences qui ont partie liée avec la démographie et l'identité de la France.

Femmes privées, femmes publiques

Situer sociologiquement les femmes migrantes dans le paysage accidenté de l'histoire récente des femmes en France, revient à souligner le fait que la majeure partie d'entre elles, qu'elles travaillent ou non à l'extérieur du domicile, restent attachées de « reproduction ». Qu'elles soient dans la domesticité ou dans sa sphère contiguë, les services aux personnes, elles sont exemplaires de ce que vivent toutes les femmes empêchées d'inventer la réconciliation entre travail et vie privée, puisque les deux restent confondus.

D'abord interdites de travail, par les effets cumulés ou dissociés de maris pourvoyeurs exclusifs de ressources, d'une segmentation du marché de l'emploi qui ne leur accordait aucune place, les femmes immigrantes ont longtemps été tenues en marge de la société française et de voies d'émancipation économique devenues de plus en plus incertaines. Qu'elles aient été maintenues sous l'influence de certains conjoints, relais zélés d'un droit inégalitaire, ne doit pas faire oublier les effets brutaux des mutations postindustrielles faisant graduellement entrer les immigrantes dans les statistiques des femmes actives sous la catégorie chômeuses et/ou flexible-précaire. Un faisceau de causes, ciblage des politiques d'emploi et des politiques familiales, sélectivité des employeurs potentiels, résistances de conjoints même chômeurs, explique l'absence prolongée des immigrantes du monde du travail : elles contribuaient à éviter hausses et soubresauts des chiffres du chômage tout en alimentant des activités illégales, peu et mal rémunérées. Plus récemment, les immigrantes surtout d'Afrique du Nord et sub-saharienne trouvent à s'employer dans les entreprises sous-traitant le nettoyage dans tous les secteurs, hormis les espaces publics, réservés de longue date, aux hommes de même origine puis d'Europe orientale. Elles saisissent l'opportunité offerte à proximité, notamment sur le marché des services aux familles et de la médiation, d'utiliser un savoir-faire naturalisé de femme et de migrante. Elles alimentent, à des degrés divers, les segments les plus précaires et les plus flexibles du marché de l'emploi. Elles gonflent les rangs des travailleuses pauvres et connaissent une faible mobilité professionnelle. La moitié des femmes immigrantes occupe un emploi de service direct aux particuliers, contre une femme active sur dix ; 86 % des premières travaillent dans le secteur des services contre 57 % des hommes immigrés. En outre, les « immigrées » sont plus au chômage (25 %) que les « immigrés » (20 %), une surreprésentation observée pour l'ensemble des femmes même si les immigrantes du Sud-Est asiatique, d'Afrique et de Turquie sont encore plus durement touchées par le chômage. Une explication plausible tient au secteur d'activité, service aux particuliers, des immigrantes plus anciennes là où les plus récentes sont employés par des entreprises de nettoyage ou sont ouvrières non qualifiées, notamment dans la confection, secteurs à forte flexibilité et à faible régulation.

Enfin, et non le moindre des paradoxes : le diplôme et le niveau d'études protègent peu les immigrants contre le chômage, et moins encore les filles d'immigrants [Borrel, Boëldieu, 2001, p. 3]. Ce constat trouve un écho puissant dans le sentiment de discrimination à l'embauche que partagent filles et fils d'immigrants, ces derniers exprimant ce sentiment plus que les filles, alors qu'elles sont plus touchées par des discriminations qui articulent domination sociale, culturelle et sexuée [Boubeker, Guénif-Souilamas, 2002 ; Roulleau-Berger, Lanquetin, 2004, p. 50-54]. Si les pratiques discriminatoires dont sont victimes les filles d'immigrants nord-africains et africains ne suscitent pas un sentiment aussi vif de discrimination que chez leurs congénères masculins, qui en sont pourtant moins victimes, il faut y voir l'illustration d'un « syndrome beurettes », les effets pratiques d'une double assignation, émancipation par intégration normative et fidélité coutumière [Guénif-Souilamas, 2003, p. 51-64, p. 309-315]. En effet, ces jeunes femmes tirent un bénéfice contrasté d'un crédit favorable dans l'ensemble de la société française combiné aux stéréotypes attachés à leur identité. En quête d'emploi, elles peuvent reprendre à leur compte le discours de justification tenu par des employeurs discriminateurs. Une fois embauchées, elles se voient rappeler les contraintes et restrictions qui leur sont épargnées par l'emploi accordé, vanté comme vecteur d'émancipation pour mieux en masquer les conditions harassantes [Boubeker, Guénif-Souilamas, 2002]. Et ce qui vaut pour les filles vaut *a fortiori* pour les mères... Nous atteignons ici la limite de l'éloquence de chiffres qui pour produire des effets de connaissance doivent être éclairés par une analyse des représentations racistes, ethniques et sexistes en France, combinées dans une ethnicité française.

Communautarisées et naturalisées : sortir d'une vision binaire

La présence massive d'immigrants n'a pas tant été un problème en soi qu'elle n'a été problématique pour une nation française qui, au XXe siècle, s'est plus identifiée à son destin colonial qu'à sa vocation de pays d'immigration. À l'insu de tous, en un secret longtemps tu, les immigrantes furent d'abord et avant tout des ventres pour une république en mal d'ouvriers et de conscrits. Dès lors, la question communautaire est nodale dans l'histoire des immigrantes et de leur rapport à la nation française. Leur cantonnement dans la sphère privée ne fut pas un hasard, même s'il est toujours exclusivement imputé à des maris ombrageux et inquiets du sens ultime de leur exil. Les intérêts de ces derniers rencontraient ceux d'un pays en pleine expansion économique, à la recherche d'une main-d'œuvre toujours accrue et qui ne souhaitaient pas nouer les liens de la naissance d'enfants sur le sol français. Après avoir été attachées à la reproduction aussi bien par leurs hommes que par un frein structurel à la diffusion de nouveaux modèles sexués plus égalitaires vers les plus dominés, en privant ainsi les femmes ouvrières et immigrées, les immigrantes sont tenues pour responsables de la persistance des comportements machistes attribués à leurs fils et de leur impact sur leurs filles. D'où l'intérêt récurrent pour les chiffres de la fécondité et de la nuptialité des migrantes et de leurs filles, d'où la constante recherche de convergences vues comme l'illustration de leur assimilation.

En se dédouanant de pratiques de survie communautaire entretenues avec l'accord des autorités françaises, et dont le communautarisme si unanimement dénoncé n'est que l'envers, l'État français s'arroge la position confortable d'arbitre. Arbitrage entre des mères empêchées de sortir d'un ordre patriarcal reconduit en immigration et des pères favorables à cet ordre des choses aussi bien pour des raisons légitimes de stabilisation des parcours migratoires que pour des motifs contestables de contrôle des femmes, entre des fils et filles mis en concurrence et soupçonnés tour à tour de ne pas vouloir ou pouvoir s'extirper d'un régime censé freiner leur émancipation. Autant de cas de figure qui illustrent les dynamiques de ségrégation et discrimination pesant de façon constante, différenciée et sexuée sur les descendants de migrants.

Souvent caricaturaux, les débats contemporains sur la montée et l'exacerbation des revendications identitaires, la menace communautariste et son double l'intégriste islamiste, la ségrégation urbaine, le sexisme endémique des banlieues et ses survivances « archaïques » (polygamie, excision, mariage forcé, répudiation, impositions réelles qui mériteraient un traitement raisonné en lieu et place d'incantations stériles), le racisme à double sens placent les immigrantes et leurs descendantes dans la position impossible de s'en sortir contre leurs hommes, leur passé et leurs attachements, saisis comme autant d'entraves à leur liberté. Être les « vecteurs de l'intégration » fait obligation aux immigrantes d'assumer le rôle écrasant de femme émancipée, car point de salut en dehors de cette voie étroite, devenue pourtant impraticable pour trop d'entre elles. Le corollaire de cette sollicitude ambiguë à l'égard des immigrantes est de subordonner leur visibilité à leur nature de femme. Naturaliser des identités féminines migrantes avec tous les risques culturalistes induits, voire en magnifier les traits naturels pour les mobiliser au bénéfice d'arguments accentuant la concurrence entre sexes soumis à la même visibilité négative, consolide une frontière sexuée dont l'érosion est pourtant urgente. Contre cette tentation de l'éternelle féminité sous-traitée aux plus dominées [Guénif-Souilamas, Macé, 2004], certaines dessinent les contours de nouveaux possibles. Être femme n'est plus la seule identité prescrite et fait écho à d'autres expressions d'une intériorité libérée d'un genre minoré qui fut trop longtemps le réduit assignant les immigrantes d'hier et d'aujourd'hui.

Bibliographie

BORREL, Boëldieu (2001), « De plus en plus de femmes immigrées sur le marché du travail », *INSEE Première*, n° 791.

BOUBEKER A., GUÉNIF-SOUILAMAS N. (2002), « Entre discriminations et construction de soi, l'expérience des jeunes femmes héritières de l'immigration dans leur rapport à l'emploi », *rapport CADIS au SDFE/FASILD.*

CHAÏB S. (2001), « Facteurs d'insertion et d'exclusion des femmes immigrantes dans le marché du travail en France : quel état des connaissances ? » *rapport à la CFDT.*

GUÉNIF-SOUILAMAS N., 2003 (2000), *Des beurettes*, Paris, Hachette Pluriel (Grasset).

GUÉNIF-SOUILAMAS N., MACÉ É. (2004), *Les féministes et le garçon arabe*, Éditions de l'Aube, La Tour d'Aigues.

LEGROS F. (2003), « La fécondité des étrangères », *INSEE Première*, n° 898

LORCERIE F. (dir.) (2003), *L'école et le défi ethnique*, ESF/INRP, Paris.

NOIRIEL G. (2002), *Atlas de l'immigration en France*, éditions Autrement, Paris.

RICHARD J.-L. (2004), « Scolarité, insertion sur le marché du travail et mobilité sociale », in *Ségrégation urbaine et intégration sociale*, sous la direction de Jean-Paul Fitoussi, *Conseil d'analyse économique*, La Documentation française, Paris.

Roulleau-Berger L., Lanquetin M.-T. (2004), « Femmes d'origine étrangère, travail, accès à l'emploi, discriminations de genre », *Études et Recherches*, FASILD, La Documentation française, Paris.

Sayad A. (1999), *La double absence*, Seuil, Paris.

Simon P. (2002), « La catégorisation statistique des "immigrés" : analyse des inégalités et lutte contre les discriminations », in *Sida, immigration et inégalités*, Éd. ANRS.

Tarrius A., Missaoui L. (2000), *Les nouveaux cosmopolitismes. Mobilités, identités, territoires*, Éditions de l'Aube, La Tour d'Aigues.

46

Femmes et mondialisation

Helena Hirata

« Le récit dominant sur la mondialisation concerne les sphères les plus élevées du capital global, et pas les inférieures, et l'hypermobilité du capital, plus que le capital qui reste sur place [...]. Par leur travail, tant dans les villes globales que dans les circuits de survie, les femmes, si souvent dévalorisées en tant qu'acteurs économiques, occupent des positions cruciales dans la construction des nouvelles économies et dans le développement de celles existantes » [Sassen, 2003, p. 254 et 256].

Depuis la fin des années 1990, les recherches sur la mondialisation se sont progressivement substituées à celles portant sur les nouveaux modèles productifs alternatifs à l'organisation taylorienne-fordienne, provoquant ainsi un véritable changement de paradigme dans les débats sur l'emploi et le travail. Bien que la sociologie de l'entreprise et celle de l'emploi diversifient les approches et modifient les contours de la sociologie du travail française depuis les années 1980, l'approche par les modèles productifs est devenue nettement secondaire dans la décennie suivante, laissant progressivement place à l'analyse des conséquences de la production mondialisée sur l'entreprise et ses acteurs.

Cependant, en dépit de ce déplacement des axes problématiques, une tendance demeure immuable : comme pour les recherches menées — en général par des hommes — sur les nouveaux modèles d'organisation, la littérature sur la mondialisation est aveugle au genre. Rares sont les travaux sur ce thème qui prennent en compte les différences hommes-femmes. Et, pourtant, les conséquences du nouveau contexte économique, financier, politique, social et culturel, conceptualisé sous le terme de « mondialisation », sont fort différentes selon les régions du globe et selon qu'il s'agit d'hommes ou de femmes.

En France, où la production scientifique sur ce thème est beaucoup plus limitée que dans les pays anglo-saxons, on peut citer, sans souci d'exhaustivité, la prise en considération des rapports sociaux de sexe dans le cadre du rapport Nord-Sud par Jeanne Bisilliat [1996], l'analyse de la mondialisation économique et financière par Fatiha Talahite [2000], l'étude du rôle des institutions internationales par Stéphanie Treillet [2002] et Jules Falquet [2003], et celle des mouvements altermondialistes par Elsa Galerand [2004].

Le concept de mondialisation à l'épreuve du genre

La définition courante de la mondialisation (ou globalisation, que nous traitons ici comme synonymes, même si certains auteur(e)s les opposent [Boyer, 1996 ; Roldan, 2000]) renvoie à un mouvement sans freins du capital à l'échelle mondiale [Chesnais, 1997]. Les économistes critiques ont en commun avec cette définition, l'idée de la rupture des limites et frontières : « La globalisation signifie l'interdépendance croissante de tous les marchés nationaux vers la constitution d'un marché mondial unifié » [Lipietz, 1996, p. 43]. Cette définition illustre la tendance historique de l'internationalisation du capital, mais ce qui est nouveau dans ce processus, c'est « l'intensité des flux, la variété de produits, le nombre d'agents économiques impliqués dans ce mouvement » [Petit, 2000].

Trois dimensions donnent à ce processus un caractère nouveau.

Premièrement, il est impulsé par des politiques gouvernementales néolibérales, avec des conséquences telles que la libéralisation des échanges commerciaux, la déréglementation, l'ouverture des marchés et des nouvelles logiques de développement des firmes multinationales. Ces tendances ont pour corollaire les privatisations, le développement de la sous-traitance et l'externalisation de la production. Ce processus produit des effets négatifs sur les conditions de travail et d'emploi des femmes, massivement mises au travail dans des cascades de sous-traitance et contraintes de faire face à l'une des conséquences de la privatisation : la réduction des services publics.

Deuxièmement, le développement accéléré des nouvelles technologies de l'information et de la communication (NTIC) et l'expansion des réseaux rendent possibles la circulation immédiate des informations et des données de tout ordre et la financiarisation des économies. L'essor de la mise au travail salarié des femmes du Sud dans les années 1990 est partiellement dû à cette expansion des NTIC. De nombreux emplois ont ainsi été créés dans les pays en voie de développement dans les métiers de l'informatique, du télémarketing, etc.

Troisièmement, les organismes internationaux jouent un nouveau rôle parallèlement à la régulation par les États-nations et par les firmes multinationales. Ces différents modes de régulation, qui ne sont ni convergents ni harmonieux, impliquent des différenciations d'accès des femmes et des hommes à l'emploi et à l'activité. Les organismes internationaux (ONU, Banque mondiale) et de nouvelles institutions européennes élaborent de plus en plus des politiques explicites en faveur de l'égalité des sexes qui ont des effets sur l'emploi.

Ces trois dimensions du processus de mondialisation apparaissent étroitement imbriquées et ont eu pour conséquence la croissance de l'emploi salarié et du travail rémunéré des femmes dans le monde entier.

Fatiha Talahite [2000] est l'une des rares économistes à proposer une réflexion sur la mondialisation dans une perspective de genre. « La mondialisation est une catégorie à la fois analytique, désignant un phénomène économique, et normative, servant à prescrire des comportements, définir et justifier le contenu de normes et institutions » [Talahite, 2000, p. 121]. Elle décrit en particulier la situation paradoxale créée par les conventions internationales qui visent à protéger les femmes, mais qui adoptent une norme mondialisée et laissent ainsi « sans voix » les femmes des cultures dominées.

L'absence d'une réflexion économique dans une perspective de genre est d'autant plus regrettable que dans le débat sur le rapport entre égalité des sexes et croissance économique, des recherches montrent que la croissance peut être le résultat de l'inégalité, autrement dit que l'inégalité entre les sexes peut être une précondition à l'accélération de la croissance économique : « L'inégalité de genre peut stimuler la croissance et la croissance peut exacerber l'inégalité de genre » [Beneria *et al.*, 2000, p. 11].

L'emploi féminin : un outil d'analyse de la mondialisation

Le processus de mondialisation a eu des effets complexes et contradictoires qui ont affecté inégalement l'emploi féminin et masculin. Alors que ce dernier a tendance à stagner, voire régresser, la libéralisation du commerce et l'intensification de la concurrence internationale se sont traduites par l'augmentation de l'emploi et du travail rémunéré des femmes au niveau mondial, à de très rares exceptions près (l'Afrique subsaharienne). Cette participation accrue des femmes au marché du travail a cependant pour corollaire la création d'emplois précaires et vulnérables, tant en Asie, qu'en Europe et en Amérique du Nord et du Sud. Ces tendances apparaissent nettement dans les recherches des économistes féministes publiées au début des années 2000 [Beneria *et al.*, 2000 ; Grown *et al.*, 2000]. L'augmentation de l'emploi rémunéré des femmes associée à une précarisation et une vulnérabilité croissantes est l'un des paradoxes centraux de la mondialisation du point de vue du genre. De plus en plus de femmes ont un travail instable, mal rémunéré, peu valorisé socialement, pour lequel les possibilités de promotion et de carrière sont faibles et les droits sociaux souvent limités ou bafoués. En outre, les inégalités de salaires, de conditions de travail et de santé sont loin de s'amenuiser. Ce pan du travail féminin a pris dans les pays du Nord, la figure du travail à temps partiel et, dans les pays du Sud, la figure du travail informel. Parallèlement, la catégorie des cadres et professions intellectuelles supérieures se féminise de plus en plus. « Ces deux groupes contrastés produisent une polarisation de l'emploi féminin dans les années 1990 » [Hakim, 1996, p. 208], polarisation qui résulte de l'accès croissant des filles à l'éducation, aussi bien dans les pays du Nord que du Sud. Inégalités sociales entre hommes et femmes donc, mais aussi entre les femmes elles-mêmes.

Délocalisation de l'emploi industriel et transformations du travail

Les recherches réalisées dans les entreprises industrielles multinationales au Brésil, en France et au Japon ont montré que la mondialisation renvoie à l'interdépendance des marchés, mais n'est pas pour autant synonyme d'homogénéisation du travail. Par ailleurs, si les flux financiers ne connaissent pas de frontières et fonctionnent dans l'immédiateté, l'inégalité des situations sociales et de travail selon les pays, le genre, les races, les générations persiste et peut même s'aggraver. En outre, la polarisation en trois zones du globe — États-Unis, Europe, Japon — auxquelles s'ajoutent quelques pays de l'Amérique latine et de l'Asie et dont sont exclues tendanciellement d'autres zones se traduit par la mise en place de rapports de forces au niveau international dans lesquels tous les pays ne sont pas égaux.

Les recherches que nous avons effectuées montrent que l'accès des femmes à des emplois masculins qualifiés peut aussi s'accompagner de souffrances pour ces travailleuses contraintes de réaliser alors les tâches les plus pénibles, comme c'est le cas au Brésil. En outre, malgré les responsabilités et les compétences techniques qui définissent certains emplois occupés désormais par les femmes, les salaires féminins demeurent inférieurs à ceux de leurs homologues masculins.

Une enquête que nous avons menée dans des firmes multinationales françaises au Brésil en 1998-1999 a montré les conséquences que pouvaient avoir les processus de fusions, acquisitions et privatisations, sur l'ensemble des travailleurs — hommes et femmes — en termes de suppressions d'emplois, de conditions de travail et de salaires. Les cinq multinationales françaises étudiées présentaient un fort profil d'instabilité, d'incertitude et de risque quant à l'avenir de l'emploi, surtout pour les salariés les plus âgés, les moins qualifiés et de faible niveau d'instruction. La flexibilisation du travail passait alors par le recours — pourtant rare dans l'industrie brésilienne — au travail féminin à temps partiel, avec un salaire réduit en proportion. Afin de limiter les risques de perdre leur emploi, les travailleurs des deux sexes ont alors investi beaucoup de leur temps dans la formation scolaire et professionnelle — payante dans le pays — empiétant ainsi sur leur temps hors travail, notamment familial. Les travailleuses interviewées au cours de cette enquête ont ainsi mis en avant les exigences accrues de formation scolaire pour pouvoir obtenir des promotions et faire carrière. Le coût mensuel de ces formations pouvait représenter un mois de salaire. Certaines femmes se sont alors trouvées face à une alternative douloureuse : payer leur propre formation ou celle de leurs enfants. Autre problème rencontré : la « résistance » des hommes. Sur le lieu de travail, les conflits entre les subordonnés hommes et l'encadrement féminin ont été nombreux, poussant même certaines à démissionner de leur poste d'encadrement.

Internationalisation du travail reproductif

La mondialisation du *care* (c'est-à-dire du travail de soins aux enfants, aux personnes âgées, aux malades) est étroitement liée aux mouvements de migration internationale du début des années 1990. Elle fait aujourd'hui l'objet de nombreuses recherches [Parreñas, 2001 ; Ehrenreich, Hochschild, 2003 ; Hersent, Zaidman, 2003]. Son importance dans la littérature féministe sur la mondialisation est liée non seulement aux changements qu'il suscite dans le travail rémunéré des femmes, mais aussi à sa répercussion sur la prise en charge du travail domestique, ainsi qu'aux questions théoriques et politiques posées par l'émergence de différenciations au sein du groupe des femmes [Kergoat, 1998].

Les conséquences de la « mondialisation du *care* » [Carrasco, 2001] sur le travail domestique sont doubles.

Tout d'abord, cette extension marchande du travail domestique se traduit par l'utilisation du travail des femmes pauvres par les familles de niveaux socio-économiques plus élevés. Elle permet le développement d'un modèle de délégation d'une série de soins et d'activités domestiques de femmes nanties vers des femmes plus démunies. Ce « modèle de délégation » tend à se superposer, sinon à remplacer, le « modèle de la conciliation » vie professionnelle/vie familiale pour une catégorie de femmes aisées dont l'activité professionnelle exige une forte implication temporelle. Deuxième conséquence : la création de « chaînes globales d'affect et d'assistance » [Hoshchild, citée par Carrasco, 2001]. Le modèle féminin du soin à autrui se propage à l'échelle mondiale grâce aux migrations internationales des services aux personnes, d'attention aux enfants, aux personnes âgées et aux malades. Les exemples ne manquent pas : emploi croissant de femmes de ménage philippines en Europe, employées de maison colombiennes ou équatoriennes en Italie ou en Espagne [Hersant, Zaidman, 2003]. Au Japon, on peut côtoyer des employées de maison philippines, des infirmières taiwanaises ou des *nissei* — deuxième génération de migrants japonais née au Brésil. Il ne s'agit pas ici seulement d'une mercantilisation de la « disponibilité permanente » des femmes observable dans la sphère domestique, mais également d'une généralisation, dans la sphère du travail rémunéré, d'un modèle de rapport auparavant privé.

La reconnaissance des qualités dites féminines (le « soin » à autrui, la compétence relationnelle) en tant que compétence professionnelle devient une question d'actualité et est sans doute l'un des aspects essentiels du rapport de forces qui s'établit aujourd'hui entre les sexes, entre les « races »/ethnies et entre les classes sociales. Nous sommes ici devant une dimension importante du processus de reconfiguration des rapports sociaux de sexe. La reconnaissance dans la sphère publique du travail réalisé par les femmes dans la sphère privée est fondamentale et la transformation du travail domestique en travail marchand peut conduire tant à la dévalorisation de l'un qu'à la reconnaissance de l'autre. L'orientation d'un tel processus dépendra fondamentalement du rapport de forces créé par les mouvements féministes.

Les mouvements féministes face à la mondialisation

Le développement actuel de la mondialisation financière et économique et ses conséquences sur la situation sociale des femmes sont multiples et vont bien au-delà des aspects évoqués jusqu'ici concernant l'emploi des femmes ou la féminisation des migrations internationales. La « mondialisation des marchés du sexe », les rapports conflictuels Nord/Sud, les convergences Nord/Sud en ce qui concerne les privatisations et les réformes (retraite, sécurité sociale, etc.) restent à analyser.

Des nouvelles divisions dans les mouvements féministes — sur le foulard, la prostitution, etc. —, notamment en Europe, semblent être le résultat d'un certain nombre de processus décrits. Le changement géopolitique de l'après-11 septembre 2001, les guerres en Afghanistan et en Irak, la « montée des intégrismes » peuvent être à l'origine de clivages comme celui qui s'est construit autour du foulard islamiste. Les divergences autour de la question de la démocratie, du rapport privé/public peuvent être associées aux processus de bipolarisation de l'emploi féminin.

Mais si sur ces questions le mouvement féministe semble connaître des divisions significatives depuis 2003, sur le plan de la lutte altermondialiste, on assiste, en revanche, à la création et au renforcement de nouveaux collectifs. Des mouvements anti- ou altermondialisation prennent une importance significative et s'imposent sur la scène politique internationale.

La Marche mondiale des femmes contre la violence et la pauvreté rassemble, en 2004, 5 621 associations, groupes, mouvements de femmes de 164 pays [Galerand, 2004] et propose des actions concertées à l'échelle mondiale contre la crise, la précarité et la flexibilité grandissantes du travail des femmes.

Aujourd'hui, entre le développement des emplois de cadres féminins et la figure de la salariée flexible à temps partiel, il y a choc et affrontement. S'il est difficile d'en prévoir l'issue, les mobilisations actuelles contre le capitalisme libéral et pour une autre mondialisation montrent qu'il y a création d'un rapport de forces dans lequel les femmes sont d'ores et déjà fortement présentes, en tant que femmes et pas uniquement en tant que représentantes du pôle travail.

Bibliographie

ATTAC (2003), *Quand les femmes se heurtent à la mondialisation*, Mille et une nuits, Paris.

BENERIA L., FLORO M., GROWN C., MACDONALD M. (éd.) (2000), « Gender, a special issue on globalization », *Feminist Economics*, vol. 6, n° 3, novembre, p. 12-18.

BISILLIAT J. (1996), *Femmes du Sud, chefs de famille*, Khartala, Paris.

BOYER R. (1996), « La globalisation : mythes et réalités », *Actes du Gerpisa*, n° 18.

CARRASCO C. (2001), « La sostenibilidad de la vida humana : un asunto de mujeres ? », *Mientras Tanto*, n° 82, automne-hiver.

CHESNAIS F. (1997), *La mondialisation du capital*, Syros, Paris.

EHRENREICH B., HOCHSCHILD A.R. (éd.) (2003), *Global Woman. Nannies, Maids and Sex Workers in the new economy, Metropolitan Books*, Henry Holt and Company, New York.

FALQUET J. (2003), « Femmes, féminisme et « développement » : une analyse critique des politiques des institutions internationales », *in* BISILLIAT J. (dir.), *Regards de femmes sur la globalisation. Approches critiques*, Karthala, Paris, p. 75-112.

GALERAND E. (2004), « Les collectifs et leur genèse : revisiter la question à partir des rapports sociaux de sexe. L'expérience de la

Marche mondiale des femmes », communication au 1er Congrès de l'AFS, RTF 24, Villetaneuse, 24 février 2004.

GROWN C., ELSON D., CAGATAY N. (éd.) (2000) « Gender inequalities, macroeconomics and global trade and finance », *World Development*, vol. 28, issue 7.

HAKIM C. (1996), *Key Issues in Women's Work. Female Heterogeneity and the Polarisation of Women's Employment*, London & Atlantic Highlands, NJ, Athlone.

HERSANT M., ZAIDMAN C. (coord.) (2003), « Genre, travail et migrations en Europe », Publications université Paris-VII, *Cahiers du CEDREF*, Paris.

KERGOAT D. (1998), « La division du travail entre les sexes », *in* KERGOAT J. *et al.* (dir.), *Le monde du travail*, La Découverte, Paris, p. 319-327.

LIPIETZ A. (1996), *La société en sablier. Le partage du travail contre la déchirure sociale*, La Découverte, Paris.

PARREÑAS R.S. (2001), *Servants of Globalization. Women, Migration and Domestic Work*, Stanford, California, Stanford University Press, 2001.

PETIT P. (2000), « Mondialisation », in *Dictionnaire de Sociologie*, Le Robert, Supplément, s/p.

ROLDAN M. (2000), *Globalizacion o mundializacion ? Teoria y practica de procesos productivos y asimetrias de genero*, Buenos Aires, Eudeba/FLACSO.

SASSEN S. (2003), « Global cities and survival circuits », *in* EHRENREICH B., HOCHSCHILD A.R. (ed.), *Global Woman. Nannies, Maids and Sex Workers in the New Economy », Metropolitan Books, Henry Holt and Company, New York, p. 254-274.*

TALAHITE F. (2000), « Mondialisation », in HIRATA H., LABORIE F., LE DOARE H., SENOTIER D., *Dictionnaire critique du féminisme*, PUF, Paris, p. 120-125.

TREILLET S. (2002), *L'économie du développement*, Nathan, Paris.

47

Femmes, genre et développement

Annie Labourie-Racapé et Isabelle Puech

Le genre et le développement : deux concepts qui s'entrecroisent et autour desquels se sont développées, au cours de ces dernières années, de nombreuses recherches principalement anglophones. Ces deux notions sont porteuses de pratiques visant à changer les rapports entre les femmes et les hommes pour le premier, entre les pays du Sud et les pays du Nord pour le second. Dans le premier cas, les inégalités entre la situation des femmes et celle des hommes sont questionnées, dans le second celles résultant d'inégalités entre les populations des pays du Sud et celles des pays du Nord.

Mais, d'abord, qu'entend-on exactement par « développement » ? C'est avant tout une notion qui bouge dans un contexte géopolitique qui change. Elle inclut la double idée d'aide au développement et de coopération internationale. Née dans une période tiers-mondiste, elle s'est vue contestée car issue d'une culture postcoloniale. Dans les pays du Nord, le terme développement s'est élargi à travers les notions de développement des territoires, développement humain, développement autocentré, développement social des quartiers, développement social urbain... Mais c'est surtout l'idée de la durabilité du développement qui s'impose aujourd'hui.

Au cours de ces dernières années, les perspectives et les notions qui fondaient les problématiques de recherche autour de la situation des femmes dans les pays du Sud et les pays du Nord au regard du développement ont profondément changé. À la perspective *genre et développement* s'est substituée progressivement celle de *l'intégration des femmes au développement*. Aujourd'hui, un véritable glissement conceptuel et théorique est en cours. L'approche intégrée par le genre — ou *mainstreaming* — se développe autant dans les recherches que dans les politiques et pratiques de développement en même temps qu'apparaît le thème genre et mondialisation.

Dans ce domaine, les chercheur(e)s des pays anglosaxons, nordiques ou hispanophones ont été les précurseurs, la France accusant un retard, à l'image de l'ensemble des études sur le genre.

L'apparition des femmes dans les politiques et les projets de développement

Jusqu'aux années 1970, dans un contexte où la croissance économique était pratiquement le seul critère de développement, les politiques publiques dans ce domaine visaient le bien-être et l'amélioration des conditions de vie des femmes et des hommes. Les femmes ne faisaient pas l'objet d'analyses spécifiques, et leur situation était en quelque sorte confondue avec celle des hommes. La population féminine était analysée à travers le prisme de la population masculine.

C'est à partir du travail d'Esther Boserup, économiste, qu'un glissement s'est opéré. Elle a introduit une nouvelle approche, « les femmes dans le développement » ou « intégration des femmes au développement » (WID) [Rathgeber, 1994], perspective adoptée ensuite par les instances internationales, les bailleurs de fonds et les ONG qui se préoccupaient de la condition des femmes dans les pays du Sud. Les travaux d'Esther Boserup [1996] mettent en évidence la division sexuelle du travail agricole et industriel ainsi que les effets différenciés des stratégies de développement sur les hommes et les femmes. Les projets et programmes veillaient ainsi à ne pas oublier les femmes, dont les caractéristiques sociales, économiques et culturelles différentes de celles des hommes supposaient une prise en charge spécifique. Les actions visant un public exclusivement féminin se sont alors développées, avec souvent pour objectif d'accroître les revenus des femmes. Dans les pays du Nord et particulièrement en Europe, cette approche s'est développée sous l'impulsion de la Commission européenne. De nombreuses actions visant un public féminin ont été conduites dans le cadre de projets financés par l'Union européenne et ont été intégrées à une perspective de développement rural, urbain et de développement local.

Ces mesures ont eu un impact certain sur l'amélioration de la situation de nombreuses femmes. Elles représentent une avancée incontestable, mais elles ont souvent fait l'économie d'une analyse des rapports de sexe, du travail reproductif des femmes et de leur travail dans la famille et n'ont pas fait apparaître les autres types de discriminations et les différences entre les femmes. De plus, une telle approche s'appuie sur l'hypothèse selon laquelle développement et progrès s'inscrivent dans un processus continu s'inspirant d'un modèle occidental. Ainsi, à plus ou moins long terme, des actions qui ont amélioré sous certains aspects la condition des femmes, ne les ont pas rendues plus autonomes pour autant et n'ont pas changé leur capacité à prendre leur vie en charge. Certains projets ont pu même perpétuer l'isolement des femmes et les maintenir en marge du développement en renforçant leur marginalisation et en ignorant le plus souvent le rôle des hommes comme détenteurs de pouvoir.

Genre et développement : des concepts et cadres de référence discutés

L'approche *genre et développement* (GED) se fonde sur les acquis des études introduisant la construction sociale des places occupées par les femmes et par les hommes : des activités différentes, des espaces occupés différents et une répartition et une organisation du temps différents. Cette asymétrie caractéristique des rôles féminins et masculins n'est pas égalitaire, elle est le plus souvent le résultat d'une logique qui s'établit en termes hiérarchiques et de subordination, dans des valorisations et reconnaissances différentes des activités des femmes et des hommes.

Cette approche dénote un changement de perspective. Elle donne à entendre que non seulement les femmes sont concernées par des projets de développement, mais que leur place dans un groupe social et les relations entre les hommes et les femmes propres à ce groupe sont des déterminants essentiels du développement. En d'autres termes : les femmes sont actrices du développement. La FAO (Organisation des Nations unies pour l'alimentation et l'agriculture) définit ainsi l'analyse par genre dans son plan d'action sur les femmes et le développement : « Cette analyse cherche des réponses aux questions fondamentales telles que : qui fait quoi et utilise quoi, comment et pourquoi ? L'objet de l'analyse par genre n'est pas de créer une entité distincte de savoir social sur les femmes mais de repenser les processus actuels... Les facteurs influencés par les spécificités hommes/femmes et les réalités qui les sous-tendent sont ainsi mieux appréhendés. »

Les recherches sur *genre et développement* aboutissent à la production croissante de textes sur le thème. Le recueil de documents de référence et d'articles de chercheurs ou chercheures étrangers, dans le premier numéro de la revue *Cahiers genre et développement* [Bisilliat, Verschuur, 2000] a ouvert les thématiques relevant de ce champ à celles et ceux qui s'y intéressent.

Au cœur des recherches sur le GED : le concept d'*empowerment*. Il a été traduit dans le texte de la déclaration de la IVe conférence internationale sur les femmes qui s'est déroulée à Pékin en 1995 par « accroissement du pouvoir d'action des femmes ». Si celui-ci fait l'objet d'interprétations diverses et variées, il est souvent interprété comme la capacité à donner un sens à sa vie personnelle, ou encore comme une égalité dans l'accès au pouvoir *de* et non au pouvoir *sur*. Il désignerait un processus plus qu'un état. De fait, il tient ses origines des travaux sur les *capacités* ou *capabilités* de Martha Nussbaum, professeur de droit et d'éthique à l'université de Chicago. Le terme *capacités* signifie cette condition en vertu de laquelle nous sommes capables de faire quelque chose : « Certaines de ces capacités sont internes mais beaucoup associent des états du monde extérieur à la situation de la personne en question. Par exemple la capacité de voter inclut la capacité interne à faire des choix politiques, mais ne lui est pas équivalente, car elle inclut aussi le fait d'avoir des droits et des privilèges du citoyen » [Nussbaum, 1993 p. 6].

L'intégration du genre dans les politiques, les programmes et les pratiques de développement

L'introduction du genre dans les problématiques des études sur le développement a suscité des travaux de recherche dont les résultats se traduisent souvent en recommandations pratiques sur les politiques de développement et les projets des organismes de coopération internationale. L'introduction de la perspective de genre dans de nombreux champs est devenue classique mais sa réalisation concrète a suscité critiques et débats.

Certains chercheur(e)s ont analysé les politiques d'ajustement structurel et les politiques macroéconomiques qui se veulent neutres mais dont l'impact est différent sur les femmes et sur les hommes. Ainsi, dès 1980, Yvonne Mignot-Lefebvre [1980] analysait les idées et stratégies des organisations internationales au regard de la situation des femmes dans les pays en développement. Les propositions sur l'introduction de l'approche genre dans les politiques n'ont guère été suivies d'effets. Cependant l'arrivée d'experts, d'universitaires (généralement des femmes) dans les organisations internationales, convaincues de la nécessité d'introduire les analyses de genre dans les programmes de développement, a marqué un tournant et une avancée certaine. Cette tendance est également observée dans les ONG qui introduisent dans leurs actions la dimension du genre. Dans un même temps, des recherches font apparaître le pouvoir accru des organismes consultants, l'« ONGisation » du mouvement féministe et l'institutionnalisation du féminisme dans une dépendance croissante des financements internationaux [Falquet, 2001]. Le débat aujourd'hui est complexe et ouvert dans l'opposition entre « autonomes » et « institutionnalisées » et, selon les propres termes de Jules Falquet, entre les « radicales » utopiques condamnées à la marginalité, et les réformistes « possibilistes ». « La réalité est infiniment plus nuancée », ajoute-t-elle.

Les travaux, programmes, rapports, des organisations internationales quel que soit le domaine, comportent de plus en plus souvent une approche genre. Que l'on traite de secteurs économiques, sociaux, culturels, de filières agricoles ou industrielles, de l'eau, de l'énergie, une analyse de la situation des femmes au regard du champ traité est le plus souvent intégrée au programme, au projet, au rapport. Pour ne citer qu'un exemple, la déclaration politique de deux pages de la Conférence sur les énergies renouvelables qui s'est déroulée à Berlin du 1er au 4 juin 2004 et qui réunissait 154 pays comporte, dans son paragraphe 6 sur le renforcement des capacités humaines, la nécessité de renforcer le « *gender meanstreaming* » et le rôle des femmes, et d'inclure les groupes des femmes dans les activités locales, régionales et internationales. Ce texte n'a d'ailleurs pas été adopté sans discussion...

En France, ces manières de voir sont peu répandues, mais sont encouragées sous la pression de la Commission européenne dans le cadre des projets et programmes qu'elle finance. Des formations, sensibilisations, à cette approche se sont ainsi développées. Les femmes ne sont plus marginalisées, elles sont intégrées dès la conception du projet. Une telle perspective peut s'avérer déstabilisante, car impliquer les femmes à tous les niveaux de la réalité économique et sociale d'un territoire comporte des risques. Elle donne à voir ce qui était occulté. Elle peut toucher à des systèmes hiérarchiques et de pouvoir fortement établis. Elle bouscule les rapports sociaux entre les sexes, et peut remettre en question certains pans de l'organisation sociale.

Les pays du Sud à travers le prisme du genre : regards pluridisciplinaires

Anthropologues, démographes, économistes, ethnologues, chercheurs et chercheuses dans le champ du développement ont analysé la situation des populations des pays du Sud avec le regard propre à leur discipline. Les femmes ont été, dans ce cadre, l'objet de nombreuses études et recherches. Dans l'enseignement supérieur à l'Institut national des études démographiques (INED), au Centre population et développement (CEPED), à l'Institut de recherche pour le développement et dans d'autres cadres et instituts des équipes de recherche qui se sont attachées à ce thème. Une enquête [Labourie-Racapé, 1999] réalisée sur l'initiative de la FAO, qui visait à recenser en France et dans les pays francophones, les équipes de recherche organisant des formations ou des recherches dans le champ *genre et développement*, révèle un potentiel dispersé. Ces recherches concernaient la situation des femmes dans les pays du Sud mais s'attachaient rarement à l'analyse de la population féminine dans les politiques ou projets de développement.

Si les démographes ont toujours étudié la démographie des pays du Sud, l'approche *genre et développement* s'impose progressivement en orientant les recherches vers une meilleure connaissance des rapports de genre dans les sociétés et les populations étudiées. Thérèse Locoh *et al.* [1996, 1999], au CEPED puis à l'INED, a réalisé et impulsé des recherches dans ce sens.

Autre discipline intégrant, depuis peu, une problématique de genre : la géographie. En témoigne un colloque organisé, en mars 2004, sur « Genre, territoire, développement : quels regards géographiques ? », à l'École normale supérieure de Lyon. Le genre est alors reconnu comme un marqueur spatial et territorial qui éclaire les pratiques sexuées du quotidien, qui structure le territoire et détermine les formes de développement local. Les agronomes et les ruralistes se sont, eux aussi, saisis de cette approche dans leurs analyses des processus de développement et des enseignants ont introduit l'approche genre dans leurs formations universitaires d'ingénieurs.

Malgré cet intérêt croissant, le monde de l'enseignement supérieur et de la recherche en France peine encore à s'approprier ce type de démarche. Ce n'est pas toujours le cas chez nos voisins européens ou plus lointains. L'université de l'agriculture à Wageningen aux Pays-Bas par exemple, possède un département « Gender Studies in Agriculture » qui se propose par des travaux interdisciplinaires de combiner l'étude des relations de genre avec l'étude des processus de développement. Autre exemple : un colloque organisé par la chaire conjointe en études des femmes de l'université d'Ottawa et de la Carleton University les 3, 4 et 5 mars 2004 avait pour thème « Qu'est-il advenu du GED ? Réévaluation de la dimension genre et développement ». Il se donnait comme objectif « d'analyser et d'évaluer jusqu'à quel point les préoccupations des femmes font réellement partie intégrante des programmes en développement international et de déterminer si, et dans quelle proportion, les priorités en matière de genre et développement international ont changé à mesure que les femmes y ont été mieux intégrées ».

La situation des femmes du Sud ne peut se comparer à celle des femmes du Nord tant les sociétés où vivent ces femmes relèvent de cultures profondément différentes. Notre regard d'Occidentales risque fort d'être biaisé dans un contexte de postcolonisation où l'Occident domine encore le monde. Peut-être faudrait-il inverser les questionnements. Plutôt que d'avancer l'idée selon laquelle les pays « en développement » ont repris ou adapté les concepts féministes aux situations de leurs pays, ne faut-il pas se demander si par une sorte de renversement nous n'avons pas à reconsidérer nos propres approches au regard des concepts et notions de ces pays non occidentaux ?

Anthropologues, chercheurs et chercheuses d'autres disciplines ont été confronté(e)s à ce type de problème. Ils, elles se sont posé la question de la pertinence de concepts nés de nos civilisations. Les premiers ont avancé la notion de concepts *métis* qui sont le résultat d'une négociation entre les points de vue des cultures en question. D'autres, telle Martha Nussbaum, évoquent la nécessité d'objectifs transculturels et de concepts transversaux : « Il est toujours difficile de recourir à des concepts qui tirent leur origine d'une certaine culture pour décrire et analyser les réalités d'une autre culture et cela est d'autant plus difficile lorsque la culture en question a été colonisée et opprimée par la culture de ceux qui cherchent à la décrire » [1999, p. 248]. Il reste une évidence : les études sur le genre dans les pays du Sud et les approches des féministes des pays non occidentaux, ont permis et permettront — plus que nous n'avons su le faire jusqu'à ce jour — des avancées dans les recherches sur la place des femmes et des hommes dans les sociétés du Sud et du Nord.

Bibliographie

Bisilliat J., Verschuur C. (dir.) (2000), « Le genre un outil nécessaire : introduction à une problématique », *Cahiers Genre et développement*, n° 1, L'Harmattan, Paris.

Boserup E. (1996), *La femme face au développement économique*, Karthala, Paris (première édition : 1970).

Dagenais H., Piche D. (dir.) 1994 *Femmes, féminisme et développement*, Mc Gill University Press, Montréal & Kingston, Canada.

Falquet J. (2001), « Le débat du féminisme latino-américain et des Caraïbes à propos des ONG », *Cahiers du Gedisst*, n° 21, p.131-147

Granie A.-M., Guetat-Bernard H. (dir.) (2004), *Empreintes et inventivités des femmes dans le développement rural*, Presses universitaires du Mirail, coll. « Ruralités Nord-Sud », Toulouse.

Locoh T., Labourie-Racapé A., Tichit C. (dir.) (1996), « Genre et développement : des pistes à suivre », *Documents et manuels du CEPED*, n° 5, Paris.

Labourie-Racapé A. (1999), « Enseignements spécialisés en "genre et développement" dans les établissements supérieurs et de recherche », *rapport FAO, Éléments pour la recherche INED*, n° 1, Paris.

Marques-Pereira B., Raes F. (2003), « Genre, femmes et développement », *in* Firouzeh N. (dir.), *Repenser le développement et la coopération internationale. État des savoirs universitaires*, Karthala, Paris, p.141-159.

Mignot-Lefebvre Y. (1980), « Femmes et développement, idées et stratégies des organisations internationales », *Revue du tiers monde*, n° 84.

Nussbaum M. (1999), « Femmes et égalité : l'approche en termes de capacités », *Revue internationale du travail*, n° 3, numéro spécial : *Femmes, genre et travail*, p. 247-268.

Nussbaum M. (1993), « Justice pour les femmes », *Esprit*, mai, p. 54-70.

Rathgeber E. (1994), « WID, WAD, GAD. Tendances de la recherche et de la pratique dans le champ du développement », *in* Dagenais H., Piche D. (dir.), *Femmes, féminisme et développement*, Mc Gill University Press, Montréal & Kingston, Canada, p. 77-95.

Sites Web :
www.genreenaction.net
www.awid.org

48

Création artistique et littéraire

Delphine Naudier et Hyacinthe Ravet

En France, peu de recherches sociologiques ont traité de manière spécifique du rapport des femmes à la création et de leur carrière en tant qu'artistes. Les monographies sur les artistes et les études relatives à l'histoire culturelle ont été pionnières en ce domaine, outre les travaux anglo-saxons consacrés aux artistes européennes. Ces recherches ont porté leur attention avant tout sur des créatrices singulières : écrivaines, plasticiennes ou compositrices, étudiées successivement, avant que ne s'impose la nécessité de réinterroger l'histoire des arts dans son ensemble. Du déroulement des carrières féminines et de leur reconnaissance, de l'accès aux fonctions d'interprète, de la place des femmes et de leur contribution aux développements des arts, on sait encore peu de chose. L'intérêt récent de la sociologie pour l'approche sexuée des univers artistiques demeure encore timide mais se développe. Un bref état des lieux — historique puis contemporain — de l'accès et de la reconnaissance des femmes en ce domaine sera suivi d'un panorama des diverses approches théoriques et empiriques.

L'accès des femmes aux domaines de la création

Le XXe siècle, malgré les résistances, est celui de la reconnaissance symbolique et professionnelle des créatrices féminines [Marini, 1992]. Plusieurs raisons conjuguées ont favorisé leur accès aux disciplines culturelles. D'abord, les luttes féministes menées depuis le XIXe siècle pour obtenir l'accès aux études secondaires et supérieures ainsi que la mixité des enseignements et des diplômes ont conduit les femmes à être évaluées selon les mêmes critères que leurs homologues masculins. Ensuite, les structures mêmes du monde de la création ont évolué. La multiplication des instances de consécration telles que les scènes de théâtre, les lieux d'édition, les festivals musicaux, les expositions picturales a été soutenue par le développement de politiques culturelles étatiques (depuis Malraux notamment). Le secteur de la création a ouvert ses portes aux créatrices. Enfin, l'augmentation du nombre des amateurs de pratiques culturelles ainsi que l'évolution des moyens de communication ont favorisé une diffusion massive des œuvres d'art et la création d'emplois culturels.

Progressivement, un modèle de femmes actrices de la création, et non plus simplement perçues comme muses, s'est imposé. Malgré la présence de créatrices au cours des siècles précédents, celles-ci sont restées quasiment absentes des manuels qui canonisent les œuvres et leurs auteurs et il aura fallu attendre la fin du XXe siècle pour lever un pan de l'arbitraire de la domination masculine. Longtemps, la bipartition sexuée des territoires sociaux et culturels a évincé les femmes des lieux de socialisation des diverses activités de création. La différence anatomique a été constituée en motif de division sexuelle du travail social : aux femmes la reproduction de l'espèce, aux hommes la maîtrise des outils de production ; aux femmes la sphère privée, l'éducation des enfants, les arts d'intérieur pratiqués en amateur, la tenue de salons, aux hommes le pouvoir de gouverner, de nommer, de classer, d'exposer et de devenir des professionnels de l'art.

Cette dichotomie sexuée a été au fondement de l'exclusion des femmes de tous les domaines de l'art. À la question de la féministe Linda Nochlin en 1971 : « Pourquoi n'y a-t-il pas eu de grands artistes femmes ? », les réponses apparaissent plurielles : une présence ignorée, ou « alibi », une stigmatisation des femmes en « autres » qui les disqualifie. L'analyse des modes de production des canons éclaire sur les raisons de cette exclusion. Elle permet de lever l'« hypothèque culturelle » qui tenait les femmes à l'écart de la création [Escal, Rousseau-Dujardin, 1999]. La reconstitution des « chaînons manquants » et la déconstruction des préjugés selon lesquels « il n'y a pas de génie au féminin » ont permis de comprendre les mécanismes sociaux et historiques qui produisent l'invisibilité des femmes. Longtemps, l'« hypothèse naturelle » de leur incapacité à créer a conduit à oblitérer toute possibilité d'accéder à un apprentissage institutionnalisé et a justifié leur moindre reconnaissance.

De dédicace en préface d'hommes qui remercient les femmes de leur entourage, la présence en creux de ces secondes entérine leur mise à l'écart. Et lorsqu'une créatrice devient un concurrent incontournable, par exemple en littérature, le sexe de la romancière est nié au nom des qualités « viriles » de son écriture. George Sand ou Marguerite Yourcenar deviennent ainsi des « hommes de lettres » ou leur écriture est jugée « mâle » [Naudier, 2004a]. L'opération magique de la transformation du sexe anatomique en genre socialement légitime en littérature atteste de la prégnance des critères de légitimation masculins dans les catégories d'appréciation esthétiques. Au XXe siècle, les créatrices acquièrent les ressources suffisantes pour ébranler la suprématie masculine. Mais, bien qu'elles accèdent aux diverses professions artistiques, les résistances demeurent et le déroulement des carrières reste sexuellement distinct.

Actuellement, une situation différenciée

Aujourd'hui, le taux de féminisation de l'ensemble des professions culturelles est de 40 % (enquête Emploi, INSEE, 2001). Plus souvent enseignantes que créatrices ou interprètes, les femmes se trouvent davantage confinées dans des activités de formation et d'accompagnement ; elles composent, ainsi, 60 % de la population des professeurs d'art, de musique ou de danse (INSEE, RP99). Du côté de la création littéraire et artistique, les femmes s'illustrent fortement chez les écrivains et les plasticiens : elles représentent 46 % des auteurs littéraires et un tiers des plasticiens (enquête Emploi, INSEE, 2001). Du côté des arts du spectacle, on observe des différences importantes entre les métiers fonctionnellement sexués (où, le plus souvent, les rôles sont distribués *a priori* entre hommes et femmes) et ceux qui ne le sont pas : le métier de danseur est féminisé à 68 %, celui de comédien l'est à 46 %, alors que les femmes ne représentent que 24 % des musiciens (Caisse des congés spectacle, enquêtes CESTA). À l'orée du XXIe siècle, plus aucun domaine artistique ne leur semble résolument fermé.

À quel titre accèdent-elles maintenant à ces métiers ? Le degré d'institutionnalisation de la formation joue ici : de la plus académique — au sein des univers dits classiques — aux apprentissages informels, du pôle savant au pôle populaire, on observe un continuum dans la formalisation des parcours. Or, même dans les univers où une formation spécifique n'apparaît pas comme constitutive du droit d'entrée (comme en littérature), les femmes sont souvent plus diplômées que les hommes. En outre, là où le droit d'entrée est explicitement posé, comme pour les compagnies de danse et de théâtre ou les orchestres symphoniques professionnels qui recrutent les candidats par le biais de concours, l'audition n'est pas toujours aussi favorable aux femmes qu'aux hommes. Ainsi, même pour la profession d'interprète la plus féminisée, celle de danseur, les femmes rencontrent une concurrence plus rude, un jugement et une sélection plus sévères que les hommes [Sorignet, 2001]. Pour les orchestres, l'usage d'un paravent lors des concours (qui masque le candidat) a permis à des pionnières — à partir des années 1970 notamment — d'être recrutées à titre permanent et d'investir des postes de solistes dont elles étaient alors absentes [Ravet, 2003].

Dans d'autres secteurs de l'interprétation et pour la création, le droit d'entrée est plus implicite et moins formalisé mais il n'en est pas moins efficace. L'appartenance à des réseaux, la connaissance des recruteurs potentiels et la reconnaissance de compétences mobilisables dans l'immédiat constituent des atouts majeurs pour évoluer dans les univers fondés sur l'intermittence et le travail par projets. Et c'est surtout dans la durée et le déroulement des carrières que joue l'intégration au milieu artistique. En la matière, les femmes connaissent davantage de difficultés que les hommes : plus précaire, plus marqué par le chômage et les interruptions de carrière, moins rémunérateur, on retrouve là les caractéristiques générales de l'emploi féminin.

Une forte division sexuelle du travail artistique

Comme dans le monde du travail dans son ensemble, des phénomènes de ségrégation sexuée persistent et pénalisent les carrières féminines. Tout d'abord, un phénomène de ségrégation horizontale cantonne les femmes dans certains domaines de la création. Une « division du travail esthétique » conduit ainsi les plasticiennes à adopter plus souvent une posture figurative dans leurs œuvres que les hommes (davantage du côté de l'abstraction ou de l'avant-garde). En musique, les œuvres des compositrices ont aussi traditionnellement été classées comme « œuvres mineures, en ce qu'elles relèvent de la musique de salon, ou de la musique familiale, et non de la musique pour salle de concert public » [Escal, Rousseau-Dujardin, 1999], à l'opposé des « chefs d'œuvre ». Là comme ailleurs, il a fallu que les femmes « forcent les interdits » pour se mettre à composer de la « grande musique » à l'égal des hommes.

Quant aux métiers de l'interprétation, le degré de féminisation de la profession marque des différences profondes [Coulangeon, Ravet, Roharik, 2004]. Le monde de la danse, très féminin, est peu ségrégatif dans les attributions de rôles. Parmi les comédiens, les femmes se voient davantage spécialisées que les hommes dans les rôles « jeunes », en particulier dans l'univers du cinéma (plus que celui du théâtre). En revanche, on observe une forte division des rôles entre musiciens et musiciennes : les femmes se retrouvent plus souvent que les hommes cantonnées dans les métiers du chant, en particulier dans les musiques dites populaires où très peu deviennent instrumentistes. Dans le monde de la musique savante, les instruments de musique conservent une identité sexuée qui conditionne une spécialisation par instrument et — en conséquence — une répartition des fonctions [Ravet, 2000].

Un deuxième phénomène de ségrégation opère en effet : une ségrégation verticale qui éloigne les femmes artistes des fonctions de pouvoir et d'autorité, des positions les plus reconnues et les plus rémunératrices. Ainsi, dans les métiers de l'interprétation, les musiciennes occupent plus souvent des fonctions d'accompagnement et sont moins souvent solistes que les hommes (qui représentent 80 % des solistes d'orchestre). Elles exercent rarement des activités de direction (chefs d'orchestre, etc.). Auprès des comédiens, où hommes et femmes sont présents à parts quasi égales, opèrent des metteurs en scène qui dans trois quarts des cas sont des hommes. Le monde de la danse fait exception puisque les femmes sont aussi représentées dans les fonctions d'encadrement que d'exécution (deux tiers des chorégraphes sont des femmes).

Bien que les droits d'entrée soient plus élevés pour les femmes, ce tribut n'est pourtant pas le seul obstacle pour le déroulement de leur carrière. À la combinaison des charges domestiques et d'une activité professionnelle dominante (enseignement, journalisme, métiers de l'édition) s'ajoute l'investissement dans l'activité créatrice, qui plus ou moins admise par le conjoint conduit à sa pratique discontinue, nocturne et à son invisibilité. En sorte que, si les salariées ont une double journée de travail, les créatrices elles en ont une « triple » [Naudier, 2000].

Les modes de consécration et l'accès à la reconnaissance

Chaque discipline artistique est régulée par un ensemble d'instances qui évalue les œuvres et leurs praticiens. Être primé par le Conservatoire en théâtre ou en musique, accéder au statut d'étoile dans le milieu de la danse, à des galeries d'art et des musées pour les arts plastiques, recevoir un prix littéraire sont autant de facteurs de promotion de la singularité des artistes et des créateurs, qui rendent visible aussi la division sexuée du travail de consécration. Hommes et femmes sont soumis à ces évaluations mais avec des variations sexuées notables. S'agissant des prix littéraires, les lauréates sont moins nombreuses que les hommes. De même, les œuvres de musiciennes sont beaucoup moins représentées et les expositions de plasticiennes moins fréquentes que celles des hommes.

Par ailleurs, être sollicité ou signer une pétition est un indice de consécration. Depuis les années 1950, nombre de créatrices signent des manifestes comme le « Manifeste des 121 » en 1960, ou le « Manifeste des 343 » en 1971. Ces engagements témoignent de leur processus d'autonomisation dans les mondes de la création et entérinent leur présence d'artiste dans le monde social. Du salon à la tribune politique, les femmes adoptent des conduites d'artistes engagés au même titre que les hommes. Néanmoins, leur rapport au féminisme, trop marquant, demeure ambivalent [Naudier, 2004b].

Si l'œuvre d'art prétend généralement atteindre à l'universel, les artistes misent sur la reconnaissance de leur singularité esthétique en matière de création ou d'interprétation. En s'appropriant le corps féminin, en brouillant les frontières de genre, les créatrices participent à l'évolution politique et sociale de l'émancipation des femmes. Des chorégraphes comme Pina Bausch ou Martha Graham et des cinéastes telles qu'Agnès Varda ou Chantal Ackerman contribuent à cette évolution. Certaines artistes érigent l'identité de « sexe » en atout distinctif. C'est en cela que réside l'épreuve du genre au sein des disciplines artistiques. La théorisation esthétique de « l'écriture femme » a inscrit certaines écrivaines dans l'avant-garde des années 1970 [Naudier, 2000]. En accédant aux moyens de production artistiques, en créant leurs propres instances de consécration (maisons d'édition, festival de Créteil...), les créatrices ont infléchi un système de valeurs qui, sous l'apparence du « neutre », est accordé au masculin. Elles ont ainsi contribué à lutter contre la prévalence des jugements qui discréditaient toute œuvre féminine. La mise en relief d'une création visiblement réalisée par des femmes oblige à reformuler les identités de sexe et de genre et à repenser l'idée même d'universalité. À cet égard, un travail d'historicisation des rapports sociaux de sexe dans le domaine de la création est nécessaire. Il s'agit aussi de saisir et d'interroger les modes de constitution des hiérarchies esthétiques.

Des problématiques et des approches empiriques variées

Plusieurs perspectives s'interrogent sur les caractéristiques de la différence des sexes dans l'univers de la création et balisent les jalons d'un domaine à développer.

Une première approche interroge les représentations associées à la féminité/masculinité, aux images véhiculées sur les femmes dans la société contemporaine. Cette perspective se mêle à celles de l'histoire culturelle et de l'histoire sociale des arts. Ainsi, des travaux portant sur les médias [Krakovitch, Sellier, 2001] qui questionnent le rapport au politique et aux images du pouvoir. Ces travaux déclinent aussi la variété des figures féminines au travers du cinéma [Burch, Sellier, 1996], du théâtre [Évain, 2001], de la littérature [Heinich, 1996]. Ils contribuent, par ailleurs, à combler les lacunes de l'histoire des arts, comme pour la musique [Escal, Rousseau, Dujardin, 1999].

L'analyse du fonctionnement du champ artistique, des modes d'accès et des modalités de consécration a suscité également plusieurs recherches. Ces démarches quantitative et qualitative reconstituent les diverses positions occupées dans le champ et les discours tenus, en fonction des dispositions des protagonistes. Sont ainsi interrogés les handicaps spécifiques que rencontrent les femmes dans les différents univers artistiques pour accéder aux positions les plus prestigieuses, comme dans le champ littéraire [Naudier, 2000].

Les enquêtes sur les professions artistiques, l'emploi et les carrières de plusieurs populations spécifiques d'artistes se fondent notamment sur l'exploitation statistique de sources institutionnelles. Elles dressent la cartographie des caractéristiques sociodémographiques de la population concernée, des étapes de carrière et des parcours typiques. Place est ainsi faite à la spécificité des trajectoires féminines, lorsque des différences liées au facteur sexe apparaissent à l'analyse. Le Centre de sociologie du travail et des arts a produit plusieurs enquêtes de ce type.

Quelques travaux pionniers [Pasquier, 1983] ont donné lieu à une interrogation genrée de la différence des carrières entre hommes et femmes et de la division sexuelle des rôles. D'autres ont suivi sur les interprètes en s'intéressant notamment à la féminisation de la profession de musicien [Ravet, 2003], ou sur les rapports de travail entre hommes et femmes [Buscatto, 2003 ; Ravet, Coulangeon, 2003].

En outre, plusieurs travaux récents menés sur les femmes artistes privilégient l'étude des parcours et du déroulement des carrières en s'appuyant sur l'analyse biographique. Il s'agit ainsi de reconstituer des trajectoires typiques ou atypiques en parallèle à une analyse temporelle de l'ouverture des univers artistiques aux femmes.

La persistance de la conviction de l'infériorité « naturelle » des femmes dans les disciplines artistiques est restée très longtemps prégnante en raison de la croyance en des talents innés des créateurs reconnus. Nous avons vu qu'aux analyses d'inspiration fonctionnaliste qui réservaient le rôle de muse aux femmes ont succédé des recherches plus récentes qui croisent les approches en termes de carrière et de fonctionnement des institutions artistiques en interrogeant, par le prisme des rapports sociaux de sexe, les modes d'évaluation et de compréhension de la construction sociale de l'exclusion puis de l'inclusion différentielle des femmes. Ces domaines souvent délaissés des sciences sociales apparaissent riches de perspectives de recherche.

Bibliographie

BURCH N., SELLIER G. (1996), *La drôle de guerre des sexes dans le cinéma français 1930-1956*, Nathan, Paris.

BUSCATTO M. (2003), « Chanteuse de jazz n'est point métier d'homme. L'accord imparfait entre voix et instrument », *Revue française de sociologie*, 44 (1), p. 35-62.

COULANGEON P., RAVET H., ROHARIK I. (2004), « Le sexe de l'âge. Effets différenciés du vieillissement professionnel chez les artistes », *Relief 4, Échanges du Céreq*, mai, p. 149-162.

ESCAL F., ROUSSEAU DUJARDIN J. (1999), *Musique et différence des sexes*, L'Harmattan, Paris.

ÉVAIN A. (2001), *L'apparition des actrices professionnelles en Europe*, L'Harmattan, Paris.

HEINICH N. (1996), *États de femme. L'identité féminine dans la fiction occidentale*, Gallimard, Paris.

KRAKOVITCH O., SELLIER G. (dir.) (2001), *L'exclusion des femmes. Masculinité et politique dans la culture au XXe siècle*, Complexe, Bruxelles.

MARINI M. (1992), « La place des femmes dans la production culturelle », *in* DUBY G., PERROT M. (dir.) *Histoire des femmes en Occident*, Plon, Paris, p. 275-296.

NAUDIER D. (2000), *La cause littéraire des femmes. Modes d'accès et de consécration des femmes dans le champ littéraire (1970-1998)*, thèse de Doctorat, EHESS, Paris.

NAUDIER D. (2004a), « L'irrésistible élection de Marguerite Yourcenar à l'Académie française », *Cahiers du genre*, n° 36, avril, p. 45-67.

NAUDIER D. (2004b), « La reconnaissance sociale et littéraire des femmes écrivaines depuis les années 1950 », *in* TREBITSCH M., RACINE N. (dir.), *Intellectuelles. Du genre en histoire des intellectuels*, Complexe/IHTP-CNRS, Bruxelles, p. 191-211.

PASQUIER D. (1983), « Carrières de femmes : l'art et la manière », *Sociologie du travail*, n° 4/83, p. 418-431.

RAVET H. (2000), *Les musiciennes d'orchestre. Interactions entre représentations sociales et itinéraires*, thèse de doctorat, Paris-X-Nanterre.

RAVET H. (2003), « Professionnalisation féminine et féminisation d'une profession : les artistes interprètes de musique », *Travail, genre et sociétés*, n° 9, p. 173-195.

RAVET H., COULANGEON P. (2003), « La division sexuelle du travail chez les musiciens français », *Sociologie du travail*, n° 3, vol. 45, p. 361-384.

Sorignet P.-E. (2001), « L'audition comme modalité spécifique de recrutement sur le marché du travail de la danse », *Actes des VIIe Journées de Sociologie du travail*, vol. « Modes de vie, mobilités et marchés du travail », p. 223-230.

49

La féminisation des pratiques culturelles

Olivier Donnat

Les résultats d'enquête indiquent que l'intérêt des femmes pour l'art et la culture est aujourd'hui supérieur à celui des hommes : elles sont plus nombreuses à privilégier les contenus culturels à la télévision ou dans la presse, lisent plus de livres (surtout quand il s'agit de fiction), ont une fréquentation des équipements culturels à la fois plus diversifiée et plus assidue et font preuve dans l'ensemble d'un engagement dans les activités amateur supérieur à celui de leurs homologues masculins. Le fait que les femmes soient ainsi souvent majoritaires dans les publics de la culture traduit une évolution récente de l'espace des loisirs, dont le caractère sexué a dans l'ensemble, par ailleurs, relativement peu évolué depuis le début des années 1960 [Chenu, Herpin, 2002].

Regardons comment les choses ont évolué, domaine par domaine, au cours des quatre dernières décennies en comparant les résultats de l'enquête que l'INSEE vient de conduire sur la participation culturelle et sportive (enquête Conditions de vie des ménages, 2004) à ceux de la première enquête sur les pratiques culturelles des Français réalisée en 1974 [ministère de la Culture et de la Communication, 1974].

Usages des médias : culture plutôt que sport

Hommes et femmes ont été concernés à peu près dans les mêmes proportions par le mouvement continu d'augmentation des consommations audiovisuelles depuis les années 1960. Le temps consacré à la télévision est sensiblement le même chez les uns et les autres, de même que celui passé à écouter la radio ou des disques.

Si le niveau des consommations médiatiques des femmes diffère peu dans l'ensemble de celui des hommes, il n'en est pas de même au niveau des contenus : le faible intérêt des femmes pour les sciences et techniques et le sport se vérifie, quel que soit le média considéré. Dans le cas du sport, leur retrait par rapport aux hommes apparaît plus nettement encore qu'au plan de la pratique car les sports les plus exposés médiatiquement (football, rugby, automobile, tennis...) concernent les formes de pratique les plus compétitives, à l'égard desquelles les femmes demeurent pour le moins réservées, même quand elles sont sportives : elles sont par exemple trois fois moins nombreuses à déclarer regarder des émissions sportives à la télévision et quatre fois à lire des magazines consacrés au sport. En revanche, les femmes regardent à la télévision plus que les hommes les émissions de jeux et de variétés (de même qu'elles ont tendance à privilégier les chansons et variétés en matière musicale), les feuilletons et les séries mais aussi les retransmissions d'événements culturels ; leur propension à lire des articles sur la culture tant dans la presse régionale que nationale est également supérieure à celle des hommes.

Plus de livres, notamment de fiction

En matière de lecture de livres, le constat est sans appel : les femmes devancent les hommes sur tous les indicateurs disponibles, qu'il s'agisse de l'achat de livres, de la quantité de livres lus ou de l'inscription en bibliothèques. La lecture de livres est de surcroît le domaine culturel où le caractère sexué des goûts culturels s'exprime avec le plus de force, en raison notamment de la préférence accordée par les femmes à la fiction. Leur domination est particulièrement spectaculaire dans le cas des romans sentimentaux et des auteurs classiques, soit aux deux extrémités du spectre de la légitimité culturelle, mais se vérifie de manière générale sur tous les genres littéraires. Les seuls genres majoritairement masculins sont la bande dessinée, les livres de sciences et techniques et surtout les livres de sport.

Quand on analyse les résultats d'enquête plus en détails, on constate que cette double propriété — plus de livres lus et prédilection pour la fiction — se vérifie dans toutes les générations nées après guerre, quels que soient le niveau de diplôme, la situation à l'égard de l'emploi ou la situation familiale. Notons toutefois que l'écart est maximal dans le cas des personnes seules, ce qui semble bien confirmer que « le livre joue un rôle clef dans la vie des solos » [Kaufmann, 2003, p. 110], mais qu'il demeure significatif tant chez les jeunes couples sans enfant que chez les couples avec enfant(s). La lecture de livres semble bien par conséquent contribuer à la constitution d'un « temps pour soi » féminin au sein de l'espace conjugal, à l'instar du rôle joué par certains usages de la télévision pour les hommes [Singly, 2000].

La préférence des femmes pour la fiction — qui est ancienne puisque en 1973 déjà, elles étaient deux fois plus nombreuses à lire des romans — a eu tendance à se généraliser ces dernières années (le cas du roman policier qui était un genre encore masculin à la fin des années 1980 est significatif à cet égard) et surtout à s'accentuer à mesure que les hommes délaissaient le monde du livre.

Il faut rappeler en effet que l'engagement des hommes dans le domaine du livre était supérieur à celui des femmes au début des années 1970 et qu'il n'a fait que décroître depuis : la proportion d'hommes déclarant n'avoir lu aucun livre au cours des douze derniers mois est passée en quarante ans de 28 % à 38 % alors que celle des femmes suivait la tendance inverse, passant de 32 % à 28 % ; de plus, ceux qui n'ont pas abandonné le livre dans le cadre de leurs loisirs ont réduit considérablement la quantité de livres lus, comme l'indique la baisse spectaculaire de la proportion de forts lecteurs, nettement supérieure à celle des femmes. D'ailleurs, l'évolution de l'inscription en bibliothèques depuis 1973 est encore plus explicite : alors que la fréquentation des hommes a fléchi de 2 %, passant de 14 % à 12 %, celle des femmes a nettement augmenté, progressant de 12 % à 20 %.

La féminisation du lectorat de livres, notamment de fiction, tient par conséquent au fait que les femmes sont plus nombreuses à s'intéresser au livre mais surtout au fait que les hommes s'en sont assez largement détournés : la lecture de livres en tant qu'activité librement choisie, en dehors de toute contrainte scolaire ou professionnelle, rencontre depuis plusieurs décennies des difficultés croissantes à s'inscrire dans le temps de loisir des hommes, notamment dans les jeunes générations : elle se trouve largement supplantée par la télévision comme manière d'occuper les « temps morts » de la vie quotidienne et doit faire face à une concurrence accrue sur le terrain des usages du temps libre du fait de la diversification des loisirs (jeux vidéo, informatique, pratique sportive) [Donnat, 2004] mais aussi de l'allongement de la durée de travail dans les milieux les plus diplômés, « naturellement » les plus portés vers le livre.

Une fréquentation plus diversifiée et plus régulière des équipements culturels

Les femmes, qui représentent les deux tiers des inscrits en bibliothèques ou médiathèques, sont également majoritaires dans la plupart des autres équipements culturels. C'est le cas pour les musées et les lieux d'exposition, les théâtres, les spectacles de danse et les concerts de musique classique ; les seules sorties culturelles à dominante masculine sont les concerts de jazz et ceux de musiques électroniques (techno) et de rock où les femmes ne représentent qu'environ un tiers du public.

Leur domination, qui est très précoce puisqu'elle est sensible dès l'entrée à l'école primaire [Octobre, 2004], apparaîtrait de manière encore plus spectaculaire si on raisonnait au niveau des entrées et non de la fréquentation annuelle, car leur rythme de fréquentation des équipements est souvent supérieur à celui des hommes. De surcroît, il faut tenir compte du fait qu'une grande partie des sorties ou visites culturelles se déroulent en couple ou dans un cadre familial, ce qui a bien entendu tendance à réduire les différences d'attitudes entre hommes et femmes en effaçant le rôle d'incitation ou de conseillère que ces dernières jouent fréquemment auprès de leur conjoint en matière culturelle [Lahire, 2004].

Les femmes occupant un emploi ont dans l'ensemble non seulement une fréquentation supérieure à la moyenne mais aussi à celle de leurs homologues masculins. Toutefois, les différences de niveau de fréquentation les plus importantes se retrouvent chez les moins de 30 ans, qu'ils vivent seuls ou en couple, surtout quand ils sont étudiants. La naissance d'enfant(s) a un effet négatif sur l'intensité et la diversité des sorties culturelles des femmes qui ont tendance à se « spécialiser », en liaison au moins partiellement avec le rôle privilégié d'initiateur qu'elles jouent auprès des enfants : ainsi par exemple, les bibliothèques sont le seul équipement dont la fréquentation des femmes avec enfants est supérieure à celle des femmes sans enfant. En revanche, dans le cas du théâtre, la mise en couple et surtout la naissance d'enfant(s) se traduisent par une réduction de l'écart hommes/femmes parce ces événements réduisent la propension globale à sortir le soir tout en augmentant les chances de le faire en couple.

Comme dans le cas du livre, la situation était sensiblement différente au début des années 1970 : les taux de pratique des hommes étaient supérieurs à celui des femmes pour la plupart des sorties et visites culturelles, notamment celles relatives aux concerts de musique classique ou aux lieux d'exposition. En quatre décennies, la situation s'est inversée puisque dans tous les cas où une comparaison est possible, mis à part les spectacles de danse où le public était déjà largement féminin en 1973, la part des femmes a augmenté, ce qui signifie que les femmes ont plus contribué que les hommes à l'augmentation récente de la fréquentation des équipements culturels. Ceci est particulièrement sensible dans le cas des bibliothèques/médiathèques — nous l'avons vu — mais aussi des musées et des concerts de musique classique.

Plus d'activités artistiques en amateur, sauf pour la photo et la vidéo

Reste le cas de la pratique en amateur d'activités artistiques, autre mode d'accès à l'art et à la culture qui souvent ne passe pas par la fréquentation d'un équipement culturel. Dans ce domaine également, l'engagement des femmes est légèrement supérieur à celui des hommes : écrire, faire du chant ou de la danse sont des activités très majoritairement féminines, faire du théâtre, du dessin, de la peinture ou de l'artisanat d'art le sont aussi, à un degré moindre. Jouer d'un instrument de musique, en revanche, est dans l'ensemble plus masculin, à la fois parce que la plupart des groupes musicaux constitués par les jeunes concernent les musiques amplifiées — genre plutôt masculin — et que beaucoup d'instruments traditionnellement masculins, comme les cuivres ou les percussions, le sont restés. Sur ce point, en effet, les choses ont peu évolué : dans les écoles de musique, les jeunes filles d'aujourd'hui, comme leurs aînées, ont tendance à se diriger vers le piano, alors que les garçons continuent à privilégier la guitare.

La photo et la vidéo ont un statut particulier dans le paysage des activités artistiques amateur car souvent l'une comme l'autre sont moins investies de préoccupations esthétiques ou artistiques et plus liées à des événements particuliers (fêtes, réunions de famille, voyages...). Si on met de côté ces types d'usages, on constate que la photo et plus encore la vidéo sont pratiquées surtout par les hommes en raison probablement du caractère sexué de l'acculturation à la technique, dont les effets sont sensibles dans le choix des filières d'enseignement, des professions mais aussi des loisirs. Sur ce dernier point, on ne peut manquer de relever, en effet, que dans le domaine de la pratique en amateur, les activités qui font appel au corps et qui sont peu ou pas médiatisées par la technologie (chant, danse, écriture, théâtre...) sont plutôt féminines, alors que celles qui passent par un objet technique, fût-il aussi élémentaire qu'un instrument de musique, sont plus investies par les hommes. Par ailleurs, les résultats relatifs aux activités artistiques mettent également en lumière les différences dans les rapports à l'enseignement : quand elles font de l'art en amateur, les femmes ont plus souvent recours à des cours, ce qui explique par exemple qu'elles sont majoritaires dans les conservatoires et écoles de musique, alors qu'elles sont moins nombreuses dans l'ensemble à jouer d'un instrument.

Ajoutons, pour finir ce rapide tour d'horizon de l'évolution des comportements culturels, que les activités amateur n'ont pas échappé au processus de féminisation puisque le taux de pratique des hommes était au début des années 1970 en général supérieur à celui des femmes, si on met à part le cas de la danse et celui de l'artisanat d'art.

Une tendance appelée à s'amplifier ?

La féminisation des pratiques culturelles apparaît par conséquent, même si son ampleur varie selon les domaines, comme une tendance générale à l'échelle de la population française, qui renvoie aux transformations des modes de vie des hommes et des femmes survenues ces quarante dernières années, notamment au sein des générations nées après guerre.

On sait depuis les années 1960 que le « désir » de culture est étroitement corrélé au niveau scolaire [Bourdieu, Darbel, Schnapper, 1966]. Aussi, est-il difficile de ne pas faire figurer au premier rang des facteurs explicatifs les progrès de la scolarisation, dont les femmes ont été les principales bénéficiaires : non seulement elles sont aujourd'hui, dans les jeunes générations, plus diplômées que leurs homologues masculins, mais elles sont aussi plus nombreuses à avoir suivi une formation littéraire ou artistique, soit deux atouts qui expliquent en partie l'engagement supérieur des femmes dans l'art et la culture, à position sociale équivalente, notamment dans les milieux d'employés et de professions intermédiaires.

De plus, on aurait pu penser que la généralisation de l'emploi salarié qui a accompagné les progrès de la scolarisation des femmes ait des effets négatifs sur leurs pratiques culturelles en augmentant le niveau de leurs contraintes en matière d'emploi du temps. Un tel raisonnement s'avère doublement erroné : d'abord, parce que l'engagement dans l'art et la culture — rappelons-le — est assez largement indépendant du volume global de temps libre et qu'il a même tendance, à l'échelle de la population française, à varier en sens inverse ; ensuite, parce que le temps libre des femmes occupant un emploi a augmenté depuis le début des années 1970 un peu plus vite que celui des hommes, à la fois parce qu'elles travaillent moins qu'eux quand elles occupent un emploi à temps plein, qu'elles sont plus nombreuses à travailler à temps partiel et qu'enfin elles ont été les principales bénéficiaires de la réduction du temps consacré aux tâches ménagères dont elles assurent l'essentiel de la charge [Chenu, Herpin, 2002].

L'accession massive des jeunes femmes au marché de l'emploi n'a pas, par conséquent, réduit dans l'ensemble leur temps libre. Au contraire même, elle a eu plutôt des effets positifs sur leurs pratiques culturelles, en contribuant à ouvrir leur mode de vie sur l'extérieur du domicile et en leur ménageant des plages horaires propices à certaines pratiques culturelles (lire dans les transports en commun, visiter une exposition à l'heure du déjeuner...). L'opposition qui, au sein de l'espace des loisirs, mettait aux prises les activités domestiques, majoritairement féminines, et les activités d'extérieur, dans l'ensemble plutôt investies par les hommes, s'est trouvée atténuée sous l'effet de ce changement, mais aussi bien entendu de nombreux autres facteurs — on pense notamment à l'augmentation du nombre de jeunes femmes célibataires liée au report de l'âge de la mise en couple et de la naissance des enfants qui a aussi favorisé la féminisation des pratiques culturelles.

La nature des emplois occupés par les femmes doit également être prise en compte. En effet, celles-ci ont largement participé ces dernières décennies à l'essor des professions intellectuelles qui entretiennent par définition un rapport privilégié, sinon quasi professionnel, avec les loisirs culturels. La féminisation du corps enseignant constitue probablement l'exemple le plus significatif de ce phénomène (pensons à la relation des professeurs de lettres à la lecture ou à la fréquentation des théâtres...). Certes, les femmes sont minoritaires dans les professions culturelles [ministère de la Culture et de la Communication, février 2004] en raison du caractère traditionnellement très masculin de certaines d'entre elles (techniciens du spectacle, métiers d'art...), mais ce sont elles le plus souvent qui occupent les fonctions de médiation auprès des usagers des équipements : professeurs des écoles d'art ou de musique, bibliothécaires, personnels chargés de l'accueil des publics dans les musées ou les théâtres sans parler des enseignants du primaire et du secondaire, notamment dans les filières artistiques ou littéraires. Aussi, est-on tenté sur ce point de généraliser l'hypothèse avancée par certains à propos de la lecture [Mauger, Poliak, Pudal, 1999] : l'opposition entre « le monde des choses humaines » et « le monde des choses matérielles », qui auparavant renvoyait à la séparation entre l'espace privé géré par les femmes et l'espace public occupé par les hommes, s'est trouvée de fait assez largement transposée dans le monde du travail. Ainsi, les femmes en prenant en charge une grande partie des emplois relatifs aux « choses humaines » (éducation, santé, communication et relations publiques...) ont manifesté au plan professionnel leur intérêt pour « l'humain », ce qui n'a fait que le renforcer au plan de leurs loisirs.

Enfin, le fait que la majorité des femmes exercent aujourd'hui une activité professionnelle a assez peu affecté la division sexuelle des rôles au sein de l'espace domestique et notamment n'a pas entamé le rôle privilégié qu'elles jouent dans l'éducation des enfants et la transmission du « désir » de culture. Au contraire, il semble que ce rôle de « passeur » se soit plutôt renforcé dans le contexte général de mobilisation renforcée en faveur de la réussite scolaire, dont témoigne par exemple le succès spectaculaire du secteur parascolaire. Beaucoup de pratiques culturelles — la lecture de livres, la fréquentation des musées ou des théâtres — peuvent apparaître, en effet, comme un moyen efficace de favoriser la réussite scolaire ou plus généralement d'acquérir une culture générale susceptible d'être réinvestie dans le domaine scolaire ou la recherche ultérieure d'un emploi. Un tel contexte, favorable à une certaine instrumentalisation de la culture au profit de la réussite scolaire ou professionnelle, a contribué aussi, semble-t-il, à la féminisation des pratiques culturelles puisque d'une part les petites filles ont plus profité que les petits garçons des progrès de la familiarisation précoce avec l'art et la culture constatés ces dernières décennies [Tavan, 2003], et que d'autre part le rôle des femmes dans la transmission des passions culturelles apparaît plus important que dans les générations plus anciennes [Développement culturel, 2004] : les jeunes mères d'aujourd'hui ayant été plus nombreuses à recevoir une passion culturelle pendant leur enfance sont logiquement plus nombreuses à en avoir transmis une à leurs enfants, d'autant plus que — toutes choses égales par ailleurs — elles sont davantage portées que les hommes à se faire à leur tour « passeurs » quand elles en ont reçu une.

Résumons-nous : les femmes des générations nées à partir des années 1960 sont plus diplômées que leurs homologues masculins, avec une formation plus souvent littéraire ou artistique, elles sont plus nombreuses à occuper des emplois induisant un rapport quasi professionnel aux loisirs culturels, et sont souvent dans l'espace domestique en charge de la (re)production du « désir » de culture auprès des enfants. Bref, autant d'éléments qui laissent penser que la féminisation des pratiques culturelles risque fort de se poursuivre, à mesure que les générations les plus anciennes — au sein desquelles les taux de pratiques culturelles des hommes sont en général supérieurs à ceux des femmes — vont disparaître. À suivre, donc...

Bibliographie

BOURDIEU P., DARBEL A., SCHNAPPER D. (1966), *L'amour de l'art*, Minuit, Paris.

CHENU A., HERPIN N. (2002), « Une pause dans la marche vers la civilisation des loisirs ? », *Économie et statistique*, n° 352-353, p. 15-37.

DÉVELOPPEMENT CULTUREL (2004), « Transmettre une passion culturelle », ministère de la Culture et de la Communication, n° 143, février.

DONNAT O. (1994), *Les Français face à la culture*, La Découverte, Paris.

INSEE (2004), *Enquête sur la participation à la vie culturelle et sportive*.

Kaufmann J.-C. (2003), *La femme seule et le prince charmant*, Nathan, Pocket, Paris.

Lahire B. (2004), *La culture des individus*, La Découverte, Paris.

Lehingue P. (2003), « Les différenciations sexuelles dans les pratiques culturelles. Évolution 1973-1997 », *in* Donnat O. (dir.), *Regards croisés sur les pratiques culturelles*, La Documentation française, Paris, p. 107-128.

Mauger G., Poliak C.-F., Pudal B. (1999), *Histoires de lecteurs*, Nathan, Paris.

Ministère de la Culture et de la Communication (1974), *Les pratiques culturelles des Français*, La Documentation française, Paris.

Ministère de la Culture et de la Communication (2004), *Notes sur l'emploi culturel*, février.

Octobre S. (2004), *Les loisirs culturels des 6-14 ans*, La Documentation française, Paris.

Singly F. de (2000), *Libres ensemble*, Nathan, Paris.

Tavan C. (2003), « Les pratiques culturelles : le rôle des habitudes prises dans l'enfance », *INSEE Première*, n° 883, février.

Annexes statistiques

Démographie, famille, santé

Activité, emploi, chômage

Vote, participation politique

À quel âge les femmes ont-elles leur premier enfant ? Combien de chômeuses au temps des Trente Glorieuses ? Le vote des femmes est-il si différent de celui des hommes ? Où trouver l'espérance de vie des femmes ? Un taux d'activité ? Un nombre d'élues ?
Comment suivre ces chiffres sur plusieurs décennies ? Cette annexe statistique se propose de rassembler des séries longues sur des indicateurs simples.
L'entreprise, pourtant, n'est pas si simple : les données sont éparpillées dans des institutions différentes, publiées sur des supports divers. L'INSEE, l'INED, Eurostat, les instituts de sondages, les Parlements... ont tantôt des sites, tantôt des publications, parfois des CDRoms et il est d'autant plus difficile de rassembler un tel puzzle que les catégories varient au fil du temps. Il a donc fallu faire des choix. Le plus visible est d'arrêter la plupart des séries sur l'activité et l'emploi à l'année 2002. Pour une raison évidente : depuis 2002, la principale source — l'enquête sur l'emploi de l'INSEE — a subi de très importants changements. Mais nous manquons, pour l'heure, de recul sur les ruptures qu'entraîne la nouvelle procédure. Nous avons donc préféré nous en tenir à des séries homogènes, même lorsqu'un nouveau chiffre est avancé pour l'année 2003 ou 2004.
Cette annexe offre au lecteur des repères statistiques de base à partir de séries longues homogénéisées. Elle est organisée autour de trois axes :
— démographie, famille, santé, par Alice Debauche ;
— activité, emploi, chômage, par Margaret Maruani, Monique Meron et Isabelle Puech avec la collaboration de Catherine Marry et Sophie Ponthieux ;
— vote et participation politique, par Mariette Sineau.
La mise en forme de l'ensemble a été réalisée par Isabelle Puech.
Ces données sont évidemment là pour illustrer les articles réunis dans cet ouvrage. Mais, au-delà, elles proposent un tableau d'ensemble des indicateurs statistiques de la place des hommes et des femmes dans la société.

Margaret Maruani,
Monique Meron.

Démographie, famille, santé

Tableau 1-1 Population de la France au 1er janvier 2004

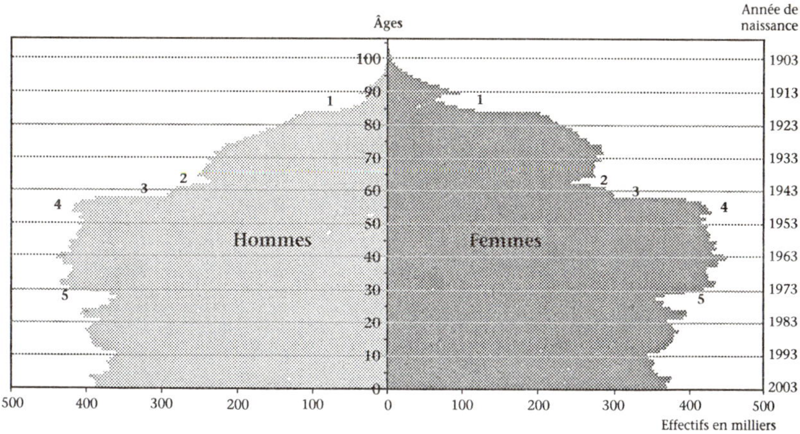

1 : Déficit des naissances dû à la guerre 1914-1918 (classes creuses)

2 : Passage des classes creuses à l'âge de fécondité

3 : Déficit des naissances dû à la guerre 1939-1945

4 : Baby-boom

5 : fin du baby-boom

Tableau 1-1bis Évolution de l'espérance de vie à la naissance en France depuis 1946

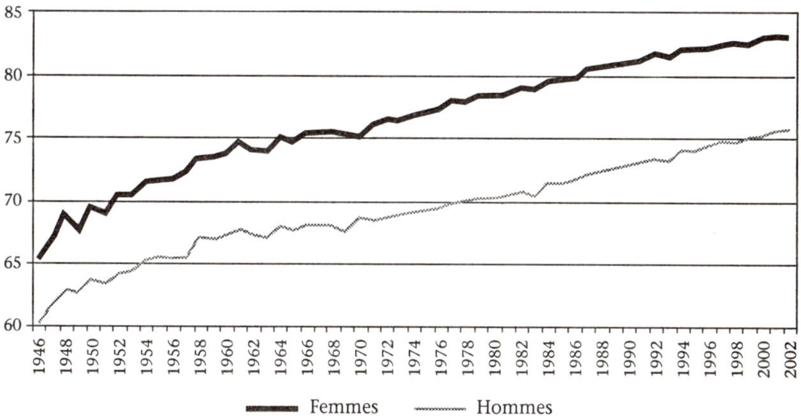

Tableau 1-2 **L'évolution de la fécondité en France depuis 1946**

Année	Indicateur conjoncturel de fécondité (naissances pour 100 femmes)	Âge moyen des mères (en années) Ensemble	Premières naissances
1946	299,83	28,8	26,1
1950	294,73	28,2	24,8
1955	268,42	27,9	24,5
1960	273,99	27,6	24,6
1965	284,97	27,3	24,0
1970	248,08	27,2	24,0
1975	192,74	26,7	23,9
1980	194,55	26,8	24,4
1985	181,42	27,5	25,3
1990	177,85	28,3	26,0
1995	171,33	29,0	26,8
2000	188,02	29,4	27,4
2001	188,80	29,4	(1)
2002*	188,11	29,5	(1)
2003*	189,40	29,5	(1)

* Données provisoires.
(1) Données manquantes.

Source : Fabienne Daguet, « Un siècle de fécondité française », *INSEE Résultats*, 2002 et France Prioux, « L'évolution démographique récente en France », Population, 4-5, 2003.

Tableau 1-3 **L'évolution de la nuptialité en France depuis 1946**

Année	Nombre de mariages (en milliers)	Nombre de mariages pour 1 000 habitants	Âge moyen au premier mariage (en années) Hommes	Femmes	Nombre de divorces (en milliers)
1946	516,9	12,8	(1)	(1)	64,1
1950	331,1	7,9	(1)	(1)	34,7
1955	312,7	7,2	(1)	(1)	31,3
1960	319,9	7,0	26,1	23,5	30,2
1965	346,3	7,1	25,1	22,6	34,9
1970	393,7	7,8	24,4	22,4	38,9
1975	387,4	7,4	24,6	22,5	55,6
1980	334,4	6,2	25,2	23,0	81,1
1985	269,4	4,9	26,4	24,3	107,5
1990	287,0	5,1	27,8	25,7	105,8
1995	254,7	4,4	29,2	27,2	119,2
2000	297,9	5,1	30,7	28,6	114,0
2001	288,3	4,9	30,8	28,6	112,6
2002	279,1	4,7	31,0	28,8	127,6
2003*	273,1	4,6	(1)	(1)	(1)

* Données provisoires.
(1) Données manquantes.

Source : INSEE, état civil et ministère de la Justice.

Tableau 1-4 **Évolution de l'âge à la maternité en France (1946-2002)**

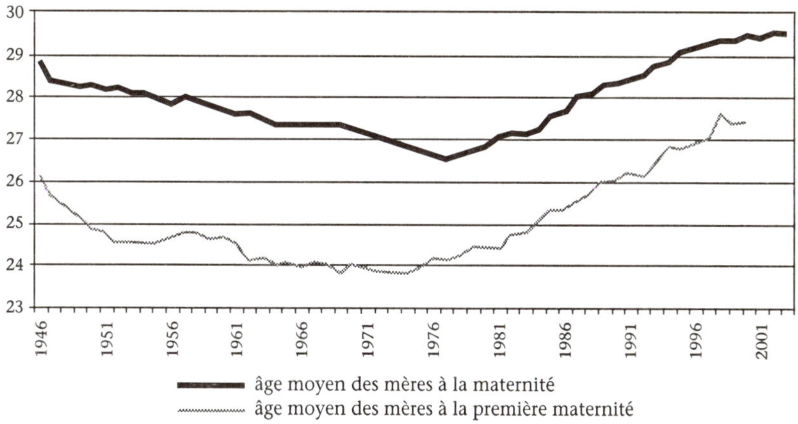

Source : Insee, état civil.

Tableau 1-5 **Évolution du nombre de familles avec enfants de moins de 25 ans**

	1975	1982	1990	1999	2002
Nombre de familles (en milliers)	8 299,7	8 699,2	8 906,8	8 604,5	8 756,6
Familles monoparentales (en %)	**9,3**	**10,2**	**13,2**	**17,4**	**18,0**
Couples avec enfants (en %)	90,7	89,8	86,8	82,6	82,0
Familles mères-enfants parmi l'ensemble des familles monoparentales (en %)	**80,6**	**85,4**	**86,2**	**85,6**	**85,6**

Source : Recensements de la population (1975-1999) et enquête Emploi 2002, INSEE.

Tableau 1-6 **Situation familiale selon l'âge en 1999 (en %)**

Situation familiale	**1999**					
	Moins de 25 ans		**Plus de 25 ans**		**Ensemble**	
	F	**H**	**F**	**H**	**F**	**H**
Enfant d'une famille	86,6	90,6	2,7	6,5	27,4	33,8
Personne seule	3,9	3,2	19,2	13,9	14,7	10,5
Membre d'un couple sans enfant	3,8	1,7	27,9	31,8	20,8	22
Membre d'un couple avec enfant(s)	1,4	0,5	36,3	40,7	26,1	27,6
Parent d'une famille monoparentale	0,5	0	7,9	1,5	5,6	1
Personne vivant hors famille, dans un ménage de plusieurs personnes	2,2	2	3,6	3,3	3,2	2,9
Personne vivant hors ménage	1,6	2	2,4	2,3	2,2	2,2
Total	100	100	100	100	100	100

Source : Recensement de la population de 1999, INSEE.

Tableau 1-7 **Évolution du nombre d'avortements en France depuis 1976**

Année	Nombre d'avortements déclarés [1]	Nombre d'avortements estimés [2]	Avortements pour 100 naissances vivantes [2]
1976	134 173	250 000	34,8
1977	150 931	253 000	34,0
1978	150 417	256 000	34,7
1979	156 810	259 000	34,2
1980	171 218	262 000	32,7
1981	180 695	265 000	32,9
1982	181 122	263 000	33,0
1983	182 862	261 000	34,9
1984	180 789	260 000	34,2
1985	173 335	249 000	32,4
1986	166 797	239 000	30,7
1987	162 532	230 000	30,0
1988	166 510	230 000	29,8
1989	163 090	230 000	30,0
1990	170 428	230 000	30,2
1991	172 152	230 000	30,3
1992	167 777	227 000	30,5
1993	166 921	225 000	31,6
1994	163 180	220 000	30,9
1995	156 181	220 000	30,1
1996	162 792	220 000	30,0
1997	163 985	220 000	30,3
1998	—	198 875	26,9
1999	—	199 742	26,8
2000	—	199 126	25,5
2001	—	198 700	25,8

1. Avortements pour lesquels un bulletin a été rempli.

2. Le nombre d'avortements déclarés doit être corrigé car tous les avortements ne donnent pas lieu à un bulletin. L'INED produit donc chaque année une estimation du nombre d'avortements réel. À partir de 1998 cependant, un changement dans la procédure de traitement des bulletins remplis par les patientes lors d'une IVG empêche de fournir cette estimation annuelle. Nous présentons donc les statistiques annuelles des établissements de santé pour les années postérieures à 1997, bien que ces chiffres ne soient pas comparables avec ceux fournis par l'INED car issus d'une autre source.

Source : INED, Statistiques de l'avortement ; DREES (SAE).

Tableau 1-8 **Recours à l'avortement selon l'âge**

	Taux d'IVG pour 100 conceptions		
	1990	**1993**	**1997**
15-17 ans	66,8	70,2	74,4
18-19 ans	46,5	51,4	58,2
20-24 ans	21,9	25,8	30,4
25-29 ans	13,2	13,7	13,7
30-34 ans	16,9	16,3	14,6
35-39 ans	27,0	26,4	24,1
40-44 ans	44,2	42,4	39,1
45-49 ans	60,2	61,8	58,6
50 ans et +	71,0	62,4	58,7
Ensemble	**20,1**	**21,0**	**21,0**

Source : ministère de l'Emploi et de la Solidarité, DREES.

Tableau 1-9 **Évolution des méthodes contraceptives**

	1978	**1988**	**1994**	**2000**
Proportion de femmes (en %) :	**67,5**	**67,6**	**67,7**	**74,6**
Utilisant une méthode :				
Pilule	28,3	33,8	40,2	45,4
Stérilet	8,5	18,8	15,8	17,3
Abstinence	5,5	5,0	3,9	1,3
Préservatif	5,1	3,4	4,6	7,4
Retrait	18,0	4,8	2,4	2,3
Autre méthode	2,1	1,8	0,8	0,9
Stérilisation à but contraceptif*	**4,1**	**4,2**	**3**	**4,7**
N'utilisant pas de méthode	**28,4**	**28,2**	**29,3**	**20,7**
Stérilisées	3,2	1,8	1,5	*
Stériles	1,4	2,8	2,5	1,3
Enceintes	4,8	5,4	5,1	4,0
Sans partenaire	9,1	9,9	11,3	8,2
Veulent encore un enfant	6,3	6,6	6,3	5,4
Ne veulent plus d'enfant	3,6	1,7	2,6	1,8
Total	**100**	**100**	**100**	**100**

* L'enquête Cocon 2000 ne permet pas de distinguer entre les stérilisations à but contraceptif de celles à but médical. Les stérilisations du partenaire sont inclues.

Source : INED, enquête mondiale de fécondité 1978, enquête régulation des naissances 1988, enquête sur les situations familiales et l'emploi 1994, enquête Cocon 2000.

Tableau 1-10 **Méthode contraceptive principale par âge en 2000**

	18-19 ans	20-24 ans	25-29 ans	30-34 ans	35-39 ans	40-44 ans
Proportion de femmes (en %) :						
Utilisant une méthode	**63,3**	**79,3**	**76,1**	**72,5**	**74,6**	**70,7**
Pilule	53,9	68,3	56,7	43,8	33,2	28,0
Stérilet	0,0	0,9	7,5	18,3	27,6	29,6
Préservatif	9,2	8,6	7,7	8	6,2	6,7
Retrait	0,0	0,2	3,2	1,4	3,5	2,6
Autre méthode	0,2	1,3	1,0	1,0	4,1	3,7
Stérilisation	**0,0**	**0,0**	**0,3**	**0,9**	**5,7**	**16,3**
N'utilisant pas de méthode	**36,7**	**20,7**	**23,6**	**26,6**	**19,7**	**13,0**
Stériles	0,0	0,0	0,6	0,5	1,7	4,2
Enceintes	1,5	1,8	7,1	6,9	3,3	0,4
Pas de relations sexuelles	33,3	17,1	6,6	8,4	6,5	3,4
Veulent encore un enfant	1,5	1,6	8,6	8,6	6,1	1,9
Autre situation	0,4	0,2	0,7	2,3	2,1	3,1
Total	**100**	**100**	**100**	**100**	**100**	**100**

Source : enquête Cocon 2000, *Population*, 2004 (3).

Tableau 1-11 **Taux de prévalence des affections selon le sexe en 2000**

Pathologies	Nombre d'affections pour 100 personnes	
	Hommes	Femmes
Maladies infectieuses et parasitaires	3,2	4,3
Tumeurs	2,4	6,3
Maladies endocriniennes, de la nutrition et du métabolisme	29,0	34,4
Maladies du sang et des organes hématopoïétiques et troubles immunitaires	0,5	0,9
Troubles mentaux et du sommeil	9,7	18,3
Maladies du système nerveux	8,0	16,1
Troubles de la réfraction	50,6	66,0
Autres maladies ophtalmologiques	5,2	6,3
Maladies de l'oreille	8,8	8,3
Maladies de l'appareil circulatoire	25,5	37,0
Maladies de l'appareil respiratoire	17,7	20,0
Maladies de l'appareil digestif	15,8	24,8
Affections de la bouche et des dents	69,0	75,7
Maladies des organes génito-urinaires	6,4	18,5
Complications de la grossesse, de l'accouchement et des suites de couches	—	0,1
Maladies de la peau et du tissu cellulaire sous-cutané	8,1	11,0
Maladies ostéo-articulaires et des muscles	27,4	38,9
Maladies congénitales et périnatales	0,7	0,8
Symptômes, signes et états morbides mal définis	0,6	0,9
Lésions traumatiques et empoisonnements	3,0	2,9
Autres	0,2	0,1

Lecture : Au moment de l'enquête, il y avait 25,5 hommes et 37 femmes sur 100 atteints d'une maladie de l'appareil circulatoire. La ligne « Ensemble » présente des chiffres supérieurs à 100 parce qu'une même personne peut être atteinte de plusieurs affections en même temps.

Champ : Ménages comportant au moins un assuré social des régimes général, des professions agricoles et des professions indépendantes en France métropolitaine.

Source : Credes, enquête santé et protection sociale 2000.

Tableau 1-12 **Principales causes médicales de décès par sexe et par tranche d'âge en 2000**

Causes de décès (en %)	**< 15 ans**		**15-24 ans**		**25-44 ans**		**45-64 ans**		**65-74 ans**		**75 ans et +**		**Total**	
	H	**F**	**H**	**F**	**H**	**F**	**H**	**F**	**H**	**F**	**H**	**F**	**H**	**F**
Maladies infectieuses et parasitaires	3,6	3,3	0,5	1,4	4,6	3,3	1,8	1,7	1,7	1,9	2,1	2,0	2,0	2,0
dont : sida et maladies VIH	*0,1*	*0,1*	*0,2*	*0,1*	*3,3*	*2,1*	*0,4*	*0,2*	*0,1*	*0,0*	*0,0*	*0,0*	*0,3*	*0,1*
Tumeurs	6,6	7,6	7,2	11,6	17,7	35,9	45,4	52,2	43,6	42,0	26,1	16,2	33,0	23,2
Troubles mentaux et comportementaux	0,1	0,1	1,0	0,9	4,2	3,0	2,9	2,0	1,5	1,6	2,8	4,7	2,6	4,0
dont : abus d'alcool et psychose alcoolique	*0,0*	*0,0*	*0,2*	*0,1*	*2,8*	*2,0*	*2,3*	*1,2*	*0,7*	*0,3*	*0,2*	*0,1*	*0,8*	*0,2*
Maladies de l'appareil circulatoire	3,1	3,7	3,2	4,5	10,2	9,2	18,4	12,8	26,2	24,3	35,1	39,0	27,6	33,5
Maladies de l'appareil respiratoire	1,6	1,6	1,2	2,4	1,3	2,4	3,0	2,7	5,9	4,6	9,5	7,8	6,7	6,7
Maladies de l'appareil digestif	1,2	0,9	0,4	0,8	5,0	5,3	7,3	7,0	4,9	4,7	3,5	3,9	4,6	4,3
Complications de grossesses, accouchements	0,0	0,0	0,0	0,3	0,0	0,7	0,0	0,0	0,0	0,0	0,0	0,0	0,0	0,0
Malformations congénitales, anomalies chromosomiques et infections périnatales	44,6	46,0	1,3	2,6	0,7	1,0	0,2	0,5	0,1	0,2	0,1	0,1	0,6	0,5
Autres maladies	9,3	10,8	4,7	7,8	4,7	6,1	5,3	7,2	7,6	11,6	10,8	13,1	8,5	12,2
Symptômes et états mal définis	12,8	12,0	7,8	9,9	9,7	7,5	5,2	4,2	3,6	3,8	5,2	8,0	5,2	7,1
Causes externes	17,2	14,1	72,6	58,0	41,9	25,6	10,5	9,7	4,8	5,1	5,0	5,2	9,1	6,4
dont : accidents de la circulation	*7,1*	*5,0*	*44,0*	*34,4*	*12,7*	*7,2*	*2,1*	*1,9*	*0,7*	*0,7*	*0,4*	*0,2*	*2,1*	*0,8*
chutes accidentelles	*0,6*	*0,3*	*1,9*	*0,3*	*1,6*	*0,7*	*0,9*	*0,7*	*0,7*	*0,8*	*0,9*	*1,2*	*0,9*	*1,1*
suicides et séquelles de tentatives	*1,2*	*0,4*	*14,3*	*11,5*	*18,2*	*11,9*	*4,3*	*4,3*	*1,6*	*1,3*	*1,0*	*0,3*	*2,9*	*1,1*
Total (en %)	**100**	**100**	**100**	**100**	**100**	**100**	**100**	**100**	**100**	**100**	**100**	**100**	**100**	**100**
Total (effectifs en milliers)	**3,0**	**2,2**	**3,3**	**1,2**	**15,3**	**6,8**	**54,3**	**23,4**	**61,9**	**32,8**	**134,2**	**192,5**	**272,0**	**258,8**

Source : Inserm.

Tableau 1-13 **Espérance de vie en Europe en 2002**

Pays	À la naissance		À 60 ans	
	Femmes	Hommes	Femmes	Hommes
Allemagne	81,3 [a]	75,6 [a]	23,9 [a]	19,8 [a]
Autriche	81,7	75,8	24,1	20,2
Belgique	81,7	75,6	23,9	19,6
Danemark	79,5	74,8	22,4	19,1
Espagne	83,1 [1]	75,7 [1]	24,9 [b]	20,3 [b]
Finlande	81,5	74,9	24	19,5
France	**82,9** [2]	**75,6** [2]	**25,7** [a]	**20,6** [a]
Grèce	80,7 [2]	75,4 [2]	23,1 [c]	20,1 [c]
Irlande	80,3	75,2	22,9	19,2
Italie	82,9 [1]	76,8 [1]	24,8 [b]	20,4 [b]
Luxembourg	81,5	74,9	24,2	19,6
Pays-Bas	80,7	76,0	23,5	19,5
Portugal	80,5	73,8	23,3	19,4
Royaume-Uni	80,2 [b]	75,5 [b]	23,0 [b]	19,4 [b]
Suède	82,1	77,7	24,3	20,9
UE à 15	**81,6** [1]	**75,8** [1]	**24,2** [1]	**20,1** [1]

1. Données estimées ; 2. Données provisoires.
a. Données de 2001 ; b. Données de 2000 ; c. Données de 1999.

Source : Eurostat.

Tableau 1-14 **Les naissances en Europe en 2002**

Pays	Nombre de naissances (en milliers)	Indicateur conjoncturel de fécondité	Âge moyen des femmes à la maternité	Naissances hors mariage (en %)
Allemagne	719,2	1,31	29,7	26,14
Autriche	78,3	1,40	28,6	33,80
Belgique	111,2	1,62	28,6 [c]	20,98 [c]
Danemark	64,1	1,72	29,9	44,58
Espagne	410,9	1,25	30,7 [b]	17,74 [a]
Finlande	55,7	1,72	29,7	39,88
France	**763,3**	**1,89**	**29,5**	**43,71** [a]
Grèce	101,0 [a]	1,25 [a]	28,9 [c]	4,02 [b]
Irlande	59,5	2,00	30,6	31,09
Italie	531,9 [a]	1,23 [a]	30,3 [b]	9,66 [b]
Luxembourg	5,4	1,63	29,5	23,18
Pays-Bas	202,4	1,73	30,4	29,13
Portugal	114,5	1,47	28,8	25,45
Royaume-Uni	664,5 [a]	1,64	28,7	40,63
Suède	95,7	1,65	30,1	56,04
UE à 15	**3 977,4**	**2,13** [a]	**29,2** [b]	**28,44**

a. Données de 2001 ; b. Données de 2000 ; c. Données de 1999 ; d. Données de 1997.

Source : Eurostat et « Évolution démographique récente en Europe », Conseil de l'Europe, 2003.

Activité, emploi, chômage

Tableau 2-1 **La population active de la France de 1962 à 2002 (effectifs en millions)**

	Hommes	Femmes	Ensemble	Part des femmes dans la population active
1962	12,6	6,7	19,3	34,7
1968	13,3	7,1	20,4	34,8
1975	13,6	8,1	21,7	37,3
1982	13,9	9,6	23,5	40,8
1990	14,0	11,1	25,1	44,2
1999	14,3	12,2	26,5	46,0
2002	14,2	12,1	26,3	45,6

Sources : Recensements de la population 1962 à 1999 puis enquête Emploi 2002, INSEE.

Courbes d'activité* féminines 1963-2002

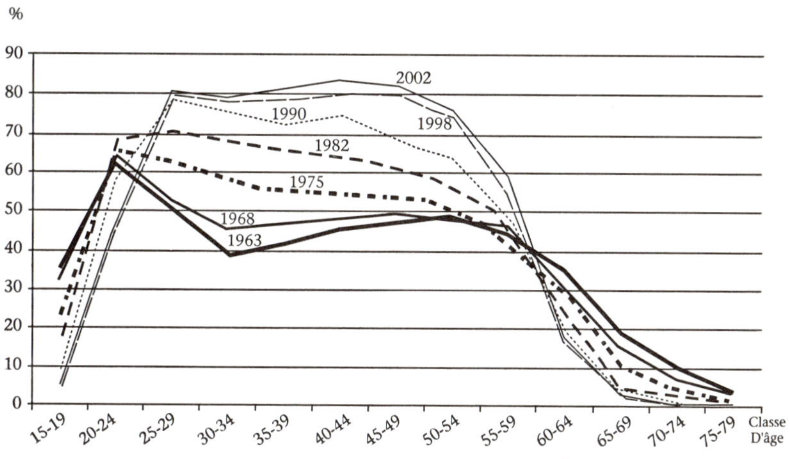

* Il s'agit des taux d'activité des femmes par âge quinquennal, observés au sens du recensement.

Source : Enquêtes emploi, INSEE.

Tableau 2-2 **Taux d'activité des femmes de 25 à 49 ans, France 1962-2002 (en %)**

	Taux d'activité
1962	41,5
1968	44,4
1975	53,9
1982	65,2
1990	71,4
1999	81,6
1999*	80,4
2002*	81,3

* D'après l'enquête Emploi.

Source : Recensements de la population de 1962 à 1999 puis enquêtes Emploi 1999 et 2002, INSEE.

Tableau 2-3 **Taux d'activité des femmes de 25 à 49 ans selon le nombre d'enfants de moins de 16 ans, France 1962-2000 (en %)**

	Sans conjoint	Avec conjoint sans enfant	Avec conjoint 1 enfant	Avec conjoint 2 enfants	Avec conjoint 3 enfants et +	Ensemble
1962	67,5	55,7	42,5	26,1	15,9	41,5
1968	71,8	57,3	46,8	30,3	17,8	44,4
1975	78,2	63,5	59,4	42,8	23,2	53,9
1982	83,0	71,9	70,1	59,4	31,6	65,2
1990	87,6	82,6	79,7	74,5	44,5	76,1
1999	86,4	83,2	84	77,3	55,4	81,6
1999*	87,9	86,9	84,4	74,4	51,6	80,4
2002*	87,1	87,6	86,3	76,5	52,8	81,3

* D'après l'enquête Emploi.

Source : Recensements de la population de 1962 à 1999 puis enquêtes Emploi 1999 et 2002, INSEE.

Tableau 2-4 **Taux d'activité par sexe et tranche d'âge, France 1968-2002 (en %)**

	15-24 ans			25-49 ans			50 ans et plus			Ensemble		
Années	H	F	Total	H	F	Total	H	F	Total	H	F	Total
1968	65	49	57	96	46	72	53	23	36	75	37	55
1969	64	48	56	97	47	73	52	23	35	75	38	55
1970	64	48	56	97	49	74	51	22	35	74	38	56
1971	62	48	55	97	50	74	50	22	34	73	39	55
1972	61	48	54	96	52	75	49	22	34	73	39	55
1973	60	48	54	96	54	76	49	22	33	73	39	55
1974	59	47	53	97	55	77	48	21	33	72	40	55
1975	59	47	53	96	56	77	47	21	32	72	40	55
1976	58	47	53	96	58	78	46	21	32	71	41	56
1977	58	47	53	96	60	79	46	21	32	71	42	56
1978	57	47	52	96	61	79	45	21	32	71	42	56
1979	57	46	51	96	63	79	45	21	32	70	43	56
1980	55	45	50	95	64	80	44	21	31	69	43	56
1981	55	45	50	95	65	80	43	21	31	69	43	56
1982	55	45	50	96	67	81	41	21	30	68	44	56
1983	53	44	49	96	68	82	39	20	29	68	44	55
1984	53	44	48	95	70	83	38	20	28	67	45	55
1985	51	43	47	95	70	83	37	20	27	66	45	55
1986	50	43	47	95	71	83	36	20	27	66	45	55
1987	48	41	45	95	72	84	35	20	26	65	45	55
1988	47	40	43	95	73	84	34	19	26	64	45	54
1989	45	38	42	95	74	85	34	19	26	64	45	54
1990	43	36	40	96	75	85	33	19	25	64	45	54
1991	42	35	38	96	76	86	32	18	24	64	46	54
1992	40	33	37	96	77	86	31	18	24	63	46	54
1993	38	32	35	95	78	87	31	18	24	63	46	54
1994	37	31	34	96	79	87	30	19	24	62	47	54
1995	36	30	33	95	79	87	30	19	24	62	47	54
1996	36	29	32	95	79	87	31	20	25	62	47	54
1997	35	28	32	95	80	87	31	20	25	62	47	54
1998	35	28	32	95	80	88	32	21	26	62	48	55
1999	36	28	32	96	80	88	33	22	27	62	48	55
2000	37	29	33	96	81	89	33	23	28	62	49	55
2001	37	30	34	96	82	89	34	24	28	62	49	55
2002	38	30	34	95	81	88	36	25	30	62	49	56

Source : Enquêtes Emploi, séries longues, INSEE, calculs INSEE.

Tableau 2-5 **Population active par sexe et tranche d'âge, France 1968-2002 (effectifs en milliers)**

	15-24 ans			25-49 ans			50 ans et plus			Ensemble		
Années	H	F	Total	H	F	Total	H	F	Total	H	F	Total
1968	26 637	18 989	45 626	76 953	35 825	112 778	31 942	18 368	50 309	135 532	73 181	208 713
1969	26 723	19 173	45 896	78 455	37 040	115 495	31 409	18 222	49 631	136 587	74 435	211 022
1970	27 176	19 907	47 083	79 451	38 520	117 971	31 282	18 000	49 282	137 908	76 427	214 335
1971	26 560	19 993	46 553	80 143	39 948	120 091	31 347	17 910	49 257	138 050	77 851	215 902
1972	26 112	19 872	45 984	80 923	41 453	122 376	31 183	17 962	49 145	138 219	79 287	217 505
1973	25 986	19 764	45 750	82 227	43 422	125 649	31 124	17 823	48 947	139 337	81 009	220 346
1974	25 566	19 456	45 022	83 672	45 306	128 977	31 053	17 568	48 621	140 291	82 329	222 620
1975	25 612	19 545	45 157	83 736	46 765	130 501	30 646	17 400	48 046	139 993	83 711	223 704
1976	25 069	19 648	44 717	84 561	48 875	133 436	30 717	17 670	48 387	140 347	86 193	226 541
1977	24 949	19 762	44 711	85 342	51 024	136 366	30 877	17 874	48 751	141 168	88 659	229 827
1978	24 701	19 543	44 244	85 755	52 682	138 438	30 776	18 006	48 782	141 232	90 232	231 464
1979	24 486	19 352	43 837	86 095	54 324	140 419	30 783	18 522	49 304	141 363	92 198	233 561
1980	23 898	19 001	42 899	86 648	55 820	142 468	30 751	18 922	49 672	141 296	93 743	235 039
1981	23 789	19 047	42 836	87 306	57 456	144 763	30 172	18 947	49 119	141 267	95 450	236 717
1982	23 901	19 169	43 070	88 327	59 753	148 080	29 177	18 660	47 837	141 405	97 583	238 987
1983	23 241	18 673	41 914	89 244	62 008	151 252	28 206	18 315	46 520	140 690	98 996	239 686
1984	23 021	18 704	41 726	89 749	63 952	153 700	27 532	18 221	45 752	140 302	100 877	241 179
1985	22 484	18 424	40 858	90 144	65 428	155 572	27 090	18 054	45 144	139 718	101 906	241 624
1986	22 056	18 263	40 319	91 263	67 065	158 329	26 433	18 092	44 525	139 752	103 421	243 173
1987	21 124	17 655	38 778	92 437	69 025	161 462	25 879	18 296	44 175	139 440	104 975	244 415
1988	20 443	16 877	37 320	93 605	70 773	164 378	25 482	18 224	43 706	139 530	105 873	245 403
1989	19 746	16 064	35 810	95 208	72 817	168 025	25 191	18 171	43 362	140 145	107 051	247 197
1990	18 601	14 988	33 588	97 273	74 857	172 130	24 665	17 839	42 505	140 539	107 684	248 223
1991	17 586	14 286	31 872	98 988	77 434	176 422	24 063	17 509	41 571	140 636	109 229	249 865

1992	16 482	13 532	30 015	99 626	79 834	179 460	23 895	17 490	41 385	140 003	110 856	250 859
1993	15 661	12 751	28 411	100 254	81 558	181 812	23 475	17 658	41 133	139 389	111 967	251 356
1994	15 048	12 200	27 248	101 360	83 420	184 780	23 152	17 955	41 107	139 560	113 574	253 134
1995	14 443	11 570	26 013	101 243	84 004	185 247	23 599	18 595	42 194	139 285	114 170	253 455
1996	14 173	11 076	25 249	101 437	85 184	186 621	24 674	19 578	44 252	140 284	115 838	256 122
1997	13 824	10 738	24 562	101 199	85 466	186 665	25 627	20 654	46 281	140 650	116 859	257 509
1998	13 648	10 571	24 219	100 945	86 069	187 014	26 866	22 004	48 870	141 459	118 644	260 103
1999	14 019	10 706	24 726	100 704	86 232	186 936	28 146	23 308	51 454	142 870	120 246	263 116
2000	14 314	11 070	25 384	100 457	86 372	186 829	29 196	24 401	53 597	143 967	12184,3	265 810
2001	14 687	11 204	25 891	99 846	86 383	186 230	30 428	25 502	55 931	144 962	123 090	268 052
2002	14 795	11 589	26 384	98 300	85 220	183 520	32 761	27 974	60 735	145 857	124 783	270 639

Source : Enquêtes Emploi, séries longues, INSEE, calculs INSEE.

Tableau 2-6 **Part de filles reçues au bac général de 1962 à 2003 selon la section (en %)**

	A	B	C	D, D'	E	Bac général
1962	67,4	56,2	23,3	54,4	0	49,9
1963	65,4	51,7	24,7	52,7	0,2	48
1964	66,6	59,5	25,4	53	0,4	50,3
1965	66,2	62,6	25,1	53,1	0,7	49,9
1966	66,8	63,7	25,5	50,6	0,3	51,5
1967	65,7	55,8	25,6	49,2	0,8	48,9
1969	68,4	50,3	26,5	50	1,3	53,2
1970	68,9	51,1	28,2	51	1,5	53,8
1971	70,9	54,5	30,4	51,8	5	54,8
1972	72,4	55,8	32,7	52,9	2	55,6
1973	73,9	57,4	35	52,1	2,2	56
1974	75,2	60,1	35,1	53,3	2,5	56,7
1975	76	60,5	35,8	53,2	3,5	56,6
1976	76,4	62,1	37	54,1	3,6	56,5
1977	77,4	64,6	37,6	54,7	3,4	54,1
1978	77,7	64,8	38,1	55,3	3,6	57,3
1979	78	64,7	37,8	54,9	3,9	57,4
1980	79	65,2	38,5	56,4	3,7	58,3
1981	79,6	65	39,5	56,3	4	59,1
1982	79,6	63,8	38	56,3	4,1	58,5
1983	80,1	63	37,3	55,6	4,1	58,5
1984	81,2	62,4	37,3	55,9	5,9	58,3
1985	81,1	61,4	35,7	52,9	5,2	57,7
1986	81,6	61,5	34,4	51,6	5	57,3
1987	82,1	60,7	34,3	51,8	5,3	57,2
1988	81,6	61,3	35,1	51	4,9	57,3
1989	81,3	60,9	35,9	51,1	5,9	56,8
1990	81,7	61	36,9	51,8	5,8	56,9
1991	81,5	61,6	37,5	51,2	5,9	57,1
1992	80,9	62	38,5	50,8	6,1	57,3
1993	81,1	62	39,6	50,8	6,9	57,2
1994	81,2	63,3	39,4	50,5	8,3	57,0
1995	80,7	62,0	38,6	54,6	10,3	56,7
1996*	80,0	60,5	37,7	52,1	9,7	57,2
1997	81,9	61,7	40	56,2	9,0	58,3
1998	82,2	62,3	40,1	56,4	8,5	58,2
1999	82,6	62,5	41,4	57	8,8	58,2
2000	82,6	64,1	41,2	58,7	8,5	58,2
2001	83,0	64,6		44,5**		58,8
2002	83,6	65,7		45,6		59,2
2003	83,3	65,6		46,2		59,2

* À partir de 1996, bac C : SMP maths et physique-chimie ; bac D et D' : SVT vie et terre et bac bio-écologie.

** Pour 2001, 2002, 2003 les chiffres de la filière S (scientifique) sont regroupés.

Source : Pour les années 1962-1992 : M. Casabianca, M. Thaurel Richard, P. Esquieu (1993), « Notre école vue du bac », *Éducation et Formations*, tableau 3, p. 10 : Rétrospective baccalauréat. Poids des candidates admises par série. Pour les années suivantes (1993-2003) : Notes d'information du ministère de l'Éducation nationale.

Tableau 2-7 **Population active ayant un emploi par catégorie socioprofessionnelle (1982-2002) (effectifs en milliers)**

	Hommes				Femmes				Ensemble			
	1982	1990	1999	2002	1982	1990	1999	2002	1982	1990	1999	2002
Agriculteurs exploitants	923	625	428	432	546	366	199	207	1 470	991	627	639
	7 %	5 %	3 %	3 %	7 %	4 %	2 %	2 %	7 %	4 %	3 %	2 %
Artisans, commerçants,	1 209	1 196	1 101	1 033	610	560	425	440	1 819	1 756	1 526	1 473
chefs d'entreprise	9 %	9 %	9 %	7 %	7 %	6 %	4 %	4 %	9 %	8 %	7 %	6 %
Cadres et professions	1 400	1 804	1 975	2 327	457	800	1 050	1 329	1 857	2 604	3 025	3 656
intellectuelles	11 %	14 %	16 %	16 %	5 %	9 %	10 %	11 %	9 %	12 %	13 %	14 %
Professions intermé-	2 287	2 489	2 778	2 875	1 526	1 963	2 540	2 566	3 813	4 452	5 318	5 442
diaires	18 %	19 %	22 %	20 %	18 %	21 %	25 %	21 %	18 %	20 %	23 %	21 %
Employés	1 544	1 406	1 631	1 900	3 956	4 493	5 014	5 931	5 500	5 898	6 645	7 831
	12 %	11 %	13 %	13 %	47 %	47 %	48 %	50 %	25 %	27 %	28 %	30 %
Ouvriers	5 643	5 288	4 789	5 551	1 364	1 243	1 120	1 449	7 007	6 532	5 909	6 999
(y compris ouvriers agricoles)	43 %	42 %	37 %	41 %	16 %	13 %	11 %	12 %	32 %	29 %	26 %	27 %
Ensemble	*13 006*	*12 808*	*12 702*	*14 226*	*8 460*	*9 425*	*10 349*	*12 056*	*21 466*	*22 233*	*23 051*	*26 282*
	100 %	*100 %*	*100 %*	*100 %*	*100 %*	*100 %*	*100 %*	*100 %*	*100 %*	*100 %*	*100 %*	*100%*

Source : Recensements de 1982, 1990 et 1999, enquête Emploi 2002, et calculs des auteurs, INSEE.

Tableau 2-8 **Répartition des emplois par secteur d'activité en France (en %)**

	Ensemble			Hommes			Femmes		
	Agr.	Ind.	Serv.	Agr.	Ind.	Serv.	Agr.	Ind.	Serv.
1971	13	38	49	13	46	41	1	25	64
1975	10	38	52	11	45	44	9	24	67
1980	8	35	57	8	43	47	6	23	71
1985	7	31	62	8	40	52	6	19	75
1990	6	29	65	6	39	55	5	17	79
1995	5	26	69	6	35	59	3	14	83
2000	4	24	72	5	33	62	3	12	85
2002	4	23	73	5	33	62	2	12	86

Source : INSEE, séries longues de l'emploi.

Calculs des auteurs.

Tableau 2-9 **La part des femmes dans les métiers : évolution 1982-2002**

	Part des femmes dans l'emploi (%)				Part des femmes parmi les demandeurs d'emploi (%)
Famille professionnelle	**1982**	**1990**	**1997**	**2002**	**2002**
Agriculteurs, sylviculteurs	36,8	34,6	32,8	29,6	31,1
Maraîchers, jardiniers	24,1	27,7	25,8	28,0	24,4
Techniciens, cadres agriculture	6,2	10,0	10,0	16,8	35,9
Marins, pêcheurs	12,2	11,8	19,8	12,3	9,0
ONQ gros œuvre bâtiment	0,4	0,4	1,7	1,2	0,3
OQ travaux publics et béton	1,6	0,8	1,9	2,4	0,2
OQ gros œuvre bâtiment	0,3	0,6	1,0	0,5	0,8
ONQ bâtiment second œuvre	2,6	1,9	7,4	5,7	2,0
OQ bâtiment second œuvre	0,4	0,9	0,7	1,0	1,3
Conducteurs engins BTP	0,8	0,0	0,0	0,0	0,4
Techniciens BTP	8,7	7,9	10,0	9,4	16,2
Cadres BTP	1,6	4,3	4,6	4,8	17,6
ONQ électricité et électronique	48,7	51,9	56,7	60,4	49,1
OQ électricité et électronique	20,0	28,6	34,7	34,4	28,0
Technicien AM électricité	4,5	9,0	8,0	8,6	9,4
ONQ enlèvement ou formage métal	25,2	18,3	20,9	29,5	31,8
OQ enlèvement métal	1,4	3,6	4,3	5,5	14,4
OQ formage métal	0,4	1,4	1,8	1,2	0,7
ONQ mécanique	16,5	24,7	19,1	22,2	38,9
OQ mécanique	4,6	8,1	9,6	8,7	13,6
Ouvriers réparation automobile	0,7	0,9	2,1	2,1	0,6
Techniciens AM en mécanique	4,5	6,2	5,2	7,4	7,7
ONQ process	36,4	37,2	40,9	40,6	72,0
OQ process	22,1	21,9	22,8	22,8	39,2
Techniciens AM process	11,8	14,8	16,2	19,0	41,3
ONQ textile et cuir	81,8	79,7	72,5	73,5	81,2
OQ textile et cuir	65,0	62,5	60,3	66,7	73,7
ONQ bois	22,8	21,8	15,8	13,8	20,8
OQ bois	5,5	5,3	6,5	6,3	9,1
Ouvriers des ind. graphiques	18,0	23,1	20,5	22,8	33,2
Techniciens AM des ind. légères	22,6	19,7	19,2	22,6	44,3
OQ maintenance	2,5	2,2	5,5	7,6	1,3
Technicien AM maintenance	2,0	2,6	4,0	6,2	4,5
Ingénieurs techniques industrie	4,4	5,9	8,4	9,8	20,7
ONQ manutention	36,4	34,1	33,7	34,2	14,9
OQ manutention	8,4	9,0	9,7	11,4	11,4
Conducteurs engins traction	3,4	2,2	2,8	1,8	2,7
Conducteurs véhicules	2,9	3,9	6,3	7,1	7,5
Agents exploitations transports	8,3	8,1	10,7	13,8	26,7
Agents tourisme et transports	33,9	46,0	55,9	55,7	68,8
Cadres transports	5,6	8,4	12,6	20,1	11,1
Artisans et ouvriers artisanaux	45,9	42,8	44,8	42,8	46,7
Secrétaires	95,1	97,2	97,7	97,0	98,3

Famille professionnelle	Part des femmes dans l'emploi (%) 1982	1990	1997	2002	Part des femmes parmi les demandeurs d'emploi (%) 2002
Employés de comptabilité	75,6	81,3	82,2	80,0	71,6
Employés administratifs	74,4	80,0	75,4	76,1	83,4
Secrétaires de direction	96,4	98,7	96,7	96,7	98,3
Techniciens administratifs	45,3	60,1	59,1	63,2	67,1
Cadres administratifs	25,5	34,6	42,1	42,6	52,8
Dirigeants entreprises	14,0	12,9	18,0	13,6	12,9
Informaticiens	34,0	25,3	20,6	19,6	16,3
Personnels études et recherche	9,0	15,6	17,9	19,8	34,1
Fonction publique cat c	69,4	72,9	74,6	72,2	67,7
Fonction publique cat b	60,4	58,8	65,0	62,6	79,0
Fonction publique cat a	27,8	28,2	34,7	37,3	52,1
Professionnels du droit	27,9	26,5	40,4	45,9	66,2
Employés techniciens banque	50,7	55,5	56,4	61,9	64,8
Employés techniciens assurances	66,4	76,7	77,2	76,8	66,3
Cadres banques et assurances	15,7	27,3	26,3	33,0	30,1
Caissiers, employés libre services	90,1	85,7	85,8	84,0	81,8
Vendeurs	71,2	72,4	72,1	68,8	75,0
Représentants	22,3	27,7	34,2	39,7	29,4
Intermédiaires de commerce	30,3	37,4	39,1	42,4	41,3
Cadres commerciaux	9,0	14,1	16,9	24,9	35,8
Bouchers, charcutiers, boulangers	8,4	5,8	7,7	9,0	5,9
Cuisiniers	33,1	27,7	23,2	24,8	27,5
Employés AM hôtellerie	57,1	60,3	60,7	61,6	59,3
Patrons hôtels-cafés-restaurants	55,8	50,7	45,3	45,5	32,8
Coiffeurs esthéticiens	71,4	76,2	82,2	85,2	91,1
Employés de maison	98,3	97,9	97,2	97,9	98,7
Assistants maternels, aides à dom.	99,0	99,6	99,1	99,0	99,6
Gardiens	38,4	33,7	30,0	26,2	9,1
Agents entretien	77,3	78,5	77,1	74,2	84,7
Armée pompiers police	3,6	6,1	6,2	10,8	20,2
Employés des services divers	38,1	43,7	35,1	35,4	50,5
Prof. de la communication	43,6	51,6	56,7	58,1	68,4
Prof. des arts	32,8	36,5	33,0	38,9	37,9
Aides-soignants	90,2	91,8	91,0	91,2	88,5
Infirmiers sages femmes	88,2	88,7	89,5	86,8	86,2
Médecins et assimilés	35,7	36,9	40,0	42,9	65,7
Professions paramédicales	61,2	63,3	68,8	68,7	78,0
Professionnels action sociale	59,3	58,9	62,7	65,0	60,3
Enseignants	61,5	60,3	62,7	63,9	67,0
Formateurs recruteurs	32,9	46,2	45,5	49,6	59,1
Ensemble	40,3	42,6	44,5	45,3	52,7

OQ : ouvriers qualifiés ; ONQ : ouvriers non qualifiés ; AM : agents de maîtrise.

Les familles professionnelles sont des regroupements de métiers qui permettent d'utiliser à la fois les données sur l'emploi et celles sur le chômage, statistiques classées selon des nomenclatures différentes.

Source : enquête Emploi, INSEE chiffres de l'ANPE, traitement Dares.

Tableau 2-10 **Travail à temps partiel, 1971-2002**

	Nombre d'emplois à temps partiel (en milliers)			Pourcentage d'emplois à temps partiel		
	Hommes	Femmes	Ensemble	Hommes	Femmes	Ensemble
1971	215	962	1 178	1,7	13,1	5,8
1972	210	992	1 203	1,6	13,1	5,8
1973	217	1 006	1 222	1,7	12,9	5,9
1974	215	1 028	1 243	1,6	13	5,9
1975	377	1 340	1 717	2,9	16,4	8,1
1976	370	1 364	1 733	2,8	16,5	8,1
1977	393	1 484	1 877	3	17,6	8,7
1978	324	1 372	1 696	2,5	16,2	7,9
1979	320	1 465	1 785	2,4	16,9	8,2
1980	326	1 487	1 813	2,5	17,2	8,3
1981	304	1 517	1 821	2,3	17,4	8,4
1982	325	1 672	1 997	2,5	19,1	9,2
1983	331	1 776	2 107	2,6	20,1	9,7
1984	349	1 861	2 210	2,8	21,1	10,3
1985	407	1 939	2 345	3,2	21,8	11
1986	438	2 113	2 550	3,5	23,3	11,8
1987	455	2 092	2 547	3,6	23,2	11,8
1988	433	2 179	2 612	3,5	23,8	12,1
1989	454	2 200	2 654	3,6	23,7	12,1
1990	429	2 221	2 650	3,4	23,6	12
1991	428	2 230	2 659	3,4	23,5	12
1992	453	2 334	2 786	3,6	24,5	12,7
1993	505	2 527	3 033	4,1	26,3	13,9
1994	553	2 662	3 216	4,6	27,8	14,8
1995	614	2 815	3 429	5	28,9	15,6
1996	643	2 890	3 533	5,2	29,4	16
1997	664	3 027	3 692	5,4	30,9	16,8
1998	697	3 150	3 847	5,7	31,6	17,2
1999	692	3 203	3 895	5,6	31,7	17,3
2000	691	3 232	3 923	5,4	31	16,9
2001	660	3 235	3 895	5	30,4	16,4
2002	663	3 217	3 880	5,1	29,7	16,2

Source : enquêtes Emploi, séries longues, INSEE.

Tableau 2-11 **Travail à temps partiel selon l'âge France, 2002 (en %)**

	Hommes	Femmes
15-24 ans	12,9	33,6
25-39 ans	3,8	27,8
40-49 ans	3,5	31,0
50-59 ans	4,8	29,0
60 ans et plus	21,5	41,2
Total	5,1	29,7

Source : Enquête Emploi 2002, INSEE.

Tableau 2-12 **Évolution des temps sociaux quotidiens 1986-1999 (en heures et minutes)**

	Femmes		Hommes		Ensemble	
	1986	1999	1986	1999	1986	1999
Temps physiologique	11 h 40	11 h 48	11 h 28	11 h 32	11 h 34	11 h 40
Travail, études, formation	3 h 16	3 h 27	5 h 47	5 h 30	4 h 30	4 h 28
Travail domestique	5 h 07	4 h 36	2 h 07	2 h 13	3 h 39	3 h 23
Dont : Ménage, courses	*3 h 50*	*3 h 40*	*1 h 11*	*1 h 15*	*2 h 42*	2 h 28
Soins aux enfants	*0 h 42*	*0 h 38*	*0 h 10*	*0 h 11*	*0 h 26*	*0 h 25*
Jardinage, bricolage	*0 h 15*	*0 h 18*	*0 h 47*	*0 h 47*	*0 h 31*	*0 h 32*
Temps libre	3 h 13	3 h 31	3 h 53	4 h 09	3 h 32	3 h 50
Trajet	0 h 44	0 h 38	0 h 45	0 h 36	0 h 45	0 h 37
Ensemble	24 h 00	24 h 00	24 h 00	24 h 00	24 h 00	24 h 00

Champ : Individus âgés de 15 ans à 60 ans, hors étudiants et retraités.
Issu de INSEE, *Regards sur la parité*, 2004, p. 119.

Source : Enquêtes emploi du temps 1986 et 1999, INSEE.

Tableau 2-13 **Principaux temps sociaux au cours d'une journée moyenne selon l'activité de la femme en 1999 (en heures et minutes)**

		Activité des femmes			
		Temps plein	Temps partiel	Inactives [1]	Ensemble
Temps physiologique	Femmes	11 h 35	11 h 37	11 h 58	11 h 43
	Hommes	11 h 22	11 h 21	11 h 26	11 h 23
Travail, études, formation	Femmes	5 h 17	3 h 48	0 h 16	3 h 21
	Hommes	6 h 23	6 h 13	6 h 21	6 h 20
Temps domestique	Femmes	3 h 55	4 h 29	6 h 45	5 h 01
	Hommes	2 h 14	2 h 14	1 h 52	2 h 07
dont : Ménage, courses	*Femmes*	*3 h 10*	*3 h 47*	*5 h 11*	*3 h 58*
	Hommes	*1 h 08*	*1 h 08*	*0 h 51*	*1 h 02*
Soins aux enfants	*Femmes*	*0 h 31*	*1 h 18*	*1 h 09*	*0 h 46*
	Hommes	*0 h 13*	*0 h 15*	*0 h 15*	*0 h 14*
Bricolage, jardinage	*Femmes*	*0 h 14*	*0 h 14*	*0 h 24*	*0 h 17*
	Hommes	*0 h 54*	*0 h 51*	*0 h 46*	*0 h 51*
Temps libre	Femmes	2 h 39	3 h 09	4 h 10	3 h 15
	Hommes	3 h 28	3 h 39	3 h 51	3 h 38
Trajet	Femmes	0 h 34	0 h 37	0 h 52	0 h 40
	Hommes	0 h 33	0 h 34	0 h 30	0 h 32

Champ : Couples dont l'homme est actif occupé.
1. Les chômeuses sont classées parmi les inactives.
Issu de INSEE, *Regards sur la parité*, 2004, p. 119.

Source : enquête emploi du temps 1999, INSEE.

Tableau 2-14 **Taux de chômage par sexe en France de 1962 à 2002 (en %)**

	Hommes	Femmes	Écart homme/femme
1962	0,9	1,5	0,6
1968	1,8	2,8	1
1975	2,7	5,6	2,9
1982	6,6	11,7	5,1
1990	8,3	14,7	6,4
1999	11,0	15,0	4
2002	*7,9*	*10,1*	*2,2*

Source : Recensements de la population de 1962 à 1999 et enquête Emploi 2002, INSEE.

Tableau 2-15 **La progression du sous-emploi, France, 1990-2002 (effectifs en milliers)**

	Hommes	Femmes	Ensemble
1990	296	708	1 004
1991	306	678	984
1992	305	720	1 025
1993	463	887	1 350
1994	451	1 010	1 461
1995	476	1 047	1 523
1996	495	1 077	1 572
1997	452	1 164	1 616
1998	457	1 164	1 621
1999	484	1 132	1 616
2000	410	1 106	1 516
2001	392	1 062	1 454
2002	355	1 006	1 361

Source : enquêtes Emploi, INSEE.

Tableau 2-16 **Écarts de salaire entre les hommes et les femmes, France (1951-2002)**

	Annuels	Salaires nets moyens (en euros) Hommes	Femmes	Rapport des salaires F/H (%)	H/F	Écart de salaire Écart (H-F)/F (en %)
(a)	1952	4 079	2 636	64,6	1,55	54,7
	1954	4 552	3 029	66,5	1,50	50,3
	1956	5 604	3 605	64,3	1,55	55,5
	1958	6 897	4 386	63,6	1,57	57,3
	1960	8 051	5 178	64,3	1,55	55,5
	1962	9 579	6 170	64,4	1,55	55,3
	1964	11 242	7 208	64,1	1,56	56,0
	1966	12 692	8 131	64,1	1,56	56,1
	1968	14 632	9 703	66,3	1,51	50,8
	1970	17 782	11 855	66,7	1,50	50,0
	1972	21 841	14 548	66,6	1,50	50,1
	1974	28 782	19 322	67,1	1,49	49,0
	1976	38 037	26 295	69,1	1,45	44,7
	1978	47 383	33 464	70,6	1,42	41,6
	1980	58 258	42 100	72,3	1,38	38,4
	1982	74 849	54 724	73,1	1,37	36,8
	1984	88 317	65 570	74,2	1,35	34,7
	1986	99 782	74 139	74,3	1,35	34,6
	1988	105 566	78 657	74,5	1,34	34,2
	1990	115 730	86 968	75,1	1,33	33,1
	1992	122 715	93 307	76,0	1,32	31,5
(b)	1992	128 040	98 930	77,3	1,29	29,4
	1993	131 060	101 640	77,6	1,29	28,9
	1994	132 800	103 470	77,9	1,28	28,3
	1995	135 670	107 950	79,6	1,26	25,7
	1996	136 740	109 230	79,9	1,25	25,2
	1997	136 040	108 220	79,6	1,26	25,7
	1998	137 760	109 920	79,8	1,25	25,3
	1999	21 460	17 140	79,9	1,25	25,2
	2000	21 890	17 510	80,0	1,25	25,0
	2001	22 301	17 928	80,4	1,24	24,4
	2002	22 860	18 404	80,5	1,24	24,2

a. 1951-1992 : Séries longues sur les salaires, édition 2000.

b. 1992-2002 : « Les salaires dans les entreprises en... », *INSEE Première* n° 393-471-550-610-687-778-833-939-980.

Les DADS (déclarations annuelles de salaire) couvrent le champ des salariés à temps complet du secteur privé et semi-public.

Les salaires sont des salaires annuels moyens nets de tous prélèvements.

Source : DADS, INSEE.

De la diversité des mesures de l'inégalité des salaires entre hommes et femmes

La mesure de l'écart des salaires entre les femmes et les hommes peut varier de façon assez sensible selon la source de données et la façon dont il est calculé :

— les données (salaires mais aussi horaires de travail) peuvent être d'origine « administrative » (basées sur les déclarations faites par les employeurs à partir de leurs fichiers de paie comme dans les « déclarations annuelles de données sociales » DADS), ou provenir d'enquêtes individuelles où les personnes répondent directement (comme dans l'Enquête emploi, ou dans le « panel communautaire de ménages » — PCM). L'information « déclarée » est de moins bonne qualité que celle issue des sources administratives, les répondants pouvant oublier une partie de leurs gains, ou les sous-déclarer. De plus, la formulation diverse des questions peut induire des différences.

— Selon la source, le *champ* retenu n'est pas toujours le même : dans les DADS, les salaires annuels moyens ne sont calculés que pour les salariés à temps complet du secteur privé et semi-public (excepté les salariés agricoles et les employés de maison) (tableau 2.16). On y trouve aussi les salaires horaires moyens d'une part pour les salariés à temps complet, et d'autre part pour les salariés à temps « non complet » (qui travaillent toute l'année à moins de 80 % du temps, ou qui ne travaillent pas toute l'année). Les apprentis et stagiaires sont en général exclus. Dans l'Enquête emploi toutes les catégories de salariés sont incluses, mais seuls les salaires médians sont publiés, le plus souvent pour les personnes à temps complet (on peut cependant calculer des salaires horaires et distinguer plusieurs sous-populations). Le PCM fournit pour toutes les catégories de salariés le salaire annuel de l'année n–1, et le salaire mensuel courant à la date d'enquête. Il est possible de calculer des salaires horaires, mais avec des restrictions dans certains pays (salariés travaillant au moins 15 heures par semaine, si bien que les publications portent le plus souvent sur ce champ restreint — tableau 2.27).

— À source et champ donnés, l'écart des salaires entre femmes et hommes n'est pas le même selon que sont considérés les salaires annuels, mensuels ou horaires. Si l'on considère que toute heure de travail supplémentaire ajoute le même montant de salaire, salaire horaire = salaire mensuel / (nombre d'heures hebdomadaires * nombre de semaines du mois). Il est cependant discutable de considérer ainsi que les salaires horaires sont déterminés de façon indépendante du nombre d'heures de travail ; c'est pourquoi on trouve également des mesures de l'écart des salaires mensuels « ajustés du nombre d'heures » (estimations qui tiennent compte d'une élasticité variable du salaire mensuel au nombre d'heures travaillées).

— Les mesures de l'inégalité des salaires entre femmes et hommes sont présentées soit sous la forme du ratio du salaire moyen des femmes à celui des hommes (wF/wH), soit sous la forme d'un écart relatif exprimé en pourcentage, c'est-à-dire la différence entre salaire moyen des hommes et salaire moyen des femmes (wH-wF), rapportée — le plus souvent — au salaire moyen des hommes, ce qui correspond au ratio (nH-wF)/wH = X (1-wF/wH).

Par exemple, le ratio wF/wH peut varier de 75 % (salaires mensuels tous salariés travaillant au moins 15 heures par semaine interrogés dans le PCM) à plus de 87 % (salaires horaires des salariés du privé dans l'enquête emploi) et tourne autour de 80 % dans les DADS (salaires annuels à temps complet dans le privé) ou dans l'enquête Emploi quand on considère l'ensemble des salaires mensuels, tous secteurs (public et privé), et toutes durées.

Tableau 2-17 **Taux de chômage* selon le sexe et l'âge, France 2002 (en %)**

	Hommes	Femmes	Ensemble
15-24 ans	18,2	22,8	20,2
25-49 ans	7,3	9,6	8,3
50 ans et plus	5,7	7,1	6,3
Total	7,9	10,1	8,9

* Chômage au sens du BIT.

Source : enquête Emploi 2002, INSEE.

Tableau 2-18 **Taux de chômage* selon le sexe et la CSP, France, 2002 (en %)**

	Hommes	Femmes	Ensemble
Agriculteurs exploitants	0,1	0,3	0,2
Artisans, commerçants et chefs d'entreprise	2,8	4,7	3,4
Cadres et professions intellectuelles supérieures	4,0	3,5	3,8
Professions intermédiaires	4,9	5,9	5,4
Employés	9,8	10,7	10,5
Ouvriers	10,2	16,0	11,4
Total	7,9	10,1	8,9

* Chômage au sens du BIT.

Source : enquête Emploi 2002, INSEE.

Tableau 2-19 **Taux de chômage* selon le sexe, la nationalité et l'âge, France, 2002 (en %)**

Sexe et Nationalité	15-24 ans	25-49 ans	50 ans et plus	Total
Hommes				
Français	17,9	6,5	4,8	7,2
Étrangers	26,1	17,9	14,7	17,3
Total	18,2	7,3	5,7	7,9
Femmes				
Françaises	22,4	9,0	6,6	9,6
Étrangères	31,9	20,5	15,7	20,1
Total	22,8	9,6	7,1	10,1
Ensemble				
Français	19,9	7,6	5,6	8,3
Étrangers	28,8	18,9	15,0	18,4
Total	20,2	8,3	6,3	8,9

* Chômage au sens du BIT.

Source : enquête Emploi 2002, INSEE.

Tableau 2-20 **Évolution de la part des femmes dans la population active, Union européenne, 1983-2002 (en %)**

	1983	1987	1991	1995	2000	2002
Europe des 12	—	39	41	42	—	43
Europe des 15	—	—	—	42	43	44
Allemagne*	39	40	41	43	44	44
Autriche	—	—	—	43	44	44
Belgique	37	39	40	41	43	43
Danemark	46	46	47	46	47	47
Espagne	—	33	35	38	40	40
Finlande	—	—	—	48	48	48
France	42	43	44	46	46	46
Grèce	34	36	36	38	40	40
Irlande	31	33	34	38	41	42
Italie	34	36	37	37	39	39
Luxembourg	34	35	36	36	40	41
Pays-Bas	34	38	40	41	43	43
Portugal	—	42	44	45	46	46
Royaume-Uni	40	42	43	44	45	45
Suède	—	—	—	48	48	48

* À partir de 1992 et dans tous les tableaux, il s'agit des données concernant l'Allemagne réunifiée.

Source : enquêtes sur les forces de travail, Eurostat.

Tableau 2-21 **Taux d'activité des femmes de 25 à 49 ans selon le nombre d'enfants de moins de 15 ans, Europe des 15*, 2002 (en %)**

	0 enfant	1 enfant	2 enfants	3 enfants et plus
Allemagne	87	78	66	46
Autriche	85	83	73	59
Belgique	77	76	76	61
Espagne	74	62	56	49
France	86	84	74	49
Grèce	70	64	63	52
Italie	69	61	54	42
Luxembourg	76	71	59	50
Pays-Bas	84	77	72	63
Portugal	80	83	78	63
Royaume-Uni	86	76	71	49

* Pas de données disponibles pour la Suède, le Danemark, l'Irlande et la Finlande.

Source : enquêtes sur les forces de travail, 2002, Eurostat.

Tableau 2-22 **Taux d'activité des femmes de 25 ans à 49 ans, Union européenne, 1983 à 2002* (en %)**

	1983	1987	1991	1994	1996	2000	2002
Europe des 12	—	61	66	69	—	—	—
Europe des 15	—	—	—	—	71	74	75
Allemagne	58	62	68	75	75	75	79
Autriche	—	—	—	—	76	79	81
Belgique	59	64	68	72	73	78	75
Danemark	86	88	89	84	84	85	85
Espagne	—	43	51	58	60	66	67
Finlande	—	—	—	—	83	85	86
France	68	72	75	78	79	80	80
Grèce	45	51	52	57	60	65	67
Irlande	38	43	49	56	60	68	70
Italie	48	53	57	56	58	61	64
Luxembourg	45	51	55	59	59	68	69
Pays-Bas	45	56	62	68	70	76	78
Portugal	—	66	74	76	78	80	80
Royaume-Uni	63	69	74	75	75	77	77
Suède	—	—	—	—	87	85	86

Source : enquêtes sur les forces de travail, traitement Eurostat.

Tableau 2-23 **Taux de salarisation, Union européenne, 1983-2002 (en %)**

	Hommes		Femmes	
	1983	2002	1983	2002
Europe des 15	—	81	—	89
Allemagne	88	87	87	92
Autriche	—	85	—	88
Belgique	82	83	81	87
Danemark	82	88	90	95
Espagne (1)	71	78	67	84
Finlande	—	84	—	91
France	82	87	84	92
Grèce	50	58	45	64
Irlande	70	75	86	93
Italie	70	69	74	79
Luxembourg	88	90	86	95
Pays-Bas	88	87	88	91
Portugal (1)	70	71	65	75
Royaume-Uni	87	84	94	93
Suède	—	85	—	94

1. Espagne et Portugal 1987 au lieu de 1983.

Source : enquêtes sur les forces de travail, Eurostat.

Tableau 2-24 **L'emploi à temps partiel, Europe des 15, 2002**

	En % de l'emploi total	En % de l'emploi féminin	En % de l'emploi masculin
Europe des 15	18	34	7
Belgique	19	38	6
Danemark	21	31	11
Allemagne	21	40	6
Grèce	5	8	2
Espagne	8	17	3
France	16	30	5
Irlande	17	31	7
Italie	9	17	4
Luxembourg	12	26	2
Pays-Bas	44	73	22
Autriche	19	36	5
Portugal	11	16	7
Finlande	12	17	8
Suède	21	33	11
Royaume-Uni	25	44	9

Source : enquêtes sur les forces de travail, 2002, Eurostat.

Tableau 2-25 **Répartition des emplois par secteur d'activité, Europe des 15, 2002 (en %)**

	Ensemble			Hommes			Femmes		
	Agr.	Ind.	Serv.	Agr.	Ind.	Serv.	Agr.	Ind.	Serv.
Europe des 15	4	28	68	5	38	57	3	15	82
Allemagne	3	32	65	3	44	53	2	18	80
Autriche	6	29	65	5	42	53	6	13	81
Belgique	2	26	72	2	36	62	1	13	86
Danemark	3	24	73	5	33	62	2	12	86
Espagne	6	31	63	7	41	52	4	15	81
Finlande	6	27	67	7	40	53	4	14	83
France	4	25	71	5	35	59	3	13	84
Grèce	16	23	62	15	29	56	18	11	71
Irlande	7	28	65	11	38	51	2	14	85
Italie	5	32	64	6	39	56	4	20	76
Luxembourg	2	20	78	3	29	68	1	7	92
Pays-Bas	3	21	76	4	30	66	2	9	89
Portugal	13	34	54	11	44	45	14	21	65
Royaume-Uni	1	24	75	2	35	63	1	11	89
Suède	3	23	75	4	35	62	1	10	88

Source : enquêtes sur les forces de travail 2002, Eurostat.

Tableau 2-26 **Taux de chômage* masculins et féminins, 1983-2003, Europe (en %)**

Hommes	**1983**	**1987**	**1992**	**1995**	**2000**	**2002**	**2003**
Europe des 12	8,7	8,7	7,0	8,8	7,0	7,3	7,7
Europe des 15	—	—	7,8	9,0	6,7	6,9	7,2
Allemagne	6,1	5,3	5,1	7,0	7,5	8,7	9,6
Autriche	—	—	—	3,1	3,1	4,1	4,2
Belgique	8,7	7,4	5,1	7,6	5,6	6,7	7,8
Danemark	8,1	4,4	8,0	5,6	4,1	4,4	5,2
Espagne	16,5	16,8	11,7	14,9	7,9	8,0	8,2
Finlande	—	—	13,6	15,7	9,1	9,1	9,2
France	6,3	8,2	8,1	9,5	7,6	7,7	8,3
Grèce	5,8	5,1	5,0	6,2	7,2	6,6	6,1
Irlande	14,6	17,4	15,1	12,2	4,3	4,6	4,9
Italie	5,8	7,4	6,3	8,8	8,0	7,0	6,8
Luxembourg	2,6	1,8	1,7	2,0	1,8	2,1	2,7
Pays-Bas	11,2	7,5	4,1	5,5	2,2	2,5	3,5
Portugal	5,3	5,1	3,6	6,5	3,3	4,2	5,6
Royaume-Uni	11,8	10,8	11,5	9,9	5,9	5,6	5,5
Suède	—	—	6,6	9,7	5,9	5,3	5,8
Femmes	**1983**	**1987**	**1992**	**1995**	**2000**	**2002**	**2003**
Europe des 12	11,8	13,1	11,5	13,1	10,5	9,9	10,2
Europe des 15	—	—	10,5	11,7	9,2	8,7	8,9
Allemagne	8,1	7,9	8,2	9,4	8,1	8,4	8,9
Autriche	—	—	—	5,0	4,3	4,5	4,6
Belgique	19,1	17,5	10,0	12,7	8,5	8,2	8,5
Danemark	10,4	6,9	9,2	8,1	4,8	4,7	5,9
Espagne	20,9	27,7	21,0	25,3	16,7	16,4	15,9
Finlande	—	—	9,6	15,1	10,6	9,1	8,9
France	10,8	13,3	12,4	13,5	11,2	10,0	10,6
Grèce	11,7	11,4	12,9	14,1	16,7	15,0	14,1
Irlande	16,6	19,2	16,0	12,5	4,3	4,0	4,2
Italie	14,5	16,9	13,0	16,1	14,3	12,2	11,7
Luxembourg	5,3	3,7	2,8	4,3	3,1	3,9	5,0
Pays-Bas	14,8	14,1	7,2	8,1	3,8	3,0	3,9
Portugal	11,8	9,3	5,1	8,2	5,1	6,1	7,5
Royaume-Uni	9,8	9,9	7,5	6,7	4,8	4,5	4,4
Suède	—	—	4,4	7,8	5,3	4,6	5,1

* Chômage au sens du BIT.
Les chiffres donnés pour les années 1983-1987 et 1992-2003 sont issus de deux séries longues d'Eurostat.

Source : enquêtes sur les forces de travail, Eurostat.

Tableau 2-27 **Écarts de rémunération entre hommes et femmes dans l'Europe des 15, 1999**

	Ratio Femmes/Hommes en %
Allemagne	81
Autriche	79
Belgique	89
Danemark	86
Espagne	86
Finlande	81
France	88
Grèce	87
Irlande	78
Italie	91
Luxembourg	82
Pays-Bas	79
Portugal	95
Royaume-Uni	78
Suède	83
Europe des 15	84

Salaires horaires des salariés travaillant au moins 15 heures par semaine.

Source : « La situation sociale dans l'Union européenne en 2003 », Commission européenne, 2003.

Vote, participation politique

Vote par genre à la présidentielle sous la Ve République

Tableaux extraits de : Sineau M. (2004), « Les paradoxes du *gender gap* à la française », *in* Cautrès B., Mayer N. (dir.) *Le nouveau désordre électoral. Les leçons du 21 avril*, Presses de Sciences Po, Paris, p. 207-228.

Tableau 3-1 **Évolution du vote présidentiel par genre, 1965-2002 (1er tour) (% des suffrages exprimés)**

	Vote socialiste					
	Mitterrand 1965	**Mitterrand 1974**	**Mitterrand 1981**	**Mitterrand 1988**	**Jospin 1995**	**Jospin 2002**
Hommes	24	48	29	32	23	16
Femmes	13	39	24	36	24	16
Écart (F-H)	– 11	– 9	– 5	+ 4	+ 1	0

	Vote communiste				
	Duclos 1969	**Marchais 1981**	**Lajoinie 1988**	**Hue 1995**	**Hue 2002**
Hommes	26	17	7	10	4
Femmes	15	14	6	8	3
Écart	– 11	– 3	– 1	– 2	– 1

	Vote de droite						
	De Gaulle 1965	**Pompidou 1969**	**Giscard 1974**	**Giscard 1981**	**Chirac 1988**	**Chirac 1995**	**Chirac 2002**
Hommes	27,5	40	27	23	20	20	17
Femmes	34	48	33	32	20	21	22
Écart	+ 6,5	+ 8	+ 6	+ 9	0	+ 1	+ 5

	Vote d'extrême droite		
	Le Pen 1988	**Le Pen 1995**	**Le Pen 2002**
Hommes	18	19	20
Femmes	11	12	14
Écart	– 7	– 7	– 6

Source : Sondages IFOP (1965, 1974), SOFRES (1969, 1981) ; enquêtes CEVIPOF (1988, 1995) ; PEF 2002.

Tableau 3-2 **Évolution du vote présidentiel par genre 1965-1995 (2e tour) (% des suffrages exprimés)**

	Vote de gauche				
	Mitterrand 1965	**Mitterrand 1974**	**Mitterrand 1981**	**Mitterrand 1988**	**Jospin 1995**
Hommes	51	53	56	53	47
Femmes	39	46	49	55	47
Écart	– 12	– 7	– 7	+ 2	0

	Vote de droite					
	De Gaulle 1965	**Giscard 1974**	**Giscard 1981**	**Chirac 1988**	**Chirac 1995**	**Chirac 2002**
Hommes	49	47	44	47	53	78
Femmes	61	54	51	45	53	85
Écart	+ 12	+ 7	+ 7	– 2	0	+ 7

Source : Sondage SOFRES (1965, 1974, 1981) ; enquêtes CEVIPOF (1988, 1995) ; PEF 2002.

Tableau 3-3 **Évolution du vote d'extrême droite par genre, aux législatives et européennes (% des suffrages exprimés)**

	Législatives				
	1986 (FN)	**1988 (FN)**	**1993 (FN)**	**1997 (FN)**	**2002 (FN + MNR)**
Hommes	11	12	14	18	15
Femmes	9	7	13	12	11
Écart	– 2	– 5	– 1	– 6	– 4

	Européennes			
	1984 (FN)	**1989 (FN)**	**1994 (FN)**	**1999 (FN + MNR)**
Hommes	14	14	12	8
Femmes	8	10	9	9
Écart	– 6	– 4	– 3	+ 1

Source : Sondages SOFRES et enquêtes CEVIPOF 1997 ; PEF 2002.

Les femmes et le pouvoir politique en France sous la Ve République

Tableaux extraits de : Sineau M. (2001), *Profession : femme politique. Sexe et pouvoir sous la Ve République*, Presses de Sciences Po, Paris.

Tableau 3-4 **Les élues à l'Assemblée nationale (1958-2002) (France entière)**

Élections	Femmes élues	Total sièges	% élues
23-30 novembre 1958	9	552	**1,6**
18-25 novembre 1962	8	482	**1,6**
5-12 mars 1967	10	487	**2,0**
23-30 juin 1968	8	487	**1,6**
4-11 mars 1973	8	490	**1,6**
12-19 mars 1978	18	491	**3,7**
14-21 juin 1981	26	491	**5,3**
16 mars 1986*	34	577	**5,9**
5-12 juin 1988	33	577	**5,7**
21-28 mars 1993	34	577	**5,9**
25 mai-2 juin 1997	63	577	**10,9**
9 et 16 juin 2002	71	577	**12,3**

* Scrutin proportionnel. Toutes les autres élections ayant eu lieu au scrutin uninominal à deux tours.

Source : ministère de l'Intérieur.

Tableau 3-5 **Les élues au Sénat (1959-2004)**

Date de renouvellement	Femmes élues	Total sièges	% élues
26 avril 1959*	5	309	**1,6**
23 septembre 1962	5	274	**1,8**
26 septembre 1965	5	274	**1,8**
22 septembre 1968	5	283	**1,7**
26 septembre 1971	4	283	**1,4**
22 septembre 1974	7	283	**2,5**
25 septembre 1977	5	295	**1,7**
28 septembre 1980	7	304	**2,3**
25 septembre 1983	9	317	**2,8**
28 septembre 1986	9	319	**2,8**
24 septembre 1989	10	321	**3,1**
25 septembre 1992	16	321	**5,0**
24 septembre 1995	18	321	**5,6**
27 septembre 1998	19	321	**5,9**
23 septembre 2001	35	321	**10,9**
26 septembre 2004	56	331	**16,9**

* En 1959, il s'agit d'un renouvellement total.
Pour toutes les autres élections, le renouvellement est partiel (par tiers).

Source : Union interparlementaire.

Tableau 3-6 **Les élues dans les conseils régionaux (1986-2004)**

Années	Femmes élues	Total sièges	% d'élues
1986 (1)	156	—	9,0
1992 (2)	206	—	**12,0**
1998 (3)	517	1 880	**27,5**
2004 (3)	895	1 880	**47,6**

1. France métropolitaine (avec la Corse) et les régions d'outre-mer.
2. France métropolitaine (sans les conseillers à l'Assemblée de Corse)
3. France entière.

Source : ministère de l'Intérieur.

Tableau 3-7 **Les élues aux conseils généraux à chaque renouvellement partiel (1958-2004) (France métropolitaine)**

Date des renouvellements	Femmes élues	Total sièges	% d'élues
20-27 avril 1958	11	1 512	**0,7**
4-11 juin 1961	16	1 504	**1,1**
8-15 mars 1964	17	1 562	**1,1**
24-1er octobre 1967	40	1 710	**2,3**
8-15 mars 1970	21	1 609	**1,3**
23-30 septembre 1973	53	1 926	**2,8**
7-14 mars 1976	41	1 801	**2,3**
18 et 25 mars 1979	76	1 776	**4,3**
14-21 mars 1982	74	1 945	**3,8**
10-17 mars 1985	82	1 954	**4,2**
23 sept.-2 oct. 1988	80	1 936	**4,1**
22-29 mars 1992	108	1 945	**5,6**
20-27 mars 1994	104	1 922	**5,4**
15-22 mars 1998	162	1 958	**8,3**
11-18 mars 2001	189	1 932	**9,8**
21-28 mars 2004	216	1 942	**11,1**

Source : ministère de l'Intérieur.

Tableau 3-8 **Les élues aux conseils municipaux (1959-2001)**

Années	Conseillères municipales	% de femmes conseillères municipales	Femmes maires	% de femmes maires
1959	11 246	**2,4**	381	**1,0**
1965	11 145	**2,4**	421	**1,1**
1971	20 684	**4,4**	677	**1,8**
1977	38 304	**8,3**	1 018	**2,8**
1983	70 155	**14,0**	1 445	**4,0**
1989	86 549	**17,2**	1 998	**5,5**
1995	107 979	**21,7**	2 751	**7,5**
2001	156 393	**33,0**	3 987	**10,9**

Source : ministère de l'Intérieur.

Tableau 3-9 **Les élues françaises au Parlement européen (1979-2004) (début de législature)**

Années	Femme élues	Total sièges	% élues
1979	18	81	**22,2**
1984	17	81	**20,9**
1989	19	81	**23,5**
1994	26	87	**29,9**
1999	35	87	**40,2**
2004	34	78	**43,5**

Source : Parlement européen.

Tableau 3-10 **Proportion de femmes élues au Parlement européen et dans les Chambres basses des 25 pays de l'Union, en 2004**

Pays	Parlement européen (au 22/07/04)	Chambre basse (à la dernière élection)	Écart (en points de %)
Suède	57,9	45,3	+ 12,6
Luxembourg	50,0	16,7	+ 33,3
Pays-Bas	44,4	36,7	+ 7,7
France	43,5	12,3	+ 31,2
Slovénie	42,8	12,2	+ 30,6
Autriche	38,8	33,9	+ 4,9
Irlande	38,5	13,3	+ 25,2
Lituanie	38,5	10,6	+ 27,9
Danemark	35,7	38,0	- 2,3
Finlande	35,7	37,5	- 1,8
Slovaquie	35,7	19,3	+ 16,4
Hongrie	33,3	9,8	+ 23,5
Estonie	33,3	18,8	+ 14,5
Espagne	33,3	36,0	- 2,7
Allemagne	31,3	32,2	- 0,9
Belgique	29,1	35,3	- 6,2
Grèce	29,1	14,0	+ 15,1
Portugal	25,0	19,1	+ 5,9
Royaume-Uni	24,3	17,9	+ 6,4
Lettonie	22,2	21,0	+ 1,2
République tchèque	20,8	17,0	+ 3,8
Italie	19,2	11,5	+ 7,7
Pologne	12,9	20,2	- 7,3
Chypre	0	10,7	- 10,7
Malte	0	9,2	- 9,2
Moyenne	**30,3**	**22,0**	**+ 8,3**

Source : Parlement européen et Union interparlementaire.

Tableau 3-11 **Proportion de femmes élues au Parlement européen par pays (1979-2004) (en début de législature)**

Pays	**1979**	**1984**	**1989**	**1994**	**1999**	**2004**	**Évolution 1999-2004 (en %)**
Allemagne	14,8	19,7	30,9	35,4	37,4	31,3	- 16,3
Autriche	—	—	—	—	38,1	38,8	+ 1,8
Belgique	8,3	16,7	16,7	32,0	28,0	29,1	+ 3,9
Danemark	31,2	37,5	37,5	43,8	37,5	35,7	- 4,8
Espagne	—	10,0	15,0	32,8	34,4	33,3	- 3,1
Finlande	—	—	—	—	43,7	35,7	- 18,3
France	22,2	20,9	23,5	29,9	40,2	43,5	+ 8,2
Grèce	—	8,3	4,2	16,0	16,0	29,1	+ 81,8
Irlande	13,3	13,3	6,7	26,7	33,3	38,5	+ 15,6
Italie	13,6	9,9	12,4	12,6	11,5	19,2	+ 66,9
Luxembourg	16,7	50,0	50,0	50,0	33,3	50,0	+ 50,1
Pays-Bas	20,0	28,0	28,0	32,2	35,5	44,4	+ 25,0
Portugal	—	4,0	12,5	8,0	20,0	25,0	+ 25,0
Royaume Uni	13,6	14,8	14,8	18,4	24,1	24,3	+ 0,8
Suède	—	—	—	—	40,9	57,9	+ 41,5
Moyenne	**16,3**	**17,7**	**19,3**	**25,9**	**30,2**	**30,3**	**+ 0,3**

Source : Parlement européen.

Tableau 3-12 **Les femmes et le pouvoir politique en France en 2004**

	Date	Effectif total	Nombre de femmes	% de femmes	Mode de scrutin	Cadre géographique	Mise en œuvre de la parité
Gouvernement (Jean-Pierre Raffarin 3)	2004 (avril)	42	10	**23,8**	—	—	—
Délégation française au Parlement européen	2004	78	34	**43,5**	Scrutin de liste proportionnel à 1 tour	Découpage particulier : 8 super-régions	Parité obligatoire des candidatures, avec alternance stricte
Assemblée nationale	2002	577	71	**12,3**	Uninominal majoritaire à 2 tours	Découpage particulier : 577 circonscriptions	Parité incitative *via* des pénalités financières
Sénat (suffrage indirect)	2004	331	56	**16,9**	• *Grands départements* (4 sièges ou plus) : scrutin de liste proportionnel à 1 tour • *Petits départements* (3 sièges ou moins) = scrutin uninominal (ou plurinominal) majoritaire à 2 tours	Département	• *Grands départements* parité obligatoire, avec alternance stricte • *Petits départements* pas de parité
Conseil régional	2004	1 880	895	**47,6**	Scrutin de liste à 2 tours proportionnel avec correctif majoritaire	Région + section départementale	Parité obligatoire des candidatures, avec alternance stricte
Conseil général	2004	3 966	411	**10,4**	Uninominal majoritaire 2 tours	Canton	Pas de parité
Conseil municipal (villes de plus 3 500 habitants)	2001	80 304	38 106	**47,5**	Scrutin de liste à 2 tours proportionnel avec correctif majoritaire	Commune	Parité obligatoire des candidatures par tranche de six
Conseil municipal (villes de moins 3 500 habitants)	2001	393 716	118 321	**30,1**	Scrutin de liste majoritaire à 2 tours	Commune	Pas de parité
Mairie (Suffrage indirect)	2001	36 558	3 987	**10,9**	Uninominal majoritaire à 2 tours	Commune	Pas de parité

Source : ministère de l'Intérieur.

Centres de recherche

CEE	Centre d'études de l'emploi.
CERLIS	Centre de recherche sur les liens sociaux
CEVIPOF	Centre de recherches politiques de Sciences-Po.
CNRS	Centre national de la recherche scientifique.
CREAPT	Centre de recherches et d'études sur l'âge et les populations au travail.
CSU	Cultures et sociétés urbaines.
DARES	Direction de l'animation, de la recherche, des études et des statistiques du ministère de l'Emploi, du Travail et de la Cohésion sociale.
EHESS	École des hautes études en sciences sociales.
ENS	École normale supérieure.
ENS-LSH	École normale supérieure — Lettres et sciences humaines.
EPHE	École pratique des hautes études.
ERMES	Équipe de recherche sur les marchés, l'emploi et la simulation.
GREG-HEC	Groupement de recherche et d'études en gestion — Hautes études commerciales.
GSRL	Groupe de sociologie des religions et de la laïcité.
GTM	Genre, travail et mobilités.
IDUP	Institut de démographie de l'université de Paris-I.
INED	Institut national d'études démographiques.
INSEE	Institut national de la statistique et des études économiques.
INSERM	Institut national de la santé et de la recherche médicale.
IRERP	Institut de recherche sur l'entreprise et les relations professionnelles.
IUFM	Institut universitaire de formation des maîtres.
LARHRA	Laboratoire de recherche historique Rhône-Alpes.
LASMAS	Laboratoire d'analyse secondaire et de méthodes appliquées à la sociologie.
LASP	Laboratoire d'analyse des sciences politiques.
MATISSE	Modélisation appliquée trajectoires institutionnelles stratégies socio-économiques.
TEAM	Théorie et applications en microéconomie et macroéconomie.

Les auteurs

Sous la direction de

Margaret MARUANI	sociologue, CSU-CNRS, Paris.

Les auteurs

Philippe ALONZO	sociologue, université de Nantes.
Tania ANGELOFF	sociologue, université de Paris-IX-Dauphine.
Christian BAUDELOT	sociologue, ENS, Paris.
Nathalie BAJOS	socio-démographe, INSERM, Kremlin-Bicêtre.
Carole BONNET	économiste, INED, Paris.
Michel BOZON	sociologue et démographe, INED, Paris.
Marlaine CACOUAULT-BITAUD	sociologue, université de Paris-V.
Sylvie CROMER	sociologue, université de Lille-II.
Annick DAVISSE	inspectrice pédagogique régionale.
Alice DEBAUCHE	sociologue et statisticienne, INED, OSC, Paris.
Christine DELPHY	sociologue, ENS-LSH-CNRS, Lyon.
Olivier DONNAT	sociologue, ministère de la Culture et de la Communication, Paris.
Laura Lee DOWNS	historienne, EHESS, Paris.
Roger ESTABLET	sociologue, université de Provence, Aix-en-Provence.
Jeanne FAGNANI	sociologue, MATISSE-CNRS, université de Paris-I.
Éric FASSIN	sociologue, ENS, Paris.
Michèle FERRAND	sociologue, CSU-CNRS, Paris.
Annie FOUQUET	économiste et statisticienne, DARES, Paris.
Geneviève FRAISSE	philosophe, IDEAC-CNRS, Paris.
Delphine GARDEY	historienne, CRHST, Cité des sciences et de l'industrie-CNRS, Paris.
Maurice GODELIER	anthropologue, EHESS, Paris.
Nacira GUÉNIF-SOUILAMAS	sociologue, université de Paris-XIII-Villetaneuse.

Françoise HÉRITIER	anthropologue, Collège de France, Paris.
Helena HIRATA	sociologue, GTM-CNRS, Paris.
Maryse JASPARD	démographe, IDUP, INED, Paris
Danièle KERGOAT	sociologue, GTM-CNRS, Paris.
Annie LABOURIE-RACAPE	sociologue.
Marie-Thérèse LANQUETIN	juriste, IRERP, université de Paris-X-Nanterre.
Jacqueline LAUFER	sociologue, HEC, Paris (GREG-HEC).
Armelle LE BRAS-CHOPARD	politologue, université de Versailles/Saint-Quentin-en-Yvelines.
Marie-Thérèse LETABLIER	sociologue, CEE-CNRS, Noisy-le-Grand.
Catherine LOUVEAU	sociologue, université de Paris XI-Orsay.
Catherine MARRY	sociologue, LASMAS-CNRS, EHESS, Paris.
Margaret MARUANI	sociologue, CSU-CNRS, Paris.
Lilian MATHIEU	sociologue, LASP-CNRS, université de Paris-X-Nanterre.
Monique MERON	statisticienne, DARES, Paris.
Danièle MEULDERS	économiste, Université libre de Bruxelles.
Dominique MEURS	économiste, ERMES-CNRS, université de Paris-II.
Janine MOSSUZ-LAVAU	politologue, CEVIPOF-CNRS, Paris.
Delphine NAUDIER	sociologue, CSU-CNRS, Paris.
Marion PAOLETTI	politologue, université de Bordeaux-IV-Montesquieu.
Michelle PERROT	historienne, université de Paris-VII-Diderot.
Sophie PONTHIEUX	économiste, INSEE, Paris.
Isabelle PUECH	sociologue, CSU-CNRS, Paris.
Hyacinthe RAVET	sociologue, université de Paris-IV-Sorbonne.
Florence ROCHEFORT	historienne, GSRL-CNRS/EPHE, Paris.
Chantal ROGERAT	sociologue.
Marie-Josèphe SAUREL-CUBIZOLLES	épidémiologiste, INSERM, Villejuif.
Sylvie SCHWEITZER	historienne, LARHRA, université Lumière-Lyon-II.
François de SINGLY	sociologue, CERLIS, université de Paris-V.
Rachel SILVERA	économiste, MATISSE-CNRS, université de Paris-I.
Mariette SINEAU	politologue, CEVIPOF-Sciences-Po-CNRS.
Catherine SOFER	économiste, TEAM-CNRS, université de Paris I-Panthéon-Sorbonne.
Françoise THÉBAUD	historienne, université d'Avignon.
Annie THÉBAUD-MONY	sociologue, INSERM, université de Paris-XIII.
Irène THÉRY	sociologue, EHESS.
Serge VOLKOFF	statisticien et ergonome, CREAPT, Paris.
Michelle ZANCARINI-FOURNEL	historienne, LARHRA IUFM de Lyon.

Table

Composition Facompo, Lisieux. Achevé d'imprimer par Bussière
à Saint-Amand-Montrond (Cher) en février 2005.
Dépôt légal : mars 2005.
N° d'impression : 050705/1. *Imprimé en France*

BUSSIERE
GROUPE CPI